河南省社会科学规划项目"中原作家群资料整理"研究成果

本成果出版得到淮河文明研究中心资助

张宇研究

中原作家群研究资料丛刊

程光炜 吴圣刚 主编

张宇研究

杨文臣 编著

河南大学出版社
HENAN UNIVERSITY PRESS

图书在版编目(CIP)数据

张宇研究/杨文臣编著. — 郑州:河南大学出版社,2015.2
(中原作家群研究资料丛刊)
ISBN 978 - 7 - 5649 - 1902 - 3

Ⅰ. ①张… Ⅱ. ①杨… Ⅲ. ①张宇 – 文学研究 Ⅳ. ①I206.7

中国版本图书馆 CIP 数据核字(2015)第 042000 号

出 版 人	张云鹏
出版统筹	侯若愚
责任编辑	舒慧敏
责任校对	韩 琳
封面设计	侯一言

出 版	河南大学出版社
地 址	郑州市郑东新区商务外环中华大厦 2401 室
电 话	0371 - 60993151(人文社科出版分社)
	0371 - 86059753
网 址	www.hupress.com
排 版	河南金河印务有限公司
印 刷	河南省瑞光印务股份有限公司
版 次	2015 年 4 月第 1 版
印 次	2015 年 4 月第 1 次印刷
开 本	710mm×1000mm 1/16
印 张	19.25
字 数	356 千字
定 价	58.00 元

本书如有印装质量问题,请与河南大学出版社营销部联系调换。

编选说明

从最初动议到确定方案,再到最后完成,这套"中原作家群研究资料丛刊"历时一年有余。因为,它绝不仅仅是已有研究成果的简单整合。首先,编著者必须通读该作家的所有作品,包括文学作品、散文随笔、演讲报告、文艺批评等等,形成对作家作品的感性认识和理性判断,这是编选作家研究资料的基础和前提。然后收集研究资料,要求尽可能全面详尽,网络、期刊、报纸、杂志、著作、作家本人及其亲友、故交等各种途径、各种渠道,越全面越好。最耗时、最费力、最艰苦的工作是资料的分类、甄别和遴选,它体现了编著者的眼光、立场、态度和学养,决定了研究资料的分量和品质。典型性、历史性、多元性是我们选文的基本原则,力求覆盖作家不同时段、不同类型、不同风格的作品,兼顾专家批评和新锐批评,体现不同时期的文学生态和文化场域。总之,整个过程没有捷径可走,全是笨功夫、苦功夫。尽管如此,其疏漏之处肯定不少,恳请专家学者批评指正。

本研究资料共分四大部分,即作家"自述·访谈·印象记"、"研究论文选辑"、"作品年表"、"研究资料索引"。"研究论文选辑"以时间为线索,以"问题"为中心,先总论、后分论,同一"问题"相对集中,体现逻辑性和层次感,并努力体现作家作品研究的历史进程。对入选的文章,为了出版方便,作统一技术处理,删减了摘要、关键词,注释一律改为脚注,除对一些明显的文字和标点符号的疏误作订正外,其他方面包括注释的不完整、不规范,词语使用的不当等,则依旧保持原貌。"作品年表"部分按时间顺序排列整理收录,截止时间为 2014 年 7 月。只列入作品的首发、首印,作品的再版、转载不列入年表,海外翻译版本尽可能列入年表。期刊、著作均按年、月排序,报纸具体到日期。重要散文、发表的重要演讲等列入作品年表,但作家编辑的书目、研究资料等均不列入。"研究资料索引"包括单篇学术论文索引、学位论文索引、研究专著索引三部分,截止时间同样为 2014 年 7 月,均按刊发/出版时间先后顺序编排。

需要特别说明的是,由于各种原因,编委会没能与选用论文的作者一一联系,丛书出版后,将赠书一本,以表歉意和谢意!且本书用于学术研究而非商业目的,想学界前辈、同人亦能理解支持。在此真诚致谢!如需稿费,请与编委会联系。

编委会
2014.10.31

总　序

程光炜　吴圣刚

　　新时期以来,中国当代文学呈现为多样、多态发展的趋势。在当代文学的版图中,"文学豫军"或"中原作家群"早已成为中国当代文学的重要现象和重要构成。之所以称之为"文学豫军"或"中原作家群",是因为它呈现出群体性,是一个集合的概念。但是,这绝不意味着这个群体中的个体是孱弱的,没有独立呈现的分量。相反,正是一个个有分量的个体组成了一个有广泛影响的作家群体:姚雪垠、叶楠、白桦、李准、张一弓、南丁、田中禾、张宇、郑彦英、李佩甫、二月河、周同宾、刘震云、阎连科、周大新、刘庆邦、李洱、柳建伟、孙方友、墨白、邵丽、乔叶、计文君等等,每位作家都有不凡的创作业绩,每个人都有自己的独特之处,都是文学中的"这一个"。

　　地处中原的河南,在当代中国政治、经济版图上不是核心地带,但在历史、文化地理图上却是积淀深厚的重镇。这里也在接受全球化的荡涤,也在搭载现代化的快车,但这里与中国当下的经济前沿存在着距离,呈现着现代化的滞后性。因此,河南在时代的节奏中存在着"时间差"。这使得中州大地在现代化的浪潮中还氤氲着农业文明、历史文化的气息,也使得中原儿女在这种相对的"慢节奏"中对历史、现实和文化进行思考,精神和灵魂回归这片土地,并以中原文化的思维方式进行着多种表达。走进历史,走进中原文化,是豫籍作家的共同选择。无论是身居河南的作家还是移居他乡的作家,他们的灵魂仍然栖居在家乡故土,并用他们敏感的触角细腻地联系和感受着中原文化,中原文化是他们精神发生的原点,河南历史和乡生活是他们创作的源泉。对于这些河南作家来说,似乎只有这片故土和其中的点点滴滴才能够激活创作的灵性。正如阎连科所说:"我家住在一个镇子上,那是一个很大的村庄。那个村庄是我写作取之不尽的生活源泉、情感源泉、想象的源泉。一句话,是我写作的一切的灵感之源。那个镇子奇妙无比,任何现实中的一件事情都可能是荒诞的、合理的。"[①]正是在这种表达中,作家们完成了自己的一部部皇皇巨著,成就了当代河南文学的气象大观。

[①] 阎连科:《我的现实,我的主义》,http://v.book.ifeng.com/book/ts/7332.htm。

"中原作家群"不仅是河南的文学现象,也是全国的文学现象;产生于中原大地的河南文学,早已超越了这一区域空间。无论是二月河、李佩甫的作品红遍全国、传播域外,还是刘震云、阎连科、周大新、李洱的作品的海外影响,都说明豫籍作家的作品是全国性的,也具有世界性的分量。这足以构成河南自己的文学史。关于河南文学和"中原作家群"研究,近十年来,随着作家作品的动态性呈现,更多表现为个案化的文学研究,而当代河南文学的整体性、系统性研究则不够。这一方面与河南的经济实力及其对文化提升、带动能力的不足有关,另一方面也与学界、文学界对河南文学在当下中国文化地理学上的地位认识不足有关,特别是与本土学界的研究、推介的成绩有关。弥补这一不足,是一项浩繁的工作,但起步必须从基础开始。

资料整理无疑是学术研究中最基础性的工作。学术界目前关于河南作家的研究资料,主要是上世纪80年代出版的《李准研究资料》、《姚雪垠研究资料》等有限的几种。相关研究主要体现在两个方面:一是关于"文学豫军"、"中原作家群"的正当性和合理性的阐述,这方面的研究成果主要有孙荪的《文学豫军论》等,该文系统性地评述了"文学豫军"的由来、构成及文化特征。二是"中原作家群"形成的历史文化原因以及具体作家作品的研究。刘增杰主编的《精神中原》以论文集的形式综合了学界对于中原作家群整体把握和作家研究的成果;张鸿声主编的《河南文学史·当代卷》则是系统描述当代河南文学发展的第一部史著;梁鸿的《"外省笔记":20世纪河南文学》以"外省"的视角考察河南文学,从文化的角度寻觅和审视河南文学;何弘的《超越还是重复——中原文学论稿》试图对"中原作家群"或中原文学作出一个整体性的描述。这些研究对于解说一种文学现象的发生、发展是必要的,但都是初步的,特别是对"中原作家群"形成的历史文化原因和整体性特征的研究,远未形成对"中原作家群"完整的、核心的解说,更没有评估、揭示出"中原作家群"的应有价值。因此,就需要有人真正深入下去,沉入到纷繁的资料中去,耐心、细密地梳理,把那些能够反映和体现作家创作实绩、作品价值和当代河南文学整体面貌的资料整理出来,形成完整、系统的当代河南文学的资料体系,为文学史的生成奠定坚实的基础。

信阳师范学院文学院的一些老师近年来致力于河南文学研究,逐渐形成了自己的方向和领域,引起了学界的关注。作为一所本土的有长期人文积淀的高校,研究河南文学、推动河南文学发展是应有的责任。2013年起,文学院整合文艺学、现当代文学和写作学等学科的十几位教授、博士组成研究团队,集中开展当代河南文学研究。这个团队以博士为主,中青年结合,队伍整齐,潜力很大。他们首先从资料整理开始,扎扎实实开展研究工作。第一批选取"中原作家群"中影响最大的15位作家,经过近一年的努力,整理出《白桦研究》(陶广学讲师,扬州大学博士)、《张一弓研究》(吕东亮副教授,武汉大学博士)、《田中禾研究》(徐洪军讲师,上海大学博士)、《张宇研究》(杨文臣讲师,山东大学博士)、《李佩甫研究》(樊会芹讲师,江苏师范大学硕士)、《二月河研究》(吴圣刚教授)、《刘震云研究》(禹权恒讲师,武汉大学博士)、《阎连科研究》(方志红副教授,四川大学博士)、《周大新研究》(沈文慧教授,华中师范大学博士)、《刘庆邦研究》(杜昆讲师,南京师范大学博士)、《李洱研究》(王雨海教授)、《墨白研究》(杨文臣讲师,山东大学博士)、《邵丽、乔叶、计文君研究》(李群副教授,河南大学硕士)等13卷,资料选编力求翔实、准确、有代表性。第一辑告罄之后还会启动第二辑,甚至第三辑,目标是把"中原作家群"主要作家的资料完整、系统地拓展出来,真正为当代河南文学的深化研究做些基础性的工作。

由于编选者的眼界、学识、水平有限,疏漏、不足,甚至差错定然存在,敬请学界批评指正。

目　录

1　编选说明
1　程光炜　吴圣刚　总序

自述·访谈·印象记

3　张　宇　与自己和平共处
10　张　宇　困惑五章(节选)
19　奚同发　看张宇"表演爱情"
21　陶　澜　张宇:小说何妨"不正经"
24　王学亮　张宇:作家要能把"芝麻"写成"西瓜"
27　苗梅玲　南极归来,豁然的自我——张宇访谈
36　孔会侠　在南极忏悔——张宇访谈
47　李佩甫　放逐城市的田园游子——张宇散记
55　安　琪　白话张宇
66　朱根亮　陈　艳　张宇:"软弱"之后

研究论文选辑

69　南　丁　有地在,不愁长不出庄稼来——张宇和他的小说
72　南　丁　张宇找自己
77　孙　荪　小说就是小说——由张宇的小说观看张宇
84　李少咏　康铁成　乡村与城市的契合——论张宇的前期小说创作
99　曹增渝　乡土的精灵——论张宇
107　朱　伟　张宇札记
123　马治军　在"乡村情感"中修悟人生——张宇小说主题原型论
131　梅蕙兰　超越世俗——从张宇的新作看其精神的转向
141　李佩甫　渐入佳境
144　何向阳　枯树的诞生
179　姚晓雷　张宇论
195　李丹梦　论张宇的文学转型

204　孙先科　理性精神与"乡村情感"——河南近期小说创作透视
213　张　陵　李洁非　说侯七——由张宇《活鬼》所得
216　杨　荣　民间智慧：消解苦难与承续生命的力量——评张宇的小说《活鬼》
222　邓星明　张宇的"鬼气"系列
228　邓　楠　论《乡村情感》的价值取向
233　孙　荪　对人类作品的沉思——长篇小说《疼痛与抚摸》的"说"
238　张鸿声　生命与社会的分离——读张宇小说《疼痛与抚摸》
243　陈晓明　人往"低"处走——张宇近作《软弱》研讨会纪要
248　庞永厚　张宇为什么写软弱
249　杨东明　张宇的《软弱》和软弱的张宇
251　王鸿生　李永涛　张宇射"门"始于"足下"——评《足球门》
254　《对不起，南极》作品研讨会
272　行　者　张宇结绳记事

作品年表

277　张宇作品年表

研究资料索引

285　张宇研究资料索引

289　编后记

自述・访谈・印象记

与自己和平共处

张 宇

一

当市场活跃起来经济大潮涌过来时,许多作家都坐不住了,纷纷走出"书房"下海去。说白了就是去捞钱。去捞钱就是去捞钱嘛,还忘不了找"下海"这个词把自己虚伪起来,好像下海是为别人从事经济活动,而不是为自己捞钱。这就是中国的文人,既爱财又不想担爱财的名声,使人想起"既想当婊子又想立牌坊"这句俗话。在几千年传统文化的压迫下,连俗也俗不出潇洒来。

当然不是只说别人的,其实我自己也悄悄动心了。因为我本来就是世俗中人,见别人大把大把捞钱,一下子就眼花了。忽然就发现自己是最爱财的了,就从心眼里想做个有钱人。有了钱就能过更好的日子,真是守不住自己了。夜深人静时,多少次下决心挣钱,甚至模拟出好多种挣钱的方法,纸上练兵起来。自信自己心眼也够用,说不定捞起钱来并不比别人差。能摆弄住小说,自信也能糊弄住市场。但是,最终没有去捞钱,仍然又坐回书房。这也并不是什么清高和纯洁,是因为我把个中道理想明白了,还是决定守住自己的稿纸,实际上也是守住自己的自私,还真说不上什么纯洁不纯洁呢。

我先从实际生活出发这样想,我们的生活又不是过不去,有政府发工资,还能挣一点儿稿费,基本生活水平可以维持,没有生存的困难,何必呢? 这就是我对待金钱的态度。我个人认为,金钱这种东西很圆,不好把握。看着是物质,但只要超出我们的生存界限,就完全切入了精神。既然都是精神活动,我何必放弃熟练的精神活动去从事陌生的精神活动呢? 说句玩笑话,我已经是专业作家了,何必走出书房跑到商场去当"业余作者"呢?

这使我想到从货币产生那一刻起,金钱就和人发生了矛盾,甚至就像站在了人的对立面一样。从此再没有安生过,不是人战胜金钱,就是金钱战胜人。要么就是今天你战胜我,明天我战胜你。回忆先人的人生和历史,很难区分人是金钱的主人呢,还是金钱的奴隶。

这真是有趣,就像我们自己造个老虎,从此就忍受着这个老虎带给我们的永远的恐怖一样。这难道就是人类的命运吗? 真是不愿承认,但这是事实。好像人类的聪明和愚蠢都集中在这里了,我们每时每刻都创造着文化,同时就转入文化对我们的永远的压迫之下。

这一下就想明白了,自从有了钱之后,世上的人都在挣钱,但是挣钱和挣钱又有不同,穷人挣钱是为了生活,而有多少有钱人再挣那么多钱是为了生活?有趣的是,穷人在挣钱时虽然艰辛和困苦,却很少对生活失望过,甚至越是穷越是对生活和未来充满了希望,这时候金钱带给他们的好像全是幸福和欢乐。而富人就不同了,由于有钱再不思考生存问题,就进入了完全的精神活动,动不动就他妈的孤独呀空虚呀,好像很痛苦一样。可以作一个比较,在这个世界上,由于生活困难自杀的好像不多,不想活了去自杀的差不多都是那些吃饱了饭才想不开的人呢。

于是就可以这么说了,原来穷人挣的钱是钱,有钱人挣的钱是痛苦,或者说完全是一种精神活动。这么一说就明白了,既然不会是为生活,我自己就不算穷人就不算没钱人,在哪里都是精神,就没有必要走出书房的痛苦专门去经受挣钱的痛苦了。

但是话还是得说回来,凭良心说,我情愿忍受金钱的痛苦,也不想去过没钱人的幸福生活。这就看出来我这人并不是不财迷。其实我非常爱财。我曾经想过,如果我能长生不老,我一定先去捞钱,潇潇洒洒去当财迷;等有了大钱,有好房子住,有好饭吃,有好茶喝,有块地方养我的盆景,再来写我的小说,干自己想干的事情,那该多好呀。可惜的是我不能够长生不老呀,只能够他妈的活一辈子。别说长生不老,连两辈子都不让活,而且这一辈子已经过了四十岁,想想就觉得心慌,就觉得不能够什么都想要了。

什么最残酷?好好地活了一辈子,一死什么都不知道了,什么都没有了,再也不能够回来了,这难道还不残酷吗?但是无法改变无处逃遁——

我已经过了四十岁,余下的时间不是很多了,这就需要选择。怎么选择?只有在不多的时间里,最想干什么,就干什么,这就是最好的选择了。其实想明白了能这么选择也就很不错了。

这么一想,我开始认为,和别人相比,我还是一个幸福的人哩。因为人活在这世上,能够想干什么就干什么的,也并不多呢。多少人为了生活或者别的什么原因,都在干自己不想干的事情。而我自己是专业作家,基本上自由支配自己的时间,在干自己想干的事情,这已经很不容易了。

于是我对自己说要知足,我要知足。能这么活,我已经很知足了。

这么一想,心里就平静下来,再也听不到金钱的疯狗般的叫声,重新安坐在书房里,继续摆弄起小说来。

看起来很多时候非常需要自己把自己稳住,先稳住阵脚才能守住自己的心志。

于是就觉得人和金钱之间也要保持一种和谐的关系了。

当然认识到这个道理和具体生活完全是两回事,真正做到谈何容易!

二

几年了?已经好几年了吧,在好几年前一段时间里,忽然觉得自己的写作出了毛病。先是对自己的写作产生怀疑,不想一下子就发展到甚至全面否定自己的写作的程度了。

你说咱别的不会干,做人做不到大处越做越小就越做越小吧,混世界越混越清淡孤独就孤独吧,只余下摆弄小说这门手艺了,忽然发现自己的小说不是那么回事,这该有多么失望!

先是觉得自己的作品没有水平了。别看世面上还有人说自己的作品不错,甚至还有人不断说自己的好话,甚至销路看好,那都是空的,我一直认为真正能够判断自己作品价值的永远只能够是自己的感觉。

静下心来想自己,一下就把自己想没有了。先不说自己摆弄的汉字就是先人创下来的,就说叙述吧,好像跳来跳去也没有跳出别人的手掌心,仔细去追究,都是从别人那里走过来的,好像自己在走路却挂着别人的拐杖和拖着别人的尾巴一样,也就是说怎么找都没有找到自己说话的方式。

这才去想自己的写作由来,这才想到自己的写作完全是读别人的书,学习别人的说话方式而说话的。忽然就想到,这世界上有那么多作家,有那么多书,什么时候能读完?什么时候能够学完别人的经验?别说自己一生,就是再有几十辈子也读不完这些书,也学习不完别人的经验呢。那什么时候才能够把自己写出来?真真是苦海无边了。

我并不是说学习别人不重要,任何人都是从学习别人开始的,问题是从学习别人开始到哪里才算是结束呢?也就是说到什么时候才能够从对别人的学习中走出来,从而找到只属于自己的说话方式?

我这样去想一个作家的贡献,不论古今中外,任何一个优秀的作家的贡献,都是给世人一种不同于别人的新鲜的说话方式。而我自己的说话方式在哪里?起步时可以学习甚至可以模仿,没有人会笑话你,连你自己也会原谅自己,但是我已经三十多岁还要学习到什么时候?想到这里,我一下子就心凉了。

再就是那时候一下觉得自己也没有思想了。不说说话方式是别人的,连说出去的话也是别人的了,你想这会有多么痛苦?虽然不是一串串去背诵别人的思想,但是把自己的作品拆开来找,就会找到好多别人的思想的碎片,唯独没有只属于自己的认识。就觉得真是奇怪了,为什么我们想到的先人们都想到了,难道人对于这个世界的认识只是循环和重复吗?如果不是这样,那么怎么才能走出别人认识的汪洋大海,找到自己认识这个世界的绿岛呢?

并不是一定要找到自己对这个世界的认识来把自己突出出来和灿烂起来,而是痛苦地想到如果我们找不到自己对于这个世界的认识,那么我们的思想不就不会发展了吗?不会发展的生命,只会重复和循环的生命,就没有生命的意义了。也就是说,我们就没有再活着的必要,也就是说活着就等于死去——

我明白显然不是这样的,那么我们自己对于这个世界的认识在哪里呢?换句话说吧,也就是说依靠什么,怎样才能找到我们自己认识这个世界的方法?

我先回忆自己的生活,不妨就说自己的创作道路,产生重要作用的概括起来有两个主要因素:一是读别人的书;二是听别人的话从而受别人的启发。就发现了一个问题了,读别人的书也好,听别人的话也好,都离不开别人。

别人是什么?

说白了别人就是"集体"。

别人就是一种意识的"集体"表现。

刚开始可以,但是我们已经走到一定程度,我自己那年三十多岁如今已经过了四十岁,还是别人别人的,还要别人到什么时候?

如果这么一路走下去,到老死我也只能够生活在别人那里,到时候连老死都不明白自己老死在什么地方。

因为自己活得是一个别人,是一个"集体",而不是自己在活着。

于是我不再迷恋别人了。

先是从读别人里走出来,就觉得真正是读别人,而不是在受别人的淹没和压迫了,再就是不再渴望和喜欢与别人交流了,已经这么大年纪还要交流到什么时候?

这时候,个人体验的大树忽然从心里生长出来了。

我好像明白,不论是说话方式,还是说话内容,学习别人只能是一个过程,最终只能够依靠个人对这个世界的个性体验,才能够对这个世界发出自己的声音。

不论这种声音强大与弱小,好听与不好听,先是自己的声音。

三

　　好像只是明白写作是依靠个人体验还不够似的,因为谁都有个人体验,一个作家的成就好像是在个人体验的基础上以怎么表现个人体验区分高下的,好像只要是作家,谁都想走到个人表现的极致。

　　但是,极致在哪里呢？又没有标准,完全是瞎子摸象一样。

　　南丁过去有句话叫"慢半拍",是批评我们河南作家的,意思大概是说我们河南作家总是跟不上新的文学潮流,赶不到前面去当文学弄潮儿。现在来看这慢半拍又成优点了,因为文学再也没有了潮头,河南作家正因为不慌不忙和从容才显出了自己的实力来。于是这两年河南作家开始在全国走俏,省里开什么"南阳作家群研讨会",北京开什么"河南作家小说创作研讨会",特别是北京的评论家说我们河南作家二月河的小说五十年一百年才出一部,要什么有什么,直追《红楼梦》,一下子好热闹,弄得我们都不太适应了。难道南阳真的出现了作家群吗？难道河南作家的小说就真的写得好？难道二月河的小说就真的直追《红楼梦》？难道我们真的表现不错吗？

　　别晕,别人不说了,我们河南的青年评论家王鸿生就根本不以为然。他在编辑一套什么丛书时就发现了,在"社会关怀"、"个人关怀"、"终极关怀"三大关怀选集里,我们河南作家的作品在他看来只能够入选"社会关怀",而入不进另外两大关怀里。他虽然没说明,我们一听就明白这三大关怀就数"社会关怀"层次低下,言外之意别说我们没能进入"终极关怀",连"个人关怀"都还没有开始呢。

　　因为我们个人关系不错,他对我自己也有专门的批评,认为我张宇的小说是什么"民间智慧",这就是说咱怎么写都是民间智慧而不是文人智慧了。说白了就是说咱没有学问呗。其实他过去就教导我说,没有上过大学就没有受过系统教育,那么知识就不系统。言外之意我一听就明白了,那就是一般写写还可以,再往远处走就困难了。弦外之音就更深刻了,没有受过系统教育的作家和受过系统教育的作家在写作上有着本质的不同,人家是在本质上写作,写什么都在本质上；咱在表皮上写作,写什么都在表皮的皮毛上。我这么理解王鸿生的话不明白对不对。

　　别看王鸿生的话听着不好听,仔细去想想,却有深刻的道理。

　　其实不久前南丁也有精彩的批评,他是针对李佩甫、田中禾和我三个人的三部长篇小说发表批评的,基本上一个人一句话,非常精彩。先说李佩甫的小说语言太讲究,讲究到有点做作了;再说田中禾的长篇小说,听他自己说很宏大很不得了,就发表的一部分看不是那么回事;最后说张宇的长篇我也看了,不就是这么说说那么说说,说了二十万字,还是有点单薄。说话不多,但精彩,都说成南丁语录了,于是这三句话就流传开来。

我这么说来说去是想说明一个问题,那就是一个作家的最终追求是什么?也就是说哪里才是一个作家的极限风景?也就是说作家最终在完成着什么呢?

这真是一个让人头疼的问题。你说,当一个作家也真难。和先人比吧,比不上的。和外国的大作家比吧,也比不上的。甚至在王鸿生之流的眼里,我们和外省的作家比,也是比不上的。那么怎么才能比得上呢?

作为一个作家,谁不想比别人好?谁不想走向灿烂、辉煌和伟大呢?

如果现在还年轻就好了,可以慢慢来。如果能够长生不老就好了,可以慢慢整。问题是如今已经不那么年轻了,别人不说,我自己已经过了四十岁了,好像再怎么努力学习也来不及了一样。

咱怎么就这么不如别人呢?

那么怎么办?

真让人痛苦呀,这种痛苦一直困扰了我好长时间。

好了,这两年我可是不痛苦了,甚至也不再认真听什么别人的批评了。批评家就是弄批评的,批评是他们的职业,他不批评别人就是他自己没有水平,而且他们一会儿这么批评一会儿那么批评,你要听他们的批评来写作就上当了。因为人家并不是为了把你的作家批评大起来,而是为了把人家的学问批评出来,把人家自己批评成大人物哩。我也不再和别人比了,不再和我们的先人比,也不再和外国人比,甚至也不再和外省的作家比,惹不起咱躲得起,我在心里害怕你们还不行吗?我不仅不如你们的过去、现在和将来,我生来就不如你们行不行?

这么一想,我不再折腾自己和自己过不去,心里就静下来了。

有一天我高兴起来,就给自己开玩笑,我作了两个假设:一是假设自己写的作品本来就狗屁不是,比别人批评的还差呢。因为时间关系还没有真正狗屁不是出原形来,多少年后回头看张宇的作品那才会更加狗屁不是呢,那么现在还有什么值得自己浮躁的? 二是假设自己其实已经写得很伟大了,不过是因为时间关系人们还没有看出来自己的伟大和辉煌,大作家大作品一般来说都要经过后人来不断认识才能认识出来哩,现在自己还活着还在写着怎么能够认识出来? 这样一想到自己将来的伟大,现在也就不必要有什么不自信的痛苦了。

但是,不论将来狗屁不是也好,伟大也罢,到将来都他妈没有自己了,这才是事实呢。也就是说,自己将来如何,自己又不能够知道,那都是别人的事情,我现在关心这个干什么?

这样一想明白心态就放松了,作家的劳动不比体育也不比科技,完全没有必要和人家比较成就,只和自己比较就是了。

于是我想,我也不在乎伟大,我也不在乎渺小,只要努力地写下去就是了。写作是自己的事情,反映是别人的事情,别人能有如何如何成就咱不比了,我自己就完成我自己的创作就好了。

写一辈子,能端正一个创作态度,并不是容易的事情。说句不中听的话,这比那什么伟大和渺小还难弄哩。

我悄悄对自己说,我不逼你。

慢慢来,就这么写下去吧。

写成什么算什么。

走到哪里算哪里。

写作应该是愉快的,我不想太受罪,我想与自己和平共处。

原载《莽原》1996年第3期

困惑五章(节选)

张 宇

一、前途的困惑

在我的印象里,自己从小到大走到哪里都要受别人的教育,从家里到家外,一直都是受教育的对象。有时候就觉得自己像一只过街老鼠那样,人人喊打。于是总想摆脱这种心理困境,就觉得前边的路比万里长征还长,总想着长大了就好了。谁知道长大了也不行,身体长成了大人,在精神上别人还是把你当孙子对待,才想到就是长到老也逃不出这种困境。于是,就从来没有想到过要教育别人。一直到做了父亲,才感到要教育别人了。由于深感到受教育的精神痛苦,就尽量对孩子客气和温和,极少发火,以劝说为主,把儿子当朋友对待。有时候想到别处就笑了,就觉得他是我的儿子,我是别人的儿子,我们都是儿子,永远也走不出受教育的困境。

很偶然的,有一次我劝他要好好做功课,小时候不好好学习,长大了就没有前途。儿子点点头,他好像已经不再对这种话语感到新鲜,甚至也没有认真听到心里去,只是摆出了一个听话的态度来应付我。我感到他在表演我儿时的回忆。有意思的是儿子没有听进我的话,我自己倒听进去了我自己的话,并且我自己的话还把自己吓了一跳。因为我忽然想到,如果儿子追问我,爸爸什么是前途?我将无言以对,前途这个名词就忽然跳出来横在了我面前,一下子把我困惑住了。我这才发现,几十年来讲前途,前途来前途去的,如今活到四十岁竟不明白什么是人的前途了。

回想过去,前途这个名词如号角一直在召唤我努力和进取,但是从来就没有想过这个名词的深刻含义。细细去想,小时候生活在山里,山里的老人们说好好学习呀,书本里有大肉白馍馍。想吃大肉白馍馍就是那时候的前途了。再长大些,就有人说好好用功,上了中学上大学,汽车来火车去,看了电影去看戏。很显然的,看了电影去看戏就是前途了。父亲因为有文化,不说这些俗话,他总说好好读书,做个文化人,到外边闯世界,做个有出息的主儿。在父亲心里,到外边闯世界和做个有出息的主儿就是我的前途了。但是出息是什么样子,有出息了做什么,我并不明白,我甚至想父亲也未必能说明白和具体。

由于出身农民,失学以后就回家做庄稼。那时候我就想能吃城里的商品粮就有了前途,那时候的前途明白和具体,就是吃商品粮和参加工作,做一个城里人。但是这时候由于读过不少书,明白了不少道理,真正参加工作时却不说为了吃商品粮和做城里人,却说参加工作是为了为人民服务了。当然也不是假话,但是更主要的因素是什么?说白了还是为了自己。那是一个重要的转折,从那时候起我们开始学会了虚伪。具体说就是学会了心里想什么嘴里不说出来,却说另一种话语,把自己打扮和掩盖。这难道就是成人的表现吗?

现在我想起来,当我宣誓入党时,我并非一个老实的人,心里也想到为人民服务,但也想到入党就可以当干部,当干部就可以挣更多的钱和过更好的生活。那么我心里的前途就开始升级,升级为了当干部和过更好的生活。现在,当我写出这些话时,由于几十年来已经不习惯说真话了,仍然感到脸红心跳。我不明白别人是如何想的,是不是和我一样?

于是,回望生活我们感到了一种悲哀,我们所说的前途,说白了还是为了名利。从小的名利到大的名利。这么说着虽然难听,却真实。世俗的前途吹响的永远是自私的号角。虽然由于表述不同,有许多这样那样的说法,但是核心还是自私。细心去想世俗人,有几个不是在为名利而活着呢?

不过话又说回来,为了名利活着就真的不好?应该承认,名利永远是改变人的命运的动力,甚至也是改变世界的动力,有着不可否认的积极因素。如果人人都不再为名利而活着,很难想象我们的社会将会是什么样子。问题是我们只是为名利而活着,人世间就永远从险恶走向险恶,人生就永远从困惑走向困惑。那么什么才是我们的前途?前途的本质是什么?也就是人生的出路在哪里呢?

我试着这么想,人是离不开名利的,名和利是人生的效果和反映,你就是想离开它,它也离不开你,不如正大光明地承认它的存在。最好的态度是不要刻意去追求它,不被它困扰和折磨。那么人生的前途是什么呢?我这么想,你觉得做什么有意义,你又喜欢做,那么你就一直做下去。人生只做好一件事不容易,其实能坚持到底只做一件事更不容易。只要做事,名和利自然是要带来的,问题是能带来多少就是多少,别太在意它。那么前途是什么呢?并没有终极目标,甚至也没有终极效果,前途是你对自己的视野和对你自己的态度。能这么想,进入不进入境界不要紧,可能会活得自然和平静一些。

是否可以这么说,人生的前途就是你对自己的一种态度和承诺。

其实前途这两个汉字最好了,说白了就是前边的道路,永远没有止境的前边的道路。

二、理解的困惑

我本来很喜欢"理解"这个词语,觉得它词义特别广泛,有无边无际的可能性,可是等到人们把它聚焦和常用在人际关系上,而且又流行起来,甚至流行到"理解万岁"的程度,就俗了。

老实说,由于这个词的流俗,竟让人感到几分厌恶。

谁理解谁呢?

也许是我自己出身农民的原因吧,如果用理解这个词语来回望我的生活经历和体验,就深感理解的折磨和痛苦。从明白事理就开始学习理解别人,因为如果不理解就无法生活,就寸步难行,不理解也得理解。好好的人,一出生就分成了两等,城里人吃商品粮,我们农村人吃农村粮,吃商品粮的人可以随便到农村去生活,吃农村粮的人却不能够随便到城里去生活。从一出生,任何人就不在一个起跑线上,这公平吗?这能让人一下子就理解吗?同是一个国家,同是生活在社会主义社会,同在蓝天下,为什么把人分成了不同等级呢?我一懂事,就对这个问题不能够理解。但是不理解也要理解,这是事实,先接受下来慢慢去理解。

这就成了理解了要执行,不理解也要执行,在执行中加深理解。这还是理解吗?

当然,有人会说你已经活到这个份上,已经进城几十年了,已经是职业作家,还对这个问题耿耿于怀,心胸太狭窄了。老实说我对这个问题早已理解了。我也会说这个问题很复杂,关系到制度经济和管理等等。但是我理解了,那么多千千万万的农村青年能理解吗?他们还生活在对这个问题的理解中,而我们理解他们吗?拿什么去理解他们?拿空话吗?如果没有内容,这种理解就显得虚伪。

在日常生活中,就是生活在城里也一样,需要我们"加深理解"的事实太多太多了。只是一味地去理解行吗?那不成自欺欺人了吗?恐怕在有些问题上还是要拒绝理解的,行动起来,去改变它,才是出路。

是不是说远说空说大了?那就往小处说说,就说人与人之间的交往吧。与人相处,只要与人交往就免不了发生一些误会什么的,有误会就可能伤害人的感情。好像这时候就特别需要理解,那么需要谁去理解谁呢?我们会说需要相互理解,真的是相互理解吗?

如果你伤害了对方,你又能去理解什么呢?于是就不存在理解的迫切性和渴望了,渴望的倒是对方对你的理解。那么你的渴望和要求对方对你的理解是什么动机呢?说白了就是掩盖你对对方的伤害。这样,伤害了对方,还要求对方来理解自己,这不是太无耻了吗?这样就明白了,我们通常说的理解,实际是要求被伤害的一方去理解别人了。这真是雪上加霜,被人家伤害了,还要去理解别人的这种伤害,天下哪有这样的道理?

如果确实是一些小小不起眼的误会倒还罢了,理解不理解也不要紧,事情过去时间长了就淡了,如果是一些故意的伤害呢?那么要求理解就成了一种欺骗。于是我一直觉得,理解这个词语是强者嘴角冒出的泡沫,是弱者手里端的一杯苦酒。于是我老觉得,强者用理解进行欺骗,弱者用理解表示软弱。

由于这样的心理作怪吧,我曾在小说中多次写到拒绝理解,就是这个意思。

但是,在生活中,我也很希望朋友之间的相互理解,这就说明我也是一个软弱的人,但我也试图这样去运用理解和实践理解的可能性,那就是可以多去理解别人,不渴望别人甚至拒绝别人对于自己的理解。这样与人相处,起码不那么自私,也给自己一点做人的自信。

我这么说理解,是不是说糊涂了?不是糊涂了别人而是糊涂了自己?

生活本来就是一碗糊涂。

三、朋友的困惑

……

四、艺术的困惑

大凡摆弄小说的人,差不多都经常对小说艺术的本质进行思考。好像因为你写起小说来,你才越来越不明白小说是什么。小说家几乎都有这个毛病,只是愿意理解别人对于小说的理论,却从来不相信它。喜欢通过实践,获得自己独特的对于小说艺术的感受和体会,并不是为了弄出什么小说艺术理论来,只是为了把自己的小说写得有自己的味道,或者说写得更好一些。

这大概就是小说家的理论和理论家的理论的区别,理论家的理论直接用来宣传自己和张扬自己,从而把自己的理论从无到有从小到大,而小说家的理论只是用来不断认识和扬弃自己的创作实践。于是我们就发现,小说家对于自己的艺术理论不去讲如何叙述它,说得越简单越明了越好。而理论家的理论更多的是讲究对理论的叙述手段,甚至讲究到没有理论也行,只要叙述得越复杂越难懂文字越长越好,有时候就使人产生错觉,好像叙述本身就是理论了。

其实说白了也简单,说句玩笑话吧,小说家是用小说挣稿费的,而理论家是直接用理论挣稿费的。

还有一个区别,小说家的理论靠不住,他今天这么说,明天就可能那么说,特别是优秀的小说家经常会否定自己的观点,于是小说家的理论通常是自相矛盾无法自圆其说的。而理论家的理论就要追求一种连贯性,从浅到深由表及里由低级到高级一直由形而下到形而上,最好弄出一个体系出来,就把自己伟大出人群了。

这样一说就明白了,小说家要只是摆弄小说还好说,一进入对于小说的艺术思考就容易糊涂。大作家还好说,像我等小作家就经常沦陷在理论的困惑中,通常是只埋头拉车还可以对付,一抬头看路就迷茫了。

大概是1984年吧,那一段时间我忽然觉得自己过去写的小说不像小说了,也说不出什么名堂来,只是本能地感到自己过去写的小说有点偏大,不像是小说而像是大说,或者说起码是中说。在我的认识里,大与小是这样区别的,直接干扰社会行为和直接进行一种或多种宣传的话语应该是大说或者是中说,而只是描写生活体会和心灵体验的个性话语应该是小说。尽管这种界定还过于简单和粗糙,就那时候的思想水平,我就这么认为了。于是我就直接写出一篇小文,提出来小说只能写成小说不能够写成中说或大说。这句话后来竟传出去是我没有想到的,后来就有我所尊敬的蓝翎先生写文章逗我,批评我小说不但要写成小说,也可以写成中说和大说。我一下子不能够理解他的深意,就又对小说观念模糊起来。

后来就出现了先锋派,来势之凶猛让人防不胜防,先锋作家的作品到处开花,评论家叫好叫得满嘴白沫。我又不明白什么是小说了。于是就去看先锋作家的作品,说实话也看得明白,也为人家的才华吃惊和叫绝。并且,在这群先锋作家中,我还特别看中了余华,曾像一个追星族一样把余华看成心目中先锋作家的明星。余华给我酒喝,又给我寄书,我曾经大受感动。但是也觉得这不是唯一的表现方法,甚至也不是最能体现小说本质的,但是什么才是小说艺术的本质并不明白。

还好,因为有一天忽然想到了先锋小说走红的原因,才算排除了先锋小说对自己的干扰。说白了先锋小说在突出叙述的基础上,推翻了传统的阅读习惯而已。如果说传统小说是一种习惯的顺传达的话,那么先锋小说就是一种逆向的反传达,他们是用反传达的叙述刺激了阅读,产生了广泛的影响。于是就给我的朋友北村先生写信,揭露他们的"真相",用顺传达和反传达的说法,打击他们的傲气和写作的积极性。当然只是恶作剧式的,说出来也只是一个玩笑,没想到北村竟把它发表出来,以表现先锋作家的胸怀和大气。但是小说艺术到底是什么,我并不清楚。当然,我也并非一定要把它说清楚,我也不准备把它说清楚的,也不是为了把它说清楚才写小说的。但是,自个儿是个写小说的,对于小说的认识心中无数次感到迷茫,也并非什么好事。我这么去想小说艺术的理论,一个小说家一定要有自己对于小说的本质的不断的理解,虽然不用说出去让别人知道,不用去比较是否正确,自己心里总要有数,自己总不能够欺骗自己,总不能够别人欺骗自己,自己也和别人团结起来共同欺骗自己吧?

一直到几年后的一个独处的黄昏里,我才有点明白了。那时候我独身,田中禾兄帮我找了处房子在遥远的郑州西郊的七层楼上。从那里骑车到我们作家协会要50分钟,那地方没有通讯地址,就像一个人没有名字一样,我住在那儿如同一个黑人黑户。如果我不出去看朋友,朋友们就不可能找来看我,也找不到地方。那时候我就想,如果我一个人死在那里,怕是要很久才会被人发现的。这时候我才想到这个世界上关心我的人并不多,生活永远是要自己来承受的。但也并不悲哀,因为我同时想明白了,如果别人住在这里也一样,我也不会多来关心别人的。于是倒平静下来,一边看书,一边写作和思考。就我的习惯,我通常是读书和写作的时间少,更多的时间用来胡思乱想,多少年来就是如此。那时候自然想生活本身的问题很多,但更多的时间还是在思考我的小说艺术。我甚至觉得思考小说比写小说还要兴奋,有时候就想小说家要是只想小说而不写小说该多好。因为把小说写出来是给别人看,而只想不写,就只给自己享受。

就在那个黄昏吧,我记得那是个晴天,我站在高高的阳台上看晚霞,看着看着我忽然从高处往下看,冷不丁就想到,如果我从这七层楼的阳台上跳下去会不会一下子就摔死呢?我觉得会摔死,只是一定会死得很难看,就想到自杀有许多种,绝不能选择跳楼自杀这一种,这一种自杀方式太破坏自己的形象了。这还是想着玩,没想到这时候忽然思路一转,想到了生活和艺术的关系问题,我想到如果我就这么跳下去死了,是我死了还是这个世界不存在了呢?

我先是想到,我跳下去死了,别人还好好地活着,当然这个世界还是存在的,这简直没有什么可怀疑的,我自己就看到死了不少人,我们不是好好地活着吗?但是我又觉得,世界是由于我对它的感知才存在的,如果我死了,已经不能够再感知这个世界了,我为什么要说它还存在着呢?

于是就想到了两个结果,一个是我死了,这个世界还存在着;一个是这个世界死了,我自己进入了永恒。

于是忽然想到,前一种认识是理性的存在的生活本身的真实,而后一种认识就是感觉的艺术的形而上的真实了。

于是再往偏激处想,才发现这个世界并不重要,重要的是我们的小说艺术。

我们不是为了这个世界的存在而弄小说的,反而认为这个世界是为了小说艺术而存在的呢。这个世界并不伟大,伟大的是我们自己。

竟忽然想到了这种区别,我感到十分兴奋。于是就去大街上喝啤酒,庆祝自己在这个黄昏里的思考成果。从这里出发,我终于明白生活的真实和艺术的真实本来就是两回事儿。生活是一种存在,而艺术永远是一种虚构。也就是说生活是真的,艺术是假的,只能够是假的。从这里出发去联想,就不难明白现实生活是存在的世界,而小说艺术是作家虚构的世界了。

不知道我这么想有没有道理?

当然,后来我又陷入了另一种困惑,那就是如何虚构自己的文字世界的困惑。

现在我这么想,只要你认真地面对自己的写作,你就不可能不困惑,也就是说你就永远走不出困惑。把什么都想得明明白白的,反而很危险。只有不断地困惑自己,才有可能诱惑自己不断地提高自己的认识,从而不断地进入那无边无际的永远陌生的感知世界。

五、历史的困惑

有一件小事,一直令我难忘。已经二十多年了吧?那时候我刚到洛阳当工人,那时候的工人学技术是第二位的,主要是参加政治运动。每天都在军代表的领导下开展政治学习,提高思想觉悟。我记得关于革命路线和革命政权的讨论最热烈了,一部分人认为先有革命路线,有了好的革命路线才能够夺取革命政权,也就是说先有路线后有政权;一部分人认为先有革命政权,只有有了革命政权才能够执行革命路线,也就是说先有政权后有路线。这两个观点争论不休,一直相持了很长时间,就像争论先有鸡还是先有蛋一样,到最后也没有什么结果。给我印象最深的是我们的军代表,他们一直没有表态。为此我十分敬重他们,觉得他们都是了不起的人呢。实际上是佩服他们不表态的这种态度,不表态也是一种态度,让我大开眼界。从此我明白了一个道理,许多事情都可以用不表态来对付。

那是一天上午,忽然车间里通知我,要我跟着军代表去市里听一个重要的报告什么的。我当然很高兴,觉得受到重用一样。出发时我发现我们厂里去的人并不多,也只有五六个人的样子,更觉得受宠若惊。那时候我二十来岁,刚走向社会,上进心很强。其实也不明白怎么上,往哪儿进,只是有太多盲目的热情在燃烧。

我们厂在洛阳东,那天的会址在洛阳西,洛阳人叫涧西吧。会址是一个礼堂,其实也就是一个电影院,那年月这种地方不叫电影院剧院什么的,差不多都叫会堂或者叫礼堂,好像这样叫就比那样叫革命许多。我们赶到后发现人并不多,也就一百来人,全是洛阳市各厂的军代表带各厂的宣传骨干,主要是一些能写会画的人。一时间就觉得自己成了人才一样,脑袋也比平时大起来,轰轰作响。于是就格外认真,一说开会,马上就拿出笔和本子,准备记下新精神。奇怪的是作报告的人说大家先把本子收起来,这个会没有记录任务,主要是听。这就有了神秘感,也不知道要干什么了。

　　我记得讲话的是一位军官,人家介绍说是李政委,并且说是什么军政委,是一个大官。不是坐着讲,而一直是站着讲,这一点给我印象很深。当时都讲了些什么内容,现在我是再也想不完全了,只有一点我永远难忘。那就是他讲到当年红军在井冈山会师,并不是毛主席和朱德,而是毛主席和林副统帅。我记得李政委挥着手说,怎么能是朱德呢? 怎么说也应该是我们敬爱的林副统帅。这句话一下子震动了我。我从小在课本上学习的井冈山的会师,一直是毛主席和朱德司令,怎么一下子变成了林副统帅呢?

　　我并没有先见之明,那时候我还年轻,甚至也没有主心骨什么的,就没有去想到底是哪一个在当年去井冈山和毛主席会师,一下子就相信了李政委的话,认定了是林副统帅。心里也别扭,别扭是别扭,并没有多心。令人难以相信的是,怎么这多少年老说是朱德呢? 为什么要这么说?

　　当然,这件事很快就明白了,林彪一下台就自然明白了。但是这件事给人刺激太大,让人想到了太多别的什么。如果林彪不下台呢? 那样是不是就要弄成毛主席和林彪在井冈山上会师了? 到底是谁当年和毛主席在井冈山会师,这一定是有真实的历史的史实的,但是历史怎么能够修改呢? 当年的人还在,就有人要出来修改历史,那么过去的历史呢?

　　从那以后吧,莫名其妙的我开始对历史产生了怀疑。我开始不断地问自己,什么样的历史才是真实的历史? 于是,历史问题就开始困惑我了。我也明白思考这个问题并没有什么用处,但是却忘不了。我从小就有这个毛病,喜欢自己找些问题来胡思乱想,把自己折腾。

　　我这么去想,现当代的历史就有人想去修改它,那么我们的古代历史肯定被人改过不知道多少遍了。哪个皇帝上了台,只要想到怎么改对自己有利,那就怎么改。那么,被这么多人修改过的历史,还有几分真实呢?

　　再进一步说,别说改来改去了,就说最初给我们后人写历史的时候难道就真实吗? 我们都明白,历史的史实作为一种存在一闪就消失了,史实本身并不会给我们留下来什么,留下来的只是人们对于这些史实的文字叙述而已。文字是要具体的人来写的,写历史的人永远也逃不脱自己的历史观点,也就是说他写下的只是他对于历史史实的主观选择罢了。那么,给我们留下来的历史,其实只是写历史的人的眼中的历史,永远不可能是史实本身。这就是说,留给我们后人的历史从一开始就多多少少偏离了真实性了。更不要说再经过后来的多次修改了。这一下我们就明白了,真正的历史的史实永远不可能再重现了,我们所说的历史不过是一些留下来的历史上的文字罢了。

当我想明白这一层后,有几年时间吧,一说到历史的话题,我就感到特别痛苦。作为后人永远不能够了解自己先人的真实历史,就永远不明白自己从什么地方走过来,也就不明白自己的真实了,就如同说俗了的那句"我是谁?"一样,再想到我们的文化人动不动就说历史感什么的,就感到特别可笑。虽然不去浅薄地挖苦别人,但也明白在自己的文章中加进去的一些编造的历史材料,并不是什么真正的历史感,也就更说不上什么史实的追求了。

但是,有时候我也这么去想,明知道不可能重现历史的真实,为什么还要去死死地追问真实与否呢?我自己到底在希望哪一个给我以历史的真实呢?甚至我想到了,如果是别人给我的答案,又不能够去证实真实与否,我要这个真实干什么?

于是,有一天我竟然想到,历史的真实不用再找了,它不在别人那里,也就是说它不在别处,恰恰在我自己这里。历史的真实在哪里?在我自己对于历史的猜测之中,在我自己对于历史的思考之中,在我自己对于历史的真实的感受之中。也就是说,只有我自己对于历史的猜测、思考和感受才是真实的,别的都不可能证明是真实的了。

这个想法使我很兴奋,使我一下子就找到了寻找和感受历史的新方法一样,使我长时间激动。于是沿着这个思路,我发现历史并不在过去那里,而恰恰在现在,在我们的生活现在进行时里隐藏着哩。难道不是吗?在我们的生活感受里,在我们的思想方法里,在我们的思维习惯里,在我们对这个世界的态度里,几乎无处不在,到处都有历史的身影在闪烁着,在欢乐在哭泣在诉说在给我们后人回光返照呢。

于是我想到,只要我们想做,我们每个人都可以在做着现代人的同时,也可以做历史的老人了。

原载《青年文学》1995年第11期

看张宇"表演爱情"

奚同发

由著名作家、河南省作协主席张宇历时三载构思、一年多创作的长篇小说《表演爱情》终于杀青。《中国作家》杂志应作家本人要求仅发表了26万字中的十多万字,同时长江文艺出版社隆重推出小说单行本。这是继《软弱》写"公安"系统"警察与小偷"之后,张宇的"公检法"三部曲之二——描写"检察"系统"检察官与犯罪嫌疑人"的长篇小说,也是他的第五部长篇力作。

《表演爱情》延续了《软弱》的创作笔法,为读者展示了黄河之滨的大河市,检察长李刚游刃于官场之中,女检察官越洋追捕犯罪嫌疑人,却与之相爱的故事。官场、情场、商场、家庭、宿仇引发国际大追捕……小说中对各色人物的心理开掘更是作家一贯的探索风格,犀利的笔锋直指人性的要害和深处。借着小说刚刚上市,记者就《表演爱情》采访了作家张宇。

记者:作为一个一直从事严肃文学创作的作家,你的这部新作好像很时尚、通俗,这似乎与你作协主席的身份不符……

张宇:我个人认为,作协主席的任务是带头写作。当我面对电脑写作时,早把作协主席忘完了,心中永远是读者。一个作家面对读者,应该是不端架子、不扭捏作态,要与读者亲近,所以从《软弱》到《表演爱情》,我对语言的选择是主动的。通俗也好,时尚也好,其实主要是说大白话,小说语言与别的文体语言不同的是,小说语言就是人们通常说的不正经的话,同时,又是个性化的语言。一个作家是否严肃,不在于他的创作风格,而在于创作态度。我觉得我写这部小说的态度是诚恳认真的,比任何时候都严肃认真。

记者:你的小说给人一个突出的印象是没有什么好人坏人之分,似乎丧失了一些公认的基本原则?

张宇:我一直不同意简单地用好人或坏人来理解和评判小说中的人物。十多年前,我就曾说过,看一个人的脸就是正面人物,看他的屁股就是反面人物。这与我生活中的道德、社会秩序原则是两码事。在这部作品中,我尽最大可能地发掘每一个人物身上的善良,对罪犯也是如此。这仅仅是一个看法问题,我认为一个罪人、最坏的人,身上同样存在着善良的光芒——就看你是否能发现。我喜欢发现人们的善良,以此来温暖我们的社会关系。经济发展生活的丰富,使我们的社会关系大有物质化倾向。而物质化带给人们的是缺少亲情温情、人情冷漠，这损害了我们生存的环境。所以，我发现善良，描写人类美好的一面，是想点燃一堆火给这个社会一点温情。尽管作用很小，但这是我这部小说的写作态度。

我是一个在小说创作中愿意走极端的人。在这部小说中，我把每个人都写成了所谓的好人，也可能在今后的创作中，去写一群"坏人"，写尽他们的狰狞和丑恶。这只是作品，与作家的真实生活原则是两码事。小说家就是要发现别人没有发现的，向读者传达属于个人的感悟。

记者：这部小说中的"跨国追捕"好像有生活原型……

张宇：这部小说的主要故事情节不是编造的，但没有具体原型，是在几个案件的基础上虚构的。我起初甚至想到，把这部小说的环境、地理背景放在我非常熟悉的一个中等城市来描写。因为我对那座城市充满了感情，在那儿工作生活过。实际上也这么做了，但小说杀青时，还是隐去了城市的真实地名。原来想用我的小说来宣传和表示我对这个城市的感情，回报城市对我的恩情，但我更不希望万一有人对号入座，给我带来麻烦，误解了我创作的原意。小说是虚构的艺术。正因为是虚构的，它才更富有典型化，而典型化最易于对号入座。对这一点，我表示无奈，同时也期待我们的阅读水平不断提高。

记者：你前两年的《软弱》写的是"警察与小偷"，这部小说写"检察官与犯罪嫌疑人"，你为什么总把目光放在"公检法"这类特殊人群中？

张宇：可能是从生活出发的原因。我有许多"公检法"部门的朋友，而且二十多年前我做县委副书记时分管过"公检法"工作。这些方面的生活感受基础，我一直没写，于是就集中在这几部书里。同时，我一直觉得"公检法"生活在社会的焦点之中，各种社会矛盾最易在他们那儿集中。他们的工作甚至可以说是我们生活的晴雨表，所以，从他们的生活更容易走进人们生活的深处。作家是喜欢走进人们生活深处的人，"公检法"的生活可以满足我这种欲望。另外，"公检法"自己的生活以及跟他们的对象——犯罪嫌疑人之间矛盾十分激化，这其中传奇人物和故事众多，其人性也能得到最突出的显现。我是一个喜欢探索人性的作家，我感到以"公检法"的生活为载体，更易接近我关心的本质。

原载《文学报》2003 年 6 月 12 日

张宇:小说何妨"不正经"

陶 澜

张宇小说何妨"不正经","公检法"三部曲之二《表演爱情》面世

河南省作协主席张宇推出了历时三年创作的新长篇《表演爱情》。这是继《软弱》写"公安"系统"警察与小偷"之后,张宇的"公检法"三部曲之二,是写"检察官与犯罪嫌疑人"的长篇小说。这部小说根据发生在中原轰动全国的几起大案要案生发开来,为读者展示了黄河之滨的大河市,检察长李刚游刃于官场之中,女检察官越洋追捕犯罪嫌疑人,却与之相爱的故事。该小说单行本已经由长江文艺出版社出版。昨天,记者电话采访了在郑州的张宇。

"公检法"为展现人性提供了广阔的空间

记者:三年前,你以"前所未有"的新手法,写"警察与小偷"的特殊生活心理和较量。此次又写了"检察官和犯罪嫌疑人",为什么近年的创作总把目光放在"公检法"领域?

张宇:这和我的生活经历有关系。二十多年前我在当县委副书记时分管过"公检法",而且我有很多朋友在这个系统工作,素材积累到现在,于是就写起"公检法"三部曲。我比较喜欢探索人性的丰富性、复杂性,公检法领域矛盾比较激烈,给展示人性的深度、丰富性、尖锐性提供了一个较宽阔的空间。

记者:丰富、尖锐在哪些地方?

张宇:新时期犯罪手段的变化、高智商犯罪多起来,犯罪观念、犯罪界限的模糊,给人性表演提供了特别有意思的余地,在这个领域中,人性中闪光的部分也比较突出。我认为,再大的事莫过于犯法。一般矛盾在金钱和政治两大领域上容易隐蔽,人性容易被多角度地叙述。但是在法律面前,在犯罪、对抗犯罪面前,罪犯和执法人员没有掩盖、多重叙述的可能性,他们之间是最尖锐的对峙、最强烈的对抗,揭示人性、智慧、勇气、本性各个方面的集中点多,所以,从他们

的生活更容易走进人们生活的深处。

现在有很多生活都被表演过了，包括爱情

记者：这部小说中，女检察官在追捕犯罪嫌疑人的过程中，却与之相爱了；《软弱》中刚毅、果敢、执法无情的警察也有软弱的一面。你好像特别愿意把人物推到极致的境况，是这样更能展现人性，还是这样塑造故事更好看？

张宇：我想这样塑造人性的确更能展现人性，但更重要的是我对感情有自己的看法。现代人在选择感情、对待爱情时，是遵循着自己的感情的。即使是一个检察官，她也不能确定自己会爱上、会选择什么人。当爱情汹涌澎湃到来的时候，人们会放弃原来的很多观念、想法，而倾听自己内心的声音。

记者：如何理解"表演爱情"这四个字，是因为你觉得现在的爱情大多充满了表演吗？

张宇：我觉得现在许多生活本质被扭曲了，人们的角色意识特别重，很多生活被表演过了，包括爱情。所以我写了这部小说，小说中的检察长、女检察官、犯罪嫌疑人几个人物在生活中的过程，实际是表演角色的过程，和他们真正的生活愿望、生活内容有一种对抗和矛盾，让他们不能自拔。

记者：这部小说中写的女性在婚姻、爱情、性上都特别开放，为什么？

张宇：我看了很多书籍，古往今来，任何社会、民族凡是压抑人性、独裁统治的时候，都是从压抑性、禁锢性开始的。一个社会逐步开放、逐步繁荣的时候，也是从性的开放开始的。我个人认为，性在人生命中对点燃人的生命激情和创造力起了非常大的作用。由于我国文化传统，性是大家所忌讳谈论的一个话题，但是我留意到，改革开放以来，中国的各色人对待性的态度发生了翻天覆地的变化，由扭曲、压抑走向文明、开放。我想作为一个作家在文学作品中应该正视这种变化，所以在这部小说中涉及了它带给人们的积极影响。

通俗的写作不是媚俗

记者：公安题材本身就已经很吸引"眼球"了，又在其中加入爱情、性等，看上去很像好莱坞大片，不怕被批评说你的写作就是媚俗吗？

张宇：关于"媚俗"与"媚雅"的问题，我在创作《软弱》的时候就思考过。我

曾说过,小说应该写成"小"说,而不是"中"说或"大"说;小说是说一些"不正经"的话,不是我们平常板着脸说的那些套话,而是作为一个人的有个性的话。我觉得作家是个普通人,写小说面对读者的时候应该是低姿态的。作家在对人性的探索上、对人物的把握上可以走极端,但是在语言上很文雅并不一定就是好的。我现在写作采用白话、口语化的叙述方式。我想,只要思考是认真的,文学性上不降低,叙述上的通俗不是媚俗。

记者:在接近和靠近读者的同时,文学作品也应该给读者带来美的享受。很多时候,人们不会夸赞"口语"美。

张宇:我说的口语化是接近口语化的程度,但不是照搬口语,也不是把生活细节直接搬到作品中。作家应该是有选择的,并不是说生活中怎样就写成怎样,生活的真实只是供作家选择的素材。

记者:"公检法"的第三部应该是法官和罪犯了,打算怎么写?

张宇:我想会写到监狱的犯人以及和犯人一起生活的这些人。监狱是古今中外一直存在的一个机构,在监狱中的那些罪犯,他们的生活、他们的精神状况、他们的生活形态是非常有意思的。这是一个不可忽视的世界,在那个状态下,人更容易展示出各个方面。

原载《北京青年报》2003 年 5 月 14 日

张宇:作家要能把"芝麻"写成"西瓜"

王学亮

作为河南省作协主席的张宇为了体验生活,不拿年薪,到一家公司去当总裁,此举让文坛议论纷纷。

记者: 贾平凹曾经说,文坛的淘汰率可怕得很。您从文坛"跳槽"到商界,担心不担心被淘汰?

张宇: 不担心。一个作家到了一定的时候,应该学会拒绝生活,而不是选择生活。像你们这些年轻人处于学习和选择的过程,你们是要什么,我现在是以不要什么为主。我对我的读者有判断,我的书出来之后,一般都能卖个七八万册,这没有一点问题,不宣传也可以。我已经有了自己固定的读者群,我和他们的心灵是息息相通的。再则,达到我这种水平的时候,不需要赶时尚,我需要做的是写出水平来,一部比一部写得好。我不需要经常参加什么活动,混个脸熟啊什么的,我觉得这样做没有任何意义。

记者: 继《软弱》和《表演爱情》之后,您近年来创作的"公检法"三部曲的压卷之作——长篇小说《蚂蚁》与读者见面了。为什么近年的创作总把目光放在"公检法"领域?

张宇: 我之所以把目光放在"公检法"领域,一是因为我原来做县委副书记的时候管过"公检法",对这一块生活很熟悉;二是我在"公检法"有很多朋友,我想释放一下这方面的素材,三部曲是我对在"公检法"这一块生活积累的总结。

记者: 您并不熟悉监狱生活,《蚂蚁》的创作是在一个朋友提供素材的基础上虚构的,这和"文学来源于生活,高于生活"的文学定论是否有点偏离?您是如何看待现实生活与写作的?

张宇: "文学来源于生活,高于生活"并不见得是正确的,"来源于生活"是正确的,"高于生活"是不正确的。一个作家的文学才能从某种角度来说就是一个作家的虚构能力。一个作家不可能把所有的生活都体验完才去写作,那不把作家累死才怪呢,一个作家活十辈子都体验不完生活。作为作家就要有把一粒"芝麻"写成"西瓜"的能力,"芝麻"就是生活,"西瓜"就是文学作品。一粒"芝麻"怎样才能写成"西瓜"呢?这就要考验一个作家的虚构能力和想象空间,这是一种再创造的才华。

记者：您觉得文学对改变现实生活的某些诟病会起到什么样的作用？

张宇：我这部小说的语言和原来相比是大不一样的，我写《疼痛与抚摸》的时候，用的是一种诗化的、哲理化的语言，之所以改变主要是想接近更多的读者，从叙述方式上讲，更口语化、平民化了。用一句行话说，我加快了语言的叙述速度，就是要让读者一口气看完。文学改变现实生活的能力非常弱，文学就是文学，它只能潜移默化影响人的精神和灵魂，对改变现实生活的能力非常小、非常小。

记者："公检法"题材本身就已经很吸引人们的"眼球"了，又在其中加入爱情、性等，看上去很像好莱坞大片，您是否担心评论家批评你的写作就是媚俗呢？

张宇：不担心，我从来不担心评论家怎么看，我常和全国的评论家较劲。我是一个个性很强的作家，到了一部作品我想怎么"玩"的时候，我根本不考虑评论家的意见，就不能去考虑，考虑了就没有效果了。听别人的话，作家就没有什么话可以讲了，自己的作品就不好"玩"了。

记者：有评论家说，《软弱》一书具有通俗性、平和性，贴近读者却游离于纯文学之外。那么，小说的最终目的是"好看"还是"高深"呢？您是如何理解小说的？在小说创作中最重要的是什么？

张宇：小说的目的不是高深，也不是好看。我写小说的目的就是探索人性的深度，探索、研究、揣摩人的心理是我的一个习惯。从这个角度来说，《软弱》和《表演爱情》就走得有点远了。《软弱》翻译到法国的时候，他们把它归结为"侦探题材的纯文学小说"，法国的评论家评论《软弱》的时候说，这是一部"在侦探题材的外衣下探索人性的纯文学小说"。我觉得，小说创作中，最重要的就是个性化，越个人化越好。比如，熟悉我的评论家和读者即使捂着小说的署名"作者张宇"，他们看个四五十行也能知道是张宇的作品。

记者：那请您谈谈您的小说语言以及对小说语言的见解。

张宇：小说的语言一定要带有个人化的表达方式。我的小说的语言特点，一是快捷，直达读者的心灵；二是有趣；三是平实。就像我们两个人在谈话，我要光说目的性的东西，就会让人觉得累；如果我的谈话非常幽默、诙谐有趣，你就会很舒服。我觉得小说的语言应该是这样的。

记者：您怎样看待自己成名后的写作？

张宇：我成名之前的写作不是很认真，很浅薄，很不专业，就是"习作"。成名凭的是激情、活力，属于误打误撞成名的。成名后就严肃起来了，开始真正意义上反思文学，从态度上来说也认真多了。因为，我一生都将从事这个职业了。

采访手记：

定下采访张宇的选题后，便多次打电话联系，他总是很忙，总是很歉意地说"人在江湖……这样，你一有时间就给我打电话吧……"如是三番，尽管没能约到，但他的话还是让人觉得蛮舒服。

终于，8月24日晚近10点，在我们约好的地点，几乎"望穿秋水"，张宇挎个帆布包终于从人群和车流里很"乡土"地步行着"挤"了过来，让人禁不住想起他在《乡村情感》中的第一句话："我是乡下放进城里来的一只风筝，飘来飘去已经二十年，线绳儿还系在老家的房梁上……城里的街道很宽，总觉得这是别人的路，没有自己下脚的地方。往前走时感觉不到在走，总觉得是挤。好不容易挤过去，还要再挤回来……"

眼角是密密的岁月的河，眼底是沉静的中年的风霜。这就是张宇，河南省作家协会的主席。张宇的手很温暖，足以让我把对他的景仰之情迅速过渡到对其亲和力的折服之心。气氛轻松了许多。及至张宇坐到我对面，一张洒满微笑的脸，一句他说了多次的"人在江湖，身不由己，让你们久等了"，让我觉得坐在对面的不是河南省作家协会主席，而仅仅是一位长者。

张宇很认真地盯着我说："真的，已经晚上10点，这么晚了，你还这么执着地联系我、采访我，你的这种敬业精神让我感动。"寒暄几句过后，张宇开始往家里打电话，并且歉意地笑了笑说："不好意思，我请个假……"他对着手机说话的声音是低缓而温柔的，脸上布满了浓浓的爱意。

趁张宇打电话的工夫，我"肆无忌惮"地对他上下打量：淡咖啡色的T恤、浅色的休闲裤，一身看似很随意的打扮使张宇显得年轻，依然保持着一位作家自在、舒展的精神状态。

就着奶香浓郁的卡布奇诺，采访持续了一个多小时。坐在对面的张宇是真实的，他非常随和、自然，讲起话来滔滔不绝，思路清晰，语速很快，犹如他刚刚出版的长篇小说《蚂蚁》。他那带着豫西口音的普通话，时不时冒出的几句方言土语，逗得人开怀大笑。让我觉得很"乡土"，可其言谈间思路的机敏与缜密又让人领略到了他的另一面。

采访结束的时候已经夜里11点钟，我表达我的歉意，张宇微微一笑，又来了句"人在江湖"；分别的时候，我要求去送他，他大手一挥，"挤"上了回家的路。

原载《现代教育报》2004年10月22日

南极归来，豁然的自我
——张宇访谈

苗梅玲

苗梅玲：您去年年底去了一趟南极，去了多久，能介绍一下这次南极探险之旅吗？

张宇：对，我是去年10月份去的，去了20天，因为去年12月14日是人类登上南极100周年纪念日，在全世界范围内组织了系列的纪念活动，这个活动是其中之一，由美国的奇航公司发起，组织了全世界不到一百人的专家团队，主要有30个中国人，40个美国人，还有别的国家的人，构成以科学家为主，也有人文学家、摄影家、旅行家、探险家，作家就我一个。

苗梅玲：《大河报》的副主编杨青也去了。

张宇：当时我是《大河报》推荐去的，杨青是随行记者，是陪我的。《大河报》有一个名额，要选一个中原文化大使代表河南去，要在会上论剑，与各国专家交流。最初二月河、张一弓、孙广举都在选拔之列，但他们身体状况不允许，后来选了我，我开玩笑说，看来不是我的水平高，主要是我的身体好，呵呵。

苗梅玲：一提到南极，第一反应就是那里很危险。

张宇：我从南极回来以后，在阿根廷接受记者采访时说，此生不去南极枉为人，再去南极不是人。把他们笑坏了，我不是很喜欢旅游，对那里的风光没有太多的期望，但还是愿意去神秘的地方。

苗梅玲：是什么原因让您接受这次挑战的？

张宇：应该说是对南极感兴趣。具体原因有两个。一个是宏观上的，我对南极的一些皮毛了解，关于南极和我们人类生活的关系，和全世界的关系。例如全世界90%多的淡水是从南极来的，它只要出问题，全世界就跟着出问题，等等。地球上满负荷到底能承受多少人，我也很关心这个问题，我是作家，于是南极就撞到我的关心点上了。其次，有生之年走一趟南极对我也是一个挑战，去了一趟非常好，对南极的生态和原始的东西很喜欢，很刺激，南极的冰山、雪、海洋、气候，也弄懂了它和地球之间的关系。我们一路主要是研讨，在一个像五星级宾馆一样的大船上，俄罗斯的科考团陪同并负责我们的安全。

苗梅玲：你们坐的是什么样的轮船？在船上主要都做些什么？

张宇：非常豪华，漂亮，极坚固，有破冰的功能。在船上每天有两种活动：一种是科学讲座，有研究水的专家、冰的专家、雪的专家、鸟的专家、动植物专家等在一起交流论文，第二种是下船去亲自体验南极。因为那里没地方住，我们只能住在船上，在那里停留了10天。

苗梅玲：那您的这次探险之旅给您的文学创作观念上带来什么变化？

张宇：我正在写一本书，快写完了，一下子到了南极，觉得到了天外边了，再回望我们人类的生活，有种恍若隔世的感觉，第二就是感觉我们原来都是井底之蛙，只顾自己的生存，只顾考虑自己民族的利益、国家的利益，甚至是个人的利益，考虑生存、考虑环境也只是口号，都没落实到行动上来，不是发自内心的迫切的需要，但走到南极后对思想冲击很大，开始考虑人类现在整个生存环境，考虑人与地球的关系，考虑人类与环境的关系就成了一个自觉的主题，这是我最大的变化。原来作为作家关心的是中国人文精神啊、人们的民族意识啊，现在想想关心这些就太小、太自私，因为人类在疯狂地滥采滥用，土地都被开成了垃圾，孽债沉重，将来这个报应不仅仅落在我们头上。我不再觉得我们拥有五千年的文明多么伟大，伟大的同时也多么作孽，离负数不远了，离解决负担的距离不远了，像恐龙到后来的全部灭绝，人类也会。当人类的生存在地球上泛滥的时候，提供的生活信息爆炸以后地球承受不了，然后回报人类的就是挑战，例如突然升高温度，突然降低温度，或者南极打开，就会没有陆地。我目睹了好大的冰山每天以一米的速度在下沉，这是夏天的速度。多少年后这座冰山就消失了变成了水，注入了大西洋。回来见到李洱，他和我开玩笑说，张宇是不是从南极回来，觉得你的老婆成别人的老婆了。他开这个玩笑有道理，就是好像这些对我来说都不太重要了，无法用简短的语言来描述。大概没有去过的人，是体会不到这种感受的，这是你在极危状态下的感受，因为你走到了生命最危险的地方。你体验和接受了这种挑战。我就想可能回不来了，真的非常危险，我去之前是做好不回来的准备的。建业集团的一位考古学博士给我说，张老师，你最大的遗憾是没有死在那里，我就准备让你死在那里。

苗梅玲：您还真做了不回来的准备，都具体做了些什么？写过遗书吗？

张宇：刚开始时是没准备的，当上船时才感觉得赶紧调整，我感觉到了危险。包括杨青都以为是高级旅游，是探访，而不是探险。我们离极地核心南纬90度地区还有100公里，再走就得徒步翻山越岭才能到达，那还得几个月。我们这次探险是理论上交流的一次探险，不属于纯粹探险活动，还是属于纪念活动。我们买了世界上最贵的保险，所以我死在南极最合算了，呵呵呵。

苗梅玲：那你们在那里是否有发生过危及生命的事件，有特别的事例吗？

张宇：当然有，我们经过的德雷克海峡，是世界上危险的海峡通道，它是大西洋、印度洋、太平洋三大海洋的极锋交汇点吹出来的一个通道,共有960公里长,风平浪静的时候是十级大风,稍有风吹草动就是十二级、十四级,我们就是骑着这个风道过去,因为这里最近。一到那里,惊涛骇浪,我们躺在那里像猪一样不会动,吐得一塌糊涂,那种恐怖不是来自身体上的恶心、呕吐,而是精神上的。我们在那里航行需要60小时,一旦出了问题,只有阿根廷的海军来抢救我们,而他们最快也得24小时才能赶到,飞机因为有台风,不可以来,我们能坚持多长时间呢,只有两个小时,两个小时和24个小时相比,都是无望的,这才意识到这是在探险。我来不及呕吐,晚上不睡觉地翻资料,我得弄清楚自己的位置,我得知道死在哪里啊。著名作家马克·吐温生前走过德雷克海峡,他写了两句话特别精彩,形容呕吐"吐得真是要死了",第二句话"吐得再也死不了了"。我出去想看浪到底有多大,鸣……船翘起来了,看到的是我们的船尾,鸣……船下去了,我看到的全是大海。我们就这样在大海里颠簸,都是十几米高的大浪"咣"的一声重重地砸在船上,紧接哐啦啦啦,又一个不怀好意的大浪要过来了,发出咯吱、咯吱、咯吱声,我感觉船快要崩溃了。

苗梅玲:既然这么危险,为什么非要选择这条路呢?

张宇:因为这条路最近,为什么要叫德雷克海峡呢,德雷克原是英国的一个探险家,他在这里探险,被西班牙海盗给劫得血本无归,他便就地当了海盗,专劫西班牙的船,西班牙政府就派出军舰堵截他,把他逼到了绝境,他在无处可逃的情况下冒死闯进这里,此前没一只船可以成功地从这里通过,所有进去的船都死了。他指挥着船进入了海峡,凭着自己丰富的探险经验和胆略,征服了这个海峡。从此人们才知道这里能过,便命名为德雷克海峡。我们在几十个探险家的保护下从这里通过,我们的船长是挪威人,都快六十岁了,队长是美国人,也五十多岁了,都是经验非常丰富的。在那里手机全无信号。不是你准备不回来,可能真就回不来了。这种体验特别好。

苗梅玲:那还真要感谢上帝把您平安地送回来。这是你们第一次深刻体验南极的厉害吧,接下来呢,该进入了南极,都看到些什么,可以做什么?

张宇:是的,到了南极后,风浪几乎没了。泰坦尼克号只撞了一个冰山,便闻名于世,我们天天在数不清的冰山之间穿行,危险随处可见。上下岛时对我们要求很严格,需要统一穿着很沉但很暖和的特制服装,要消毒,避免细菌传染。那里全是企鹅,有成千上万只,全南极臭烘烘的,全是企鹅尸体的腥味,还有海豹、海狮等,我们也参观了英国、法国、巴西在南极的科考团。我们搞了一个很雷人的活动,脱光了往海里扎,这是极限体验,会游泳的可以,不会游泳的,把你扔出去,然后再捞回来,大概跳了三十多个,其中有七八个中国人,我没有跳。在南极感觉不是冷,是疼。我们为了拍照片把帽子脱了,回来冻得满头长疙瘩。天气预报的温度是零下 5 度到零下 10 度,但实际比这要冷,这还是夏天。

苗梅玲:和你们一去的有多少女性?

张宇:不少,有四分之一,一些科学家,可多是老太太了。

苗梅玲:这次回来有什么收获?还有什么遗憾呢?

张宇:我写了本小书,游记,字数不多。南极的黑夜只有一个多小时,如果走到极点就没有黑夜了,我特别想走到极点,但是不允许,这算是一个遗憾吧。

苗梅玲:如果让您给我们这些没有去过的人说些寄语,您最想说什么?

张宇:有两句话:第一,好好活着,活着并不是很容易的事情;第二,要珍惜环境,孽债早晚要还的。我们的认识还很落后,关心程度让人担忧。

苗梅玲:对写作和生活发生什么影响?是否开始怀疑一些东西呢?

张宇:有很大的影响,我也不知道能写出什么来,肯定有影响,在态度上有些变化,动摇了根本,开始怀疑自己关心的太琐碎,太世俗,主要是对自己不满意。觉得人类可恶,可恨,所以我说孽债早晚要还的。我像死过了一样,现在什么都不相信了。人,生命和自然的关系是永恒的,一旦出了问题,我们总是把我们自己的生存放在首位,自己凌驾于地球之上,必然要受到惩罚,人类太自我。一旦有一天地球要抖一抖,那就是什么都没有了,这一天也许会到来。我原来把一些事情看得很淡,现在更淡了。

苗梅玲:张老师,您给我的印象就是无论遇到什么事情,都能淡定地面对,永远都是不温不火的样子,今天问您一个极私人化的问题,希望您能说实话,您哭过吗?是什么时候?

张宇:我哭过,经常自己掉泪,在想一个问题想到激烈处的时候。比如,我亲眼看到母亲死了,我都没有哭,当时的情况也不允许我哭,我要张罗后事,几个月后,我开始想她的时候,一个人在夜里想着想着掉泪了。我在公共场合也掉过泪,只是你没见过。

苗梅玲:您从洛阳一个小山村走出来,没有接受过正规的文学创作训练,现在这么成功。您最早受到些什么影响而走上文学道路的?

张宇:我不成功,呵呵。我认为一个优秀的男人,既住得起监狱,也当得起皇帝,得影响人们的生活,这才是优秀的男人,我不算优秀男人,我只是不断地改变自己的生存,顶多照顾到家人。我还是个俗人,这不是谦虚,我只算小打小闹。小时候总喜欢听说书,听唱戏,听到后半夜才回家,但不知道那是文学,直到高中毕业后在工厂当工人以后,才真正开始接触文学,洛阳的读书环境很好。我看契诃夫、梅里美等人的作品激动得很,我喜欢这个,才知道这是文学。外国文学作品有很多,也有不少中国古典文学作品,像《红楼梦》啊,当代文学有赵树理的作品啊,等等。读书没有任何计划,能找到什么书读什么书,读得很杂。那时候人们就说憨娃子(张宇小名)是最大的作家,呵呵。对文学就是喜欢,就是爱好,并没想用这个改变自己的生存,在工厂做电工学统计我不喜欢,一没事就投稿、写作。

苗梅玲:请谈谈您对文学的感受。

张宇:我觉得写作就是很好玩、很愉快的事,如果不愉快还不如不写,我不会艰苦奋斗,我不喜欢那样,在不想写的时候,一休息就是好几年,他们批评我玩物丧志。当年写《疼痛与抚摸》后,他们给我说要连着搞个三五本,我说有这一本就行了。随着我对文学渐行渐深的时候,对文学有个考量,文学这个娃儿很有意思,不是你想搞就能搞到手的。它要求个人的天分,对时代的呼应等,是机遇,是缘分,有时很轻松就能写出好作品,有时付出十倍的努力也写不出好作品,这就是文学,是我对文学的感受。第二个感觉,是我对自己的考量,作为一个小说家我觉得我还可以,对自己有自信,在全国还是有一定影响的,也不谦虚。但往文学大家上想,写出经典作品方面想,我觉得自愧不如,至少准备不够,知识不系统,属于野蛮阅读,土法上网,晕头晕脑地撞进来的,至今只会一门语言还不是很深刻,应该是懂得三五种语言进行比较阅读,看原文而不是译文。

苗梅玲:您曾当过县委书记,做过房地产,玩过足球,都做得很好,有的甚至是普通人一辈子也做不到的事情,被您轻松地拿下,但您最终还是回到文学上,能谈一下您的文学观吗?

张宇:还是喜欢,比如做房地产,我很快就做到最高级别,然后就不想做了,开始烦了,没兴趣,我不是做不下去,都是做得很好的时候离开,还是放不下文学。你喜欢不一定能做出很大成就,但不妨碍你喜欢,最愉快的还是写东西,摆弄语言。于是现在我又回到书房开始了阅读,写作。我并没有什么文学观,基础就是喜欢,如果再投生一次还要搞文学,可以漫无目的地享受想象的自由,表达的自由,没有什么比文学更自由,也没有什么能够让我放开想象的野马。对于作家,什么是高度?高度是不存在的,就是认真写了,有写作的机遇,写愉快了就行了。至于作品在社会,在文坛,在读者那里还是要生长的,像孩子一样。阅读培养是第二阶段,我的有些作品也是很好的,但没有碰见很好的阅读机会,于是它也没有长成参天大树,但并不证明它基础不好。有的作品在阅读时"啪"爆了,但文学质量并不很高,这是一个缘分。

苗梅玲:很多作家在写作的时候,特别挑剔读者。您在写作时刻意地选择过读者吗?

张宇:我也刻意选择。我的作品在全国基本卖到五六万是没问题的,我的读者在哪个层面我都知道,我和读者之间有种默契,老朋友一样。我写作时脑子里会不断闪现他们的眼神,我知道写到这里他们看了会笑,我能感受到,哪里写得不好他们不满意也能真切地感受到。

苗梅玲:您的代表作品《活鬼》的语言是极富鲜明的地域特色的乡土语言,给我的印象非常深刻,但后来的许多作品中的语言便没有那么深刻了。这是什么原因呢?

张宇:其实这个作品轻易就出来了,只用了一个礼拜,就一稿都没改过,那时正好封闭写作,又想写。我在写《活鬼》,写《疼痛与抚摸》时都享受过写作的快感,作为一个不是科班出身的作家,对哲理的思辨、诗性语言的寻找和把握对我个人来说走到了极致,写得很愉快,《疼痛与抚摸》也只写了一稿。

苗梅玲:您刚才说有的作品写得很好,那就是说也有一些作品并没有达到您的期望值,没有达到的原因是什么?

张宇:首先按我的天分和性情应该可以写到极致,但一直没有达到。原因有多种吧,有时候是各个阶段的精神状态,有时候是一个阶段的环境等没有调整到最佳位置。比如我搞过足球,一场球的胜利并非偶然,要把所有队员的心理、体力调适到最兴奋的状态,而且战术还要得当,还要节约体力,要结构对等,用这个比喻写作也是恰当的。

苗梅玲:除了这两部作品,您还对自己的哪些作品是满意的?《乡村情感》算吗?

张宇:我认为《足球门》也可以,自己很满意,算代表性的作品,中篇小说有《孤独》,《乡村情感》的情感很真挚、动人,但在质量上不如《活鬼》、《孤独》,长篇就是《疼痛与抚摸》与《足球门》,《足球门》是另一种语言,在我中年以后不慌不忙地写作完成的,但它的阅读我不喜欢,阅读和我的本意相悖,太热闹,又撞上了足球反贪事件,一下把我推到了风口浪尖上,这不是我自己的愿望。

苗梅玲:张老师,说到这个,回望您之前的作品,从《软弱》到《表演爱情》,从公检法系列再到《足球门》,这些题材都是社会上极敏感的一些话题,是极不好驾驭的,恰恰都被您写了,而且还很有市场,您为什么要这样选择,有刻意为之吗?

张宇:并非有意的,比如《软弱》我写得很愉快,叙述非常平静,没有准备写什么热点,但这些恰巧就碰到一起了。如果刻意,我需要很快完成。《足球门》写了整整一年,也很愉快。但我觉得看过《足球门》的人很少能看懂,我对它的阅读很不满意,离我的本意有差距。有人说是写实的,纪实的,我听着都想笑,选材只是一个载体。

苗梅玲:在《足球门》上市后很快足坛就曝出丑闻,有的读者便会自然地想到这本书,是否之间有某种联系?包括有些媒体?

张宇：对，北京有媒体评论《足球门》引发了足协反贪事件。我根本不知道这些，我很从容地写了一年，是按期出版的，一出来正好碰上了。我觉得特别不好，把对我作品的阅读引上了歧途，《足球门》应该是很平静的东西。

苗梅玲：这本书最初好像不是这个名字？为什么要改成《足球门》呢？

张宇：最早的名字是《寻欢作乐》，但他们不让用，这比较符合我的本意，这个词是作为褒义用的，人生要寻欢作乐，要从所有的生活中找到自己的乐趣，享受生活，这是本意。最后起了几十个名字，最终考虑发行，定了一个很热闹的名字《足球门》。

苗梅玲：总感觉您对市场把握总是很好，改名以后这本书发行怎么样？

张宇：不好，这本书发行不到十万册，《疼痛与抚摸》应该把握得好些，但第二版给禁了。《软弱》高，出版社保守印了六万，哗卖完了，想再加印，盗版铺天盖地来了，不敢印了。我的散文集《和自己和平共处》等也卖了两万多册。我不属于很红的作家，但有自己的销路。

苗梅玲：谈谈您对小说语言的理解吧。

张宇：每个人都有自己的理解，我对小说语言的理解肯定不是最标准的。看你的小说不要记住你的语言好，我们看《三国演义》、《红楼梦》，谁记住你的语言好呢？

苗梅玲：可大家都说小说是语言的艺术，如果您这样来说，这正好成了一个悖论？

张宇：那是专业的初学者是这样认为的，我说的是更高层次。小说确实是语言的艺术，语言的境界在哪里是应该忘掉它的，因为语言是基本功。看完一部作品如果你只记住语言很好，完了，这是我对语言的感受。如果说作家的语言写得很好，那应该去写诗。我对格外摆弄小说语言的写作非常反感，但我特别喜欢小说的语言。我自己的想法打个比方，就像讨好一个女人，说一堆肉麻的话效果不好，一定在不经意间，在她没有防备之间，讨好得恰到好处，她反馈你的是情感。

苗梅玲：您是不是把读者也当成这个女人了？呵呵。

张宇：起码是朋友吧，对读者说话老去欺负他，显摆什么呢。读者比你高明，我特别忌讳在自己的读者面前显摆。我的语言藏得比较好，就是为这本书找一种叙述状态就可以了，不要说废话，这是我的总体要求。在细部非常重视语言，我说具体点，在最难说的地方，最没有意思的地方说得有意思，深度在这里，如果剑拔弩张，悬念激烈情节的时候谁都会说。你看真正好的作家都在白话之间说得最好。语言写得多么秀美、字字珠玑啊，这都是小儿科，还没有真正进入化境。炫耀自己语言的才华和炫耀自己的衣服一样，一个是不自信，天分不够,长得不好靠衣服来打扮,一个是在审美上的纯粹度不够,认识没有个性化,不够独到。我写作要用最快的速度、最短的距离传达给对方我要表达的意思,语言具有传达的功能,语言是载体,载负着作家的认识和才华,怎么样没有障碍地传达给对方。这也是我对语言独到的,比较个别的感觉。所以大家读我的语言都不累,看着乐着,读完后很沉。王朔写了本书,写到老舍和张宇时说,看我的《活鬼》就够了,可能我对语言的态度影响了他。清新明丽的作品,诗意化的作品我也写过,《活鬼》是思考的分量和对生活的观察,无须再放绿叶来托,托不动。

苗梅玲:您曾担任过大型纯文学期刊《莽原》的主编,当过文学院院长,又做了一届作协主席,文学口上的职务几乎全担任过了,站在您这个角度来看我们河南文学,您认为好的作家有哪些?

张宇:这个问题很严重,你提的问题是大家都不愿意回答的一个问题,我说几个态度吧,河南作家大部分都写得比我好,起码在几个方面比我好,我喜欢的作家很多,老中青三代都有,老一代有李准、苏金伞、乔典运、南丁、张一弓,我们这一茬有李佩甫、田中禾,年轻的有李洱、乔叶、鱼禾、傅爱毛。最近出了一个南飞雁,也不错,安琪的《乡村物语》写得很好。说谁是最优秀的很难说,有的是得奖多,有的是质量高,文学得奖很难说,比如李洱,写作质量高但得奖就不多,乔叶最近越写越好了,傅爱毛在审美上有自己的东西。

苗梅玲:我们河南的作家被称作文学豫军,在全国影响还是非常大的,好多作家的代表作品大多是乡土题材的,您怎么看待这个问题?

张宇:一、我不喜欢"文学豫军"这个提法,二、我不喜欢小说题材的提法。这都是外行人搞的,一个作家怎么能用行政区来划分呢,应该是一个时代,一百年、五十年划分才对,地域是东方的、印度的、中国的就可以了,如果中国要再区分,黄河流域、长江流域可以,南方的、北方的可以。我不反对,但非常反感这种提法,什么乡土啊,城市啊,好像外国文学没有这样说的,英国文学也没有乡土与城市之分,法国也没这样说,都是写人的。这个问题问得正好,之前一直没有机会说。文学只有质量的高低,风格不一样,流派是以不同风格划分的,最早的"山药蛋"、"荷花淀"还靠谱,什么文学豫军、陕军根本不靠谱,我不喜欢这个名词。对文学专业化的这种干扰是外行的,有害的。我一直在反对,我不苟同。

苗梅玲:最后,每个人一生都会遇到这样那样的波折,比如去南极探险,您如何面对这些困难,消化生活中的烦恼?

张宇:人的一生经历些波折是很自然的,说句敏感的话,我也是全国最短命的作协主席,我也觉得很快就消化了,有什么呢,可能人家当初选择你是错误的,现在要改正错误,这样想不就对了。人拿得起容易,放下很难,而且放下更重要,不要把自己看得太重要,就容易放下。我一般比较臭硬臭硬的,走到哪里都会引起一些争议,因为我不苟同,因此也产生了一些干扰,但都要消化,要负担,有时候甚至会被人骂,我习惯了。你要做自己也是要付出代价的。

苗梅玲:这也是您的生活态度吧。

张宇:对,对生活、对人生期待不要太高,但一定要努力,要可以感动自己,原谅别人。要活得简单。

苗梅玲:谢谢张老师的教诲,也期待着您的新作早日出版。

张宇:谢谢!

原载《东京文学》2015 年 5 月刊

在南极忏悔
——张宇访谈

孔会侠

时间:2013年9月1日下午
地点:郑州市张宇家中
人物:张宇(著名作家,河南作协名誉主席)
　　　孔会侠(郑州师范学院讲师)

  在中国作家中,张宇应该是到达南极的第一人了。从那里回来后,他写的《对不起,南极》出版后引起了广泛关注。我读后,不由被他的思考裹挟而入。于是,在9月1日下午3点,我去拜访作家张宇,围绕着他的这篇新作《对不起,南极》做了访谈,整个过程,相谈甚欢,并常因他的幽默而笑声不断。

"我看不起自己"

  孔会侠:你的《对不起,南极》写得挺好,这本书首先给我的感觉就是这十多年来不很在状态的张宇的魂儿又回来了。我指的是你这里边有那种把自己投入进去的沉思,把自己内心的情绪渗透进文字中的状态又出来了。
  张宇:这是我比较熟悉的写作方法。
  孔会侠:《软弱》后的公检法三部曲,你是把自我主体抽出来了,就是轻松地讲一个别人的故事,里面市场化的元素还是很明显的。
  张宇:我的创作,在写完《疼痛与抚摸》之后,有意地扩散开了,有意地普及了写作面积,市场化的元素确实存在。小说就是市场化的。从原来发生时小说就是传奇性的故事,小说的存在不是为了新鲜的理论,这是不对的。每一个作家都在面临这个问题,一边想写纯文学提高自己的品质,一方面想扩大自己的阅读影响,作家都在这个两难之中,我也是这样。
  孔会侠:《对不起,南极》又转换回来了,只在意表达。

张宇：对,写作态度决定作品的走向。我现在到了中老年的坎上了,有了一种自省的态度。一个作家怎么能自己不检讨自己呢?我是不自觉地反思,自己对自己的反省,像牛倒沫般地反刍。到南极后很痛苦很迷茫很绝望很悲悯,这样自己就一下子打开了。其实跟南极也没太大关系,南极就是一个借口。我写得比较自由。

孔会侠：就是借南极写自己的生命感悟。

张宇：是,李洱看完后就打电话说,你与自己有仇啊,把自己当敌人了。确实,我是我自己的敌人。这本书是一本自省的书,是对自己的一个看不起。我看不起我自己,到一定年纪了,回观一生,很不满意,这是现实。到了满是冰雪的地方,朝圣一样,看到了自己的灵魂,特别后悔,都干什么啦!

孔会侠：有没有觉得,以张宇的才华,跟作品比较起来,有些不相称。应该会更好,你这个宝藏没发掘充分。

张宇：这是积极的看法,还有一种消极的看法,一个人的才华的挖掘是需要客观条件的。我从小的客观条件,是生存问题一直解决不了,别人都在忙知识积累的时候我在忙生存,知识积累完不成的话,传达的能力就上不去。

孔会侠：物质确实是作家的生活基础,也会构成局限。可文学传达实际上是个持续不断的过程,后来的不断积累也会起作用。

张宇：对,也会上升的。但对自己的挖掘和天赋的开掘总是有限度的。这部作品我在写作态度上打破了,不做作,也不是故意的,回忆的时候不舒服,有种痛苦,把这种痛苦写出来了。其实就是作家跟自己的紧张关系,开始是和平共处的进入,写着写着就是不能和平共处的关系了。这次声声泪,控诉的都是自己。声讨的、批判的、厌恶的,都是我自己。

孔会侠：如果能拐回去的话,会不会走得会不一样?

张宇：人是不能再重复一遍的。一个人经历什么是个人的命运,是缘分,缘分没什么高低、大小、好坏,是个人化的。人在经历各种机缘巧合上是不一样的。如果这样思考问题的话,死得就会更安静一些,就会不留恋这个世界,也不留恋自己。

孔会侠：到了南极,真正领略什么是天,什么是地,发现人跟企鹅是一样的,很多事情原来都不算什么。

张宇：可以忽略不计。说句内心话,从南极回来觉得老婆啊,孩子啊,都是局外人。当然,这不是具体的,是观念上的。生活中那种反人性的种种规矩限制啥的,想明白了,就这么回事。

孔会侠：你就是想得太明白了。

张宇：有什么不好啊,总比不明白好吧?

孔会侠：《对不起，南极》是你近十来年作品的升华，写的时候好像很自由，结构意识挺强。

张宇：我是讲究内部结构的。虽然想说什么说什么，把自己写得很舒服，但是意识上有结构。结构能力弱的作家就会小心翼翼的。我这部作品结构有两点：一是主导情绪，这是内部的结构意识，二是从出发写到回来，这是外在的。很多作家都把结构只当成外在安排，是个技术问题。其实不是，这个外部的结构好处理。还有个情绪问题，决定一部小说的主要是作家的情绪。要先确立一个作品的主导情绪，这个不能变，一变写作就摇摆了。

孔会侠：李洱的结构能力也很强。

张宇：对，李洱也是这样。

孔会侠：你和李洱，都是懂幽默的，你觉得你俩的幽默有什么不同？

张宇：李洱比我客观，比我冷，比我理性，他是冷幽默，但出发点很温暖，只是他的语调很冷。我的幽默语调会温和一些，可内里很冷酷，也许比李洱更绝望。

孔会侠：你的幽默核心态度是"嘲"，不是讽。有时候言辞上狠，心里不是，最后总是宽解了。

张宇：我是会心一笑，嘿嘿而去。最近有一个人打电话反馈说，有些部分写得很好，你怎么不放开？比如写到父母，写到南极，为什么浅尝而止？可能这是他的理解，他的智慧只到这个程度，他理解不了。我什么都要放开写，那就不是我了。这部作品我是大块留白的。

孔会侠：这部作品里，让我非常难过的是你对父亲母亲回忆的部分。

张宇：原来没打算写，写着写着，就跳出来了，跳出来就写吧，写完反倒把对父母亲的感情放下了。

孔会侠：对，通过写作这部作品里你放下了很多事。对母亲去世前在医院里那段描写可以看出，你之前好几年应该都在自责，真写完可能就有些释怀了。还有就是那个官司。

张宇：对，我就是借着这个作品做了一些减法。我不管别人怎么想，这是我自己的事情，我自己做决定。你愿意抱着你拿上，我不拿了。现在好像那被起诉的不是我，是别人一样。

孔会侠：你写夏泊这段，说了很多他的优点，你有没有担心会有人质疑说张宇在巧言自辩？写这段是你预先就想写的，还是也是写着写着自己跳出来的？

张宇：现在人与人交往好像形成了公式，说一个人好就为了回报一样。也是写着写着跳了出来，那我干脆写出来算了，这么多人关心这事，其实这么多年，我从没把我真正的想法给人讲过。我不在意别人怎么想，我没巧言自辩。

当时我说过一个比喻,夏泊拿了个木头,我做了把小提琴。夏泊反了一个,反得很妙,他说我做了个小提琴,张宇刷上了漆。这里边主要是一个文艺理论问题:一个作家,你进入的时候就是主体进入。

"上帝和佛都靠不住"

孔会侠:《对不起,南极》的写作过程挺有意思,可能跟你读佛学有关系,先是写有,生活中各种事情对自己的困扰或者影响,后是写无,天地茫茫间的大无。你这大无,让我挺吃惊的,物质的无没有了之后,你把人类最终要皈依的精神信仰——上帝与佛也消解掉了。

张宇:也不是故意的,就是面对自然时候的一种突然领悟。我突然想人类没有了,这种精神信仰还有吗?猪没了,猪毛在哪?上帝也好,佛也好,他的存在在于人对他们的感知。他不是客观存在的,是主观存在的。当然,客体也是依赖主体的感受而存在的。人的感受这个土壤没有了,精神信仰还有存在的可能与必要吗?如果人类消亡,上帝就不在了,佛也不在了。上帝与佛,是人类的自我感知,是很严重的自我安慰与自我想象。

孔会侠:你最后的结论挺有意义,上帝与佛并不能拯救人类,真正能拯救人类的还是大自然。

张宇:对,还是大自然。人类是大自然生出来的,要爱护这个子宫,要爱护这个母体。如果抛开了这个,人类就不能存在。这也是我以前没有想到的,算是南极对我的教育吧!刚才你说得也对,我这本书是从形而下写起,写到形而上,是这样一个走向。

孔会侠:反过来读也挺有意思,在这样一个大无的背景之下,再来看尘世生活中的种种困扰,原来都很微小。另外,我突然胡思乱想,结尾换一段,或者再加上一段,写这个从南极回到郑州的陌生人,逐渐适应周围,尘俗的欲望、烦恼和挂牵又逐渐显出分量,柴米油盐逐渐被在意起来,南极的影响随着岁月逐渐风吹云散,消失于无形,会不会更有意思?我想:所有心灵都可能遇到洗礼,只是驻留下来的影响有几分?更何况健忘症总是时刻发生的。

张宇:这样就是许多人都到过南极,只是载体不同。我是有了真的看南极的机会而已。每一个人经由过的让他感动醒悟的地方,就是他的精神家园。人类,尤其是知识分子,有一定的觉悟后,主动就是一种痛苦。人的思考大多是很懒惰的,别人怎么样我就怎么样,我只要比别人生活得幸福就可以了。做到的是对别人,而不是终极关怀,终极关怀是很痛苦的事情。你说的这种可能性很大的。就是又没有了,又回到了轮回。我知道你的意思,但我是不想往那边走。那会更深重,也会更恶毒,更可怕。人回到世俗后,在世俗的欢乐和烦恼中逐渐忘了思想的痛苦和终极关怀的迷茫。这是又一个轮回,我觉得还是有一种希望吧,还是给自己和大家一种希望吧。我不想写得那样绝望,也不想回到轮回中间来,但可能下一个作品就会回到轮回里来。我现在整个心态还是久久回不来。

孔会侠:现在还没回来?为生活忙碌的实际运作回来没?

张宇:现在还没完全回来,生活回来了,心灵还没有,还是两张皮。以前做事很认真,现在就是无所谓了,随便了。

孔会侠:《对不起,南极》意义是多重的,对科技的反思,生命经历的反思,民族差异的反思。读完后那个阿根廷自由广场、南极英雄谱、企鹅都给我印象深刻,你的着重点是政治文化反差、民族思维民族性格的反差,我感觉你是怀着一颗温暖的心去探索民族现代性的距离和方向。

张宇:我这样写了吗?我可能理解中国人是怎么样生活的,我熟悉我的生活方式,我又感受到了别的国家人民的生活方式是那样的,很不一样,总而言之都是人类的生活,各个民族生活的形态再怎么不同,也不能作为破坏自然的借口。

孔会侠:最后你把思考推至人类性了。

张宇:我在南极的时候就没有觉得自己是中国人了,面对那个环境里你就觉得一个是人,一个是自然人。之前我对日本人是非常仇恨的,我在南极,第一次不仇恨日本人。我觉得日本人其实也特别辛苦。

孔会侠:南极的境界是一步步往上走的,先是反思我,然后是在路上反思国家民族,最后反思人类性的发展。

张宇:这就是差异和过程,如果没有差异过程,就不会助长一步一步地思考上升。

孔会侠:这个作品的重心我觉得还是不同的民族参照,在对比中你留下了很多空白,点到为止,为什么不深入多说一点?

张宇:更多地留给中国人自己去阅读吧!中国人自己的情况我们自己知道。当然也并不是他们就好,我们就不好,只是两种民族的生活形态不同。

孔会侠:其实这部分是作品的重点,甚至从杨青的印度老公开始你就在探讨这个问题,甚至去之前办手续什么的,就已经开始了。

张宇:这是我最喜欢的。这是因为我们的生活中没有。一对比就知道,我们生活得多么琐碎,多么拘谨,多想放开一下,自己的愿望就是很想放开一点,自由一点。当然我写得还是很谨慎的。

孔会侠:你写得确实谨慎,但这点是整个作品的主线。

张宇：我回顾了我自己生活的实际状况，那种压迫感，也是我自己自觉地代表我们自己民族的一种自省。我写作时是宽以待人待物的。随着阅历的增长，我知道，这也是人类社会发展不可逾越的过程，逐渐学会接受它，但接受它并不意味着它就是优良的，反思的时候，困惑就产生了。这个作品我写的时候很平和，只是对我自己，第一次这么不可饶恕地批评。

孔会侠：这是不是也是你不想要我说的那样的结尾的心态？你把这些看成是一个过程中的必经阶段，你还是愿意往前看，还是愿意有希望的。

张宇：对，心里边愿望上还是觉得有希望，有进化的思路的。过程是不可超越的，是需要经历的，是需要承受的，但不能够彻底反对。什么样的社会制度、文化形态都不是完美的，都有弊病。我们五千年的文明史，历史最长，进化最慢，我们往自由民主进化最慢，有历史和文化对人的压迫在其中。

孔会侠：这个南极，信息量还算是挺大的，从任何一个地方切入，都会有感受和思考。

张宇：中西方文化的对比，对哲学的否定，对科学的否定，人与自然的关系，等等。只有这种方法才能简单地否定，不然距离太近了。

孔会侠：你在文中说人类最完美的阶段就是农业社会了。确实，工业社会一开始，人类立即进入另一种速度和轨道。

张宇：是的，我这个判断也是以科学来鉴定的。农业社会，人类产生的垃圾对自然的回馈是营养，通过自产自销的方式，是有机循环。但到了工业社会，垃圾就消化不了了，成了地球的重负，这是人类社会的严重分野，与自然规律背道而驰。

孔会侠：科技发展就是双刃剑，越到后来，负面影响也许越大于正面作用，提供便利越多，危患就越大。把后代的资源环境都破坏掉了。个人聪明和人类聪明都一样，都是挺可怕的聪明，也是挺可怕的愚蠢。

张宇：对。比如现在，因为种种原因，地下水污染挺厉害，一些地方，许多人得了疾病。代价大不大？对人生命带来了伤害，得不偿失。

孔会侠：南极跟你，是挺有缘分的一个题材。如果不是南极的话，你的许多思想的毛也会找不到猪身子。

张宇：我正好撞上了这样一个缘分。这几年我读古籍和经书比较多，生活上也有些起落，这些因素巧合着催生了这部作品。如果不去南极的话，我可能往何士光的《今生》那个方向写了，会认为佛能解决一切，甚至也许会皈依。

孔会侠：但去了南极之后你把佛的价值也消解了。

张宇：对，上帝与佛是靠不住的，他们也不能最终帮助人类，帮助地球。

孔会侠：这个认识许多人不会有。

张宇：没有机会就不会有。缘分就是去南极的就我一个人是作家，一个作家在痛苦地思考着。每个人都有自己的南极,南极只是一个载体。这个是思辨的。每个人都会有会心和思考那种很灵动的接口,但是要有很多东西铺垫的。有些人活了一辈子不会觉悟,有些人突然一笑,或突然一哭,就觉悟了。每个人都有自己的觉悟方式,也是不同的。

孔会侠:西藏之行是不是铺垫了你的创作心态?

张宇:我从西藏回来后,痛苦了一阵。写了篇四万八千字的散文,存在电脑里突然就没了,手写底稿又不在了,怎么就找不到了。之后就没再写,写南极的时候又回忆起来了。

孔会侠:写完南极后是不是一下子有种空空的感觉?

张宇:对,给自己一个交代了。基本上是想明白了,写明白了。我解决不了,但可以引起别人的注意。

孔会侠:你在南极里着重写到了三个英雄人物,为什么?

张宇:东西方文化里都有对人类命运关怀很温暖的东西。关于南极,关于南极英雄的描写,一百年来一直在写,写过很多东西,拍过电影,但我写的是我的南极,是我的感受。写这三个人物,我是想写人性格的对比,人类文化的对比。出发点不一样,文化就不一样,性格就不一样。阿蒙森就是海盗文化,斯科特是绅士文明,更多悲悯的情怀,沙克尔顿的精神亮点是人人平等,从没有特权意识。

孔会侠:这三个人物的后世认可与判断挺有意思,常有变化,也许,一个民族、整个人类,价值观都是不断发生着变化的。

张宇:对,需要不断地认识,再认识。人类对价值观的认识是漫长的过程,没有定论,没有结论,只有感受。我是这样想的。跟年龄有关系吧,人越年轻越容易下结论,越爱谈死亡,谈终极关怀。

"再不能与自己和平共处"

孔会侠:你最初写小说的时候,20世纪70年代末到80年代初,都是短篇小说,我觉得你那时作品里的细节,对生活的感受把握挺好。

张宇:那时候非常年轻,二三十岁,有一种对生命的渴望,离开家乡时间短,写得很清新,写起来也觉得很亲近。那时也喜欢孙犁这一类作家。写了《河边丝丝柳》《夏夜,小河边》《秋天,桂花开了》《土地的主人》等一系列的作品。《活鬼》是第一个中篇,我的作品从《活鬼》是一个分野,个人思想发生了一些变化,包括对人的理解、对文学的理解,我是一个人坐在角落里对中国文学进行了野蛮的反思。《活鬼》是我灵魂里的东西,也是我对中国文学的质疑,我觉得之前那些农民形象不是真的。

孔会侠:那会不会也有些作家觉得自己写得不真,就是改变不了呢?

张宇:会,一个人知道自己有毛病,跟能改变是两码事。写农民,是主体进入还是客体介入,是两回事。这很重要。

孔会侠:你那些小说的细节非常有意思,比如《秋天,桂花开了》。我觉得这里边透露出你后来创作的两个重要特征:一个是真挚的乡村情感,另一个是从日常中发现幽默的敏感。这部作品跟《活鬼》看似没关系,但实际潜隐着你的创作趋向。你的感受世界里,先天亲密民间智慧的东西,农民是人穷智不穷。

张宇:我从来不觉得一个农民有多少庸俗的地方,我一直说我是个农民,我是很骄傲的。中国是一个农业大国,只有农民继承中国文化的基因最多,有什么可以自卑的呢?没什么可以自卑的。你看沈从文写的,他作品那个美呀,用乡土绝对不能概括,是人类生存的大悲大美。作家创作的时候是酝酿一部作品,感受是母体,而不是生产什么思想,作家不是带着思想去写的,是带着感受、情绪去写的。所以沈从文是水,再老一个男人也泛着少女的感觉,灵动无比。

孔会侠:你之前《刀客的礼物》等作品中有股烈气,跟你家血缘有关系吧?

张宇:是有一点,我爷爷就是一个土匪。也跟我们山里的地域有关系,山区跟平原地势不同,一转弯就有一个风景,就有一个巨变,这就造成了我的起伏。

孔会侠:你现在跟自己关系怎么样?

张宇:我主要就是跟自己关系搞不好。我在1994年写了《与自己和平共处》,就发现了与自己保持一种什么关系很可怕。跟自己是什么关系很重要,跟自己关系太紧张的话会很痛苦,我选择了这样一个载体一个语言,就是跟自己和平共处,不要太认真了。

孔会侠:这个随笔大家引用得挺多。以此证明你开始转型了,不想伤筋动骨了,开始想放轻松把玩摆弄了。

张宇:作者写到一定程度触及自己的灵魂,是很痛苦的事情,他要确定一个面对自己的一种态度。与自己和平共处是自己对自己规定的写作时的一种状态,跟设定程序一样的。这样就基本解决了我的写作问题,跟个人的状态是两码事。但这一次我就超出了那个状态,《对不起,南极》超出了与自己和平共处的状态。

孔会侠:看来还是不能与自己和平共处啊。你的务虚能力很好,作品《没有孤独》、《自杀叙述》,思辨色彩很强。20世纪八九十年代你的文学影响还是挺大的,《软弱》后滑坡了,生活困扰多了还是为什么?

张宇:也不是什么生活困扰,就是心态变化了,心态杂了。

孔会侠:我喜欢你的几个小说:《活鬼》、《乡村情感》、《没有孤独》、《自杀叙述》、《疼痛与抚摸》。在《乡村情感》,你把他们的客观处境写得很可怜,但你把他们的精神气节写得很高昂。

张宇:哦,《乡村情感》我写得很极致,写得也是很可怜的,实际情绪藏得挺深。革命者被革命抛弃后,生活艰难,但他们自身对生活还是很认真很热爱。他们的生活让我感慨,我是在这样的情绪下写的,我写得很难受。

孔会侠:有时候觉得读你的这个小说,就像在剥洋葱,一层层地,每一层都有说道,但那内核坚硬地裹藏在最里面,最辣。你作品的精神走向藏得挺深,情绪饱满,张力大,意蕴开阔。《疼痛与抚摸》你就藏得挺深,你就是借水月她们的故事写自己,在写自己的情绪与态度,颠覆性挺强,也把某种形象复位了。

张宇:王蒙老师就说过这篇是意识先锋、叙述先锋的小说。当时有人很生气,告状,后来中宣部说不许再印,不许拍电影。当时不准拍电影的还有一部是《白鹿原》。

孔会侠:《疼痛与抚摸》顺着每一个指向走,都可以说上许多,好像混融了许多的主题可能性。

张宇:我觉得没有什么主题思想,我老实交代写作过程,就是我带着大家一起思考,到最后我也没有思考出结果来。但在思考的过程中,有很大的思维空间张开了。当时在北京开研讨会,开了一天,什么男权主义女性解放政治寓言,大家争论得很激烈。其实一个作家没有什么主义,不是为主义写作的。我当时就觉得这可能是一部不幸的小说,也可能是一部经典之作。经典之作的话需要时间来证明,我也看不到;不幸之作的话,一阵热闹过去就算了,我也无所谓。

孔会侠:你这篇其实跟男权女权没多大关系,你是借了这样一个故事来做壳,壳本身不是重点,重要的是你壳下的寓意,挺挑衅的,气质也挺凛然。

张宇:对,正好让我释放了情绪,借尸还魂吧!《疼痛与抚摸》是我写得最复杂的书,我自己都不知道写的什么,也是写得最简单的,就是写作愉快。把各种感情写到了极致,有这种叙述欲望,当时是一上午写五千多,钢笔写的,哈出来的。诗意的、哲理的、思辨的东西,也是涌出来的,不是苦思冥想慢慢来的,是情绪带出来的。

孔会侠:莫言那状态更厉害,一天写一万多。

张宇:对,他身体好。

孔会侠:《软弱》呢?是你有意识的调整吗?

张宇:是,《疼痛与抚摸》后写的《软弱》,内部人性上对人的开掘还是一样的,只是在外部叙述语言上边洗去了一些才华,故意用大白话来。《软弱》是从一种叙述转到另一种新的叙述,挺费劲的,到《潘金莲》、《表演爱情》就轻松多了。我当时觉得一个作家要多方向伸一下触觉,看到底有多远。

孔会侠：现在也伸过了，也走得挺远了，可以收回来了。

张宇：当时谁也不理解，其实是写完《疼痛与抚摸》，一个作家对自己才气的消费，消费掉了就没有了。这东西不是努力出来的，是放出来的，放出来，舒服了，没有了。再写，就是《软弱》了。

孔会侠：主要是你憋着的那股劲泄了。一些作家，始终憋着劲不改方向地去不断写的，比如莫言就是这样，总保持着热情和心劲。

张宇：这就是我跟莫言的差距。

孔会侠：你继续保持下去会不会更好？

张宇：写作不是批量生产，如果产生不了激情，就厌倦了。我对自己的文学品质估计不高，文学要天分好积累好，我天分好，后期积累不足，不能走很远。

孔会侠：也不是积累不足，就是人聪明，天分好，玩心重，乐趣点多。

张宇：对，我是转移得很快，几棵树让我玩了几年，写作的事早忘了。

孔会侠：但你心里还是把文学看得很重，《软弱》之后的几年，你有没有写作状态和情绪上的焦虑感？

张宇：你这个问题好，有。很焦虑，但我的焦虑跟别人不一样，我不是焦虑外在，而是发现自己有问题了，写完《软弱》，尤其是《表演爱情》之后，不满意了。

孔会侠：《表演爱情》写完你后悔没？

张宇：《表演爱情》写得很愉快，卖得也很好，但我确实后悔了，从文学质量上确实下滑了。我觉得很恐惧，警觉到必须打住。

孔会侠：你的文学跟你性格关系挺大吧？我觉得你的性格挺有意思，一方面你很能善解别人，也能宽解自己，但另一方面，你对别人和自己的是非好坏心里特别清楚。

张宇：我对自己最刻薄了，心里不断地骂自己，我在《足球门》里流露过。我常常自言自语骂自己：他妈的，又犯错误了。骨子里我没变化，对文学的感情和写作态度我是一直没多少改变。矛盾谁都有，我不过更充分些，毛病多了些。我的特点是互相矛盾的东西可以在我心里共存，我的作品，从《活鬼》开始，很少单一，是多义性的。一个人不可能解决所有的矛盾，不如把它们放着、养着，养着养着就可以互相营养，这样作品就不会太单一，太干净。

孔会侠：《活鬼》是非常接近你自己的。一些评论把《活鬼》当作民间生存智慧，侯七有种命运危机的敏感，善于变通，可我再次读觉得他身上还有些庄严的东西，作品还隐在地对正而大的那些的偷笑与揶揄，是弱者的对策。

张宇：鲁迅写阿Q是精神胜利法，我写《活鬼》是物质胜利法。侯七生活在人与环境的紧张关系中，这不是这个人的责任，而是外在环境的压迫。他每天生活都很认真,他没有力量改变生活关系,生活关系改变了他,他必须不断适应生活关系的一种矛盾。人的命运不可主宰,能主宰的是生活态度。侯七是我不管老子成什么,你们说我好也好,说我歹也好,老子就是这样一个人,你想说什么说什么,我从来没变过。他不是逆来顺受的,是挑战的,这改变了一贯的农民形象和作家一贯的农民想象,破坏了一种叙述习惯。这个作品当时影响挺大,我破坏了一贯的小说写法,解放了许多人的文学观念。其实我骨子里是现代的,黑色幽默的,那时看了海勒的《第二十二条军规》,他多少点亮了我的中国生活感觉。

孔会侠:看来作者某一阶段读到什么书很重要。

张宇:那当然。不是书籍,是某个作家对你的帮助,可以说没有海勒的诱惑,就没有《活鬼》。《活鬼》是我的,但那是海勒诱惑我写作的。

孔会侠:也是缘分,你什么时候碰上什么书,能不能点亮你,是种缘分。你还喜欢哪个作家?

张宇:梅里美。他写了二十几个中短篇就不写了,当时很多人崇拜他。他写小说也不发表,放在桌上,谁想看谁看,他对我印象挺深的就是写作到底为了什么?就是玩,不是功利性需要,是作家个人才华的主动泄漏。另外,我写《疼痛与抚摸》时两个作家诱惑了我,一是米兰·昆德拉,当时我看的是韩少功翻译的《生命不能承受之轻》,另一个是勃兰兑斯,他对我语言的启发太大了。他是世界上伟大的评论家,他对一批伟大作家居高临下地进行评价。我一看就很对味,哎呀,这就是我的朋友。

孔会侠:后来变成了你的腔调。

张宇:有一点吧。

孔会侠:你怎么撞上勃兰兑斯的?

张宇:李艾云推荐我看的。优秀作家很多,经典作品很多,适合自己的,你看了很喜欢,能沟通,引起兴奋感,就像看到情人一样。

孔会侠:最后问一个跟你的生活和写作都挺有渊源的一个话题:盆景。养盆景很多年了,对你的心态、创作观念等有什么具体影响?

张宇:说我养树,还不如说是树在养我。你知道一个作家也要生活,特别是一个进入城市的作家,没有什么朋友,和城里的人打交道很不容易,我和我的树们都来自乡下,可以做个伴儿。它们依靠我养才能够活着,我依靠它们的滋养才能够安静下来,不那么孤独。这是一种很独特的生活关系。也许对我的创作有一些影响,到底影响了什么?其实我也不明白。也不愿意明白。

原载《南方文坛》2014 年第 1 期

放逐城市的田园游子
——张宇散记

李佩甫

一

　　铺开稿纸的时候,就觉得人太熟,一些感觉的碎片纷至沓来,不知从何写起。点上一支烟,再点上一支烟,慢慢,就浮游出了一个由头:作为一个作家,张宇是从什么时候开始走向纯粹的呢?

　　我看到了一只风筝,一只从山坳里放出来的风筝。山是大山,一座绵延千里的伏牛山。山是博大的,博大而浑厚。不声不响的山,却潜藏着一个巨大无边无际的"伏"字,一个"伏"字就足以让人领略到山的力量了。在豫西的伏牛山里,有一个叫大阳的村落。大阳村镶嵌在山的缝隙里,山坳里炊烟袅袅,老牛蹄碎……这就是张宇的故乡。在山坳里,天是很重的,天有九重,很重很重。

　　天压下来的时候,山悄悄地接住了,山接得无声无息,山在天地之间撑出了一道宽宽的缝隙,于是就有了一层蕴润灵秀的"气","气"把风筝吹到山外来了。风筝飞得越来越高,越来越远,风筝开始在文字的时间和空间里漫游,风筝挟裹着大山的灵气扶摇直上,试图飞向广阔的大海,遨游蓝天……但风筝还带着线呢,一条长长的线拽着风筝,使风筝无论飞得多高多远,那线仍拴在家乡茅屋的床头上,拴在豫西伏牛山那一抹夕阳的余晖里。那么,又是什么时候,线断了呢? 断了线的风筝开始了更为彻底的精神漫游……

二

　　初见张宇的时候,也都还年轻,现在已都过了不惑之年了。想来,一天一天的,时光很"费"人呢。

　　记得,第一次见张宇,是在太行山的一次笔会上。那次笔会我迟到了,好像是半下午的时候。我独自一人走在铺满阳光的山街上,山里人很少,街面上很静,走着走着就不知该往何处去。正踌躇呢,忽见一行人从山街的另一头走过来,其中有我熟识的,一喜,忙上去打招呼。握手间,觉得眼前一灼,见三五人中,站着一个小白净子。他中等个头,精精神神地穿一米黄短袖衫,模样笑笑的,很文秀。目光呢,聚聚的,很猫。说话间,他大大方方地伸出手来,不等介绍,两个薄嘴唇一拼,送出两个字:"张宇。"很大气呀。

那是一次很成功的笔会,那次笔会给我留下了极为深刻的印象。在那次笔会上,我们一大帮文友们白天各自在屋里改稿子,夜里就聚在一起神聊。那时有个说法叫"碰构思",大家就聚在一块一夜一夜地"碰构思","碰"得十分兴奋。记得好像张宇谈的"构思"最多,像卖"山里红"一样,一串一串的,叫人好不羡慕……说起来那时年轻,一个个谈起文学来"挥斥方遒"啊!

那是夏天,天太热的时候,我们在午后常一群一群地到山溪里去洗澡。泉水是从山上蜿蜒流下来的,泉水从山上冲下来许多大大小小的馒头石,一窝一窝的光滑的馒头石,水是活的,石好像也是活的,我们一个个赤条条在溪水里泡着,惊叹大自然的奇迹。就是那次,张宇提议说,我们这帮人回去后每人以"馒头石"为题写篇文章,小说也行,散文也可。大家相约,是一定要写的。然而,再见面的时候,说起这件事,张宇说,他写了。也只有他写了。

此后就相熟了。那时张宇还在洛宁县文化局当创作员,我也刚刚调到省城的一家刊物当编辑。开会或不开会的时候,就常见张宇背着稿子到郑州来,那时他已写得有些红火了,见了面还是说:"交流交流。"那时张宇的口头禅就是"交流交流"。在省城郑州,或在外地,他一个一个找作家交流。在这个阶段里,他吃掉了许多书本,也吃掉了许多作家。他的"交流"是绝对的"平等互利"。他把"交流"当作一种相互间的点燃和碰撞。当思想的火花被点燃之后,他十分"叫劲",两只晶亮的眼睛一眨一眨的,把他最新的阶段性的思考连珠炮一般亮出来……这时候的张宇,由于思维上的变化带动了创作上的变化,他不再给人说"构思"了,他认为"构思"是一种制作,他已开始从制作走向生活本身,这个举动在他的语气上也发生了变化,无论本省或外省的编辑找他约稿的时候,他就说:"我给你谈一个素材……"此后,在一个阶段里,他频繁地使用"素材"这个字眼,见了编辑他就给人家谈"素材",见了相熟的作家朋友也谈"素材"。由于相熟的缘故,我发现他所谈的"素材"在不断地发生着变化,一次一次的都有变化。有时候,一两年甚至两三年过去了,有的"素材"已变成了面目全非的作品,有的"素材"还在谈着、谈着……张宇给人谈"素材"的时候,常常是声情并茂,眉飞色舞,说到动人处自己仿佛也成了一名听众。说起"素材"就是一个、两个、三个……末了,如果对方是编辑的话,总要很大气地加上一句:"你挑一个吧。"

这个阶段是张宇创作上的第一个秋天,他写得十分红火。在这个阶段里,全国各地报刊频繁地出现张宇的名字,他的作品也比较广泛地受到了好评。但是,如果说到纯粹的话,在这个阶段里,张宇似乎还不能算是一个很纯粹的作家。

作为一个在山里长大的农民的娃子,只怕"走出去"仍然是第一性的。在这个阶段的言谈话语中,我感觉到他有一股强烈的往外"翻"的意识……这也许是一种猜测吧?

三

大约十年前,我跟张宇一起去他的家乡洛宁县参加一个有关文学的会议。也就是在那次,作为当时的刊物编辑,我拿到了张宇的代表作之一——中篇小说《活鬼》。这部中篇在文坛造成的影响,自然不用我多说。我要说的是,就是那次,在县城的小街上,我曾经拾到一句话,我听见那些参加会议的(来自乡村)文学青年三三两两不无骄傲地说:"憨子坐卧车回来了!"

憨子自然就是张宇,憨子是张宇的小名儿。在许多个乡村的岁月里,家乡人一直叫他憨子。憨子是属于大山的,在憨子这个名称里有一种反向的大智若愚的味道,有一种"藏"和"伏"的山味。张憨子与精灵活脱的张宇是很难对上号的,反向得太彻底了。憨子与张宇之间蕴含着一段漫长的山坳里的物质岁月和精神更新的过程。在物质意义上说,他似乎更喜欢人们叫他憨子。但精神是需要包装的,一个视界大的人包装也大,于是就"宇宙"一下吧。

家乡是不需要包装的,回到洛宁,憨子自然还是憨子。人们叫他憨子的时候,他应得很爽利,也很愉快。"憨子坐卧车回来了!"浸润着整个山城的喜悦和骄傲。我想,在这个时期里,张宇的创作仍然带有很多的"志气"的成分,山里人的"志气"。家乡人自然要奔走相告,一支笔打出一方天下,诉说的是整个豫西伏牛山的志气……

憨子确乎是"坐卧车"回来了。那时候,张宇刚刚做了洛阳地区文联的主席,地区文联有一辆"伏尔加"轿车,于是我们就搭帮着张宇坐车参加会议来了。

在这次会议上,我充分地领略到了山里人的"野气"和"大气"。我原以为只有张宇一个人说话大气,谁知道一个个都说话大气。每到晚上,自然有一群一群的来自山村的业余作者涌进门来向张宇讨教,说是讨教,讲起话来一个个都野野的,不怯不休的,很大气呢。无论讨教到什么时候,无论老的少的,临走的时候,总要"当仁不让"地拍拍张宇,很大气地说:"憨子,好好写呀,好好写!"张宇就谦和地笑笑,一再点头说:"好好写,好好写。"到了这时候,我才明白,这

"大气"是山赐予的。

在山城里开文学会议,自然是要去"听"山的。记得在那次会上,张宇很自觉地成了山的"导游"。一进山,张宇就自豪地对我说:"你看看,我们这儿有'气'呀……"山是静的,一重一重地静着,静出一种默然的浑厚;山间飘着一朵一朵的白云,云也是静的,静得悠远,静得绵长,但这静里分明有一种力量从四面八方的云气里逼出来……转着转着,就转到了一个山坳,山坳里是一条村街,在村街的静处有一片灰灰的瓦舍,近了才知道,那是一所中学。张宇说,这就是他当年背馍读书的地方。隔着时间,书声也琅琅,仿佛在朗诵"朝辞白帝彩云间,千里江陵一日还,两岸猿声啼不住,轻舟已过万重山……"转过弯来,就看见了一个扛锄的乡人,乡人高绾着裤角,两脚烂泥,面目很苍老,脸上刻了不少岁月的痕迹,木木地、默默地走。张宇突然疾步上前,亲热地跟他打招呼,递烟,说一些叙旧的话。后来问了才知道,他跟张宇当年是同班同学,那时也就三十来岁,怎么就老成了那样呢?这时候,再看张宇,见他心酸酸的,仿佛就有了一种什么责任……

在山里,我看到了张宇童年里担柴歇脚的地方,我也看到了张宇砍柴时品尝野果的地方,我看见了腰里插着砍刀、背柴捆下山的张宇……在这里,我对张宇有了一种理解。我觉得,他是带着山的嘱托走向文坛的。他吮吸了山的灵气,也背负着山的贫穷,走得也很重。

四

朋友间,就说得随意一点吧。

在一个时期里,从感觉上说,张宇的日子滋润起来了。他一边做着一个地区的文联主席,一边写着作品,还一边(为了体验生活)到老家洛宁县挂职当县委副书记。虽然是三箭齐发,但这一切对精明干练的张宇来说,可说是小菜一碟,他自然都胜任愉快,游刃有余。

在这期间,他所在的地区文联很是做出了一些成绩。由于他的扶持和带动,洛阳地区有一批文学青年脱颖而出,洛阳才子们的作品也热热闹闹地四处开花。他本人更是不时有新作问世,不断有新的突破。这时的张宇,也自然会有一种"好风凭借力"的滋润。这种感觉是从言谈话语中带出来的。那会儿,他常常坐着那辆"卧车"来郑州开会,见了面,也常常(随口地、不由地)说些很"本位"的事,口气呢,也自自然然带一些沾沾自喜。我知道这样的"自喜"是在一定层面上的,它有着一定的境界。

这当然是人生的骄傲,这对任何人都是一样的。严格地说,这仍然是大山的赐予……

然而,在后来的一些日子里,张宇不再随口提那些很"本位"的事了。他把这一切化作生命的体验诉诸文字之后,就不再提那些事了。这是一个"壳",像盔甲一样的"壳",他把曾经自喜过的"壳"扔掉了,后来张宇的话很净。

张宇的变化在阶段中是很明显的。在这个阶段里,张宇的创作达到了一个新的层面,与之相应的思维也发生了一些变化。由于思维的变化带动了精神上的变化,这时的张宇已经具备了在精神上进行自我剖解的能力。

他发现他极需要"穿越"和"俯视",这是文学上的命题。面对这个命题的时候,他猛然发现他必须丢掉一些东西,才能获得一些东西,他面对的其实是一个人生的重大抉择。

张宇是从山里走出来的,他的人生道路也曾反反复复、坎坎坷坷。最初从山里走出来的时候,他先是在洛阳的一家工厂里当电工,后又曾重回洛宁县广播站当记者,当过县文化局的创作员,直到做了一个地区的文联主席,已算是一站了。像他这样年轻的人才,对一个地区来说已算是凤毛麟角,如果做下去的话,也许慢慢就可以把官熬大。这正是家乡父老所期望的,也是他所背负的"大山"所期望的,从文化的角度来说,浑厚的本身就不纯粹。要知道,在一个官本位的社会里,一棵"树"就有一方荫凉……

说来,一只从大山里放出来的风筝,怎么能不顾及家乡呢?"线"是很沉重的,一个物质的人和一个精神的人也常常是分裂的。张宇是一个很聪明的人,他知道他面临的是什么样的选择,也知道他将失去什么。但张宇还是太痴迷于文学了,当他明白他的文学事业需要"距离",需要"俯视"、需要"穿越"的时候,他就毅然地辞去了地区文联主席的职务,调到省城来了,他来做一名专业作家。

这几乎是一个终极选择,这一切都为着一个目的:更彻底更纯粹地进入文学。

当然,彻底的纯粹是需要时间的。

五

省城的生活,对于张宇来说,一直是一种"客居"的状态,也是一种接近于"面壁"的状态。在这里,张宇成了一个精神上的漂泊者。

刚来时,没有房子,家也没有搬来,他就独自一人住在文联的小招待所里。中午的时候,常见他一个人端着两只碗去小饭厅里打饭,一碗米饭一碗菜,热热凉凉的,就着吃了。有时到他住的房间里小坐,又发现张宇是个独立生活能力极强的人。一次,去了,见他在擀面条。我们河南人好吃面条,他是自己揉面,自己擀的,切出来也薄薄长长。我惊奇地问:"张宇,还有这一手哪?"他笑笑,仍是很大气地说:"这不在话下。"又一次,见他在包饺子,也是一个人拌馅,一个人擀皮,一个人包,捏出来像模像样的……人灵性了,生活也就细致。那时候,他一个人住在招待所里,也不见有谁帮过他,但走出来衣着总是干干净净、整整齐齐的,显得很利落。听张宇说,他很早就从家里出来了,在工厂当工人时一直过的是单身生活,做饭洗衣是常事,习惯了。但习惯中也有不习惯,张宇是男子气很重的人,是不是也有些无奈呢?

更多的时候还是谈文学,谈他正在写或将要写的作品,说起来依然"叫劲"。

若是有了分歧的话,人就不存在了。这时候就看不到人了,你看到的是一个思想的亮点,一个在交织中盘旋而上的亮点,那亮点恶狠狠的,一层一层地剥落,一层一层地穿透,短兵相接,刺刀见红……尔后就静下来了,静出一种疲倦。这大约是张宇最为兴奋的时候了。当思想的武库回收之后,张宇又是笑笑的,笑得很猫。

秋天来了,秋天里省城的颜色非常单薄,看到的满眼都是一层一层一格一格的楼房。在这个秋天里,张宇的家搬来了,也分到了房子,张宇开始了城市的"固定"……

对于一个个体意识很强的作家来说,家庭是可以固定的,精神却无法固定。精神是躁动的,精神需要游走。这是张宇在创作上交换视角的一个阶段,是一个有了一定距离后的精神剖解和回视的阶段,也是物质框定和精神漂泊相容相斥的阶段。这时候,在创作上,张宇进入了对生存状态的研究,开始了城市和山村的远距离对话……在生活上,他试图进入城市家庭化的框定。框定是需要磨合的,框定也需要时间。那时的夜里,常见他一个人跑出来,在城市的缝隙里到处游荡……这是一个二律背反。一方面,是曾经滋润过他的"大山"的追索;一方面,是凝固的城市化的框定。舍弃是困难的,进入也是困难的。有时见他在院里一家一家地来回串,仍然是很大气地笑着,但也略见一点点苦涩。

精神是不可能进入凝固的,所以也只能是"客居",好在是"客居","客居"状态是最适于创作的一种状态。那么,有没有走失的时候呢?我想也是有的。人人都有。一个漂泊中的精神寻觅者怎能会不走失呢?好的是张宇手里有一支笔,他紧握着这支笔……

六

说张宇,应该说一说张宇的语言。

张宇有两种语言:一种是日常生活中的语言,一种是进入文学后的语言。

在日常生活中,张宇为人热情,也有山里人的侠气和猴气。接人待物中,张宇出语大方,机智,也幽默,很富于感染力。他是很愿意说人好话的,他会说好话,也善于说好话,只要见了人,他都尽量说好话,一律是好话。出差在外,无论人家问起谁,他都是一串好词儿。他那得体的好话就像是裹着善意的礼品,随时进行"批发"或"零售"。有业余作者、文学青年上门找他,他总是给予更多的鼓励,免费赠送很多的安慰。假如你把话说差了,差得很远,他也会很仁慈地笑笑说:"你的意思已经接近了,很接近了……"若是碰上很有前途的业余作者,他会把话说得很过头……那时,他也常常到编辑部为业余作者推荐稿子,去了就说:"不错,这篇不错!"

然而,一进入文学就不行了。一旦进入文学,张宇就变得非常苛刻、吝啬,非常不饶人。在一定的层面上,进入文学之后,张宇几乎吝啬到惜字如金的程度,这时候他的好词儿全都储备起来了,绝不溢美,讨他一个字也是困难的。无论是关于文学(在一定层面上)的对话,还是诉诸文字,张宇都是非常残酷的,这是一种很冷峻的残酷,一种有关使命的残酷。这时,张宇就变成了一个审判中的法官,一个冷眼透视"存在"的文学上的"高老头"。在这个层面上,一就是一,二就是二,一和二都是用文学的尺子量出来的,没有仁慈,也没有宽恕。

在文学的意义上,张宇是彻底地丢弃了圆润,也丢弃了做人的技巧,尤其是诉诸文字的时候。在张宇眼里,文字是神圣的,是用血肉喂出来的,喂文字只能使用一种"饲料",这是一种特殊的"饲料",那就是真诚。在这方面,他是裸露的,是不怕得罪人的,也不怕得罪自己。他用笔建起了一座剖解人生的试验室,他的笔紧紧地猫着"存在"下刀,拿出的是一张张人生的切片。在对准人生的某个方面的时候,张宇常常采用"第一人称"的行为,他似乎首先对准的是"自己",他把"自己"的心、肝、肺一刀一刀地划开,血淋淋地划开,暴晒在阳光之下,从中提取沾染了人类细菌的切片,这时的"自己"其实已经不是自己了,是笔下的生命状态,是一个剖解中的有一定的人生典型意义的灵魂,是活的标本。在标本中的"自己"是全裸的,没有"裤衩",连一个"裤衩"也不要。张宇在文学笔下把一个塑造的"自己"全部撕开,甚至为此引起误解也在所不惜。

当然,从张宇的总体创作来看,张宇在作品中所施与的爱意还是大大多于鞭斥,这自然是超越具象的人类之爱。

七

张宇的入定是从闲适开始的。

在创作上,他很忙。他紧握着那支笔,不断地调整,不断地变化,不断地背叛;从剖解人生,抒写生命,到走出智慧,切入存在……在具象的社会生活中,他又很闲。经过几年的城市生活的磨损和冶炼之后,眼前的热热闹闹已不能触动他了。仍然是"客居"的状态,却进入了天然的宁静和淡泊。这一忙一闲,就有了一种精神上的定位。张宇清醒地认识到,文学创作是一种个体劳动,他踏踏实实地把自己定位在个体劳动者的位置上。这当然是精神层面上的劳动,是必须升华的劳动,由此精神的人在上升,物质的人在下降。没有虚幻了,他不要虚幻。张宇说:"咱们都是个体劳动者,创造性的劳动可以产生愉悦,这就很好,挺好。"

再次搬家后,张宇住到了远离文联机关的东郊,那是一栋高知楼,他住的是六楼。外面很热闹是不是?外面商潮滚滚,下海的下海了,没有下海的也湿湿脚……张宇却自觉自愿地把自己"囚"在六楼上,观风、观潮,笑笑。尔后转过身来,俯下头去,一笔一笔地写……

忙时很忙,闲时也闲,闲出一种静。创作之余,张宇会骑着一辆破自行车走出来,晃晃悠悠地穿过城市,来文联拿信拿报什么的,顺便呢,跟人下下棋。张宇好下棋,有时在锅炉房里跟人下,有时在司机班跟人下,有时干脆就蹲在街口上下。张宇下棋很刁,赢的时候多,输的时候少,有时眼看就输了,没救了,他还跟人下,走着走着,巧妙地跟人兑一个车,棋又走"和"了……更多的时候,张宇是在摆弄他的盆景。张宇对盆景爱得入迷。张宇收集了许多枯树的老根,这些老树根有一部分是他从西郊的农贸市场上买回来的(他常常凌晨四点起床,骑着那辆破自行车,穿越城市,和一些爱好盆景的工人们一起到郊外的集市上选树根);有一部分是他在山里挖的。树根弄回来后,就一盆一盆地嫁接、培育,弄成各种各样的形态,然后让枯树诞生,让瓦盆里长出生命的大千世界……张宇对他的盆景如数家珍,来了朋友,就马上领到阳台上看他的盆景。

写累的时候,也到阳台上去看他的盆景,喃喃说:"又一片绿叶长出来了……"

原载《中国作家》1995年第2期

白话张宇

安 琪

现在的年,是越来越不像年了。城市的钢筋水泥,挤压着人们的生活空间,连放鞭炮的地方也没有了。平日的油水浪费着人们的胃口,过年时就没有了大快朵颐的激情。如果我们再不想法反抗一下,春节怕就苍白成一个没有任何意义的符号了。于是,在张宇的倡导下,每到大年三十,住在附近的几个朋友便聚在一起,自撰自写,把写春联、贴春联弄成了一个正经八百的仪式。

——四年了。

这样,当《牡丹》的国平兄约我写写张宇的时候,一下子就想起张宇家四年来贴的春联了。首先是觉得很有意思,再往深处想,慢慢就想出了一些意义。我想,照着这四年的春联想下去,写下去,也许读者会读出一些张宇的意思和意义来。

上联:人本世俗不过望
下联:艺无止境喜修行
横批:民间艺人

过年了,照例朋友之间是要走动的。过年是人们放纵自己、暴露自己的日子。忙了大长一年,这时候人都把一年的劳动成果拿出来享受,自己享受还不够,还得邀朋友们一起来享受,这样一来,一份收获和快乐,就多出了几份甚至十几份。

记不得是初几去了张宇家,这样就看到了他当年贴的春联。上联是:"人本世俗不过望",下联是:"艺无止境喜修行",横批是:"民间艺人"。当时我心动了一下,想:这么大的一个作家,怎么忽然就成了民间艺人了呢?

酒是好酒,菜是好菜,朋友们都被那好酒好菜满足着。看着朋友们大快朵颐的样子,张宇也和大家一样满足。后来,就说起了门口的对联,张宇跟大家碰了酒杯,说,其实我也就说了一句大白话,人都是世俗的人,世俗的人生活在俗世,你不好好修炼自己的手艺,怎么过日子?

这话让我有些明白,又有些不明白。事和理都那么浅显,就像漂在水面上的萍踪荷影,谁都能看清那红的花、绿的叶。可正因为这事理浮在生活的水面上,又被生活的水流激荡着,激激潋潋,漂漂忽忽,反倒不如水下深层的东西那么容易把握了。

　　17年前,我大学毕业分到了三门峡文联,当时,张宇已经调到省里当专业作家了。到底是从豫西走出去的,偶尔还是会有意无意地到老地方走一走。每次张宇一到,单位的同事们都兴奋地奔走相告:"张宇回来了!"你看,都说张宇"回来"了,而不是来了,那语气,那心情,就像接微服私访转回朝廷的皇上一样,倒把刚刚上任的新主席给晾在了一边。人在任上,常常会受到别人的敬重,其实,很多时候,人家敬重的不是你这个人,而是你屁股下的那把椅子,你一离任,别人对你就是另一种态度了,所谓人走茶凉。可一个人如果把官做到人走茶不凉,不但不凉,反倒越来越热,这个官就算当成了,这样的人物才算真正的大人物哩。不过,当时我跟张宇并不熟,这些想法也只是心中的一些感慨而已。后来,又道听途说了张宇的一些事,譬如,三十来岁就当上了某县的书记,又当了洛阳地区的文联主席。又譬如,处理起上上下下的人事关系,如何如何游刃有余,云云。说这话的人不是一个两个,态度却只有一个字:服!

　　上个世纪80年代中期,圈内的朋友硬往我心中塞进了一个偶像,一个睿智而充满活力的张宇。那时候我就想,什么时候能认识张宇就好了,别的不说,起码做人为文就不用发愁了。

　　真正接触张宇是上世纪末的事。当时我已经弃文从商,虽然说没有发什么大财,也有了两三个自己的公司,手下有一二百号人马,并且有了自己的车,家也从三门峡搬到了省城。但一种漂泊感却始终笼在心头,很长一段时间,让我无所适从。说实在的,直到如今,除了自己的老婆、孩子,地域概念的"家"在我心中仍十分模糊。一岁多被寄养在爷爷家,虽然离父母只有一千多米,但总觉得两边都不是自己的家。后来到外地上中学、上大学,离"家"就越来越远了。大学毕业虽然在三门峡结了婚,但一开始我就没把那地方当成家,总觉得那只是我人生的一站,最终我是要离开那里的。再后来,从三门峡来到了郑州,可从心里头跟郑州总是两张皮,粘不到一块儿。有一次,跟张宇说起这种感觉,他竟然也深有同感。他说,咱都是从农村放到城里的一只风筝,爹娘一松手,老家就不再是咱们的家了,可城里也不是咱家,咱只是在城里租了一块地,盖了一间自己的房子,连咱脚下走的大马路,也都是人家城里人的路。

　　那时候,面对郑州这么大的一个城市,心里总是虚虚的,弥满了孤独和寂寞。也就是在这时候,我走近了张宇,走近了这个以前只是见过面、说过话、打过粗浅交道的老乡、老哥、老师。严格地说,当时这只能叫结识,还说不上认识。结识一个人,靠缘,认识一个人,还得有分。一个缘字,往俗处说,想必就是缘由或原因吧;而这个分字,也往俗里说,就是得合窍,就像脚与鞋的关系,脚是健康的脚,鞋也是名牌的鞋,可大脚穿小鞋,或者小脚穿大鞋,都不能合窍,合不上窍,再好的人也成不了朋友。因为是老乡,因为是崇拜的老师,我走近了张宇;因为彼此合窍,便在师生的情分里,又多了份朋友的友情和兄弟的亲情——这与初次见面,已相隔八年了,直到这时,才算真正与张宇认识了。那一段时间,我有事没事总往他身边跑,喝酒,打牌,羞羞答答地打听文学上的事。有一次我问他:"像我这样放着生意不做,老是跑来跟你闲玩,是不是有点不务正业了?"张宇笑了,说:"我看你可能是想务正业了。"

张宇说话就是这样,正话反说,反话正说,反反正正,慢慢地就抓住你的狐狸尾巴了。他知道我以前也是写小说的,小说这东西跟吸烟一样,一年烟瘾,十年想瘾,想从根本上戒掉是很难的。于是,他就把我调到了省文联,虽然还是做编辑,毕竟算是又回到了文学圈。

真正认识以后,才发现我以前知道的张宇只是一朵石榴花,给人的表面感觉是热烈的,是鲜艳的,也是招人的——招人喜爱,也招人嫉妒。真正认识他以后,才发现他是一只沉甸甸的铁皮石榴,黑不溜丢的果皮下面,蕴藏着饱满的思想的籽粒。张宇用自己的生活,悄悄地丰富了自己的思想,又用自己的思想,悄悄地改变着自己的生活。

很多年以后,我去过张宇的老家,那个伏牛山区叫大阳的村子。没去的时候,在张宇的笔下读到的是一个小桥流水、茂林修竹的世外桃源,去那儿一看,才知道也是个约等于穷山恶水的地方。年少时窘顿的生活,让他明白了一个浅显的道理,那就是要想过上好日子,就必须从山里走出去,起码得走到洛阳城,混一个城市户口。后来,张宇就把自己弄到了洛阳,弄成了一个吃商品粮的工人,又弄成了国家干部,弄成了地区文联主席,接着又兼任了县委副书记。很多人都知道张宇的背景,一个没根没底的山里娃,一路走来,靠的就是手里那杆笔。有点文化的老父亲曾教导过张宇:书中有颜如玉,书中有黄金屋。张宇把他爹这话翻译了一下,变成了书中有大鱼大肉白蒸馍。不知从什么时候起,张宇认定了一条道理:枪杆子里面出政权,政权老一辈已经替咱打下了,咱就握笔杆子吧,让笔杆子给咱变出大鱼大肉白蒸馍,变出小轿车,变出乌纱帽。我自己猜想,这可能就是张宇最早写小说的原动力。

都想着张宇从此要走上远大前程了,县官,州官,省官,再到中央去谋个差事也不是不可能,谁知道张宇的书记干得好好的,突然间说不干就不干了,仍回洛阳地区当了文联主席。文联有啥意思?一个清水衙门有啥意思嘛!很多人都觉得不可思议。其实,张宇是放不下手中那杆笔,放不下心中那嘟嘟噜噜的故事和思想,他还是想当一个作家。这样,张宇靠着一杆笔,把自己从一个农民写成了主席、书记,又从主席、书记写回来,重新把自己写成了作家,后来干脆调到省里专门写小说去了。

回过头去看张宇走过的路,不由得让人心中感慨:人家当官的时候,也没耽误写作,不但数量多,而且质量也高,像早期的代表作《活鬼》,就是那时候的作品;人家不当官了,却人走茶不凉,跟过去的老上级、老部下见了面,亲热得就像失散了多年的弟兄一样;人家当官的时候,虽说文联是个清水衙门,却每年也有数目可观的国家拨款,但从没听说张宇在经济上出过问题;人家又当官又当作家的时候,文坛正热得像一口开水锅,好多女作者急得一脸疙瘩想往文学上靠,除了说不清道不明的婚变,也没听说张宇跟哪个女孩子发生过枝枝梢梢的事。能如此把自己坚守住,真不容易啊!

上联:手中花开花落

下联:心中云卷云舒

横批:所向无敌

当时,作为作家的张宇,已经很著名了。可不知为什么,他却情愿把自己往民间艺人上靠。很长一段时间,在单位、在家里的书房,你根本找不到张宇,可偶然你往纬三路的马路边上一瞥,却发现他蹲在路边的棋摊上,跟一帮引车卖浆者鏖战正酣呢。

关于那一段日子,有人说张宇在有意地体验生活,我却从来都不这样认为。自己的日子还生活不过来呢,哪有闲心去体验别人的生活?实际上,那就是张宇当时生活的一部分。

张宇有一件人生的法宝,那就是逃跑——从现有的生活状态中逃跑出来,想法子战胜自己。

这让我想到了那些和尚、尼姑、老道士。其实,大部分出家人都是生活中遇到了麻缠事而又无法解脱,才遁出红尘的。从这一点看张宇泡棋摊的行为,我觉得有点像戴发修行——表面上看他还是文联机关的一员,实际上他已经逃离了是非,遁入了引车卖浆者流,跟这些光着膀子、一边搓汗泥儿一边下棋的人厮混在一起,慢慢地就混出了一份平常心。

好像就是在那段日子,张宇认识了一个玩盆景的朋友,从此便跟树结下了不解之缘。

都说盆景是一门高雅艺术,其实在郑州,最早玩盆景的大都是一些工人和市民。在树桩市场上,他们也像买菜买粮一样,讨价还价,斤斤计较。树桩买回家后,他们吸着劣质的香烟,喝着粗贱的茶叶,用通俗的话语谈论着艺术的长短高下,然后用长满老茧的手,曲其直,斫其冗枝,弄出一道道言不由衷的风景。可见,艺本无雅俗,人本无贵贱,所谓的雅俗贵贱,纯粹是好事者划出来的三六九等。慢慢地,张宇就混出了一大帮朋友,周末去树桩市场赶集的日子,就成了他的节日。其实也未必每次都买树,主要的还是去会朋友。瞧上眼了就买一棵,瞧不上,大家都厮跟着到某一个朋友家里,看看树,说说话,赶集买树倒成了朋友聚会的由头儿。时间长了,就彼此把对方装到心里了,要是发现哪一次谁没有去,心里就会虚虚的不踏实。听张宇说,有一次他因为发烧没去赶集,天黑时竟有两个人跑到家里去打听。一个说,你看,我说肯定有事儿吧,这不还就是有事儿吗?另一个说,以后有啥事儿往集上捎个信,别让伙计们跟着操心。张宇说,你听听这话,虽然淡淡的,似乎并不怎么亲密,甚至连病情都没有问,却自然得跟自家的兄弟一样。

那时候,张宇来郑州也就两年多、三年不到的时间吧,虽然家也安在了这里,心却没有切入这个城市。跟我才来郑州的时候差不多,总觉得住在这里,就像住在情人家里一样,虽然也在这里调情、做爱,可激情之后,总觉得这里不是自己的家。从这一点看,人有点像树,你本来在一个地方活得好好的,早已适应了那里的山石水土,甚至跟周围的一草一木都成了朋友,可是忽然有一天,一只无形的手一把将你捋出来,移到了别处,于是,就难免会有拉稀跑肚不服水土的过程。这就是命运,人无法抗过自己的命运,你能做的,就是努力适应新的环境,挣扎着开始新的生活。对于一个人来说,滋养你的水土,就是在这个环境里原本生活着的人们,特别是那些基层的人们,你只有跟这个环境里的人结合起来,就像嫁接,把你的心紧紧地靠上去,才能获得赖以生存的文化和情感的营养。张宇就是在这一帮朋友的牵引下,慢慢地切入了这个城市,真正成了郑州人民之一员。

一开始,我对张宇养树是很不以为然的。我私下想,人在经历了一些世事之后,总是会有些淡泊的,可再怎么着,也不该到了玩物丧志的程度嘛。但人家是老师,咱是学生,所以也只是心里的想法,敢想不敢说。

然而,做梦也没有想到,我自己竟也被老师拉上了贼船。当时,我刚刚买了新房,"燎锅底儿"的时候,张宇送了我两盆盆景,一盆是黄荆,另一盆是怪柳。为此,我专门又买了两个花架,往客厅一放,确实给新居增色不少。可好景不长,慢慢地叶就黄了,慢慢地枝就枯了,两盆好东西就这么被我糟蹋了。张宇发现以后,二话没说,立马又送了两盆,可没过多久,又叫我给弄死了。这一次,没等他送,我自己就找上门去讨要了。装车的时候,张宇跟我说,观景固然很美,其实养景比观景还美,要不你试试?就这样,我被张宇拉上套了。

自己一上手,才知道张宇为什么对树那么迷恋了。狗日的这东西跟吸烟写小说一样,一沾上就容易上瘾。还别说,养盆景跟写小说就是有些一样呢——面对一棵树桩,就像面对一个素材,总得先想想哪儿疏,哪儿密,哪儿繁,哪儿简,这不就是构思么?面对一件好盆景,搭眼一看,就能看出那流畅的情节,仔细一琢磨,满树都是生动的细节。后来,张宇再跟我谈起小说,不时地就冒出些盆景的术语。比如,结构上有毛病,他会说不"随";再比如,语言上冗杂了,他会说"荒"了。现在想想,这世上五行八作、三教九流,看起来纷纭复杂,其实往深处究,也就一个道理,那就是和谐,用张宇的话说,就是和平共处。

谁都知道张宇对树的那种投入。浇水,施肥,剪枝,打杈,甚至啥事儿也没有,就那么跟树蹲在一起,你看着我,我看着你,任白云苍狗在枝叶间悄悄地溜走。我不知道张宇对他爹娘怎么样,但我敢说张宇对树比对他老婆孩子更经心。圈里有些人常说"玩盆景",但张宇从来不这么说,他总是说养树。想想也是,树又不是人,树又不想给自己弄个城市户口,树在山里活得好好的,你把它弄成自家阳台上的一景,本来就够委屈它了,再加上个"玩"字,就是对生命的不尊重了。还是养树好,一个养字,用眼下时髦的话说,就体现了深刻的人文关怀。我觉着,把这一行说成"玩盆景",听起来潇洒,却有种"泡小姐"的邪味;而张宇说的"养树",我觉着像"包二奶",虽然也是风流之举,其中却倾注着真挚的情感。有一次,我把这话跟张宇说了,他一听,扑哧一声就笑了,说,到底是年轻人啊,说啥事儿都出奇。不过我倒觉得养树更像傍树。有人傍腕儿,有人傍款儿,咱就把自己傍给树吧。有了高兴的事儿,来跟树说说,一看到树还是那沉沉静静的模样,你就不会得意忘形了;有了烦恼的事儿,也来跟树说说,看到树还是那沉沉静静的模样,你就不会焦心了。可不是嘛,张宇他养了树,其实树也养了他。人都有孤独感,都有疼痛的时候,也都渴望有一双温柔的手在自己的痛处轻轻地抚摸,想必张宇也不例外。只不过他从现实中遁了出来,他进到了另一个世界,跟小说里的人们玩,跟树们玩,或者说自己跟自己玩。他觉得这样玩起来安全又顺手,他对这种玩法很知足。

十年前——也就是张宇与盆景亲密接触以后,曾写过一篇随笔,叫《与自己和平共处》,其实,我觉得从那时候起,他不但做到了与自己和平共处,也基本做到了与环境和平共处。

每个人都生活在一定的环境中,云卷云舒,花开花落,既然你无法把握和改变环境,你就得与环境和平共处,天热了摇摇扇子,天凉了加件衣裳,尽量别让自己中暑伤风。一个人能与环境和自己和平共处,那便所向无敌了——芸芸众生,山石草木,全都成了自己的朋友,哪儿来的敌人呢?

有人说张宇现在已经把世上的人和事都看淡了,我觉得他不是看淡了,而是看开了。一个人要是把什么都看淡了,就没有了激情、热情,甚至起码的感情。只有把世事看开的人,才能与环境和平共处,与自己和平共处。

上联:养树养家养精神

下联:为人为文为自己

横批:一笔两画

后来,我就跟张宇搬到了一个楼上,哦,准确地说,是搬到了两个楼上:上班在一个楼上,家也住在一个楼上。这样,跟张宇的接触就越发多了起来,对他的底细也慢慢地越来越了解了。突然有那么一天,我发现张宇的生活其实是很"腐败"的,吸好烟,喝好茶,而且好吃,而且会吃,而且——自己吃还不行,还常常拉着朋友们一起吃,虽然自己没有车,可动动就打的,动动就打的……张宇给人的感觉是个有钱人——不是有钱人能这样吗?

于是,我就想:张家的日子过得不赖啊。

要说,整日里抬头不见低头见,也没看到张宇有什么大的来钱门路呀,怎么人家就那么有钱呢?于是就悄悄地留了个心眼儿,想看看他的钱路到底在什么地方通着。还别说,不怕贼偷,就怕贼惦记,你一留心,再大的秘密也瞒不过你的眼睛。慢慢地,我发现张宇那俩钱,除了他的那俩工资,也就是一笔两画写出来的稿费。这样,也就大约知道他的家底了。

于是就有些发懵,心想,像张宇这样的家底,也不该像个有钱人啊?平日里,张宇跟我们这一帮小朋友们吃喝,作为小字辈,我们一般都不好意思让老师买单,但也有很多时候,看看酒喝得差不多了,他总是借上洗手间的机会,悄悄地就把账给结了。虽然我们都知道,像这种小吃小喝花不了几个钱,虽然我们还知道,人家到底是享受政府津贴的专家级人物,工资比我们高,可毕竟都受过孔孟之道的教育,心中的师道尊严还是有的。所以,每到张宇结账的时候,就常常弄得我们这帮小朋友很不好意思。这时候,张宇往往会很洒脱地说,咱有啥?也就是有俩小钱吧。

他这么一说,我心里就会偷笑:整天在一个屋檐下走动,谁不知道谁呀?也许说这话的时候,他口袋里已剩不下几个小钱了。

不过,你还是得服气人家,那叫派。

想想也是,人生在世,总是要活出一点精神的。

这一点,不能不说张宇是个蜕化变质分子——乡下人都怕露富,都好哭穷,张宇也是从乡下走出来的,在很多方面也保持着乡下人的本色,唯独这一点,不像。但反过来一想,乡下人藏富哭穷,无非是怕别人跟他借钱,其实,想开了,实在是没有这个必要的。你跟别人哭穷有什么用?如果你真的很穷,你就是再怎么哭穷,别人也不会把钱掏出来给你;你露点富又怕他怎的?即使你真的有钱,你弄出一副有钱人的样子,别人跟你借钱,借不借也还在你自己嘛。钱是什么东西?钱是一条狗呀,见了富人它摇尾巴,见了穷人它张嘴巴。虽然咱知道咱不是富人,可咱得心里找出富人的感觉,并适时地把这种感觉表现出来。这样别人就不会拿钱来欺侮咱了,咱自己也不会为钱受煎熬了——咱喂不起"狗",可咱得在思想上防着狗咬。

张宇是个要面子的人。面子是什么?面子就是脸。要面子的人,有时候会玩玩虚花样,但这种人有个最大的优点,那就是宁可活受罪,也绝对不会干那种不要脸的事。

其实,对张宇托底的人,都知道他的负担还是很重的。当时,他上有二老,下有三个孩子,正处于承上启下、继往开来的阶段。客观地说,张宇的日子过得不算窘迫,可如果给他扣上有钱人的帽子,也有点太抬举他了。待人接物,张宇从来不小气,但居家过日子,却从来不大手大脚的。从这个角度看,就知道他平常在外面装成有钱人的样子,原来也是假家伙。不过,人活在世上该装的时候还是要装的。装,也是一门学问呢。

我常常作一种毫无意义的猜想,那就是如果张宇下海做一个商人会是什么局面?我总觉得能把官儿当得游刃有余、能把小说摆治到这种程度的人,下到海里张宇也会是个好水手。有一次,我把这种猜想跟张宇说了。我说,那你还不如下海算了,弄一群"狗"给自己摇着尾巴,不比这样硬扎架子实在?他说,咱不是没有钱,咱真的不穷呀。工资,稿费,在家吃鸡蛋,出门敢打的。还想咋?又说,钱是什么东西?钱是变色龙。人要是为过日子去挣钱,钱是奴才,人是老爷,钱是叫人使唤哩;人要是掉到钱眼里,为了钱去挣钱,人就成了奴才,钱就成了老爷,人得伺候钱哩。

看来,张宇是那种愿意当老爷不愿意当奴才的人。如果说吸好烟,喝好茶,在家吃鸡蛋,出门敢打的,是一种物质生活的"腐败",那么,在心里把着老爷的架子不倒,就是一种精神的"腐败"了。这一点,连他自己都承认。一个人敢于承认和表现自己的"腐败",是知足的表现,而那种贪心不足的人,是永远不会觉得自己腐败的。

张宇常说,人啊,一辈子能干自己喜欢的事可不容易,能用喜欢的事把自己的日子养起来就更不容易了。说这话时,脸上就溢满了幸福和知足。张宇好像总是很知足,他是那种把知足常写在脸上,把烦恼总藏在背后的人。想想也是,白纸黑字写出来,精神上得到满足的同时,家里的柴米油盐也有了,真的不赖呢。张宇把他的这种生活方式叫做"一笔两画"。人在世上,你干的往往不一定是你想干的,你不想干的,却往往不得不干。能"一笔两画",那是命好,能一笔写出漂亮的两画,那是运好。张宇经常说自己的命运不赖。

不过,这还不是关键,关键在于张宇知道自己已经"一笔两画"了,并为此知足,为此感谢命运的厚待,为此守住自己,不再四处伸手去做"贪食之蛇"。能有这种心态那才真不容易呢。

这样一说,我就明白了张宇,人家守住了"一笔两画",就是守住了老爷的派头;人家学会了拒绝,就堵住了当奴才的后路。他用一笔两画的手段既排遣了孤独感,又挣下了养家糊口的费用。他觉得这种日子真不赖呢。

张宇好像总是很知足。

这年头知足者是越来越少了,吃着碗里看着锅里,却不知道人生苦短,欲望无限,守不住自己,只能徒增烦恼。看来,人不但要学着与环境和平共处,还得要学着与自己和平共处呢。

上联:半日劳碌半日闲
下联:一事糊涂一事醒
横批:就是这

这是今年春节张宇家的对联。现在想来,年三十下午写这副对联时,一个"阴谋"已经在他心中酝酿成熟了,就等着开春一声雷,吓人一跳哩。

都还记得张宇说过的那句话:"我已经是专业作家了,何必走出书房到商场去当'业余作者'呢?"可是,今年一开春,张宇就出其不意地把所有的人都吓了一跳:他跑到河南建业集团当副总裁去了。

张宇是个出其不意的人,他不但经常把小说写得出其不意,而且也经常把生活弄得出其不意。

都知道建业集团是河南地产业的大哥大,且据最近河南的媒体评估,建业的老总胡葆森是河南的首富。那么,张宇到那里去当了副总,是不是想当一个"二富"呢?于是,圈里人就有了这样那样的传言和猜测——主要是关于张宇在建业的年薪问题。有人说他的年薪是20万,也有人说是40万,甚至有人说得更多。想想也是,像张宇这号人,已经那么著名了,如果不是为了利,那又是为了什么呢?

后来才知道,张宇这次去建业是有组织手续的,是通过组织到建业挂职"体验生活"的。好像是20世纪90年代初期的事吧,组织上曾派他去豫北某县挂职当副县长,也是体验生活,但那次他没有去,32岁张宇就当上了洛阳地区文联主席,还兼了洛宁县委的副书记,那样的"生活"他早就生活过了。张宇是个不愿重复自己,甚至不愿重复生活的人。掰着指头算算,张宇的前半生,政界干过了,文艺界也干过了,对于一个没根没底、只有高中文凭的山里娃子来说,仕途上能走到七品的地步、创作上能把自己弄成一级作家,应该说也算是功成名就了,但算来算去,还就是没有正儿八经地当过商人。

我想,这大概就是那个"副总"对张宇的吸引力吧。

这个"副总"一挂上，张宇就正经八百地当起了"张总"。都以为他到建业，可能会抓文化和宣传那一块儿，没想到他却主动放弃了既往的经验，去抓了建业的营销。现在，你跟张宇在一起，常听他开口"Logo"，闭口"整合"，把朋友们弄得一愣一愣的。由此我想，张宇可不是在体验生活，他已经进入了角色，进入了生活本身。

但张宇这个"副总"在建业是不拿薪水的。张宇说，别看建业家大业大，别看胡葆森是所谓河南的首富，那都是人家一滴血，一滴汗，一分一厘攒起来的。咱初来乍到，四两力没给人家出，凭什么拿人家的钱呢？说到底，张宇还是抹不开文人的面子，放不下文人的架子。

于是我又想，当年张宇撂下主席、书记的职务也好，现在当着"副总"却不拿薪水也好，也未必真的就是看不上"官"和"钱"，也许他看不上的只是芝麻小官和蝇头小利——要是给他个省长、部长，也许他也会官感十足呢；他之所以把这个"副总"干得兢兢业业，并不是因为"副总"这个职务，而是这个职务带给他的焕然一新的生活和感觉；还有，要是你把稿费提高到千字万元，也许他还会把他所有的作品让你包发呢；要是他凭着自己的能力真的给"建业"建了功，立了业，胡葆森给他个大红包，他兴许也会面不改色地接着呢。

我这么揣想，并不是一点根据也没有。没见张宇常常在小说里给这个封个县长，给那个封个市长，就跟姜子牙似的，那时候谁敢说他不是俨然以省长、部长自居呢？还有，张宇他喜欢养树，当他把树们曲其直，斫其枝时，也跟改革家似的踌躇满志呢。只是，张宇现在的行为方式已经温婉和柔软了许多。

毕竟张宇已走过了五十多个叶绿叶黄的春秋，走到了孔夫子所说的"知天命"的人生阶段。而"知天命"的标志，就是他学会了用一种温婉柔软的方式选择自己的生活。人生即是选择。回过头去看张宇的小说，没有一部不是写选择的。《活鬼》《乡村情感》《晒太阳》《疼痛与抚摸》……众多人物在各自的生活中，不断地进行着选择，生与死，利与义，崇高与卑下，理性与情感……人性和人格就是在一次又一次的选择中，不断地完善着或不断地缺失着。便是张宇自己，从大阳村到洛阳，又从洛阳到三门峡，从三门峡到郑州，从农民到工人，从工人到干部，从干部到作家，不也在不断地进行着人生的选择吗？作为一个旁观者，我不敢对张宇的选择方向妄加评论，但最让我欣赏和钦佩的，是张宇每一个选择的形式——那种"半日劳碌半日闲"的洒脱，那种"一事糊涂一事醒"的智慧。

在很多人的办公室或书房里，经常看到郑板桥那著名的"难得糊涂"，其实也未必就真的明白这"难得糊涂"的真谛。难得糊涂，是明白人的糊涂，如果本来就是个糊涂虫，再去装糊涂，那可真是一塌糊涂了。

选择的另一面便是"拒绝"。很久很久以来,我发现张宇身上有一种很奇怪的东西,好像他一开始就在反抗着什么,拒绝着什么,而他反抗和拒绝的,又都是非常诱人的东西。譬如官,譬如钱——这些可都是好东西呀。当了官可以食有鱼、出有车,可以让好多人围着你献谄献媚;有了钱可以吃得更好,住得更舒坦,偶尔还可以想个法儿去腐败腐败——张宇能不知道官和钱的好处?怎么说扔就扔掉了呢?而且,张宇拒绝的还不止这些,譬如玩,他会打麻将,象棋下得也不错,可他就是不学打桥牌,不学下围棋,眼下流行的好多玩意儿,他也一概不会。再如上网,张宇使唤电脑也有十多年了,可眼下硬还是一条漏"网"之鱼。他说人生在世,前半生得学着接受,后半生得学着拒绝,要不手艺就滥了,日子就乱了。想必这就跟他养树一样,一开始所有的枝条都得留着,为的是吸收更多的阳光和水分,为的是把根扎牢,到了一定时候,就得把无用的枝条剪去,让有限的养分去供给那关键的地方。

人,不但要学着接受,还得学着拒绝,张宇是个明白人。

突然发现,这两年张宇的身体越来越好了:原来的高血脂症没有了,原来的腰椎病也没有了——这是不是与他对生活的选择有关呢?是不是与他不断地放弃名利的负累有关呢?

其实,说到底张宇不过是个手艺人,跟老家那些木匠、泥瓦匠没有多大差别,甚至跟在田野里耕作的老少爷儿们也没有多大差别。就像张宇今年春节门口的横批一样:"就是这。"

原载《牡丹》2005 年第 1 期

张宇:"软弱"之后

朱根亮　陈艳

一身休闲装,脸上挂着笑容,牵着女儿的手走进省文联大院,这就是他吧。果然是张宇,长篇小说《软弱》的作者。身上透出事业有成后的男人特有的自信和随意。张宇当属那种不好卖弄的人,没有儒雅之气,倒有许多平民化的倾向。他说,作家没有特别的面孔,很普通,除非是那些酸不啦叽的"圣人蛋"。《软弱》之后,张宇在干些什么?他是省作协副主席、《莽原》杂志社的主编,办杂志自然是少不了的;但作为专业作家,他还得写。他写了一个两集电视剧剧本《家住黄河岸》。主人公是一个生活在黄河故道上的农民,在沙荒地上搞种植业和养殖业,相继扶养了几十个老人和孤儿,给老人看病、送终,将孤儿养大、娶亲……张宇有了感动,他从这个农民身上读到了东方文化中厚重的人性关怀。还有呢?张宇笑笑,说正在为下一部长篇小说做准备,他需要积累情感,需要调整自己的状态——这大概就是人们常说的"孕育"吧。张宇推崇一种轻松的写作态度,他说作家不是"劳动模范"和"突击手"。生活中的张宇爱摆弄盆景,知道他这个爱好,你就明白《软弱》里王海的爸爸这个人物了;他还爱泡棋摊,趴在人家肩膀上,或蹲在院子里,他说那感觉很好。热爱生活的张宇说,社会早把你忘了,你不要忘了你自己。

原载《大河报》2000年10月24日

研究论文选辑

有地在，不愁长不出庄稼来
——张宇和他的小说

南 丁

1979年末，读到张宇的处女作《土地的主人》。稍后，大约是1981年的什么时候，又读到他的短篇《脊梁》，这使我欣喜。从语言风格看，我猜想作者是生长在河南这块土壤上的。一查，果然是洛宁人氏。我曾在伏牛山里插队落户三年，离开后也常到山里走动，也偶尔写一点儿反映山里人生活的小说，对伏牛山的山水百姓有些眷恋之情，为此，我对张宇和他陆续发表的作品，就更增添了一分亲切感。

与张宇相识，是在1981年秋《河南日报》组织的一个座谈会。一个挺机灵的山里娃子，这是他留给我的第一印象。

此后，河南作协的活动常请他参加，他每来省城，总到家里叙说一番，这就知道了他的身世。他在1952年出生在一个农家，父亲曾是个农会干部。高中毕业后，他去洛阳当过几年工人，利用工余时间从事文学写作，诗歌，散文，小说共写了22篇，都未能见诸铅字。1979年，工厂整顿，他回到洛宁，在县广播站当记者。发表了一些作品后，被调入县文化局创作组。其间，也曾被借调到洛阳地区文联主办的《洛神》编辑部工作。

他在回顾自己短短的创作历程时说："一接触农村，就觉得经常有东西在挑逗着我的创作激情。当记者，这为我认识、观察生活提供了方便。视野开阔了，接触面广了，过去的一些东西就活了起来。这样，就又试着写了《土地的主人》。"

22篇习作失败后，第23篇《土地的主人》获得了成功。作品于1979年11月号《长江文艺》发表后，《小说月报》旋即转载。这是有点意味深长的，他终于找到了他自己的文学创作的出发点，那就在他脚下，就是生他养他、他脚踏着的那片实实在在的土地。这才是他的世界。短短四年下来，张宇发表了三十多个短篇，其中不少篇目引起反响，你不能不承认这个小名叫憨子的挺机灵的山里娃子的欢势，他脚步"咚咚"，落地有声。读者和文学界对张宇注意起来。

1983年5月，河南作协用了三天时间召开张宇作品讨论会，请了十几位作家评论家，张宇也应邀到会。这是河南作协分会首次讨论一个青年作家的作品。我很高兴主持了这次讨论会。会上议论纷纷,很是热闹,常有尖锐对立的意见提出。

我只讲我的意见:

《土地的主人》这个起步是踏实的,围绕着新任生产队长黑子这条硬汉子形象组织矛盾,谋篇布局,传递了十一届三中全会后首先从农村兴起改革之风的信息,有气势,是成功的。但在人物关系的描述上,情景的转换上,结构上,却还失之于粗糙、简单和生硬。反映了作者艺术上的稚嫩。此后,《脊梁》中的狗栓这个形象,要丰满厚实得多,给人留下很深的印象。这是采用纵剖面的写法,为一个长处与短处并存的普通农民作传。狗栓在新时期"抖"起来啦!他当了生产队果园园长,心里太拿劲儿,又犯了夜游病,摸到山上整地,一脚踏空,掉下了几丈高的崖头,碰落的桃花洒在了他的身上。他为自己的一生画了一个惊叹号。我作为一个读者,向这位实实在在的黑脊梁致敬。(《脊梁》获 1981 年《广州文艺》"朝花奖"奖。)另一篇《金菊花》,描述一个农妇的命运,也是纵剖面,也是深沉的调子,也是重彩浓抹。我把这对姊妹篇当作油画来欣赏。

刚刚欣赏完油画,啊,这个张宇又奉献出一组水彩画来:《夏夜,在小河边》、《月上西墙》、《河边丝丝柳》、《最后一次约会》、《秋天,桂花开了》、《雪还在飘》、《菊花晨》、《青草叶儿》等等,轻描淡抹,倒也自如。

由深沉到轻柔。对于这种变调,众说纷纭。有一种意见认为,作者知难而退,在试着走一种回避冲突、粉饰生活的路子,应当从这条路上及早回头。另一种意见认为,作者正是在这种调子的作品中找到了自己,这正是作者的所长,应当沿着这条路往纵深处走。作者自己解释:因为这种调子的东西写来顺手,于是就一发而不可收,一篇篇写来。因为那种深沉比较痛苦的东西,写来虽也顺手,发表起来却不顺畅,比如《脊梁》,一夜写成,一年之后才得以发表。其实,作者并未把事情说得清楚和完满。最根本的,还是新时期山村新生活本身,给作者提供了这种赞美诗抒情曲的题材和主题。

我比较喜欢油画,我也乐意欣赏水彩画。我不以为张宇是在粉饰生活,他所描绘的正是新生活的一幅幅画面。我采取这种态度,以为:如果两只脚都是踏在土地上的,为什么不两条腿走路呢?作者自己却又有不同的见解,他以为这种轻拉浅唱的调子,多女孩儿气,少大丈夫风,不过瘾,腻味人。倒也是的,把他多次出现的月夜小河边、人约黄昏后的男女声二重唱,集中起来欣赏,难免也有一种重复单调感。

事实上,张宇已经改弦易辙。他已从潺潺小河边、如银月光下走向了社会,从抒情走向了思索。他试图探求纷纭复杂的当代生活的底蕴。1982 年年底,我们就陆续读到了他的《管理员的烦恼》和《头条新闻》。1983 年 5 月讨论后,他又有《境界》、《桥》相继问世。这不再是《夏夜,在小河边》那种甜美的葡萄酒,这是多少都有苦涩味的苦味酒。《管理员的烦恼》情节的典型性值得推敲,未见成功。《头条新闻》虽也引起反响,但存有思想大于形象的缺陷。这种以事件为中心的网状结构写法,他是初试,并不得心应手,反而失去了原先他的作品的那种艺术魅力。有人认为《头条新闻》是种退步。我认为应该看作探求前进中的问题。这篇小说针砭被污染的社会风气,还是颇具匠心也颇见功力的。《境界》与《头条新闻》相反相成,通过金斗老汉修桥的故事,成功地写出了不可抗拒的社会的道德的力量。

今年4月,牡丹花开时,河南作协在洛阳召开农村题材小说的座谈会。我看到了张宇,并有一次夜谈。问他在写点什么,他满有信心的样子,说是在弄一个比短篇稍长一点儿的小说,可能比此前已发表的水平要高一点儿。我不再详究,只等着读,就谈些小说之外的事。

将于五月间出版的《莽原》,有张宇的一篇文章《先升华自己》,我看了清样,是讲认识生活和理解生活的,谈得很聪明。他说要在小说之外多下些功夫了。这也是一种"反弹琵琶"。

张宇从事小说创作有些什么特色呢?那就是他在短短的四年多来的创作历程中,永不满足,不断探索。他的路还长得很,他的脚步始终不离开他的土地,在向远处走去。

张宇的《最后一次约会》的结尾,有句话挺有气派,也挺动感情,张宇自己当会记得。我借用这句话,作为本文的结尾:

有地在,不愁长不出庄稼来!

1984年4月29日凌晨
原载《文艺报》1984年第7期

张宇找自己

南　丁

《奔流》1986年1月号,约请几位河南作家新春试笔,张宇有篇《不要老死在庙中》。他胡编了个故事,说是有个书生赶考,路途中借宿在一个庙里,他怕被偷,睡觉时和衣而眠,将盘缠当枕头枕,却偏遇到偷儿,把他的盘缠偷走,换了块砖塞在他的头下,又把和尚的衣帽给他换上。他醒来,非但找不到盘缠,照照镜子,也找不到自己了。他就如此这般找自己,终究没有找到,直至老死在庙中。故事编得叫人笑破肚皮。是用以警策自己和同辈作家的吧?聊聊数百言,可谓言简意赅。

同样的意思,在《文学知识》1986年2月号《小说的谜》中,他说得更加明白:"汲取别人的营养是极重要的,但不要在自己的身上长别人的耳朵和鼻子,那就是非驴非马,四不像了。要把自己和别人区别开来,这区别便是创造,便是风格,便是生命。走得愈远愈有出息。"

对于一个年轻的小说家来说,这是一个了不起的觉醒。他开始有了一个作家应该有的独立意识。其实,这种觉醒,这种独立意识,早在他1985年3月写完中篇小说《活鬼》前后,就已经在创作实践上完成和确立。他鬼得很,做完了才说,并不预先发表宣言。

《活鬼》于1985年第4期《莽原》发表后,即引起广泛反响。人们看到张宇塑造的一个活脱脱的侯七,也看到张宇塑造了既区别于别人又超越了自己的一个新的张宇。

在张宇的创作历程中,《活鬼》是个隆起的山头。如今,从这个山头回过头去看他的小说创作,虽也逶迤,却都成了丘陵地带了。这篇《活鬼》,才算得上一篇正经八百的玩意。

谈张宇的小说,当然要探究他那个丘陵地带,那是他的脚步,他正是从他那个丘陵地带一步一步走来,登上这个叫《活鬼》的高地的。

他从他脚下的那片土地出发。1979年末,以《土地的主人》撞击开文坛的大门。这篇以新人生产队长黑子为轴线编织成的故事,传递着农村变革的信息。这个生活故事,粗犷和粗糙、单纯和简单、硬朗和生硬搅和在一起,瑕瑜互见,既显示了他的稚嫩,也证明着他的坚实。这是他的发轫之作,是他升起的第一面风帆,催他开始了文学的远航。

先是为父辈作传,《脊梁》、《金菊花》,何等的苦涩和辛酸! 我以为他是用心在写,用对父辈的爱在写,那笔管里必定也掺和着些许泪水吧。艺术上虽可求疵,但你仍不能不承认它们透露着深沉凝重,还是打动了你。

这是为什么呢? 是因为那新生活的情境扑面而来吧。他随即改弦更张,轻歌曼舞起来,《夏夜,在小河边》、《河边丝丝柳》、《月上西墙》、《最后一次约会》、《菊花晨》、《清凌凌的水》、《秋天,桂花开了》、《雪还在飘》等等,月光下,小河边新时期的幽梦回绕,山村男女二重唱的一个系列,另是一番轻柔甜美的调子:如同饮葡萄酒,自也令人陶醉。这组小说的诗化倾向是明显的,可作为抒情诗来读。得之于清,失之于浅,是它们共同的长短。但也是用心在唱。不可用矫饰之词来对作者加以责怪。

与轻柔甜美这一个系列同步,另有一个系列,"尝尝,它是甜的;想想,它是咸的"。苦而不涩的儿时山村生活的回忆,《鱼》、《一串甜甜的泪珠》、《那牛群、那草庵》、《鞋子》等等都是。这一个系列,未能引起注意。其实,那难忘的童年时的纯净如水晶般的友情啊,也沁人心脾。

甜美的调子唱得腻了,他走出月光下、小河边,把目光射向社会,推出一组问题小说。《管理员的烦恼》因主要情节的合理性值得推敲,而未见成功。《头条新闻》展开了一个善被社会扭曲、美被社会污染的沉重的悲剧。但有思想大于形象的缺陷。初试网络结构,也不得心应手。《境界》开拓了一个老共产党员意识到自己无力再起模范作用而要求退党,以免玷污了党的光荣和纯洁的境界。《桥》则与头号新闻相反相成,生动地描绘了金斗老汉为强大的社会道德力量所驱使,由为私修桥到为公修桥的自我完善的过程。在艺术上,此篇浑然天成,较前有大的进展。实际上,这些篇章都带有供读者思考的哲理性。将它们称为哲理小说,或许更确切些。这标志着他的思想在向生活的更深一个层次渗进,力图探求生活的底蕴,这无疑是一个进步。

然后,又有《皮包》、《书记和小偷》等问世,另是一种轻松自如诙谐横生的调子。《完人》则更是融谐谑与讽喻为一体,有点辣味了。这几个短篇透露着作者艺术上日趋练达的信息。

涉猎中篇这个体裁领域,《李子园》乃试笔之作,接着,就是《活鬼》。

深沉凝重,轻柔甜美,苦而不涩,哲理思索,诙谐辛辣,他不断地改变着读者的印象。他经常变换花样,陆续端出酸甜苦辣各色菜肴供人们品尝,手艺都还不错,口味还都是那么回事。实际上,这里蕴含着这位年轻作家不断寻找自我的艰辛。

张宇自己说:"四年了,回头看一看身后的脚印是歪歪扭扭的。我写的大都是山里的人和事。虽然幼稚,也可骄傲地说,这字里行间都燃烧着我对农民和土地的火热的感情。写下的是我的热爱和思索,是我的忠诚和心声。"(《张宇小说选·后记》1984年12月)我相信他说的是真的。早在1983年5月,河南作协组织的那次沙龙式的"张宇作品讨论会"上,我就为他作出旁证:"从他的作品看,他对他所描绘的生活,是充满着爱恋之情的。从这里就可能生发出作品的魅力。我以为这是作为一个文学工作者一个带有根本性质的、很重要的、不可或缺的品质。"他在艰辛的寻找中,确愈益丰富了这种爱恋之情。我以为这应当是首先并不断要寻找的。

那么,还要寻找什么呢?那就是本文开头所引张宇自己提出的课题了。他经常向自己提出新的课题。这个小名叫做憨子的豫西伏牛山里的娃子,实际上每根毛孔都透露着机灵劲儿。又憨又灵,集憨与灵于一身,这才是一种合力。正是这种合力推动着他,脚踏实地,不断前进。无憨,就要飘起来;无灵,则难于迈步。两者缺一不可。

且看他的灵。1984年,在《莽原》上读到过他的《先升华自己》,有一点意思是记得清楚的,他下决心要在小说之外下些功夫,要多读些马列,多读些杂书,多参加些社会活动,比如多到城里跑跑,多参加些专门讨论政治、经济的座谈会,等等。好一个小说之外! 他在这篇文章中,还谈到距离、对比的作用,举例说他要不出家门,就不知道家在什么位置。到城里跑跑,眼界开阔了后,就知道自己在家在自己的村子在什么位置了。他的有些写山村的篇章是在城市里受到触发才写就的。据我所知,他近两三年来,就跑了华北、华东的一些城市,其中包括他在《活鬼》里涉及的烟台、南京。

这也是一种寻找。

是距离、对比发生作用了吗?还是受到什么触发?他终于找到了使他狂喜的《活鬼》。

寻找自己,在我看来,就是寻找自己的那一份创作自由。各个作者都有各自的独特的那一份创作自由,不能互相取代。就是寻找最能发挥自己优势的那种最佳创作状态。且看张宇自己的一段描述:

> 如写中篇小说《活鬼》。我写了十七个开头,算下来已经写了两天,废了几十页稿纸,写败了一万多字。到后来忽然找到了一句话'旧社会有三教九流',一下激动起来,觉得就是这个味道。结果一口气写下去,四万多字的一个中篇,再没有打住过。而且,越写信心越足,越写越轻松自如,像玩一样。脑袋瓜儿也简直像别人的一样聪明起来了。语言也丰富起来,行文时得意地笑着,做着鬼脸,不断弄一些小动作自我欣赏,又一边联想着这作品的效果和命运的希望,目空一切,绝对的骄傲自满不可一世的样子,就

好像要写一部杰作那样了。这种自我感觉的动力,不断给自我燃烧,到写完最后一行。当然,中间别人问起来,那也要装模作样谦虚几句,但内心里十分充实。(《小说的谜》)

这大约就是创作完全进入自由那种最佳状态了。

漫漫长长一生,飘飘零零一世,明明白白是一个人,又似似乎乎有一个"壳"。荒唐之中说荒唐,且又阴差阳错。人乎?鬼乎?鬼乎?人乎?"活鬼"将告诉我们这一切……

《活鬼》告诉了我们什么呢?

诞生在匪窝里的怪胎,混世在旧中国的魔鬼,在不正常的政治生活中耍尽奸猾的游蛇。但他也有善的一面。他对石榴与胡月萍关系的处理,他与胡月萍合伙冒险搭救杨忠信,他到烟台地区银行当了干部后,下到沿海调查研究,半年不回机关,还编写了本《渔业生产资料》,他对银行副行长王建卸掉右派帽子由衷地高兴:"只要给王建这些好人卸下来,我情愿戴。能者多劳,我脑袋大,能戴动的,就该多戴些年。"直至小说的结尾,他谢绝接受杨忠信无偿的一百万元的资助,等等,无一不证实他作为人的善的一面。而且,这个结尾也可看为一个契机,政治生活正常了,他或许会将他善的一面发扬起来。这不是张平面的剪纸,这是个立锥多面体,是个圆雕,是个难于归到哪一类的复杂形象。这就是他,侯七就是侯七,就是这一个。

这一个侯七,他一世的看似荒诞实则是实实在在的命运,折射着数十年的世态。反过来,正是这样的光怪陆离的世态,造就了这一个侯七。典型环境中的典型性格,这一现实主义的原则,依然有着强大的生命力,并未过时。侯七,不论是在认识价值和美学价值上,都算得上是一个人物。我斗胆地说,新时期的文学人物画廊里,又增添了一个形象,那就是——侯七。

张宇还为这个《活鬼》成功地寻找到了一个极为相宜的形式,对民间的、民族的、传统的形式的借鉴相当纯熟,内容与形式很是和谐,既可当小说读,也可作为评书说,雅俗共赏。这就使之能走向更广大的读者和人群。我们的文学,也的确有一个如何走向更广大的读者群的问题。

张宇在《小说的谜》中还提到过两个课题。其一,是关于主题思想。他不苟同无主题的主张:"事先连自己也不明白是什么玩意儿,怎么好写出来糊弄别人?不能总说自己的东西好,别人看不透是水平低。"其二,是关于小说艺术。"看来小说不能写成'中说',更不能写成'大说'。小说要写成小说。说不准确干脆别说,等到说清楚的时候再细细去说。"

其实,这两个问题,是一个问题的两个侧面,是讲现实主义的另一个重要原则:倾向愈隐蔽愈好,要在情节的发展中自然地流露出来,而不要特别地说出。

这也是寻找。真正寻找到现实主义的真谛,并非易事。在张宇以为,他的《活鬼》大约是和这个真谛握住手了,既不是"中说",也不是"大说",而是地道的小说了。怨不得他又是"自我欣赏",又是"内心十分充实"了。幸好,紧接着还有句话:"也只有写完后才泄气,会忽然发现自己写得很差,并不是什么好玩意儿。"可我也得向张宇学一点机灵,他这是否又是装模作样的谦虚呢?权且存疑。他还说过一句大话:"不相信别人干了的事,俺山里的娃子就不行!"(《张宇小说选·后记》)这句话怕是真的。

山头不是山峰,山峰还在前头。且看你个山里娃子咋从《活鬼》迈步吧。

1985 年 3 月 20 日于民权葡萄酒厂
选自《南丁文集·评论卷·微调》河南文艺出版社,2006 年

小说就是小说
——由张宇的小说观看张宇

孙 荪

他的眼角总喜欢往上挑一点点,目光中同时就产生一个亮点,嘴角也有一点翘,因而,总是,或者总像是微微笑着。说话慢慢地,大概是洛宁的口音有点重浊,嘴就显得有一点笨笨的,不仅不算口若悬河,更说不上伶牙俐齿。

他从不会抢着发言,也不大去截别人的话,像文人聚会中通常会有的情形,斜刺里插进去,把正在发言的人撂在一边,抖擞开自己的"五马长枪"。多少年来,很少听见他长篇大论地讲谈。

早先,他喜欢这样说话:"咱也不会说理论,山里娃子,又没上过大学,学着写小说……"

后来,更多地说的是这样的话:"作家就是拿自己的作品说话,说别的也无用,都是废话。"

可是,千万别被他蒙了,以为他就是那样一种货色,君子动口不动手的反面,只会,或者只喜欢动手不动口。他可不是那种抱着葫芦不开瓢的货,他可不是一盏省油的灯,即使在理论上。

事实上,也是这样,只要是作家,不管他喜不喜欢说话,他都不会是闷葫芦。不是说别的,只就小说的观念问题,哪个作家不是一肚皮的话?

一个小说家,怎么会没有小说观呢?又是张宇这样一个不喜欢凑趣,换一句话,不喜欢趋同的人。

尤其是,遭遇的又是这样一个文学的新时期,或者如有些朋友后来又加的,新时期回头还有后新时期。

这是一个创作的繁盛变化时期,也是理论观念横生竖长的时期。

转折、转换、转型、转变、革新、创新、新潮、先锋、前卫以及更厉害的逆向、反拨、反叛、颠覆等等,林林总总,不一而足。哪一个词儿所包含的内容,都够"反动",够折腾一阵子的了。

要在平常的时期,靠着原来观念的惯性运动,只管写就是了。而这个时期,原来的惯性中断了。要是没有自己的小说见解、小说追求、小说观念,就真的没法选择,无所措手足,不知如何写是好了。

最基本的，最简单的问题：什么叫小说？想想看，它该有多少说法，遇到了多少歧异的大相径庭的观念。有人喜欢说，管它呢，想怎么写就怎么写！"胡球弄，当朝廷！"实际上，要动笔写的时候，先有个问题：你写哪一类小说？换言之，你站在哪一种小说观念的立场上？

张宇有自己的看法。有一次，他和我就这个问题对话。他说自己的观点时，有点调侃我们这些搞批评理论行当的意味。他说，争论小说是什么，什么是小说，这主要是你们理论家评论家的事，那是你们的吃饭家伙。你们忙活这事，演绎这概念、那主张，然后立起这一派、那一派，这就是你们的正经干活，干自己的专业。不然，你们干什么呢？我们小说家是写小说的，跟着你们跑那事儿干啥？咱的吃饭家伙是写小说。各干各的活，各吃各的饭。

在小说观念争论热火朝天的战场上，他时不时地冷不丁地冒几句类似这样的语言。好像他在贯彻当今一位伟人关于"不争论"的指示。

不过，你要是相信他这是真话，多半还是受骗。

我一直注意他，是不是就不关心小说观念问题的讨论，是不是就不注意小说的观念问题，只是埋头耕种他自己的一亩二分小说责任田？

当然不是。

被我抓住真凭实据的，是1985年黄河笔会上的一次发言。

那是沿黄河九省的作家评论家在山西开第一次黄河笔会。代表们到了大同市，有一次与当地作者座谈。会上，安排几位青年作家发言或者说讲话，其中有张宇。

这一次，张宇说的话还是不长，不过十分八分钟。

他开始这样说，什么是小说？依我看，小说就是小说。再重复一遍，小说就是前头有一个"小"字的说话。如果再引申一句，就是，小说不是大说。什么意思？我认为，就是小说它不承担那么大的说教任务。说教，我以为是大说。那是政治家做的，社会学家做的，伦理学家做的。小说家不必抢人家的饭碗。

说到这里，他咧咧嘴，笑起来，很得意的样子：一个发现啊。

张宇又接着说，进一步解释，就是理论家的事了，我要解释就上了"贼船"。不过，我也有我的解释。我用小说家的办法，讲一个故事。你们大概没去过河南省长葛县的县城吧。那里有一条河，河上有一座桥，桥的名字叫和尚桥。为何叫这名字？这里边有一个香艳、凄婉而又深沉的故事。

很久以前，这河上没有桥。河的那边有一座庙，庙里有一壮年和尚；河的这边有一户人家，寡母孤儿。母亲很年轻，但那时改嫁很难。一来二去，寡妇与和尚就有些过从来往，偶尔和尚也就在夜晚留下来住了。孩子渐长，颇为不便。渐渐地，便改为母去宿庙。

可这家孩子聪明绝顶,虽然家贫,读书却十分长进,后来竟中了状元。

这一中状元,事情不就麻烦了吗?

但这个状元,不是毛泽东说的那种没有学问的状元。他高中后回家,第一件义举,是在家乡那条河上修了一座桥。本地人名曰状元桥。

精彩之处在后头。

那状元在朝中做官,多年以后,状元之母病故,状元回乡葬母。母葬以后,状元找到一点理由,把那和尚杀了。

当地人的评论极妙:状元修桥是为母方便,杀和尚是为父报仇,乃大孝子也。

这状元确是至孝。孝者,顺也。他深得父母之心,而且曲尽人情世故。

张宇评论说,这民间传说,恐怕就是绝妙的小说。不仅具有故事的基本要素,情节跌宕起伏,而且可以说用最简洁的文字曲尽人间之妙,合理合情合法。

什么是小说,小说的本义,或者说小说的大义,就存在于和尚桥的故事中间。

这个民间故事的文本,对于中国文化、中国人,乃至人性、人类学来说,肯定有"大说"可供开发;此中的社会学、政治学、伦理学以及其他学科的意义,由社会学家、政治学家、伦理学家以及其他学科专家,去解释发挥。小说家只有这样的小说,这就够了。

我听之,不禁哑然;继之,欣然。张宇竟这样谈论小说!

这个故事我多年忘不了,而且常常想起来,与张宇的小说创作联系起来。我从中看到了他的逐渐明晰的小说观,就藏在对这个故事的解读中。

要而言之,张宇的观点就是:小说就是小说,小说不是大说。

这需要稍微追溯一下。

我感觉,在谈这个和尚桥之前,即1985年前,张宇并没有形成"自己的"小说观念。

我第一次认识张宇,是参加他的作品讨论会,那也是他的第一次作品讨论会。时间是1983年,地点在郑州,中国作家协会河南分会。

当时,他已经在广州、北京得过小说奖,小有名气。我记得那一次他谈到创作的勇气时,有这样一句话:山里娃子胆子大,我总相信别人干得了的事,我自己也能干。

这话多少已经有点牛气了。但是,实际上,那时的张宇所谓"自己也能干"的,还基本上是学样,看别人弄出了什么样的产品,我也生产出一件来。

但那时张宇自己并不自觉。他大概觉得他的小说已经很有创造性了。

实际上,路还长着呢!

说起来，张宇觊觎文学这碗饭，时间不算晚。早在上世纪 70 年代初他十八九岁时，在洛阳一边当着工人，一边写诗歌、散文，也写小说。可是，很长时间，他是漫地烤火——一面热，他热爱文学，人家文学不理他。文学这碗饭他一直没能吃上。直到 1979 年工人不当了，重回洛宁老家，他的第 23 篇小说《土地的主人》才没有被退稿，《长江文艺》发在 1979 年第 11 月号上。按照文坛惯例，他的第 23 个孩子才算是处女作。算一算，差不多九年时间才真正走上文坛。面壁九年图破壁，张宇这也是九年啊！但是，壁终于破了。

从此以后，不到四年时间，张宇在全国各地文学期刊连续发了三十余篇小说，得了几次奖。年龄也才只到"而立"。张宇是可以有一点牛气的了。在那个时代，人才成长一般不像后来那么快。

但是，那时的张宇，创作的基本动机还是现实问题的推动，如他当时所说："新形势下的农民在想些什么？在干些什么？怎样表现他们？他们身上哪些是美好的闪光的东西？哪些是消极的东西？这一连串问号像一个个秤钩钩一样勾住我的心。"这些话语，在当时是很普通的，大家和小家都在这样说，很难说为张宇所独有。

他这时的作品更可为证。我那时曾经有文章描述张宇当时的两类创作：一类是最早的名篇，如《土地的主人》、《脊梁》；另一类是《河边丝丝柳》、《青草叶儿》等一批作品。他先是想用油画画大山的脊梁、土地的主人，但是，他力不从心，或者已有的山峰太高，遮挡着他。接着，他有了一个转变，用水彩画来写赞美诗，描画新时期新农村新生活的风情韵致、田园牧歌。从小说的题目即可直观到作品的基本内容和倾向，正是当时所流行的东西。

本来，那类带着旧的虚假现实主义影响的创作，已经到了山穷水尽理应终结的地步，再多一篇或者多少篇，也只是量的增加。跟在别人后面学样，再想努力发展，结果是可想而知的。在观念上想有所发挥，也避免不了陈旧的重复。

这些作品，尤其是后一类作品，张宇自己也不满意。他对我说："我觉得好写的，写起来顺手的作品，自己不满意；而想写的，觉得有分量的东西，又写得不是多理想。一个时期以来，我徘徊在这种矛盾之中，随兴而至，忽东忽西，使创作处于盲目状态。"他所谓想写的有分量的东西，主要是指他的民风彪悍的故乡那种深沉的、有分量的、男子汉精神和气质的东西。他盼望着突破。

很快到来的，是文学的"85 新潮"。这是新说层出叠出，新名词狂轰滥炸，新观念百家争鸣的时候。张宇不是学院派出身，他不是那种还没写作品就大谈观念，然后从观念出发演绎作品的作家。大家都奢谈的时候，他似乎没有加入大合唱。

他的创作有了新变。

这个新变,不是对"甜甜的赞美诗"式的作品的延伸,而是在"甜"之后,有一个陡转,按照传统的中国诗学理论,即由"美"而"刺",产生了一批讽喻性的作品。比如《头条新闻》、《桥》、《境界》等,基本上是针对世风、党风日下的"社会现实问题",采取反面文章正面作,以反讽、黑色幽默等手法,产生了类似新闻效应那样的社会影响。

这样说来,张宇小说创作似乎已经走了三步路。实际上,仍然是第一个阶段,我把他戏称为"头三脚",即都是按照传统的革命现实主义创作思想的实践。就文学创造或者创新的意义上而言,没有新鲜的东西。

属于张宇独立的思考和艺术创作实践,换言之,他有了自己的小说观,还真是以讲那个和尚桥的故事为标志。

标准的理论文本,是他在1985年的《文艺报》上发过一篇几百字的短文。那上头有几句"经典"论述:

> 我把自己的作品分成三类,大说中说和小说。我当然不敢用这样的框子去框别人,只是觉得自己走过了从大说过中说到小说的路。小说就要写成小说,不能大说和中说。(《小说闲话》)

那篇短文上,还有两句重要的话。

一是检讨过去和当下小说中人物塑造上的一个"问题","不敢面对赤裸裸的人"。

二是小说创作的关键,他认为是"要把生活心灵化和小说化"。

张宇这样说的时候,底气是比较足的,因为在此之前,他发表了中篇小说《活鬼》,这是张宇写作发生陡转突变的一个证明。

这部作品,成功地写出了一个赤裸裸的人物侯七。这也是一个在新时期突然发家的"万元户",这好像是一个有点时髦的人物。但是,这个人物,极其复杂和丰富:七情六欲兼具,美丑善恶齐备,一生当过草莽英雄、流氓无赖、专政对象、劳动模范,算是"问题"与光彩集于一身。因为这些特点,他一生几乎挟带着一部现当代的历史,一部折射社会生活和文化多侧面的多棱镜。他成为一个在坎坷的命运中具有极强的生活适应能力和驾驭命运能力的有特殊性格的人。把在此之前只能以单一的黑色涂抹的上不了台面的此类人物,写成了有血有肉有光彩的生气勃勃的形象。张宇的人生经验、三教九流的知识、艺术韬略、文学操作技能,得到了一次纵横驰骋的机会。它不承担"大说"以至"中说"的说教任务,却蕴含了作家对人生、社会、历史深层奥秘的感悟。

《活鬼》可以看作张宇"小说就是小说"观念的具象化。张宇此后的创作,大体正是沿着这一观念推进。

不说别的,只说长篇小说。从80年代的《晒太阳》,到90年代的《疼痛与抚摸》,近两年的《花开花落》、《软弱》,给读者提供了政治骗子、通奸者、淫妇、警察与小偷等各式各样的人物故事。

作家选择这些很俗的素材,似乎正好为它减负。政治上的,思想上的,教化上的,似乎应当有的功利目的、责任任务被卸掉了。小说做自己最应该做的愉快的事情。首先是作家自己愉快,然后让读者愉快。

张宇所心仪过的油画、水彩画、赞美诗、问题剧,这些招式都不再被作为小说的特长加以发挥。他所用心做的,就是面对人类已经造出的各式各样的"作品",进行独特的心灵解读,首先是敢于"面对赤裸裸的人",进而,把真实的生活通过作家的心灵化和小说化,造出自己的作品。

关键的功夫在于讲好作家自己的人物故事。

只是一点奇特的古今无二天下无双的人物故事的情节线索,揭开被隐蔽的,被掩盖的,讳莫如深的种种盔甲,大白于天下以后,原来是天底下最普通,最平常,司空见惯,熟视无睹,却是人人心中曾经经历过的奥秘。

谁揭开了这奥秘?只能是作家。一点情节线索,经过作家自己"这一个"独特心胸的冶炼,作家发现了,并且感悟了,然后按照自己的生活经验和思维逻辑,演绎出、叙述出见所未见、闻所未闻的人物故事。让熟视无睹的人,见到了出人意料,感到了惊奇,以至震惊。

这大概就是张宇所谓生活被"心灵化"和"小说化"以后,真人物,真性情出来了。小说就是这样编辑演绎出来的。

这似乎已经不大同于别人的说法了。既不同于思想挂帅的革命现实主义,也不同于摄影原生态的新写实主义,而是真的"小说家言"了。

从精神走向上看,张宇的小说主张似乎不是高扬思想的旗帜,而是在往下走,在降调。小说就是小说,好像要倒回到这个词儿出现的最早意义上去了。

"小说"这个词儿,在中国最早是庄周使用的。在《庄子·外物篇》中,有这样的话:"饰小说以干县令,其于大达亦远矣。"这里的"小说"所指,就是一种小的道理。

后来汉朝的班固在《汉书·艺文志》中把九流十家之末列上了小说家一类,标志着小说作为独立的作品正式被认可,只是班固对此类作品不大看重,他说:"小说家者流,盖出于稗官,街谈巷议,道听途说之所造也。"他引用孔子的话说:"孔子曰:'虽小道必有可观者焉,致远恐泥。'是以君子不为也,然亦弗灭也。闾里小知者之所及,亦使缀而不忘,如或一言可采,此亦刍荛狂夫之议也。"

鲁迅先生解释班固的话,也根据一些佚文,说得很精彩:"诸书大抵或托古人,或记古事,托人者似子而浅薄,记事者近史而悠缪。"这一些都在说,在小说刚产生的古代,这只是一种来自民间的形象有趣却无足轻重不登大雅之堂的言说方式。

这些意思,现在重温一下,倒不无意义。如果小说在这些本来意义上存在和发展,倒会更自然一些。但我相信,张宇不是从古人那里得到的启示和灵感。他恐怕是有感于后来小说越来越成为大说以后的状况而生发的感悟。

小说意义的扩张和包袱的加重,是缘于它和政治思想革命的关系越来越密切。首先是西方近代资产阶级革命家拿它作为宣传思想、发动群众的传播手段,后来无产阶级更进而把它作为打击敌人消灭敌人的阶级斗争工具。小说随之成为大说,小说成为集体的声音,集团的思想,阶级的意志,党和国家的导向了。小说成为或者等于政治了。小说的地位日渐显赫,俨然民运国运所系,从上到下都空前重视起来。它的问题也就日渐暴露了。它哪里有那么大的本事?怎么能够承担那么沉重的任务?所以,对其地位降位,功能减负,就是势所难免了。

张宇的这句同义反复的话,也就成了一种新的观念。

这个能算张宇的创造吗?能算小说观吗?实践说明,是的。

发展呢?那还需要看一看。小说曾经走向大、极大,失掉了小说的许多本性,小说不令人喜欢了,这是教训。

现在,回到小,回到民间,放低姿态,更自然,更自由,更滋润,更贴近,也更深入人情人性,与别的艺术形式和思想形式的界限,更清楚了。看来,不是发展的空间小了,而是大了,而且在自己的地盘上。

需要看一看,看看怎么做。

原载《时代文学》2000 年第 4 期

乡村与城市的契合
——论张宇的前期小说创作

李少咏　康铁成

在近几年的河南小说界,张宇是比较出色的一位作家。他的创作目前已产生了较广泛的影响,受到了评论界和广大读者的普遍好评。作为张宇的朋友,我们在这里想谈一下他前期的创作。因为一个作家的成长总是有一个过程的,笔者认为了解一个作家的追求和成长过程,要比单纯地去研究他某一篇成功的作品更实在,也更有对人们的启发意义。

一

我们知道,张宇的第一篇小说是发表于1979年底的短篇《土地的主人》。从那时开始,张宇是以一个山里孩子的稚气和思维方式去建构他的小说世界的。最初两年中,张宇的创作思路和着眼点主要表现在两个大的方面:一是对自己童年生活的回忆与反观;一是对眼前的现实生活的热切的审视与把握。其中,前一种类型的作品较少,却显示出张宇前期小说的那种略显幼稚的清新、隽逸的特点。如《一串甜甜的泪珠》借助一个乡里孩子的眼光去反观三年困难时期的农村生活,清楚地折射出了那个特殊时代农村的贫困而又不乏甜蜜的生活的五光十色。对于五分钱的所有权的殷切的渴望与向往,凡经历过那个时期的生活的人,恐怕都会心有同感的。这个作品,像一道纯洁透明的山间小溪,娓娓淌来,清新淡雅,毫无世俗的繁冗,使人在读过之后,久久难忘,有着某种单纯而内在的吸引力。

稍后的《鱼》,同样是一个淡雅精致的艺术小品。它通过对几个乡下孩子在困难时期结伙下河摸鱼这样一件小事的叙述,描绘出了孩子们之间纯朴真挚的友谊,像一股甜润的山间小溪,缓缓在人们心灵上淌过。这篇小说和前面那篇同是反映困难时期的山里农村生活,却没有显示出压抑和阴郁,正是张宇那种以微笑看取生活的人生态度的艺术的反照。

对发展迅速而又复杂多变的现实生活的近距离的审美观照和表现,是张宇初期小说的一个主要的特点。《土地的主人》写于我国广大农村的农业生产责任制开始出现萌芽的时期,作者敏锐地抓住了这一新的现象并迅速给予了艺术的表现与评判。作为一个刚涉足文坛的青年作者的初试锋芒,这是难能可贵的。另一篇《旅游》中的农民钱箩头生来没有进过城,如今却腰粗气壮地乘车来旅游,自然免不了要出一出风头。于是逛商店,串市场,又跑到理发店里美美地享受了一番,平生第一次留了头发而不再当和尚。最后,他突发奇想,游到了县政府门前,巧遇张县长,又多了一点炫耀于村人的资本。他的行状,很容易让后来的人们想起风靡全国的陈奂生和张黑娃。可惜,由于开掘不很深,他虽然比陈奂生张黑娃们出世早,却最终没能走向全国。在陈奂生出现以后,中国文坛上这一类型的人物出现了许多。张宇纵然算不上独具慧眼,可有这个作品为证,最起码也可说是跟上了时代的步伐。

乡下人的淳朴的生活理想的表现与开掘跟对童年生活的眷恋与回忆一样,在张宇早期小说里占据着很重要的位置。《牛老石上任》中的牛老石和《夏夜,在小河边》中的竹林的身上,共同体现着一种乡下人审美理想中的优良品质,所谓泥腿青天,人民公仆的品质。吃上饱饭,遇个好官,是千百年来中国广大农民最基本的生活理想!你说它是官本位文化心理的历史积淀也好,说它是农民的愚氓心态的反映也好,它总是支配着、左右着人们的心理、行为与标准的取舍。为最广大的农民说话,是张宇早期小说的一条基本的思想主线。《庄稼院的喜剧》在字里行间对于那些损人利己者的善意的嘲讽与揶揄,也从另一个方面映射出了作者和广大农民一样淳厚质朴的思想倾向和是非观念。

《脊梁》和《金菊花》是张宇早期小说中的两篇力作。这两个作品着重写出了两个各具特色的农民形象。《脊梁》主人公王狗栓的一生,我们可以看作是展现了一部现代中原(也可以说是整个中国)农民命运变迁史的一个形象的侧面。在这篇小说当中,我们已经可以看出张宇小说富于口语化和传奇性的特点的一些端倪。语言由枯燥的平铺直叙渐趋幽默和圆润。从"一钱搭儿命"和"五心夫人"带来的笑声中,读者可以领悟到生活的许多情趣,也可以看出张宇对于农民的酸辛的博大的同情。而在《金菊花》中,张宇已经自觉不自觉地运用了一些新的观念和创作方法,或者说,在作品中灌注进了一些新的文学思维的成果。女主人公背锅儿用自己的理想和行动弥补了自身生活和生理上的不足与缺陷,从而得到了另一种欢乐与幸福。这是一种移情作用的结果。在张宇,这是他深入到了小说创作的本质规律中去的一个重要进步。

总的看来,张宇最初两年的创作是单纯而明晰的,且主题思想的基本格调是健康的、优美的。只是,作品相对来说还比较浅陋,还没有显示出自己独到的创作特色,这当然也是一个初试笔者在所难免的。

二

1982—1983年两年,是张宇创作的丰收年头,情况也比较复杂。这时的张宇,已经不满足于仅仅单纯地勾勒出生活的外部表象世界,而是试图把笔触伸入到生活本质的内部去挖掘,并且开始了艺术表现手法方面的艰苦探索。相形之下,张宇原来那种轻吟浅唱、小桥流水似的单纯清雅的文体,已经不太适应表现瞬息万变、头绪纷繁的复杂现实生活的需要了。张宇必须调整自己的创作轨道。他是一个聪明人。他没有像有些人那样先提出来一个什么主张,或先为自己限定一个框子,而是试图通过更辛勤的笔耕,在创作实践中寻找适合于自己的创作路子。于是,一篇又一篇探索性的新作联袂而出了。

1982年上半年,张宇在创作中主要着力于在小说中创造一种甜蜜宜人的美的氛围,而且着力于表现农村青年妇女美好的心灵。这时的一些作品,读的时候很容易让人们想起前辈小说大师孙犁。如《月上西墙》,写一个平凡的农村少妇喜交公粮的热情和对不正之风的批判与抵制,既能让人感受到火红的50年代的精神余韵,又能使人看到真正觉悟了的新一代农民的崭新精神风貌。而作品中对主人公生活环境的细致入微的描绘,更是使作品显得清新、隽逸、欢快、明朗,洋溢着一种甜美的喜气。

其他如《清凌凌的水》中的青霞,《青草叶儿》中的竹叶,《河边丝丝柳》中的桂儿等人,都是多情重义、纯真善良、通情达理而又善解人意的山村农民媳妇的形象。《最后一次约会》里的巧云,则是一个有理想、有抱负、有志气、有主见的山里姑娘的形象。在男朋友吃上商品粮以后,她主动提出中断与对方的恋爱关系,既出于一个姑娘的自尊和骄傲,也是出于对以后生活的现实考虑,从而避免了《人生》中刘巧珍悲剧的一次重演。

《头条新闻》、《管理员的烦恼》、《金色的花环》和《桥》,写的是商品经济冲击下的人们在金钱面前的不同心理和行为表现。在由衷的赞美和善意的揶揄中,作者完成了对于不同类型的先进模范人物的形象塑造,讴歌了党的正确政策指引下农村的喜人变化,又一次显示出作者植根于时代植根于大地的艺术敏感和思想敏感。这里我特别着重要提出的是另外一篇小说《雪还在飘》。在这篇小说中,作者以一位山村少妇的心理变化为切入点,叙述了一个名叫青山的青年人因跑生意致富而受到村人冷眼的故事,着意挖掘了产生这种现象的社会心理基础。小雪的丈夫青山,由于受到新时期开放搞活以后出现的商品经济意识的冲击和影响,外出跑生意赚了一些钱。当然,在这个过程中也抛弃了某些被认为传统美德的东西。于是,接二连三的不幸或不顺落在他的头上,他"得罪"了所有的乡亲。连特意比往年蒸得又多又好的请客肉也无人肯吃,最后勉强拉来老支书,却又悄悄留下两块钱。这是最伤人脸面的事,使夫妻双双陷入了伤心绝望之中。这些描写,很容易使人联想起贾平凹的《腊月·正月》中的王才和王润滋笔下的小木匠的遭际。产生这种社会现象的原因,一方面固然是青山、王才、小木匠们在某些方面处事不当,但更重要的一方面,却是人们精神心理中长期积淀下来的那种绝对平均主义思想在起作用。

历史上,中国是一个长期以农业经济为主体的封建大国。落后的生产力水平和生产经营方式决定了它的特殊的社会文化心理传统,而"重义轻利",则是中华民族数千年来长期积淀下来的一个最有市场也最有生命力的思想意识。用一句古话说,就是"君子喻于义,小人喻于利"。与这种"义利"观念相伴而生的,是绝对平均主义思想。"天之道,损有余而补不足","不患寡而患不均",这种代表小农经济者利益的绝对平均主义思想,历来是中国农民起义、政权更替过程中的一个十分重要的思想武器和舆论工具。"均贫富"几乎是历史上任何一种新兴力量在对腐朽没落的势力的斗争中都会提出的一个政治口号。有史以来,中国人对于从事商业经济者的评价都是极低的,甚至在为人们所鄙夷的下九流行业中也找不到正常经商者的合法地位。商人,往往与"奸"字一起出现在人们的脑海中。这种传统思想意识到了今天,实际上已经成为阻碍我们社会的文明发展与进步的消极因素。尤其是在广大偏僻落后的乡村中,这种情况表现得更为突出。张宇在现实生活的观察与实践过程中,真切地感受到了这种思想魔床的极端顽固性与危害性,也逐渐看到了某种冲决这种思想魔床制约的新兴力量的慢慢崛起。所以,他在写出了充满落寞和忧伤意识的《雪还在飘》之后两年,又写出了具有某种突破意义的《李子园》和《"乱世"工头》两个中篇。《李子园》中的罗云山和《"乱世"工头》中的易大柱,从某种意义上来说都是我国开放搞活以后商品经济的大潮冲击下涌现出来的时代弄潮儿的形象。罗云山聪明能干,承包了无人愿意承包的大队李子园以后,一季便富了起来。不想,这却引起了村民们普遍的嫉妒心和红眼儿病。在村人们的意识中,要穷大家一块穷,宁可大家都吃不上一颗李子,也不愿眼看着一个人先装满了腰包,尽管他们也因而吃到了比往年多得多的李子。在这种情形之下,罗云山并没有采取据理力争而强犯众怒的办法,而是依靠自己通过刻苦学习所掌握的科学文化知识,开辟了另外的致富之路,并把大家都带动了起来,因而重新赢得了村民们的尊敬。

"乱世"工头易大柱的一生,更是一个有着卓越技艺的民间工匠的命运的典型缩影。他在屈辱和白眼中顽强地抗争着,奋斗着,终于借助党的正确政策的东风,凭自己的才德和技艺赢得了社会的承认,为国家创造了巨大的物质财富。这无疑是新社会的文明因素逐步取得胜利的艺术的反映。

《境界》是张宇创作走向成熟以前的又一篇重要作品。表面看来,这个作品只是讲了一个有点古怪的生活小故事:一个有着三十多年党龄的农村党员要求退党。而字里行间,却饱含着一种沉重和压抑的感觉。农村老党员王小黑一生正直无私,全心全意为群众利益奔走服务,却总是受到人们的嘲讽和戏弄,甚至某些党员干部也不理解他,不支持他。这种描写不能不让人联想起许多许多的东西。这个小说的结尾写大家在一夜之间认识了王小黑的高尚心灵,稍显牵强了点,但总的看来,还是一篇难得的警世之作。

另一个短篇《酒鬼》,写一个以曲求直,矢志办好学的中学校长,也充满着对生活的深刻反思。也许,从这时开始,张宇已经不自觉地把自己创作的聚焦点投注到了对于中国特殊的政治文化的观察、分析、探索与表现的方面了。

三

我们知道,作为人类精神文化产品的创造主体,一个作家如果不甘平庸,他就总是面临着困惑与超越的问题。只有超越自己,也超越时代,他才有可能创造出艺术的极致,进入神圣的天堂之门。在1986年底的全国青年文学创作会议上,张宇对记者谈了文学创作的局限与超越问题。他说:

> 作品给读者造成虚假的感觉,常常是因为作家的目光受到了限制,没有超越具体生活表象;作品中的人物没有写"活",常常是因为作家只把力量放在具体人物的刻画描写上;想写家乡而没有写像家乡,常常是因为写作的人从没走出过"家门",——作家要把握一个角落,必须把握一个世界。
>
> 把握的过程就是超越的过程,作家写这个人必须把握他的本质,必须超越那些具体的现象,必须要有一种透视力,然后夸张也罢,变形也罢,就不会让人感到虚假。超越是敢于把握生活的命运,站在时代的前列。超越意味着在表现自己所处的那个时代时达到极致。……作家的任务就是超越具体环境、具体范围的小的局限,面对民族、国家、人类的命运给予关注,把握时代,把握世界。

(见《文学评论》1987.3.76~77)

这一段话包含着深刻的哲理思辨,可以说是张宇对于自己早期创作得失的思考的一个自供状。

1984年开始,张宇的小说创作逐步走向了成熟。就在这一年,他走出了"家门",兼任了家乡洛宁县委副书记。这无疑是他的一大幸运。当县委书记的经历,使他在进城十几年以后,重新建立起了与乡土的血脉联系,从一个新颖独特的角度,更准确地了解了丰富多彩的社会现实生活,同时更重要的是在对比中更迫切地理解了自己曾经生活于其中的乡下生活和乡下人。值得注意的是,也是从这一年开始,我国文艺界出现了大规模的"文化寻根"热,大批作家特别是青年作家把自己的目光投射到了对于民族历史文化根源的开掘方面。同时,西方一些现代文艺理论和创作方法,也大量被介绍进来,像原子核裂变形成的强大冲击波,冲击着我们的文学理论和创作界。在这种八方汇流的文化浪潮中,已经初步意识到了自己的长处与局限的张宇保持了清醒的头脑,没有盲目地随波逐流,而是借助这股强劲的冲击力,进行广泛的阅读和研究,吸取了大量的有益营养,更新了叙事方式和乡下人那种特有的思维方式,选择了一个不大引人注目的角落,冷静地进入了对中国传统政治文化的分析、探索、批评与表现之中,从而开拓出了一片艺术的新天地。

　　中华民族是一个延续数千年而不衰的农耕民族。尤其在广大的中原和北方地区,自然气候相对干燥,大规模的农业经济离不开黄河等水系的灌溉,从而决定了这些地区的人民离不开水的一种社会稳定性。历史上的黄河,是一个时而温驯,时而暴虐的不定的精灵。在古代十分低下的生产力条件下,黄河流域人民要想治服黄河,单靠个体的力量是根本办不到的。必须有一个高度集中的专制政权来组织千千万万人去完成。长此以往,就在人们的精神心理中积淀出一种崇尚权威、服从长官意志的思想意识。而即使在这种情况下,黄河等河流也仍然不时如脱缰的野马一般,肆无忌惮地冲决约束它们的堤岸,给人们的生命财产安全造成巨大的威胁。人们不愿意也不能够离开它们,便只好忍受它们的蹂躏与肆虐,并尽量说服自己能够宽恕它们的罪恶。这样一来,就又形成了这些地区人们的宽容大度、知命乐天、圆滑世故、逆来顺受的整体性格。正是这种潜在的集体无意识心理,直到今天还左右着我们中国人的思想行为,常常形成中华民族走向文明与进步的巨大惰性力量。张宇正是发现并抓住了这一特殊的文化心理现象。聪明地据此调整了自己的创作轨道,从而完成了自己富于开拓性的创作蜕变,走向了个人风格的形成,实现了对自己的超越。

　　《超车的人》写一个在县委机关工作的普通干部孙大宝围绕超车问题所表现出的语言行为,于冷静的、纯然旁观者似的叙述当中,揭示出了一种"大树底下好乘凉,相府家人七品官"式的庸俗社会心理。《神聊》通过一个文艺工作者讲的一则平凡而又有点奇特的故事,曲折地反映出我们的社会生活中存在的主体意识的丧失和正常人格的异化问题。以崇尚权威,服从长官意志的外部表现形态的官本位文化心态在不少人当中还根深蒂固地占据着一些重要位置,以至于有些人在得到了本来应该得到的一点出于上级领导的理解与尊重以后,会手足无措,感激涕零。知识分子的人格异化,像噬命的毒菌一样,已经渗透到了人们的血管,人们的心灵之中。这种异化和变态,完全是官本位文化机制几千年来对人的心灵的严重压抑的结果。

《和风细雨》里的张局长,在"和风细雨"式的工作方法中不自觉地扼杀着青年人的独立思考能力和创造性。他希望青年人成为符合他理想的人,实际上成了驯服工具。在这样的教育和指导下,青年人独立意识的觉醒,创造性的形成以及将由此带来的社会文明的进步与发展,当然也无从谈起。这大概就是某些中国人特别崇拜所谓"祖传秘方",因而也就不尚发展的心理根源之一吧。安于现状,固步自封,最终只会造成文明的失落,民族的衰微。在这些作品的字里行间,充满着一种深刻的悲悯和深沉的忧患。

这一时期值得我们注意的,还有《短篇三章》、《牌迷》、《皮包》、《烟趣》等。《牌迷》中的县委招待所所长唐来喜,是一个很有领导才能的干部,把招待所的工作干得很出色。可是,却因为工作之余爱和一班下属们在一起打扑克牌娱乐,而被同僚和上级认为有失体统。县委书记还专门派人把他叫去批评了一顿。这种所谓体统是什么呢?只要稍加思索,我们就不难得出结论。《短篇三章》以幽默调侃的笔调,描绘出了几幅颇富哲理意蕴的日常生活画面。冯医生(《知音》)一向坚持原则,认真刻板,对投机取巧、损公肥私之事毫不通融。也正因为他太刻板正直,使大家不能通过他占公家便宜,便受到大家的一致冷淡,只剩下一只口琴是他的朋友,他爱口琴简直到了痴迷的程度。有人就利用了这一点,巧妙地以口琴为跳板,从他那里得到了原本不能得到的东西,还被谬托为知己。乌会计(《合二为一》)在商店见到了一种新型电子圆珠笔,非常想得到一支,又不想自己掏腰包,就想出了一个绝妙的法门:给同志们每人买一支,自己也就自然能得到一支。但掏钱时,他又犹豫地想到了许多。主要的,是怕被人认为是自作主张,影响自己的形象和前程。于是不惮辛苦,折回单位,很策略地征求了大家的意见又折回商店。而到最后付钱开票时,乌会计又添了一重心思:怕以后万一有人知道了是自己想要而提议去买的,仍然会影响自己在人们心目中的形象。不行,绝不能让这种可能出现。干脆自己不要了,少买一支。如果事情到此为止,也没有什么奇特之处,接下去却是乌会计在单位里的威信直线上升,无心插柳柳成荫,得到了比圆珠笔更宝贵的东西。这就有点塞翁失马的哲学意味了。而乌会计那种谨小慎微、患得患失的心理行为,又何尝不是复杂多变的政治生活和相互隔膜、难以沟通的社会人际关系压抑出来的一种变态呢。另外一个短章《曲线》,写一个变电所的外线工,为集体办事花了钱因没有发票而不能报销,而私自找人开了同样数目的药条却能够顺利地换成人民币,这显然也是一种异化,一种不正常。这三个短章,言简意深,语言幽默而不浮滑,行文流畅自然,如红线串珠,以一线牵心,别出机杼,是难得的小说佳作。

《皮包》、《烟趣》和《短篇三章》的三个小说一样,也属于精心的佳构,行文自然质朴而暗含玄机,于形而下的故事的平铺直叙之中,透出形而上的艺术理性之光。从这一时期开始,张宇已经完成了自己的独特文体创造的雏形,不再借助别人的方式来讲述他自己的故事了。

四

在张宇的整个前期作品中,最具灵性的无疑是中篇小说《活鬼》。这个作品,塑造了一个放射着奇异的艺术光辉的人物形象——"活鬼"侯七。这个人物,是我国尤其是中原地区农民当中秉山河古朴灵秀之气而生出的一位怪客,一个精灵。在他的身上,无时无处不透射出中国农民那种典型的心理特质。宽容大度,知命乐天,圆滑世故,逆来顺受,而又轻财仗义,善于审时度势,随遇而安,是侯七心理性格中最显著的特征。他平生第一重视的问题是如何图存。他的强烈的生命意识和生存欲望,为了生存而采取的种种行动,可说已化为一种艺术,达到了登峰造极,炉火纯青之境。通过对这个人物心理性格的刻画,作者把他的艺术笔触伸入到了中华民族源远流长的文化心理意识的深处。

生存意识的异常强烈,可能是中华民族有别于世界上其他任何一个民族的一个重要的心理素质。中原地区极为严酷的远古自然生态环境,使我们的先民一代又一代一生下来就面临着死亡与灭种的危险,滋生着巨大的恐惧和对生存的强烈渴望。而以小农经济为主干的社会生产机制,又使他们不愿也不能够离开生养自己的土地。这样一来,他们就不能不时刻防备自然环境和人类自身可能产生的灾难的到来,与此同时,也就自然而然地产生了与强烈的生存意识相适应的忍耐与应变的能力,产生了足以进行自我心理调节和慰藉的幽默、诙谐、旷达和精明。为了生存,可以不讲什么目的与手段的区别,全身避害也好,忍辱屈从也好,谁能够留下来谁就是英雄。连当年孔老夫子也曾替临阵脱逃的士兵辩解说他是为了履行孝敬老人之责,可以不予追究。这种产生于落后的小农经济基础之上的文化心理素质,一代又一代地伴随着我们种族的繁衍积淀下来,形成了一种典型的东方农民意识,既像护身符,也像绊脚石,无形中制约着我们民族的整体心理和行为方式。这种简单而又复杂的民族文化心理根性,在张宇塑造的侯七身上表现得异常地明显,异常地深刻,以致我们每一个人都能够在他那里找到心灵的共鸣点,这很有点《阿Q正传》类似的审美阅读效果。当侯七被土匪头子程守文抓住要开刀问斩时,他顺水推舟说自己是特意前来投诚的,避免了掉脑袋还落了一顶官帽子。当穷困潦倒走投无路的时候,他有滋有味地摆地摊做起了小生意,完全收起了当土匪团长时的威风,真有点"能大能小"的龙的气概。当解放大军就要进城的时候,他又趁机大发横财,却又暗中留下很宽的退路,终于两面落好,当上了国家干部。而当蒙冤被错划成了右派分子以后,他则毫不沮丧悲观,居然还把一干共同落难者都劝慰得高高兴兴,度过了最紧张最艰难的时期。为了生存,他可以把"脸皮"扔掉不要,并且能够寻暇抵隙,找到了非常有利的赚钱门路,暗暗过着比他人强得多的物质生活。甚至,他还凭着"阶级敌人"的身份,在十年浩劫中大挣画领袖像、印红袖标的钱。胜不骄、败不馁,审时度势,随遇而安,侯七的生存艺术的确达到了常人所难以企及的极致境界。

　　重义轻财,舍身取义,历来是中华民族所崇尚的一种传统美德。中原各地星罗棋布、香火不绝的关帝陵、关帝庙和其他一些文化遗迹像神秘的符咒一样,千百年来都在向人们宣示着这一永恒的生活命题。王恩、石义故事在中原地区的家喻户晓的流传,也是这种心理意识的一个绝好的注脚。侯七身上,同样体现着这一传统美德。听说同学因起哄闹事被警察抓走时,他不顾性命危险,设法营救;朋友犯了杀身之罪(当然只是犯了国民党军的某些不合理的军规),马上就要正法时,他提着脑袋,舍弃美好的前程,私自把人放走;做生意发财致富以后,他也没有忘记还处于贫困中的乡亲们,捐出了大笔款项,为大家兴办公益事业。当然,这些行为你也可以解释为他是以退为进,更好地图存。即使如此,他的行为的客观效果也还是好的,无可挑剔的。他有时似乎是一位弱者,如在落难期间当看瓜佬时的含着血泪的表演,在被打入另册之时的自动隐忍和麻木不仁,以疮为荣等,就是典型的弱者表现。而在骨子里,他却是一位真正的强者。他从来没有在不公平的命运面前真正地低下过头,为了不向命运低头,他敢想敢拼敢干而且计谋百出。所以我们说,这是一个真正站立着的中国农民的形象。无论从何种意义上来看,他都是不朽的。在这个侯七的身上,还处处体现出中原大地千百年来遗留延续下来的思想、文化、艺术氛围的影响。奇特的想象力,超人的洞察力,忠诚如狗而又狡黠如狐的农民的气质和智慧,在他的身上得到了令人惊叹的完美统一。中原许多地区古来曾为帝王建都之地,传统文化融汇撞击所留下的思想文化遗绪无论在哪个角落都随时可见。而中原农民的精神气质、心理行为,则毫无疑问地受着这种传统思想文化氛围的熏陶和影响,复杂多姿,蔚为壮观。张宇作为在中原农村土生土长起来的一个作家,十分准确地把握住了这一特点,纵横笔墨。为我们塑造出了侯七这样一个富于艺术灵性和深刻的哲学文化意蕴的艺术典型,也无疑是对于我国当代文学的一个创造性的贡献,为此,我们深深地感激张宇。

在这个作品中,张宇的小说语言也开始显得洋洋洒洒,色彩缤纷,充溢着一种和中原大地一样的特殊的土气与灵性。地道的河南方言经过他的细心琢磨和改造,去掉了某种俗气和侉言,显得琅琅上口,趣味横生。对一些民间故事和民间歌谣、传说的改造和运用,也都恰到好处,毫无生涩牵强之感。如"秃子和麻子对诗"、"和尚桥的传说",化用在作品中,既起到了劝化世人的教育作用,又起到了使作品的内在结构联贯、气韵贯通的作用,可谓一石两鸟,相得益彰。和尚桥故事中那位状元公的所作所为,从本质上说,也是一种深层的传统道德伦理意识影响的结果。这种心理行为与侯七的处世哲学,实在有着一种理不清也斩不断的内在联系。

当然,任何一部作品都不可能十全十美,《活鬼》也不例外。认真算起它的不足,我认为是在于作者还是仅仅停留在对于民族文化根性的开掘与表现上,而没有能够从中超越,以一种更新的现代意识对之加以反观和批判,使作品获得某种更深层次的意味。这一点,我认为是与作家本身的某种局限性有关。在创作《活鬼》的时候,张宇本人也许还没有能够超越传统文化心理的束缚,所以,出现这种局限性也是可以理解的。

与《活鬼》同时期写成的中篇,还有一部《怪客》。这个中篇由三个互有关联的短篇组成,其中的三个主人公郑元举、牛满升以及侯五,可说是对侯七形象的某几个侧面的补充。郑元举的老谋深算,牛满升的乐天知命,侯五的落落寡合,急公好义,都与侯七有某种相通之处,且描写得更为细致、真切。这个中篇与《活鬼》合起来,可以看作是一部中原农民文化、心理、性格的活的历史,也是张宇自己小说创作中的一个真正的艺术高峰。

五

对于一个优秀作家或者想成为优秀作家的小说作者来说,创造出自己独特的文体风格,可能是一种最强烈的诱惑和刺激。关于文体,美国著名学者韦勒克和沃伦在他们所著的《文学理论》一书中说:"是一件或一组作品中的有个性的语言体系。"①我们觉得这个解释还不算很完善。应该说,文体不单指一个有个性的语言系统,它还必须包括作家所选择的独特的表现内容和情感因素在

---

① 〔美〕勒内·韦勒克、奥斯汀·沃伦:《文学理论》,刘象愚译,生活·读书·新知三联书店,1984年,第193页。

内。在这个意义上,我们说一个作家创造了一种文体,就意味着他找到了自己认知生活感受生活的独特角度以及概括和表现这种生活的独特方式。如沈从文、老舍、孙犁、赵树理、汪曾祺、林斤澜。

《活鬼》发表并获得了广泛的好评后,张宇感到了一种相当深刻的困惑。虽然《活鬼》也是讲述了别人不曾或不能讲述的故事,从某种意义上说形成了它自己的一种文体,但同时,张宇也深深感到,《活鬼》已经僵死,因为它太成熟了。他为自己创造了一个难以逾越的文学高峰,就像"古希腊艺术就某一方面说是一种规范和高不可及的范本"一样,他的生活积累和艺术积累的局限性决定了他在短时期内不能超越《活鬼》。他必须以新的方式,讲述新的故事,创造审美空间更新更大的文体。他清醒地面对着现实也面对着自己。经过一段十分冷静认真的观察与反思,他找到了一个新的心灵与艺术的契合点:以更恰当的方式,表现对于中国传统政治文化的剖析与批判。

大厦需从一砖一石建起,最佳契合方式也只有在创作实践的过程中才能找到。在不懈的寻找过程中,张宇写出了具有探索性意义的《公民》、《老三》、《完人》、《一笑了之》和《瓷砖》等作品。《公民》写一个普通干部在公民权利受到愚弄时的尴尬和困惑,表现出我们政治生活中的某种不正常现象。正当的公民权利受到了愚弄,而被愚弄的公民作为一个公民却认为是正常的事情,因为它是司空见惯的。这不能不说是我们中国人的一大精神悲剧。《老三》中的青年基层干部李老三,是一个对中国传统政治文化深有研究的人。他善于在传统政治文化的缝隙中利用一切条件、一切机会为人民工作,虽然有些作法从理论上讲似乎欠妥,缺乏原则性,但你却不能不承认,在我们今天的社会现实生活中,要想做成某件事情,干好某项工作,除此之外别无选择。这也可以说是中国人独有的一种文化心理积淀吧,以曲为直,避实击虚,堤内损失堤外补,东方不亮西方亮,成者英雄败者贼,诸如此类,都是这种心态的某一侧面的概括。《完人》则通过一个颇具幽默意味的故事的讲述,揭示出了一些生活的哲理。人们在为干部做鉴定时,是不能写缺点的,一旦写了某人的缺点,这个人的政治前途也就完了。但档案上又必须有这一栏,这就形成了一个悖论,把做鉴定工作的人推到了一种尴尬窘困的境地:为能找到一个好缺点而挖空心思,费尽心机。张宇用微含辛酸和忧郁的笔调,于苦涩的笑脸中揭示出了这种在我们的政治生活中经常存在着的现象的全部荒谬性,给人一种不尽的惆怅和悲哀感。不可否认,这种认知角度和表现方式有它存在的相当的合理性,但是,由于它的过于狭窄和单一,也限制了作品视野和艺术容量的扩大。可喜的是,在这一阶段的创作实践中,张宇不仅在努力创新,而且也在对自己的创作进行着严格的反思,反思的结果,是稍后那组充满才气和灵性的光辉的《河洛人》。

1987年初，张宇推出了《河洛人》系列短篇。这是历史的积淀和现代文明意识的强烈撞击迸发出的一束火花。浓重的玄学意味，神秘的生命体验，在自然质朴的行文中慢慢流淌出来，悄悄地，执着地向着人们的心灵的某些隐秘角落进袭、渗透，刺激你的感觉，撩拨你的情思，使你在阅读的过程中不自觉地受到感染而怅怅然、恍恍然、欣欣然、陶陶然，感到一种生命本体的内在的悬浮与升华。如《日出》中松山老汉每天绝早起身爬山看日出的怪癖，就如一根精致柔韧而又隐约莫辨的金色丝线，牵着你，缠着你，逼着你，去追踪老人的思绪，揣摸老人的心灵，最终落入作者设计好的那个虚玄神秘而又宁静淡泊的叙述圈套之中。那时候，你仿佛已与小说中的松山老汉，与那将升未升的太阳浑然融为一体，再不可分离。天、地、人、自然万物，成了一个朦胧模糊而又依稀可辨的封闭自足系统，如一尊宝相庄严而又浑朴稚拙的龙门石佛，静静地散射出足以透入人们心灵的某种哲理，某种意象，某种难以言喻的神韵。于是，你释然了，满足了，似乎得到了许多许多。然后，你眼前缓缓幻化出一片氤氤氲氲的佛光，你变成了其中的一个粒子，自由翱翔于鸿蒙无涯的天地之间，再也感觉不到现实尘世的喧嚣和烦扰了。你被作者超卓的叙事艺术彻底征服了。

《落日》中的那个撒网人的意象，同样如一缕绵延不绝的轻烟，弥散在我们心头，昭示着生命的某些神秘的意韵。另一篇《玩鸟》，写了一个神神叨叨、玄妙莫测的鸟王短暂的一生。被誉为鸟王的郭小栓玩鸟成魔，仿佛已经可以不食人间烟火，最终因为失去了正常的人性而肉体归于寂灭，化为一只灵鸟飞去了理想之国。这个故事，已完全摆脱了张宇小说，也是整个河南小说那几年的那种朴实重拙的泥土风味，达到了形与神、神与灵的完美的和谐与统一。据此，我们在当时就已经可以告慰世人了：河南人，并非尽是一些贬义上的乡巴佬和土包子。他们也并非只是生活在关帝庙、关帝陵的民间文化氛围中的一群善男信女。他们同样具有庄禅合一的文化思想传统，也同样有着白马寺、龙门石窟之类的艺术滋养，这是一股有质而无形的文化潜力，总有一天会爆发出炫人眼目的光彩。而对于张宇来说，他已经融会贯通了中原民间文化遗绪，并使它渗入城市现代文明意识，获得了可贵的超越与升华。

反观张宇那个阶段的创作，陌生化、虚静意识和深刻的文化反省，是他赖以建构自己的独特文体大厦的主要支柱。就在《河洛人》发表以后不久，他便写出了更加光彩照人的中篇《阑尾》。在《阑尾》中，张宇对中国政治文化尤其是官场文化的分析、解剖和批判，达到了相当高的层次。主管几百万人口的郑文舟市长患了阑尾炎，在市医院最优越的治疗和护理条件之下，竟然过了一个月还不能康复。后来转到省医学院高干病房，才能迅速治愈。作者采用夸张、变形等手法，把背景适当推远，对他的人物和故事作了某种陌生化的处理，使得作品产生了一种特有的寓言化效果。作者和他的主人公在这里站到了同一地平线上,对这种奇特的反常现象进行了深刻的剖析和反省,在恬淡虚静的艺术氛围中,映射出了政治文化的异化是这种现象产生的基础和土壤的结论。亲身经历了这场事件,郑文舟感到了一种深刻的悲哀与迷惘,失落与无奈的凄凉的况味。集体淹没了个体,而捧出一尊虚假的如来佛像一般的个体神胎去顶礼膜拜,欲取欲求,结果使主客体双方都失去了本体的自我,变成了只剩下躯壳和物欲的生存动物。这样的描写,形象而深刻地揭示出了我们政治生活某些方面的悖谬与荒诞,尤其是当前社会生活中由重官崇长心理引起的社会机体综合征,为我们提供了一面有助于观察、剖析和疗救社会病症的镜子。

寓言化的表现方法,大大扩充了作品的艺术表现空间。又由于作品立足于现实,其中人物的思想、性格和行为表现细节无不具有生活和心理的真实依据,这就使作品显得既真切可信,又灵动飞翔,缥缈奇幻,大有卢舍那佛超然物外而又内蕴深沉的特点,一切都仿佛有了非凡的神韵,整个作品也因而自然而然地立了起来。

张宇终于解除了内心的那个梦魇:乡下人的生命体验与现代都市文明意识的激烈冲突,并在二者之间找到了一个可以融洽契合的临界点,以此为基础,创造出了自己的独特文体:以乡下人的纯朴、恬淡的笔调摹写现代文明意识冲击下的乡村和都市生活,在形而下的叙述方式中融入形而上的文化哲学意蕴。这样,既避免了自己生活视野的局限,又发挥出朴拙与灵秀深沉相交融的特长,便时常能够取得艺术上出人意料的成功与进步了。发表于1988年初的短篇《国公墓》,同样是一篇针砭时弊而又充满文体意识的创新之作。围绕一座古老的国公墓的兴废,国公的后人们绞尽了脑汁与政府机关斗心眼,最终以极为冠冕堂皇的理由,既保护了国公墓不受现代化公路侵犯,又使它变成了国家文物保护单位,谋得了一些私利。追其根源,固然有我们国家的某些政策不够完善的因素,但根本原因却在于人们由于不同目的的需要而对国家政策的有意曲解。这个小说中的魏少文,不愧是一个吃透了中国政治文化尤其是官场文化奥秘的奇人。他跟侯七一样,善于在生活的搏斗中寻暇抵隙,一击奏功,深得中州武术避实击虚原则的精髓,对政治艺术的把握与利用已达炉火纯青之境,且与侯七还有不同。侯七煞费苦心吃透了政治风云的变幻只是为了更好地保护自己,魏少文则是要从中予取予求,手到擒来。这种为人处世艺术,以之行正道则可敬可佩,走邪路则可惊可怖,如无影魔鬼,防不胜防。可以说,魏少文这种人,实际上是中国政治文化土壤中产生出来的一种奇奇怪怪的政治亚生物。

张宇前期创作的收束性作品是他的第一部长篇《晒太阳》。这个作品在深广的民族文化背景上塑造了一个充分世俗化了的政治文化载体人物——杨润生。农民的儿子,学而优则仕当了县长,然后以一套典型的儒家知识分子的思想行为方式处理人际关系和政府事务,这便是《晒太阳》中的杨润生。在他的身上,浸透着高度政治化了的儒家传统文化思想的影响。同时,他又是一个受过现代高等文明教育,能够敏锐地感触时代的前进与变化的新型知识分子。因而,你在阅读作品时一方面能够清楚地看到传统政治文化思想在他身上留下的阴影,另一方面又能够感觉到他灵魂深处的沉重叹息和新时代精神的强烈骚动。可以说,这是一个生活在传统政治文化氛围与现代文明因子激烈撞击的夹缝中的人物。

杨润生在处理上下级关系、父子亲谊、手足之情、个人情爱等问题方面,鲜明地体现着传统农民式的道德化的人格特征。在处理父亲被乡里抓赌这样一个家丑事件的过程中,父子亲情与党的原则之间在他内心深处发生了一场十分激烈的冲突,这也可以说是传统的孝道与现代文明政治观念的冲突。对李明亮的任用、怨怼和最后提拔,体现着他的贤人政治的道德理想,同时也是现代文明政治观念取得胜利的一个关键步骤,与儒家所谓"内圣外王"的教化不谋而合。而与县委书记吴振山的决裂,尽管是两种不同政治观念冲突的一个必然结果,却也是以对方违背了传统道德规范中的信义观念为导火索的。所以我们说,杨润生主要的是一个传统政治文化与伦理道德观念的象征性载体。

作品通过一系列事件和细节的描述,写出了杨润生性格的本质特征。就是说,他已经超越了具象层面的意义,而升华成了一个鲜明的意象形象,一个形而上意义上的游荡在现代文明都市中的农民魂。从这个意义上说,改造我们的国民性素质已成为我们当前改革所面临的一项极为迫切的任务。也许,需要几代人的艰苦努力,我们才能重建我们的国民素质结构,使其更有利于国家、民族的兴旺与发达。

六

纵观张宇前期的小说创作,我们不难从中发现这样一条轨迹:他一直在为探索挖掘我们国民性中的某些富于哲理和思辨意味的生活意蕴而努力,也在为自己创造一种独特的风格而努力。在这个探索、挖掘和创造的过程中,他一直立足于乡下人的生命体验和思维方式与现代都市文明意识的冲突的交汇点上,而现代文明意识的渗透是向着越来越强的方向演进的。两者的双相契合,相反相成,使张宇具有了一种明显的创作优势。果然,不久以后,张宇便进入了创作的转型期,写出了既有传统文化精神的质朴浑拙、飞翔灵动之势,又有新的现代文明意识所带来的理性之光和哲学思辨意味的《精神游行》、《乡村情感》、《疼痛与抚摸》、《驿站笔记》等优秀之作。那已不属于前期创作的范畴,我们就不再多加议论了。

原载《牡丹》1997 年第 6 期

乡土的精灵
——论张宇

曹增渝

一

我猜想,在张宇的心里始终藏着一个像侯七(《活鬼》)那样的精灵。

如果没有新时期社会思潮和文学思潮的历史性变迁,这个精灵也许永远只能处于一种受压抑的地位,它永远不能占据文学舞台的中心,永远没有机会释放自己的生命能量,表明自己的存在价值。最多只能附着在落后人物、中间人物身上,成为英雄人物的陪衬和铺垫,成为鞭挞和嘲讽的对象。改革开放的时代驱散了伪现实主义的重重幻影和迷雾,将这个精灵召唤到了历史和文学的前台,使它得以显露才华、表现自我,并且最终获得了独立自足的审美价值。

对于张宇来说,则有一个自我意识逐渐觉醒的过程。当代的小说还处于试笔阶段的时候,他似乎没有意识到这个精灵的文学意味。传统的文学观念使他很容易忽略内心的呼唤而去寻找那些更严肃的题旨或者更优美的意境。我们看到,他时而用遒劲却不无生硬的刀锋去雕刻《土地的主人》的塑像,时而用纤丽而略显稚弱的笔触去描摹《河边丝丝柳》的风姿,而那个聪慧的精灵却只能在字里行间偶尔闪露一下自己的光彩。短篇小说《桥》大概是第一次比较集中地展现那个精灵的狡狯和机敏。其中的金斗老汉和后来《李子园》中的村支书王富春、承包大户罗云山以及《乱世工头》里的易大柱等,都可以看作是那个精灵最初的几次姿态不同的亮相。值得庆幸的是,张宇终于感受到了这种内心呼唤与时代呼唤的和谐共振。他开始大胆地把自己独特的人生体验融入小说创作之中,开始放手让心中那个精灵显示其洞明练达的乡土智慧。这就使他的创作越过了一道重要的门槛。《活鬼》的成功便是一个确认。

作为一个文学人物,侯七与以往的乡土文学中曾经出现过的各类形象都有明显的不同。他当然不是闰土老通宝那种逆来顺受的老实疙瘩,不是朱老忠那种肝胆照人、宁折不弯的硬汉子,也不是老木匠黄志亮那种重义轻利、解衣推食的仁厚长者。然而,他却是乡土社会中一种更加不容忽视的典型。他属于中国历史上常见的那种刘邦、朱元璋式的精明能干而又带有几分流氓气的农民冒险家和奋斗者。为了同威胁自身生存的各种势力争斗,他不问正邪,不拘礼法,手段灵活,算计精到,能踢能咬,能屈能伸。最能表明他的人生态度的,是侯七自己的两句话:一句叫做"闯人物",一句叫做"人在啥时候说啥时候的话"。这种原生状态的语言,生动地概括了这类农民的"活法"。前一句显示的是他们那种浑浑噩噩而又力图改变现状改变自我处境的强烈欲望和生命活力,后一句则揭示了他们由于长期在政治风浪中颠簸历经患难无以自拔故而形成的那种委曲求全但又坚忍柔韧的心理状态。这两种性格侧面常常随着环境的变化彼此消长,而一以贯之的则是那份待人处世的精明和对于利害得失的巧妙算计。这是一种生存能力极强的乡土社会的精灵,也是一种被时代和环境扭曲了的生命形态,其中包孕着一种极其可贵的历史深度和人性深度。

在张宇后来的作品中,由侯七这个原型又派生出许多人物,以至于构成了一个颇有特色的乡土能人系列。不过,其中以务农为业的并不算多。除了《怪客》中的那些草莽英雄似乎继承了侯七"闯人物"的雄心,《乱弹》中的旧式农民高富贵、高天保在侯七式的精明中掺入了较多的怯懦或自私之外,"活鬼"的幽灵似乎主要游荡在"官场"之上。从《瓷砖》中的常主任、宋书记,到《一笑了之》中的罗馆长和《国公墓》里的现代"师爷"魏少文,特别是《家丑》中的曲秘书、赵主任和青年县长杨润生,他们与侯七都有精神上的联系。"一干人"排在一起,俨然成为乡土能人系列的"官场"版。

从表面上看,这个人物系列从民间到"官场"的扩展,似乎取决于张宇个人经历的偶然性变化,但从"官场"生活同乡村生活内在本质的一致性来看,其中又有着客观的必然的依据。所谓"官场",其实是我们的政治生活中一个隐蔽的世俗层面。它相对于崇高的理想、严正的原则和献身的热情而存在,最集中地体现着传统的乡土文化对社会政治的侵蚀。特别是县以下的基层部门,由于较少受到现代文明和民主政治之风的吹拂,"官场"中更多地滞留着乡土社会的种种恶习。许多人其实都是放下了锄杆、穿上了干部服的农民。放下了锄杆,渐渐也就失去了农民作为劳动者的那些优点;穿上了干部服,却没有相应地获得革命的政治品质。制约着他们的思维方式和行为方式的决定因素,在很大程度上仍然是个人的得失和乡土的人情世故。对于他们来说,侯七式的精明,乃是在"官场"上的立身之本。正因为如此,张宇能够这样快地熟悉这个新的生活天地,洞悉这些人物的灵魂奥秘,并且成功地表现为文学形象,也就不是偶然的了。

对于张宇的乡土能人系列来说,"官场"部分的明星自然是《家丑》中的杨润生。这个受过高等教育、有过在省委机关工作经历的青年县长,其灵魂深处也同样是一个农民的王国。这当然不是说,现代科学文化和城市生活在他身上没有留下什么痕迹,而是说,狭隘固执的农民意识始终从根本上限制着他的精神视野,禁锢着他的人格发展。他不无"干好工作"、"为人民干些好事"的愿望,但"更看重自己的前途"。他们选择的道路是"在党的原则和人际关系中间走钢丝,并以个人利益为主"。这就决定了他除了保护自己,很难在工作上有多少进取之心。他借口目前社会环境太复杂,说是"硬碰硬只能够失败"。但实际上,他对官场行为模式及语言模式的掌握和对权术、谋略的精研,却根本不是为了去"碰",不是为了更好地革除弊政、伸张正义,而是为了在官场上站稳脚跟,进而"往上升迁"。他没有理想主义者的献身热情,没有中国知识分子那种"以天下为己任"的责任感和使命感。看来,只要能够保住个人和家族的利益,他可以随便为哪个皇帝当差。在这里,张宇已经相当深刻地触到了中国政治中的封建性因素同农民文化心理的那种几乎是不可分割的联系。记得高晓声说过,农民如果不改变自己的弱点,中国还是会出皇帝的。在杨润生们的身上,我们看到的不同样是这个惊心动魄的事实吗?

把杨润生和侯七作一番比较是很有意思的。就待人处世的精明练达而言,二人可谓一脉相承。然而他们又毕竟是两个有着不同经历、不同命运的独立个体。侯七由于一直生活在政治斗争的险风恶浪中,个人的生命之舟时时有被打沉的危险,因而其精明主要表现在柔韧而顽强的求生意志上,而杨润生由于相对安定的政治环境和勾心斗角的官场生涯的历练,其精明则集中表现为工于心计、藏而不露的性格特色。从同周围环境的关系来看,《活鬼》主要写侯七同环境的对抗,以及环境如何以不可抗拒的力量扭曲侯七的性格;《家丑》则主要写杨润生同环境的妥协,以及他如何身不由己地物化为环境的一部分。换句话说,侯七的形象着重揭示的是社会政治对农民命运和心灵的影响,杨润生的形象则着重显现了农民式的文化心态对社会政治的渗透。这是两个互为因果的悲剧,其中几乎凝聚了张宇对乡土中国的全部体验。

事情就是这样地奇妙:个体的生命中竟然溶解着如此之多的群体生存和社会历史的奥秘。看起来,任何对人的理解,都应该首先是对个体的理解和对自我的理解。由此出发,才可能达到对民族生活与人类普遍境遇的某种真实把握,才有可能叩开文学之门。

二

为了更准确地把握张宇的创作个性,我们不妨讨论一下张宇对他所创造出来的人物的情感态度。张宇有一篇题为《狐狸的智慧》的小说。写的是一头叫做"老白毛"的狐狸与猎人斗心思的故事。这头老狐狸不仅专门偷吃猎人家的鸡,而且能够吃掉猎人装炸药丸的柿饼,并把炸药丸送回猎人家的厨房去炸猎人自家的人。当然,它最终还是未能逃脱猎人的惩治。有意思的是,猎人把它炸死之后,却既没有剥下它那珍贵的毛皮,也没有送到街上去卖钱,而是颇有几分敬意地把老狐狸的死尸埋在了山岗上。

对于历来注重小说创作的社会内容的张宇来说,这篇小说显得很奇特。它似乎是一篇没有什么社会意义的动物故事或者游戏之作。然而,若把它放到张宇的全部创作中来看,我们就会发现,小说中猎人对狐狸的那种态度,仿佛暗示着张宇对于自己笔下的那些"能人"们的基本立场。这是一种认同与批判相混杂、偏爱与悲悯相交融的复杂情感。

对智慧者的认同与偏爱显然是张宇那种机敏聪颖的天性的自然流露。它构成了张宇创作个性的一个最具特色的组成部分。但张宇笔下的智慧,主要是在近代乡土中国这种特定的群体生存状态中形成和累积起来的待人处世的经验方式。这是一种具体而琐屑的、被环境扭曲了的人生智慧。其中最有文学意味的,与其说是那种智慧本身,毋宁说是它所蕴含着的丰富的社会历史内涵和人性心理内涵。正因为如此,它才最需要进行真实的描绘和深入的开掘,而不能让过分的偏爱和认同模糊了审美观照的目光和价值判断的尺度。

在《活鬼》发表前后,张宇曾经有几篇题旨相近的写基层干部的小说,如《酒鬼》、《牌迷》和《老三》等。其中的主要人物都是张宇心目中的好干部,对他们的善于审时度势、迂回前进的智慧和策略,他都是深表赞赏的。但是,倘若深入下去,就会发现一系列的问题:对乡土社会人情世故的这种形式上的妥协会不会最终引起人格的扭曲和心灵的畸变?面对如此社会如此人生,我们究竟应该感到一种智慧的快乐,还是应该为人的异化感到屈辱和悲哀?上述作品似乎有些满足于让自己的描述停留在社会现象的表层。也许这正是人们觉得它们"浅"的原因。

当然,作者很快就跨越了这个创作阶段。阅历的增加和视野的扩展,使他对乡村生活产生了新的认识。他开始以自己的城市生活经验作为参照,重新审视原先的表现对象。如果说,在《活鬼》中张宇还有点过分迷恋于侯七的"鬼"点子,因而未能更真实地表现出生活的严酷性,那么,在后来的一系列新作中,这种自我超越的步伐则是明显地加快了。在《乱弹》里,作者以一种嬉笑怒写、冷嘲热讽的叙事语调嘲弄和批判了以往引为骄傲的那种乡土智慧的自私和卑怯。《河洛人》中的某些篇章(如《二老爷》、《三娘》、《山月》等)和《糊涂》对于病态世相中的畸形人生更多地给予了同情和悲悯。《完人》、《瓷砖》、《一笑了之》、《家丑》和《国公墓》等则集中地对官场中的乡土文化心态作出了某种批判。总之，张宇已经不再陪伴着精明的主人公为人生路上的每一次小胜利感到自豪和欣喜，而是从根本上为他们在这个世界中屈辱、尴尬而又不自知的处境感到痛心和悲哀。

张宇正在从对乡土智慧的迷恋和认同上升到一种更开阔的视界。这不仅使他意识到乡土智慧的消极面，而且使他对乡土智慧的终极价值产生了怀疑；归根结底，这是一种自私的、短视的世俗智慧。当人们在生存层面上挣扎的时候，它或许有其不可轻忽的存在理由；但在人们面对着的是更高的发展层次和精神追求的时候，它便日益暴露出它的根本缺陷。它也许能够帮助个体改变自己的物质生活条件和社会地位，但与此同时，却使人们不得不与人类天性中许多更美好、更珍贵的东西分手。赵天亮(《糊涂·吊儿郎当是电工》)如愿以偿地当上了车间党支部书记，却被剥夺了说真话、露真情的基本权利，杨丽(《糊涂·红人》)终于实现了入党提干的愿望，却永远失去了少女的纯真和贞洁；杨润生(《家丑》)、魏少文(《国公墓》)们把官场上的那一套玩得滴溜溜转，不但让周围的人心悦诚服，自己也似乎得到充分的精神满足，然而，他们的生命却在这种无价值或只有负价值的生活中白白地耗费掉了。

但是我们在阅读中仍然有一种感受：作者在这种得与失的权衡中，态度未免过于暧昧。特别是那些描写官场生活的小说，尽管作者把那种自私自利的算计和勾心斗角的策略揭露得淋漓尽致乃至触目惊心，然而我们却很难从中体会到一种厌恶和鄙视的意向。这就难以充分揭示出这种乡土智慧的委琐、庸俗和简陋，以至于影响到小说的精神品格。

张宇的情感在这里似乎变得十分复杂。一方面，新的生活经验已经使他清楚地意识到乡土智慧的某些浅薄、卑怯之处，但另一方面，保留在城市生活中的乡土文化传统又使他如逢故旧，感到以往那种生活态度和价值观念并未失去存在的依据。因而，尽管他对某些层次太低的乡土能人也时时流露出一种悲悯之情，却难以下决心清理自己在乡土社会中形成的全部价值系统。他总是忍不住要替那些乡土社会中的能人辩护，包括为他们的自私和怯懦辩护，为他们的狭隘和短视辩护，努力寻找他们在现实中存在的合理性和必然性。这使我们想到了张宇的另外几篇作品：《苦吻》、《偷乐》和新近发表的《阑尾》。作者试图在这里表现人在官场中的身不由己：当了领导干部便不能再坐公共汽车，不能自由自在地去看电影，甚至一切都被秘书和夫人控制起来，有如关进了笼子一般。透过小说中对于权势崇拜的辛辣讽刺和尖锐批判，我们却不难分辨出一种软弱的叹息。这既是一种对于现状的无可奈何的承认，又是对杨润生们的人生态度所作出的一种辩解。这里，作家忽略了很重要的一点：人之所以有别于动物，就在于他不是消极地顺应环境，而是能动地改造环境，以实现其向上发展的追求。

世界上固然有许多极能适应环境苟且偷安的聪明人,但也有更多的宁愿以不同程度的牺牲向环境挑战的"愚人"。唯其如此,才有人类社会的发展进步。正如鲁迅所说,世界是由愚人造成的,聪明人绝不能支持世界。从这种意义上讲,即使最莽撞的挑战和最无谓的牺牲,也比这种唯知保全自己的聪明更有益于人类。

这层意思难道不应该成为作家情感选择的另一种参照吗?

三

看来,张宇确实遇到了创作之路上的又一道门槛,即乡土智慧对他的限制。这不仅是对思想境界的限制,而且是对艺术境界的限制。

读张宇的小说,我们时时感觉到他的聪明,他的自信。他似乎始终保持着良好的自我感觉和心理平衡,对自己笔下的人物和世界始终有一种智力上的优越感。正因为如此,所以在他的小说中,我们老是能碰上一位聪明绝顶的叙事人。不论他讲的是自己的故事,还是别人的故事,都有一个共同的特点,即:他不但能讲出发生了什么事,而且能够讲出故事后面隐藏着什么样的社会心理和人际关系的奥秘。这位叙事人的眼睛就像一个 X 光机,对世事人情看得极透彻,对各种人物的心态,各种行为的动机,各种台词的潜在含义都了如指掌。他讲故事的方式通常有两种:要么一面煞有介事地介绍人们在社会舞台上的种种表演,一面向观众耸肩摊手、挤眉弄眼,用各种各样的暗示戳穿他们的真实心理,要么干脆一面交代故事的进程,一面津津有味地、不厌其详地解说其中的种种关节、内幕和隐情,甚至借题发挥,推而广之地对民族、国家生发出许多感慨和议论。因而,他的故事大多包容着丰富深邃的社会历史内涵。

当我们初次读到这些作品的时候,确实不能不为作者大胆而深入的剖析、敏锐而细密的体察感到钦佩,以至分享到一份智力的愉悦。但是,当我们把张宇的这类作品放到一起来读的时候,当那些激烈而直露的社会批判由于导向大体相似的结论而逐渐失去了新鲜感的时候,我们的心中便不由得产生一种隐隐的疑虑:这种对社会生活的过于聪明、过于清晰的理性把握,是否意味着对生活的丰富性的某种牺牲呢?这使人多多少少联想起俄国作家赫尔岑那个关于蜡制模型的比喻。赫尔岑认为,在古怪奇突的生活面前,某些文学作品中的人物总有点像蜡制的解剖标本。"在蜡制模型上可能雕刻着解剖学者所知道的一切,可是却没有他所不知道的东西,没有那种在自然的冷淡中还是朦胧的、但是已经快要觉醒的回答,——没有那些在解剖示教者、或者雕刻者的头脑中还完全没想到的问题的回答。在模型中好像在雕像上一样,一切都是明显的,没有什么东西是隐藏的,可是在标本中,生命本身以及一切偶然性和秘密,好像都已经干涸、停顿、凝结起来了。"在赫尔岑的这段论述中,确实包含着一种深湛的人生智慧和艺术智慧。生活并不是那么容易被看透的。透明度太高的生活往往是按照某种主观意念被稀释、被简化、被凝定了的。特别是在今天,在这个剧烈动荡的改革开放的新时代里,生活本身有着更多的偶然性和更加难以揣度的秘密,人们的命运和心理在发生着更为深刻和更加难以预料的变化。

试想,当现实中的人们正在一个接一个地从传统的生活轨道上甩出去的时候,当"惶惑"正在成为一种带有普遍性的社会心理的时候,文学又怎么可能如此镇定地保持着洞察一切的自信呢?

实际上,这种洞察一切的自信乃是同文学自身的某种封闭和停滞的状况联系在一起的。从张宇《活鬼》以后的创作来看,他在时间向度上逐渐习惯于指向过去,即使写现实题材,他所关注的,也只是历史在现实中的继续,是消极的历史传统对现实的难以摆脱的纠缠;在空间上,他倾向于选择静止封闭的社会环境,既排除了同自然环境的联系,也排除了同更高的人类精神文化的联系。这固然构成了他把握生活的独特角度,有利于对乡土中国进行静态的文化剖析和社会批判,却也把他的艺术视野限制在一个相当狭窄的层面内,使他难以积极地投入时代的洪流,广泛而迅速地接收新的信息,从而不断地丰富自我、更新自我。

他的近作《苦笑》和《阑尾》似乎比较集中地反映了这种封闭、停滞的创作心境。《苦笑》的立意和情节框架都与乔典运的《冷惊》有些近似。小说中退居二线的老支书郭金海与《冷惊》中的王老五一样,都有一种挨整恐惧症。但王老五是骂了支书怕挨整,郭金海则是搞承包分了钱怕挨整。前者作为一种精神变态,不仅有历史的依据,而且有现实的依据,后者却纯粹是一种被夸大了的历史后遗症。同时,作者又把这种历史后遗症以极端夸张的形态强加在一位具有正常工作能力、可以带头搞承包的老支书身上,这就违背了起码的生活逻辑和性格逻辑,成为一种失去现实针对性的主观意念的产物。《阑尾》则是另外一种情况。这部中篇小说中本来包含着一个很有意思的主题,即人在官场中的异化,以及人对这种异化的反感和抗争。然而从第三节市长患阑尾炎入院起,作家的笔锋便不由自主地重新滑入对于自私庸俗、崇拜权势的社会心理的惯常揭落中去了,使一篇本来可能实现某种突破的小说仍然落入窠臼之中。

想贴近现实,偏偏背离了现实;想开掘新的主题,偏偏滑向了旧的轨道。可见既成的心理定势是如何顽固地束缚着作者的艺术思维。近几年来张宇的创作之所以始终在一个平面上徘徊而未能取得显著的进展,原因恐怕正在这里。

看来,张宇似乎需要从自我中突围。他既需要下潜,也需要上升。下潜,以汲取生命的深沉与质朴;上升,以领略理想的瑰奇与超拔。如此,才能从乡土智慧的局促升华为人类精神的博大。对于张宇这样一个有才华的作家来说,这种期望应当不是过分的。

1988 年 7 月于郑州

原载《上海文学》1988 年 12 期

张宇札记

朱 伟

一

张宇,河南洛宁人。洛宁依着洛水,地寡薄于积聚,人性躁动,重信义,喜讥评,好淳质,性情质直。俗话说,一方水土养一方人家。洛宁这个地方出土匪。张宇的爷爷是个方圆有名的游侠,据说不会哭也不会笑,能两手使枪,身上留有一身的枪伤。张宇的父亲,年轻时参加过农会,后来成为地道的庄稼人,据说也是一辈子争强好胜。张宇形容,上中学时,家里穷,卖猪、卖鸡蛋、卖柿饼的钱都用来交学费,每星期回家,他爹为了替他借钱,就要出去串门儿。"如果头天晚上借来了,第二天就交给我,并说我手头正好有钱,你先拿去花。说话时那大大方方的模样,好像他从来就很有钱。如果没借来,他回家便一声不吭地抽旱烟,第二天早早下地去干活。我走时看不见爹,就知道爹没借来钱,愧对儿子。爹借债,从来不告诉家里人。他一个人担着债务,欠了一辈子债,还了一辈子债,笔笔一清二白,从来不叫穷。"张宇的母亲,则是温顺贤良的一个农村妇女,包着头帕低着眼睛的那般模样。张宇说:"我们家里重男轻女,吃饭时我和爹坐在小桌子边,娘和妹妹却端着碗坐门坎石头和小凳子。""我爹用筷子在饭碗壁上画个圈儿,说我再吃这些。我娘就记着这圆圈儿,决不会盛在外面。"

二

张宇1952年出生。张宇出生时,他爷爷已经过世,在他眼里晃动的,只有父亲被沉重生活压弯的脊背和母亲过早地爬上眼角的皱纹。他很小就进山坳拾柴禾,童年的山乡生活留在他记忆中的印象,是冬日阳光照在山坳里的那种清冷。

张宇小时候,最羡慕的就是"手掂石块去敲吊在树干上的车轮,召集全队社员派活,让一拨人去犁地,一拨人去打场,让那些婆娘们去摘棉花,让那些学生娃娃们去捡麦穗儿"。十二岁,他考上了县里中学。全村三十多人只考上两个。

那时,他用一根竹竿做扁担,一边挑着书包和干粮,一边挑着被卷进城,只记着他父亲的嘱咐:"书本里有大肉白蒸馍,念好了就端上公家饭碗,不用再像爹这辈子,用鞭子打牛屁股了。"但他恰恰只念了一年初中,就遇上了"文化大革命",从此一耽搁10年。等到他被招工,离开洛宁进洛阳的时候,已过了25岁。

三

张宇刚开始写小说,应该说受两种动机的驱使。其一,是为使他自己从农村真正变成城里人。他说:"刚参加工作当工人,总想找个吃商品粮的女人。因为政策规定,子女随母亲走户口。如果找到吃商品粮的女人,我的孩子也能吃商品粮,孩子的孩子还能吃商品粮。这样子子孙孙才能牢牢地端公家的铁饭碗,和农村划清界线。这个问题解决以后,我还想把工人变成干部。因为虽然全家吃上了商品粮,与城里人相比,还不算正宗。例如,犯了错误开除工职,咱农村出身的要送回原籍劳动,再也回不到城里。而人家只是换个工作,就可以从头开始。因为人家是城里人,不能开除到农村,如果把工人变成干部,犯了错误,就可以到工厂当工人,就有了退路,有了很大的余地。"想从工人转为干部,张宇为自己选择的梯子,是从文。

其二,是为从精神上超越自身的自卑。1978年张宇进洛阳时,毕竟是两手空空,一身黄土。没有爹,没有靠山,没有后台。洛阳虽说是一座小城,城市对农村的卑视毕竟造成了农村对城市的恐惧。这种卑视与恐惧所组成的压力,培养出极强烈的自卑与自尊混合着的焦灼,这种焦灼又烘托出要从精神上战胜城市,把阴险的城市踩在脚底的动机,从这种意义说,张宇最初的决心写作,当然一方面为战胜城市,一方面也为了战胜自己。

四

张宇说:"那时候我在厂里,打球、跳舞、搞宣传队、搞黑板报,因为样样都行,就觉得不过瘾。因为不过瘾,就想着要搞创作。先写诗,后写小说。开始时候连连失败,也可能是这失败使我着魔。我生性胆大,不相信别人干了的事,俺山里娃子就不行。城里人和农村人斗了几十年,是城里人赢了还是农村人赢了?还不是农村包围城市,农村人最终调遣了城里人。"

五

张宇心底里一直徘徊着一种很偏狭的农民意识,这决定了他的创作从一开始就以一种山里娃子的身份,呈现出一种为农民请命的姿态。刚开始写作时,他满脑子尽是农民可怜。粉碎"四人帮"后,干部、知识分子、知识青年纷纷诉苦下乡受迫害要求平反,张宇对此耿耿于怀,觉得太不公平。他说:"如果说你们来山里住几年就是住牛棚受迫害,那么我们山里的父老乡亲天天都住在牛棚,到底又是受了谁的迫害,有谁来给他们平反?在中国,最受苦最可怜的应该是我们山里的父老乡亲。如果中国的农民没有出头之日,那我们的民族和国家也就不会有出头之日,没有人给他们平反,我给他们平反!"

1979年,张宇在《长江文艺》发表了处女作《土地的主人》。这是一篇以反映具体的社会问题为目的的作品,张宇从农村改革现状中敏锐地抓住贯彻责任制这个核心,利用具体的形象表达了其中的政策。这篇处女作显示出张宇很出色的白描方式叙述的功力,但具体政策性框架的僵硬规定,又恰恰破坏了形象丰富的可能性。

从1979年发表《土地的主人》到1984年底发表中篇小说《李子园》,五年多时间,张宇发表了三十多万字的作品,我们可以把这一阶段看作他创作的第一阶段。这一阶段,张宇的创作基本没有走出主题先行的框子:在写作之前,大都先找出一个思想,一个具体的政策概念,然后反复推敲这思想这具体的概念是否正确,是否合乎形势的发展需要,是否合乎中央的政策。或者就根据他自己的思想和理论水平,对形势的发展和社会的变化来一番认真的估计,然后再回到生活中找故事,找人物,找戏。这种过程,实际成了一种填空的过程。这一阶段他的作品,只有对农村一草一木、一人一事都寄寓的炽热而真挚的情感。但很简单的政策框架又左右了情感在其中的自然奔泻,使许多很珍贵的素材都只变成零碎的局部,散落在没有生气的框架里。这一阶段的三十多万字的成果,严格说,都只是新闻体的小说,艺术蕴含在其中非常薄弱,主题先行损害了本来很丰富的生活原料。

1985年发表的《活鬼》,是张宇创作过程中的第一个转折点。《活鬼》以一个泼皮式的农民游逛蛋的坎坷经历为背景,具体描述那么一个很典型的农民的个性。张宇为这个作品设计了一连串跌宕起伏的故事背景,把一个具体农民在命运面前的态度表现得淋漓尽致。侯七不过是人生大舞台上一个非常具体的角色,张宇一层一层地剥出这个角色身上的性格基调,剥出一层比一层复杂的各种形态。喜怒哀乐全一层一层地凸现出来。这个作品的价值,其实不在那么一个活鬼错综复杂、眼花缭乱的命运安排,而在那么一个具体形象在人生舞台上很具体的技巧表演;不在这种表演里所透出的价值辛酸,而在主体对人生过程的感悟和很具体的人生表演中所透出的朴拙的幽默。《活鬼》使张宇的创作重心从对功利的社会问题的兴趣转向了很具体的人。当他真正从具体的农村政策转向了具体农民,当他真正面对那些实在的能摸着肋条骨的农民时,也就找到了他自己的舞台,找到了属于他自己的表现方式。

从1985年至1988年,可以看作张宇小说创作的第二阶段。这一阶段张宇写作的四十多万字的作品,基本从很具体的政策观念里挣脱出来,开始从熟悉的人和事出发,去叙述描摹他们本身。这一阶段,张宇多采用白描手法去描摹那些形形色色的小人物,着力发掘极简单的行为举动中蕴含的幽默。但对生活中人与事的看法毕竟还是平视,只看到在他眼前活动着的形态,难以使这种形态像浮雕一样刻凿在背景之上,难以穿透这种活着的形态,缺乏那种经透视而显示的质感。

1989年发表的《精神游行》,是张宇创作过程中的第二个转折点。这是一篇借用推论的方式,力图层层深入人的存在本身的作品。这里设置了三个层次。第一层次,写那么一个抽象化的女人走入婚姻。她走入婚姻是因为她渴望被强奸。第二个层次,写那么个女人走进婚姻,是想走进存在的本真。丈夫满足不了她回到本真的这种要求,村支书反而以理想中的角色出现,他还给了她一个丰富的女人,她也使他脱离虚假,变成了生动新鲜的男人。第三个层次,写裸体游行过程。游行过程成为这个女人对自身的追问过程,折磨变成惩罚,游行过程又变成这个女人对自身的洗罪过程。这是张宇十多年的创作中写得最为阴险、最为刻毒的一部作品,他似乎拿着一把凿子在一块看起来十分好看的石头上一个劲地凿,把石头凿得斑驳陆离,力图凿出石头的本质。通过这篇作品,他把小说当作了自己对自己的思考。这篇作品培养了张宇的结构意识。可惜的是其中有关太阳花月亮花的浪漫气息像霉菌一样在阴冷的天空中漫天飞舞,它多少影响了主体叙述的调子。

我们可以把这篇作品以后的创作看成张宇创作的第三阶段。应该说,《精神游行》才意味着张宇的真正成熟。通过《精神游行》,张宇把对生活的描摹变成了对生活的俯视。在俯视之下,具体的网络关系已变成了交叉纵横的线条,而具体的人就成为了这广阔棋盘上非常渺小的棋子。这时品味,幽默之中夹杂着刻薄,刻薄之中浸透着幽默,而在这刻薄与幽默之后,则是那种穿透人表层的生存网络和生存行为,对存在本身很深刻的感悟。人的存在本身一下子极富质感地从斑斑驳驳的背景上凸现出来,文字就不再是流动的很轻很薄的水,而变成了凝固起来郁积在那儿的东西。

六

发表《精神游行》后,许多人都感到了张宇的可怕:明明是正着的东西,他为什么看成了反的呢?明明是黑暗的,他为什么又看成了明亮呢?张宇解释说,这种看法来源于他的童年:"上学时听说地球是圆的,还要围着太阳转,我就心里别扭。我问老师,为什么我们围着太阳转,不能让太阳也围着我们转一转吗?等知道地球有引力后,我就感觉不是我们站在地球上,而是我们被吸在、停在它上面。这以后我产生了一种逆反心理,什么事都反过来去想。再坐在石头上晒太阳时,就不再觉得是坐在石头上,而觉得石头坐在我的屁股上。我站起来时,不再觉得是站在地球上,而觉得地球站在我脚上。晚上睡下时,又觉得床铺睡在我身上,并不是我睡在床铺上。这全是因为地球把我们钉在了它的身上,才让我感觉不到它在转,反认为太阳在转。"

张宇称这叫做逆反心理,其实他是力图挣脱惰性的思考,用角度交替的方式使思考穿透表层。这种思考方式培养了他的机智,使他能在看起来简单的生活现象里看出很丰富的内容,能穿透肉看到骨头,深入把握每一个人的生存状态。张宇认为,人与自然界任何生物一样,有欲望的作用力与反作用力。人生活在自然与社会的双重网络之中,人的生存状况是在这两个网络的限制之中的不断调节。这种认识导致了他对关系网络的兴趣。人生活在各种各样活的关系之中,每一个具体的人都是这种四通八达的关系的一部分。在众多类型的关系中,张宇的兴趣似乎偏重于政治文化关系。他认为,中国是一个官体结构,所以政治文化是中国传统文化的核心。他认为,中国人的社会属性和自然属性的矛盾,其实在政治文化中对立得更加尖锐,在尖锐对立中更显复杂性。

一个作家的成熟,体现在他对自己表现生活的角度和方向的选择。张宇大约从1986年起,就选择了写政治文化中人的生存状态、人的变化和转移这么个方向。他说,这几年,别人都追求抽象和"形而上",他偏偏要钻"形而下"。在"形而下"的洞穴里钻得久了,他感觉到政治文化中有一个怪圈,人一进去就会变形变色,于是他就想进一步揭示人这么一种变形过程和它的痛苦,他感觉到,不管怎么写,最终都是写人创造了文化,又背上了文化的负担这么一种困境。那么要紧的,就只有在困境中的态度。

1988年春天,他完成了他的第一部长篇小说《晒太阳》。这部作品的主人公是一位年轻的县长到家乡上任后面临的一系列官场的人际关系,描写他在具体的官体结构中如何凭其智商实际地操作。其中有许多很精彩的体验。

譬如,要想入党就不能太积极向党组织靠拢。条件尚未成熟,把申请书早早交上去,人家为了答复你,也为了完成人家的工作,就得研究你,研究时先在心里按住你不够条件,那就要努力找你的缺点。如果不忙申请,就会看你的优点多,看你的缺点少。要等到人家认为你已经够了条件,动员你申请,就成了组织上要完成这项工作,就成了两结合,我实际上成了他们的礼物,成了他们工作的成绩。

譬如,搞好人际关系,我的深深体会是和人共事,咱先要不害人,主要是防备不被人害,这就容易得多。人不犯我,我不犯人,人若犯我,我就走人。能逃掉就是重大胜利。无论对谁,咱都没有意见,无论是黑脸白脸红脸绿脸,咱永远能看惯,都是好脸。人家对咱有意见,人家看不惯咱的脸,那是人家的事,与咱没有关系。这样,一只巴掌拍不响,时间长了人家就不会再对你有意见。如果他坚持对你有意见,和你过不去,别人就会对他有意见,和他过不去。为了应付别人,他慢慢就会对你没意见,因为他对别人又有了意见,推陈出新了。

譬如,做一把手的,千万不要向上级诉说二把手的不好,那等于说自己无能和草包,等于汇报自己,汇报工作也好,汇报别人也好,打小报告也好,实际上都在集中汇报自己。别人汇报了你,你再去汇报他,那就等于一比一,只能让上级知道这两个人有矛盾,显不出自己的水平。要扭转这种局面,就要反过来,你讲我的坏话,我偏要讲你的好话,这样事情才会逆转。事情往往这样,你去说别人的坏话,人家偏认为不坏,你去讲别人的好话,人家偏认为不好。

不深入人际关系,参透这种关系,大约不会有这样精彩的体会。张宇想在这部作品里,表达那种坐在石头上冷眼看世间世事,暖暖地晒着太阳的感觉。他用一个"板凳板凳摞摞",来回循环,很具象征意义的儿歌来表达他对世间复杂关系的看法。他做到了对表面复杂关系的参悟,但他自身还是纠缠在那种种复杂关系之中,难以真正坐到被屁股磨光的石头上边,难以沐浴在真正变得柔和的阳光底下,想走进去而又走不进去的张宇以一副窘态悬挂在这部作品之中,这部作品使更多人联想到张宇当县长的经历,人们在这里进一步看到了一个很真实的张宇,于是也就有更多人对这会当官,把一切都看到了骨头的张宇感到了恐惧。

七

张宇的小说,基本都是用很入世的态度,写他自己对生活的体会,所以基本是贴近生活的。张宇写小说,常常是先有一个很有意思的人物,有了这个人物在网络关系中很有意思的动作,然后再来琢磨这样一个具体人物和他的行为的意义。这使他把很大的重心摆在构思和孕育上,用他自己的话说:"我心里经常有十几个甚至几十个题材在翻腾。偶尔想起这个,偶尔又想起那个。见了朋友,还要讲一番,给人家听听。看有没有意思,找一些信心和启发。要把它想熟了才写。有时怕没有想透,甚至经常劝自己先停停,别没有到火候就揭锅,生那月份不够、缺乏营养的先天不足的儿子出来,给人笑话,使自己脸红。"

构思和孕育过程,其实是他对题材进行解剖和组织编码的过程。先试探着从各种角度去寻找这题材内包容的容量,张宇希望得到的是对社会生活层面较深刻的揭示。他通过几种方法的不同效果进行比较,目的是希望获得比较深的切入。一旦确定了角度,他会根据这角度来配置编码。这里面包含着两个方面的劳动。选择角度的过程,是一种很理性化的思考,是对题材进行归纳的过程。这种归纳过程使瘫在地上的血肉变成能戳起来的骨头。而配置编码的过程,则又是发展感性想象的过程,在确立骨架以后尽量想办法在这骨架内繁衍出血肉,使血肉能够包裹住骨头。

张宇很早就感觉到,这种创作方法,导致的是表达的单薄和瘦弱。因为任何生活素材,都不可能只包含一种物质,一种元素。生活往往是多重物质多重元素的混合体。在对它进行提炼时,只要抽出一种,就做到了对其他多种的净化。净化只能做到对原有生活蕴含的破坏。一色、一义的作品实际难以接近生活的本来面目。产生这种认识后,他努力从相互关系、相互作用上下功夫,这种努力构成了他在局部处理上的精细,但从根本上他却难以突破自己。

因为他是在1979年的背景上学习写作的。1979年的背景决定了他对具体的社会主题的关注,1979年的背景构成了他寻找一个思想、一个概念,再把这一个思想一个概念变成创作磁力。这种磁力使得他无法摆脱在一个构思中搜寻本质意义的兴趣。这种本质意义好比一种具体的引爆装置。一旦找到它引爆它,就可能获取相当层面的社会轰动效应。在生活的网络状态中,本质其实是网络状态的总和。凡是割裂下来的东西一旦脱离网络状态其实就难以成为对网络状态的总结。它只会是虚假的东西,只会构成对网络状态总体的破坏。但张宇面对网络的本能反应,就要对网络作出自己机智的归纳,引力使他苦苦地寄希望于自己的智慧思维之光能打亮摆在他面前的具体的网络。他要参透这网络,征服这网络,只能借助假设,以个人的视角对复杂的存在做出界定。张宇总以为多种假设中总会有一种比较接近深刻,于是往往在几个方位上来回徘徊,痛苦地进行比较和选择。其实,作为假设,假设与假设之间,价值总是相等的,不同角度获得不同的效果而已,它们构成的都是总体上对生活本体的破坏。应该说,本质的虚幻像雾中之花欺骗了张宇。

张宇的小说因此边缘非常坚硬。这种坚硬的边缘像城墙一样显示着他作品的界限。这种坚硬的边缘,一方面说明它的结构的严谨程度,很坚硬地圈定出了自身。另一方面说明在这结构中涌动着非常强的结构赋予性。这种赋予当然来自很鲜明很具体的假设。张宇很强调反映的深度。他深入对假设本身进行毫不妥协的追究,在结构内部常常能构成层次的层层递进。张宇也很注重感觉多重色彩对假设的具体丰富,他尽心尽力地挖掘自己的多重体验,组织多重色彩涂抹的缤纷,但所有的努力,都只能是在一个规定得很严整的结构之中的努力。

张宇的遗憾,也许就在他一进入创作流程,就怕写下去自然发展,顺理成章。他太要求作品的结构性,也太要求在社会存在中所显示的具体深度。当他作用于结构的时候,结构的反作用恰恰阻碍了他对生活的感受和表达。张宇在确定他的结构边缘之后,就在他的结构里构筑他所理解的网络状态。他用很强的主观意图放大了具体的个人与网络之间的比例,这种比例先是使具体的人在网络面前显示单薄,以突出背景的沉重和沉重背景中个人的悲剧实质。然后又要使单薄的人构成对沉重的网的抗衡,使这单薄的人在网与网的缝隙中掌握自身的命运,显示力量抗衡中的主动性,也就是在悲剧的人与背景的对峙中挖掘出人的价值,既突出人的悲剧性,又突出人的悲剧性中显示的英雄色彩。

由此,我们在阅读张宇的作品时,首先感觉到这精心构置的结构的力度,这是从很具体的假设中所迸发出来的武装得很好的主观。然后又从这主观矗立的假设后面感觉到它的结构组织的单薄。它的坚硬的边缘阻碍了多重意味的生活原材料的渗入。

八

张宇把小说的表达称作传达。创作者主体向阅读过程的传达。他认为小说家转来转去,变来变去,不外乎怎么传达,也就是围绕着"传达"转圈儿。

张宇认为,我们几十年来的许多小说都像高音喇叭,所以传达得不好。"我开始写作就学这种大喇叭小说,后来忽然发现太响太大太空太损害人的耳膜,就连忙努力将声音降下来,企图把这种声音变得温润一些,最好像一条小溪翻卷着细碎的浪花轻松地流向读者的心间。"张宇希望小说能从大说和中说回到小说。他自身所追求的传达方式,是力图使小说成为一种耳语,作家与读者之间的耳语。

小说是语言叙述的艺术,小说的传达,当然只能靠语言叙述来完成。叙述的效果,其实取决于作家所持的叙述态度。张宇力图摆脱传达的形式,使传达成为不设任何障碍的无设防传达。他从心底里反对那种颠覆阅读式的"反传达"。他认为"反传达"所构成的传达的障碍有可能造成焦虑的叙述,而焦虑的叙述,有可能因为思绪的情绪的压抑,反而影响了作家生命体验的发挥,反过来也障碍了读者对作家生命体验的贴近。张宇想尽量压低叙述的姿态,使叙述保持一种很平易、很柔和又很平静的状态。张宇的这种叙述措施是为他的结构形态而做出的选择。张宇期望于通过耳语的构成来消融他的结构的坚硬边缘。但正像他无力于改变他的结构边缘一样,他的叙述同样也很难传达到无设防的零度标准。因为无设防的零度标准是建立在超越了浮躁的个性化叙述的境界之上的。无设防的传达必须缩小叙述者的位置,使叙述者小于它们要叙述的人物,才可能达到耳语的效果。

张宇以他出众的悟性,感悟到了传达对于小说效果的重要性,但他在实施自己的叙述措施时,马上显示出实现的苍白。缺少艺术化的话语的组织功力,使他对平易的追求经常不自觉地滑向新闻体。使新闻体以百分之六十以上的比重蔓延在他的叙述之中,破坏了艺术化叙述的弹性,叙述流就难以达到那种轻松的语态。另一方面,张宇还停留在对个人状态玩味和展示的境界,这种境界决定了叙述者＝人物的姿态。这种姿态又决定了叙述只可能停留在有限视野的状态。于是,还是难以走到他想要追求的不是大说中说的小说天地。

正因为张宇无法战胜他自己,于是张宇的叙述就只停留在直接的个性袒露上。他通过叙述所带给我们的,还只是一种情感的宣泄。这种情感宣泄以一种很强的生命的力鼓荡你参与宣泄,而并非是以一种很轻淡的宁静来诱使你投入那个足以使你自身伸展的具有共鸣效果的场。张宇的叙述跳出了对语言的使用,他的生命接通了他的叙述,于是他的叙述就成了他生命的直接的跳荡。张宇属于那种情绪思维型的生命,且他的情绪化紧张思维经常处于焦灼状态。于是他一进入思维表述,叙述也就显示出了那种特殊的生命魅力。应该说,张宇的生命激情是需要对立面来激发的。进入思维表述时,他找到了对手,激情也就随之鼓荡起来,他常常要在对手面前显示出自己思辨的潇洒,而一离开思维表述,进入事件的描述,他会感觉面前失去了对手,于是生命的力也就相应撤退,于是表达也就变得苍白、平庸和没有生气。

正因为张宇的叙述是他生命状态的直接体现,所以叙述又需靠情感的配合才能达到较好的传达效果。张宇凡传达得较好的作品,都是他的情感投入较多的作品。他的滚热的情感在结构中奔涌起来时,叙述也就变得光彩照人,如此,张宇就不适合于那种冷峻的语境处理。他无法冷却他的情感,对情感进行压抑,他袒露在我们面前的生命当然也就会变成黯然没有光彩。

九

　　我读张宇的小说,读到最后,他的语言和他精心设置的那个框架常常都会变成壳,这个壳里到最后只剩下他那种无法消融的幽默。这种幽默,在张宇前期创作中只不过是逗逗闷子,得意地笑着,耍点儿小聪明,做着鬼脸,弄一些小动作来搔你的痒痒。写着写着,慢慢地就刻薄起来,闭着一只眼睁着一只眼,皮笑肉不笑的样子。每个成熟的作家都有自己的绝活。张宇的绝活,应该说就是他的幽默。

　　一开始张宇并没清醒地意识到他的幽默的价值。幽默是他处理生活的方式。一开始他的幽默,只不过是他在生活中对自身的一种保护。当感觉自尊受到威胁时,用幽默来维护自己的自尊。这时幽默是以一种温和的调侃所构成,由这种调侃来构成富于喜剧色彩的谐趣,幽默起先是用麻木的方法保护他,包裹他形成一个暖色的网而使他不致受到伤害。张宇起先把这种消极的幽默当成一个壳,需要的时候就钻进去,以保持自己心灵的安宁。钻得多了,他渐渐从这壳里感受到一种超越别人的生活态度,即可以通过幽默来调侃别人也调侃自己,使自己超脱于平庸之上。这时,幽默变成了一种自觉的生存行为,消极的使用便变成了积极的使用。在积极使用的过程中,幽默孕育了机智,机智又诞生幽默。当幽默与机智配合,足以摆脱常规的逻辑和平庸的现实思维的束缚时,张宇又从幽默的积极使用中获取了足够的自信,这时他的幽默里明显又增添了表演的因素。用幽默来满足幻觉的享受,用幽默来表演幽默。

　　应该说,是幽默帮助张宇真正走进了城市。也可以说,张宇正是通过幽默,才接通了他与城市之间的联系。

　　张宇一般都是以装憨的方式来开始他的幽默。他把自己装扮成一只在阳光下闭着眼睛懒懒地趴在那儿的猫,时不时很放松地打打哈欠,理理胡子,张宇一般先给人一种自我解嘲的假象,以伪造的知足常乐、麻木不仁来营造那种温和的轻松,以显示他的幽默的自卫性质。以轻松而又温和的语调叙述,生活就产生暖融融的喜剧色彩。张宇让你保持一笑了之的态度来领略这种喜剧,当你置身其中时,才能看到的真正意图,是要让你在喜剧氛围中感到人生如戏,人人都是戏中傀儡。这时你开始从轻松中感到沉重,沉重的压力又会使你感觉到张宇实际上是在高踞于你之上带着那种不怀好意的笑看着你。他其实是以自嘲的方式达到了进攻的目的,他对你完全是一种主动挑战的姿态。当你感觉到他在自嘲的时候,他其实已经刻薄地对你、对整个你周围的生存网络都进行了嘲讽。他在表达的,其实是他自身的优越。

张宇通过他的幽默,表演的是一种居高临下的欢愉态度。

只有从人生表层的痛苦感中跳出来,由沉重变成轻灵,才能有居高临下的欢愉态度。而有了欢愉的态度,才可能用游戏的方式从悲剧中提炼出幽默,从沉重中寻找出趣味,以趣味来表达沉重。张宇作为一个生命个体,个性的敏感、脆弱使他特别敏锐地感受到痛苦,在痛苦的层次中,他依靠着他的内在力量一次次抗拒着痛苦的逼迫。正是内在力量与痛苦的一次次摩擦,使他一层深一层地参悟了生命与它生存的背景的真实关系。这种参悟,又帮助他挣脱出沉重的关系的牵扯,又寻找沉重之中的趣味。应该说,这种对趣味的寻找,使他获得了自由。

本来,找到了这种欢愉和游戏的态度,张宇应该活得更洒脱一些,更滋润一些。但他自己运动的重心,恰恰又成为了他自身的羁绊。张宇从洛宁农村走出来,沉重的心理负担使他难以挣脱那些非常具体的功利目的。这些具体的目的与洒脱所构成的矛盾,使他不自觉地把游戏当作价值使用,使用游戏的操作是为获得目的。这样,就产生了很有意思的现象:一方面张宇的作品里充满很精彩的机趣,这些机趣显示着参悟的机智;另一方面,这些机趣又在明显向你显示它的机智价值,在毫不掩饰地完成显示时,它自身又得到了抵消。换句话说,一方面张宇通过他的机趣的发现向我们展示了他的超越,另一方面张宇又通过他得意洋洋对自己的聪明向我们展示了他的不超越,这种不和谐使张宇的作品停留在半遮半掩、半生半熟的境界。一方面它提供了比较深的对生存的感悟,另一方面它又使我们看到一个裹在重重纷扰中无法解脱的生命个体。一方面是很轻松的机趣和自由,另一方面是很沉重的尴尬和拘谨。在一个结构里,有了一种要进光亮的感觉,又始终难以透亮。

这种纠缠与难以分割的现象,大约就是人生之常态。

十

我与张宇相识很晚,见他的第一个印象,就是他的眉宇间显露着那种极充分的自信。他站在那里,背着手,眼睛抬得高高地微含一些笑看着你,一种充满挑战,生性决心战胜别人的样子。张宇的嘴皮很薄,下颌微微有些上翘。与张宇接触,相当一段时间你绝对很难深入他的内心。

我认识张宇的时候,张宇穿着很潮的水洗布裤子,已是一副早就斗胜了城市的神态。只是走路的样子多少还留一些山里娃子的味道。他走起路来似乎是脚跟先着地的样子,不紧不慢两只大脚片一撇一撇地往外走,肩膀也就随着晃来晃去。

张宇与你交往,首先是聪明地围着你转圈,试探你的档次与层次。从他的个性,他与智商低的人根本就不过招,嘻嘻哈哈两句就应付过去。他说他不喜欢愚蠢的人,对愚蠢的人他只是使用,绝不会喜欢,愚蠢的对手,他认为斗赢了也没多大意思。这样就决定了一个前提:他愿意与你深入,首先是他设定了你作为对手的身份。他认为,只有这样的深入,才会有交往的乐趣。

张宇在设定了你的身份之后,就会很投入与你对话的角色,对话实际是一种不显山不露水的对峙,对峙的目的是要确定他的段位,张宇与你交谈时,一投入就会进入正话反说的层次,需要你从相反的方向去贴近他的主题。从正板换成反板,就多了许多调侃的自由。正话反说,他的语码就会变化多端。你悟性不够,就会落入他的陷阱,在他的良好的竞技下显示出你的无能。

张宇与你交谈中,使你感觉到他把周围的一切都当成对手,时时都处在一种应付决斗之中。他说普鲁斯特的《追忆似水年华》是了不起,我花了相当长一段时间想击败它,要击败它就要用最简单的语码抽出它的表现方式。我发觉普鲁斯特是通过一连串互为联系的点,重新来组织时间的编码,通过距离所构成的层次来展示生活的涵义。他说性格组合说,我第一次听说就吓一跳,但我一进入内容,就马上觉得它特别好玩。人的性格能组合就能切割,能切割能组合的性格就不会有性格,就是死的。我一下子就把它给打倒了。我觉得如果要给性格找个意象,它只能是圆的。他说,男人和女人,我琢磨来琢磨去,用最简单的话也可以把最复杂的内容都讲清楚。简单说,男人找女人,是找一只喜欢的漂亮的鸟儿,而女人找男人,则是找一只结实的笼子。这样,男人通过女人的占有显示自己的价值,就成了拿鸟儿比鸟儿,女人通过男人的强弱来看自己的价值,就成了拿牢笼比牢笼。他说,现在都在搞气功,我也读气功书,我读气功书,是把它当小说技巧读,把气功描述得神玄的人,从根本上说,都不会是小说中人。

张宇与你交谈中,时常会炫耀他当过县委书记,当过文联主席。他有两帧照片,很显现他年轻轻当官当得很潇洒的气派。一帧以一片树林为背景,穿一身洗得发白的干部服,敞着上面三个扣子,钢笔半跳出上衣插袋,一手支腿,一手叉着腰。另一帧披一件黑呢子大衣,配以很沉重的背景,笑着,眉宇间是很深的"川"字纹。

但张宇与你交谈,却从不嚼别人的舌头。你在熟人中转一圈,听到一圈人说他背后的坏话,你却从他嘴里听到的都是对他们的好话。他说,别人的缺点让人自己说,别人对我有意见,问题都在我而不在别人。哪个别人都比咱自己强。这好话你要听多了才能听出一些意味深长,听出一些意味深长后,你会觉得他对那些主动向他进攻的对手多少有些蔑视,这种居高临下的蔑视又早已超越了对手。

张宇生命的场太强。他喜欢跳舞,其实他的舞跳得并不好。跳迪斯科,他的身子整个儿后仰,仰出很潇洒的一个样子。脚有力地跺几下,就要甩一甩并不是留得很长的头发。张宇有时爱撒撒嘴,把"去毬"的摆在口头,一副楞头青横不拎的样子。但有时,又特别显出忍耐与修养。有人说他长得像狐狸,带着酒意端着酒杯到他跟前,说要为你狐狸的狡猾干杯,他居然会站起来,不动声色还带些微笑说:"小狐狸,小狐狸。"

十一

同张宇接触多了,你会感觉他确实活得并不轻松。

张宇每天都要求自己进入到一种状态,是这种状态构成了对他的压力。

他每天早起写作,他的最大理想,是有一张很大很大的书桌。他说,我去省长的办公室,那好大的屋子,屋子里只摆一张桌子,好大好大,那叫气派!他的写作间只有他自己一把钥匙,进出都上锁,连妻子进去打扫卫生都会生气。他早上一个人把自己锁在屋子里,他动笔写稿子时先要用毛笔在稿纸上认真写下题目,桌子上再打扫一遍,然后才开始冥思苦想开头。他的小说,一般开头都开得很苦,《活鬼》就写了17个开头,开了整整两天。

他老提醒着自己是个没有文凭的、不能算知识分子的作家,老想着自己还没有得到定评,老想着使自己区别于别人,不被别人吞掉或淹没。

下午,他三天里有两天大约要接待来客,晚上又要熟人处各家各户轮流串一串。串是为了保持各种关系的平衡。有时玩玩麻将,但玩时总想着要成为赢家,有时找各类朋友交流各类思路,但又想着只能让别人了解思考结果,而不能让他们了解思考的过程。

其实他经常出发点是生怕自己被别人伤害,但他主动对自己的保护,常常被别人误解为可能主动伤害别人。

张宇因此希望能有一个真正能把自己放下来的角落,于是这几年他喜好上了盆景。买了一摞很专业的书,出门随身带一把铁锹,每到一处首先要寻找盆景市场。他自己设计了几盆,虽水平业余,摆在屋内几上,也多了几分绿意。窗下又辟出一块绿地,闲时少不了到里面侍弄。其中栽得几丛修竹,虽叶片黄锈,居然也活了下来。

张宇经常做出一些不认真的样子,其实他对小说艺术的思考与追索都非常认真。他对自己前期的作品进行总结,认为之所以单调简单,是因为陷入了线性思维。"线性思维,意味着从找出一个主题,发展到找出两个或者无数个主题。但主题再多,一百个,总是有一百个,总是没跳出这界定的圈套。线条再多,仍然是线多。线条的一端是因,另一端是果。你的因再多果再多,并没有逃出因果关系这张网。而生活却并不是线性的,生活简直是一团朦胧和混沌,用线条理,等于用刀片切,把什么都切碎了,选出来的只是感受的一些渣子。"他认为从线性思维里逃出来,就应该走进"场性思维",走进活脱脱充满灵性充满生命的边界。他思考农民下地割麦子,到底是为了麦子呢,还是为了在烈日下割到地头,躺在地头的小憩,他说,一般的思维,目的当然是为了割麦,休息也是为了完成割麦,但反过来看呢,割麦光着脊梁,皮肤被烈日晒得通红,被麦芒刺成一道一道,可正是这种辛苦,等躺在地头面对着满天白云时,你才会领略那种极甘甜的乐趣,把这种痛苦和乐趣交叉起来,其实才可能跳出线性的思维。进一步,他又把他的思考发展成一种"公母说"。他认为有关小说创作的理论太复杂,干脆不如简单化,简单成公和母的关系。比如说,先期阶段,包括生活的体验、感受,在没经过创作个体精神作用之前,都是公的,那么后期的个体精神启动、作用就是母的,艺术世界的建设依靠的是母性哺育,这样,小说理论就成了公系列和母系列。一般说,都是公系列的作品容易引发社会效应,但真正具备艺术震撼力的,实际应该是母系列。张宇说:"我是公好,母不够。"

张宇要求自己每天都处于这种没有框架限制的奇思怪想之中。他说:"白天我的思维挺正常,但一到晚上在灯下,我就开始胡思乱想,让思维像疯狗一样咬起来。先放出一条狗,再放出一条狗去咬它,非把它咬死不可。"

一次小说艺术研讨会上,张宇说到有一天晚上,他曾在半夜里尝试着给全世界的作家评职称。他说:"因为想到上帝创造人要七天,那么我想这职称应该也有七级,在这七级里应该分成四段,四个级别。我把一、二、三级定为初级和中级,这三级是只进入生活层次的,到第四级,作品才进入生命的层次。其中第四级是进入了生命的一部分,第五级是进入了一大部分。第六级,艺术活动进入到生命最精彩的那一部分,艺术世界就成了太阳,没有生命就不亮。到最后,第七级,整个儿完成了生命世界,生命没用了,就好比鸡出了壳,整个生命像壳一样活不活都没用了,这才是艺术的最高境界。定下这七条,我就拿着它玩,用它去衡量一个个世界上的大作家。我发现梅里美是个浪荡公子,他很轻松地就完成了自己的艺术世界,又去玩别人,这个人很让人愤怒。卡夫卡是交出了他创造的可怕的艺术世界,到死时还觉得自己不行,真是人心贪婪蛇吞象。这样想来想去,觉得做一个作家主要要看态度,境界是比不过人家的。写小说其实是苦修,修到什么程度只能让人说去,只要修着就行了。不为修成正果,就轻松。这样想到半夜,忽然想着在这七级里自己究竟应该填几级。想着想着,心里就特别难受,眼泪就掉出来了……"说到这里,当着会上几十人的面,张宇竟哭了起来。就在那一刻,我感觉到了张宇身上深一层的东西,我感觉我真正贴近了张宇。

十二

每一个人的内心深处,其实都是脆弱的。张宇说:"每个人都有自己感情上的角落。一走进这个角落,你便觉得身外一切都枯燥无味儿。"张宇的感情始终离不开生他养他的那条洛河。在他的印象中,洛河滩总是月亮还没有升起时那种恬静,河水静卧在河滩里是那种柔和的亮,满天都是冷悠悠的蓝光。张宇的生命自然也就无法挣脱那块土地对他产生的地磁力作用。那块土地的青草味泥土味野花的清香永远萦绕在他周围,他的记忆里永远是他父母的声音:"刚回来?""吃了没?""在哪吃了?""吃咸吃淡?""那叫你妈再弄碗淡的解渴。"

其实从根本上说,这些年,他弄来弄去,一直在为战胜这种引力而努力。他一直努力挣脱洛河的魅力的诱惑。洛河其实是一种很具体的氛围。洛河是恬静和温馨的,这种恬静和温馨一直在把张宇往回拉,而张宇则又在一刻不放松地往前走。这往前走,对于他来说,是意味着走出平庸,他觉得他在那块土地上生养,要想走出平庸,就应该像鹰一样摆脱这块土地。

但每一个人大约都很难完成这种根本的背叛,背叛这块土地,背叛传统,最后当然也就是背叛自己,完成不了这种根本的背叛,就只能悬挂在这种作用力与反作用力的互相纠缠之中。这样,情感就在生命的运动过程中,起了协调一切的作用。

张宇认为,一个人的生命,其实应该分成两部分:外壳和灵魂。外壳就像手套一样,不过是灵魂的套,它紧紧套着灵魂,像牢房困着罪犯。外壳制约着灵魂,灵魂冲动着外壳,人这么个单位实际上是一个灵魂和外壳相互作用的集体。张宇由此又认为,所谓人生其实是外壳行为和灵魂行为两部分在进行。有时,是外壳拖着灵魂行走,有时,是灵魂冲动着外壳运转。在外壳主宰这个单位时,行为是平庸的;在灵魂主宰着这个单位时,行为就发生杰出的表现。张宇认为,人生应该从这里来区别质量。

张宇说,我心中明明白白有一个美丽的地方,我想走进那地方去,但可能一时走不进去,可能我还在挣扎,要永远挣扎下去,意识到了那地方,总比糊涂着要好。

说到底,张宇其实还是真诚的。他要是不真诚,就不会心里藏不住什么掖不住什么,就不会把自己明明白白地敞开在他的作品里。每个人在日常生活中,其实都戴着面具。张宇操作自己面具的技巧也许高超一些,使许多人都难以参透面具而看到他的面孔,而误把面具看成了面孔。

张宇要认定你是他真正的朋友时,才会非常放松地卸掉他的面具。那时候,他会自己动手给你擀面,虽技术操作擀不了那么细,但面和得筋道,配上葱花盐,热气腾腾一大碗端到你面前。这时候你马上感到一种非常动人的纯朴。他的心底其实是一片很潮湿的、保护得很好的绿地。

躲在面具背后的张宇,其实归根结底,还在通过他的情感传达他自身对生存的关注。他可以写出比较深刻的反映社会背景中个人存在景况的小说,却难以超越具体的社会文化背景,从反映踏入创造的环境。他们的叙事空隙里流动的,都是很真实的情感。这种潺潺流淌的滚烫的液体会左右我们的情感,却难以诞生那种深入我们记忆的超越时间空间的意味。

每一个人构成着每一个人的局限,种种局限伴随着种种选择降临在我们每一个人身上。机智的张宇当然也难以突破他自身的局限。

1991 年 1—5 月杂记于北京
原载《当代作家评论》1991 年第 6 期

在"乡村情感"中修悟人生
——张宇小说主题原型论

马治军

在河南新时期作家中,张宇可谓较有影响的一位,从1979年发表处女作《土地的主人》至今,张宇已在他故乡那块热土上辛勤笔耕了12年,创作了一百多万字的作品。对于张宇的小说,各种角度的评论时有发表,但是大多停留在作品表层或着眼于创作的局部。事实上,任何文本都不是孤立的存在,每一文本的深层含义往往是在与其他文本的对照和比较中产生的,正如原型批评的理论集大成者、加拿大著名文学评论家弗莱所说:"诗只能从别的诗里产生;小说只能从别的小说里产生。"①就张宇的小说而言,当我们打破每一部作品的界限,以其作品整体为对象来观照时,我们不难在其不同阶段、不同类型的作品中看到一个贯穿始终的主题原型。关于原型,弗莱有一个明确的定义:原型就是"典型的即反复出现的意象"。考察张宇不同阶段的作品,这个"典型的即反复出现的意象"便是体现在城市与乡村、个体与社会、感情与理性、物质与精神等二元对立中的对人的生存状态的展示、对人生价值的反思和对真诚、自由人生的呼唤。

一

无疑,读者和评论家充分认识和重视张宇是从1985年在《莽原》上推出的中篇小说《活鬼》开始的。可以说正是"活鬼"侯七这一人物形象的成功为张宇在新时期文坛赢得了一席之地。《活鬼》之后,张宇又发表了一系列意旨颇相近的作品,诸如《河洛人》、《乱弹》、《糊涂》、《家丑》、《完人》、《国公墓》、《阑尾》、《晒太阳》等,构成了张宇小说中为评论界称道的"活鬼系列"。应当承认,这一系列作品在张宇的小说世界中占有相当重要的位置,它不仅意味着张宇在文学观念上突破了初期创作中狭隘的"好人好事"模式,也意味着在创作上超越了悬

---

①张隆溪:《二十世纪西方文论述评》,三联书店,1987年,第67页。

浮于生活表层的歌颂基调。对于张宇的"活鬼系列"小说,许多人往往作社会批判层次上的理解。的确,作者在这类小说中较大比重地描写了这方面的内容,且不乏深刻精辟之笔和成功的人物形象。如别人一对他说心里话他便说官话以防被同化失言,在党的原则和个人利益之间走钢丝的青年县长杨润生(《家丑》、《晒太阳》);为保祖上坟地不被迁移而用精神文明与物质文明的幌子玩县委书记和县长于股掌之间的县文化馆长魏少文(《国公墓》);面对一位顶头上司的阑尾手术,创造了医学界各种"奇迹"的某医院众生(《阑尾》)等。但是,仅仅偏执于这一层次,则意味着对这类小说某些深层意蕴的忽视。事实上,从《活鬼》开始,张宇创作的超越不仅表现在对初期创作中歌颂基调和"好人好事"模式的反拨,更重要的表现是,张宇在冷静的社会批判背后朦胧地流露出了对人的生存状态的思考。"漫漫长长一生,飘飘零零一世;明明白白是一个人,又似似乎乎有一个'壳'。荒唐之中说荒唐,且又阴差阳错。人乎?鬼乎?鬼乎?人乎?'活鬼'将告诉人们这一切。"张宇在《活鬼》一开头便写下这段朦胧的题记,已并不朦胧地显示出他在侯七的人生历程中寄寓了对人生的深沉反思。是的,在这位既不同于阿Q,也不同于老通宝、老孙头、梁三老汉、陈奂生等人物形象的"活鬼"侯七身上,我们不仅可以看到社会政治对农民命运的心灵的影响,时代环境对个体生命形态的扭曲,也可以体会到张宇在后来创作中明确显示出的"灵魂与外壳"的"人生辩证法"。同样,在《糊涂》中,虽然作者一再声称这是一篇没有思想的作品,但从狗眼这位老实得近乎呆笨,从来与政治无缘反遭政治运动戏弄的锅炉工身上,从赵天亮这位为向上爬而不惜牺牲真诚和友情的电工身上,从以少女的纯真和贞洁换来入党提干的"红人"杨丽身上我们分明听到作者对人生的叹息。在《家丑》和《晒太阳》中,当我们惊心于张宇所描绘的官场真实时,从杨润生身上我们看到的更多的是作者对自己的人物畸变心态的揭示。精明机敏的杨润生,想包庇赌博的父亲,却又不得不装成支持下级的正确处罚;为发展本县经济,他不惜重金向上级行贿,但却又不敢收部下为当副县长所送的贿金;与情妇如漆似胶,却又处处表明同妻子恩爱如初。在复杂的官场中,杨润生活得太机灵了,也太累了,这不能不说是一种畸变的生存状态。在《阑尾》中,虽然由于作者强烈的社会责任感,由于对社会问题过于清醒的理性把握,使这部作品流于单向意旨,但从郑市长身上我们仍然不难看到人在官场中的另一种丧失自我的生存状态。联系到《苦吟》、《偷乐》以及近期发表的几近寓言的《返香》,这种对人在官场中丧失自我的生存状态的关注似乎是一贯的。从《活鬼》到《阑尾》,张宇对人生的思考和对个体生存状态的关注虽然时时不由自主地为更直接、更激烈的社会批判所掩盖和冲淡,但从来没有停止过。"文学是人学",张宇似乎深谙这个普通而深刻的命题。从张宇作品中得出的这一结论如果尚显朦胧的话,那么,从张宇对他所描绘的"活鬼式"人物的情感态度中,我们可以得到更为清晰的回答。

严格地说,张宇小说中的"活鬼式"人物并非以侯七为滥觞,张宇初期的小说中也时时有这类人物的亮相,诸如《桥》中的金斗老汉,《脊梁》中的王狗栓等;盘算着靠修桥收费致富,给儿女们盖几间大瓦房的金斗老汉不乏侯七的精明,而处处显示出心灵闪光的"黑脊梁"王狗栓也不乏"活鬼式"人物的狡黠和卑怯。但是,初涉文坛的张宇在他们身上更多地看到的是普通而高尚的性格特点,单纯的文学观念使得这些人物在作者给予的正面歌颂中失去了应有的文学蕴含。随着文学观念的自觉,张宇在他曾经歌颂过的那类人物身上看到了更深的文学意义,对于这类人物的情感态度也随着理论的自觉而发生了转变。但值得探讨的是,作者情感态度的转变并非是简单地从正面歌颂到直接批判的替代,而是过渡到了同情与批判的双重境地,理智上要批判的人物,情感上往往要给予认同,一方面无情地展示着人物的自私、狡猾与庸俗,另一方面又为这些品格的形成寻找环境因素。如对《活鬼》中的侯七,尽管他身上有这样那样的性格弱点,但是,作品所展示的客观内容告诉读者,张宇并没有将创作的重心放在批判这一人物的"鬼气"性格上,而是展示了一个过程,一种状态,并将这个变态的人生过程和变态的生存状态放在了特定的社会背景上,在社会变化中寻找人物变态的外在因素。在游刃于官场的"活鬼"诸公,特别是杨润生身上同样如此,张宇一方面描写他的精明狡猾乃至险恶,一方面又有意识地为他开脱,描写他所作所为的身不由己和存在的合理性。考察一下张宇这种矛盾的情感态度,可能会有多方面的原因,诸如作者的经历和心理定势,诸如人物本身的双重人格等等。但是,还有一个自觉的原因应当是:张宇在这里之所以这么写,是因为在这些人物身上,作者想要做的不是批判他们的性格弱点,不是清除他们身上的"鬼气",而是展示一种在个体与社会、感情与理性的对立中变形了的生存状态。就《家丑》而言,作者要体现的重心不是官场本身,而是人在官场文化中的性格扭曲,不是杨润生的可怕,而是杨润生的无奈可悲。当杨润生理智地处理完"家丑"——父亲赌博被罚事件,用父亲的名誉换来的心胸宽广的赞美时,藏于心底的那种带着泥土味的感情被官场文化中形成的理性彻底击败,杨润生的灵魂也在表面的胜利中完全畸变。对于这篇小说,如果将它归结于对官场阴暗而和杨润生"鬼气"性格的揭露,则无异于前期的小说,因为单纯的批判和单纯的歌颂在小说本体上是一个层次,而《家丑》的成功之处即在于它超越了这种单向度的判断。所以,张宇的"活鬼系列"小说中为不少论者所注意到的所谓情感态度的矛盾问题,很大程度上是张宇创作中的一个叙述圈套,这个圈套的设置正说明了作者的创作本意,即在个体与社会、感情与理性等二元对立中展示人的生存状态,在一定的文化环境中展示个体心灵畸变的过程和痛苦。

二

每个作家都有一个丰富而复杂的世界,如果说张宇的"活鬼系列"小说体现了其创作主题原型的一个侧面,那么,以《乡村情感》为代表的另一类小说则展示了一个完整体系的另一面。

的确,当我们惯常于以"活鬼系列"小说为样本来分析张宇小说的主题原型时,《乡村情感》为我们提供了一个认识张宇创作另一层面的最佳文本。并且,就张宇的创作整体而言,《乡村情感》所体现出的价值观念和创作意向,从某种程度上说才是张宇内心深处最本色的东西。

阅读《乡村情感》,读者可能很容易联想到张宇的早期小说。《境界》,这篇选入《1983年全国优秀小说选》的短篇小说,塑造了一位"打仗时吃枪子儿,解放后当红脸汉",以"死在前头,活在后头,多吃亏,不占便宜"为生活信条,有30年党龄的农民党员王小黑的形象。张宇对这一形象所持的情感态度代表了其初涉文坛时的基本创作意向——歌颂朴素而高尚的故乡农民。在王小黑身上和《境界》所体现的作者的情感态度中,我们的确不难看出它与《乡村情感》的某些相通之处。在这方面,如果说《境界》与《乡村情感》表现出了人物形象的相似,那么,《那牛群、那草庵》则更直接地表现出了与《乡村情感》情感上的相通。《那牛群、那草庵》在张宇的早期作品中并不引人重视,然而却是作者写得最动情也是最能体现张宇创作心理的一篇。在克山叔身上,张宇倾注了对故乡所有善良父老的真挚情意。这是一种溶于血液、浸入骨髓的乡土感情,是张宇特有的生活经历造就的一种心理积淀,它已成为张宇生命的一部分伴随着他创作的每一步。从《那牛群、那草庵》中的"我的家在豫西伏牛山里,那里有我的根",到《乡村情感》中"我是乡下放进城里来的一只风筝,飘来飘去已经二十年,线绳还系在老家的房梁上",我们实在无法无视二者的某些联系。

然而,《乡村情感》的发表毕竟不是初期创作的重复,如果将《乡村情感》放在《境界》、《那牛群、那草庵》等小说的层次上去理解,也便失去了《乡村情感》的意义。是的,在"我爹"和麦生伯身上,我们可以看到王小黑的某些影子,但是,王小黑这一形象的文学意义因作者更多地关注于批判农村某些不正之风而消解了许多。浮躁而急切的政治批判意向使得作者对这一形象的意蕴没有进行更深的开掘,这也许正是《境界》最终没能跻身于当年最佳小说之列的原因。同样,《那牛群、那草庵》虽然也展示出与《乡村情感》的某些相通,但是,张宇在这篇小说中所做的仅仅是单纯的情感抒发,抒发情感是其手段也是其目的,情感背后并没有更深的文化寓含。而比起《境界》和《那牛群、那草庵》来,《乡村情感》的重要意义不单单在于其中塑造了两位性格鲜明、令人尊敬的共产党员形象,也不单单在于它表现了一种催人泪下的乡土感情,而且在于张宇在"我爹"和麦生伯这两位人物形象背后寄寓了对人生价值的反思。就这一点而言,上述"活鬼系列"小说是一个有力的参照。

从创作进程上看,张宇在"活鬼系列"小说之后创作《乡村情感》绝非偶然。在张宇笔下,城市与乡村始终是一个对立的概念,张宇总是以一个乡下人的目光去审视一切。所以,创作了《家丑》、《晒太阳》等反映官场文化的小说之后,《乡村情感》实在可以看作是张宇与之所作的对比。因而,理解《乡村情感》绝不能仅仅以这一篇小说为对象,原型批评派的一个重要观念就是要打破每一具体作品的界限,当我们将《乡村情感》放在张宇创作的大背景上去看时,我们便会在极易使人迷失的人物形象和乡土感情背后看到张宇更深邃的创作追求,那就是在对不同生存状态的对比展示中追问人生的意义。的确,"我爹"和麦生伯虽然一辈子饱受艰难困苦,而终于无愧于自己的诺言,无愧于死去的战友,在物质与精神的对立中完成了超越的人生,这和侯七、杨润生们的生存状态和方式无疑形成了一个对照。在这层意义上,张宇对"我爹"和麦生伯人生历程的描写难道不正是对人生的另一种反思吗?这种反思应当说是"活鬼系列"小说所体现出的主题原型的继续。所不同的仅仅是"活鬼系列"小说所揭示的是无奈的人生,是否定的人生,是政治、时代、环境、文化等对人生的影响乃至摧残;而《乡村情感》所展示的则是自由的人生,超越的人生,是人生的楷模,是人对环境和自身的掌握和主宰。当我们由此再来看"我爹"和麦生伯这两位普通的党员形象时,他们的可贵之处、高尚之处也不仅是"在城里放着官不做,却回山里当了庄稼人",不仅是身居小泥屋而时时思考着国家的大事,更重要的是,当"我爹"看着麦生伯带着微笑幸福地离开这个世界时,他们完成了各自艰辛但无悔的人生历程。

所以,就创作整体而言,从对"活鬼"们人生经历、人生状态的叹息和批判,到对"我爹"和麦生伯人生历程的颂扬和赞美,张宇在小说中展示的可以说是两类人生,两种生存方式的对比,而正是在这种对比中,"我爹"和麦生伯这两位人物形象的意义得到了升华,《乡村情感》也由此具有了超越本体的文学蕴含。由此可见,张宇在"活鬼系列"小说之后创作《乡村情感》,与其说是抒发感情,不如说是呼唤真诚;与其说是塑造形象,不如说是修悟人生。

三

如果说张宇对人生的思考在《活鬼》、《家丑》、《乡村情感》等小说中尚朦胧地隐藏在政治文化和乡土感情之后,尚需在不同文本的对比中才能显示出来,那么,近年来的一系列作品则将这一主题从幕后推向了前台。

《乡村情感》之后,张宇又推出了一系列作品:《城市逍遥》、《驿站笔记》、《没有孤独》、《大街温柔》、《返香》等。在这些作品中,张宇的创作从激昂走向了深沉,从积极参与走向了冷静反思,从形而下的细微描写走向了形而上的抽象议论。所有这些都标志着张宇的创作又走进了一个新的阶段。但是,就思考人生这一主题原型来说,这一阶段的小说并没有超出张宇的创作轨迹,而只是以更清晰的表述给前期小说作了一个注解。

《城市逍遥》,这篇《小说家》精短中篇擂台赛的开擂之作,叙述了这样一个故事:盆景艺术家鲁风,以一盆题为《无题》的三春柳盆景在北京盆景展览会上荣获大奖;来自香港的马先生执意要买这盆《无题》;面对马先生出的十万元高价,为集资盖房正闹钱荒的鲁风陷入了矛盾,一方面他需要钱,另一方面又不忍心出卖被自己视为灵魂和故乡的象征的《无题》,不愿将自己降格为盆景匠。经过苦苦的思考,结果出乎人的预料,从乡村走入城市的鲁风以乡村人特有的智慧与豪爽将《无题》送给了同样视《无题》为灵魂寄托的马先生,而同时也接受了这位本是同乡的马先生的一千八百美元的馈赠。就情节本身而言,张宇似乎在叙述一个轶闻,但是,就在这个看似轶闻的故事中,张宇关注的分明是自己痛苦的人生体验。可以说,《城市逍遥》的重心不是营造故事,而是故事背后的议论。请看作者借主人公鲁风之口对盆景所做的描写:

"先让你活下来,想方设法欺骗你,磨掉你的血性,不让你离开人世,让你失去对生存的渴望以后又失去对死亡的希望,让你从此麻木,这叫适应环境。"

"从一棵树变成盆景,你反抗,你失败,你再反抗你再失败,到最后你终于得出一个道理,反抗永远是没有出路的,别人永远在摆布玩弄着你,你永远把握不了自己的命运。"

这不是在写盆景,这是在思考人生,盆景的成长史简直就是张宇的人生寓言!

比起张宇第二阶段的小说,《城市逍遥》无疑更清醒更直接地表现了人生问题。如果说《活鬼》体现了特定环境对人性的扭曲,《家丑》体现了人在官场中的心灵畸变,那么,《城市逍遥》则将人放在了更大的背景上,形而上地表现了人生的无奈。就人物形象而言,如果说侯七体现了个体与社会的对立,杨润生体现了情感与理性的对立,那么在鲁风的人生历程中则体现了物质与精神、城市与乡村的对立(当然城市与乡村在这儿已不是纯粹的地域概念)。鲁风一步步走进城市,最终成了城里人,然而这只是一个躯壳,鲁风的灵魂永远在那代表着宁静、纯朴、真诚的山村;鲁风从乡村到城市的人生历程实际上是一个心灵畸变与反畸变的过程。但是,当鲁风为了让儿子上省直幼儿园而不得不将被自己视为祖先象征的"黄怪"送给某部长,而部长却将它弃于垃圾堆中时,反畸变的努力彻底失败了。在卖与不卖《无题》这一情节上,虽然鲁风最后以智慧的方式完美地解决了问题,自己终于在心理上得到了些许平衡,但这只不过使鲁风成了一个胜利的失败者,这和杨润生的生存状态又有什么本质的区别呢?

和《家丑》与《乡村情感》的对比一样,《没有孤独》与《城市逍遥》同样构成一个超越文本的对比,《城市逍遥》更多地表现了张宇对人的生存状态的体验,表现了鲁风人生历程上胜利中的失败;《没有孤独》则将视角转向了人生价值,用张宇的话说是人生质量的反思,表现了鲁杰在人生悲剧中灵魂的升华。和鲁风不同,《没有孤独》的主人公鲁杰的人生道路要坎坷得多,从农村走进城市,从中国走到国外,又从国外走回中国,走回故乡,几十年的人生轨迹上只是画了一个圆圈。从表层上看,鲁杰这个人生的圆圈实在是一个悲剧,一个被动荡社会推来搡去的人生悲剧。但是,人生的意义往往体现在悲剧之中,鲁杰奇特甚至变态的生存方式使得他的人生在悲剧中得到升华。就生存方式而言,鲁杰的行为不乏"活鬼"侯七的精髓,但是,鲁杰的意义在于他用奇特甚至变态的生存方式追求的是精神的超越,是对平庸的超越,而侯七追求的则主要是物质的满足。对于鲁杰来说,精明杰出的性格使他陷入悲剧,而悲剧又使他真正赢得了人生的意义。所以,当我们沉浸于鲁杰的人生悲剧时,张宇却让鲁杰的灵魂在悲剧的外壳下向我们投来居高临下的目光。在鲁风身上,在鲁风的人生圆圈中,张宇终于道出了他的"人生辩证法":"原来人生有两部分组成,那就是外壳行为和灵魂行为。在漫长的人生旅途中,经常发生这样的现象,有时候外壳拖着灵魂行走,有时候灵魂冲动着外壳运转。在外壳主宰这个单位时,行为是平庸的,在灵魂主宰着这个单位时,行为就发生杰出的表现。平庸的人生就是外壳行动,杰出的人生就是灵魂的运转了。原来人生是从这里区别质量的。"

至此,张宇小说中那个从隐到显的思考人生的主题原型便昭然可见了。虽然张宇的创作经历了几次转变,但在几种表面上迥然有别的文本背后体现着的却是张宇的同一种追求,那就是关于人的生存状态和人生价值的思考。可以说,"乡村情感"是张宇创作的心理基础,而修悟人生则是张宇创作的旨归。

当然,主题从隐到显的演进并不一定意味艺术上的递等超越。虽然《城市逍遥》、《没有孤独》等在某种程度上超越了像《阑尾》那样的封闭模式和单向判断,但在张宇的近期小说中,思想的深刻和艺术的不足仍是一个矛盾,作品显得过于"席勒式"而相对缺乏"莎士比亚化",作者急于表现某种思想的浮躁心态仍时有表现,精明的叙述人总是忍不住冲向前台向读者解释人物行为的含义,这无形中冲淡了文本和形象本身丰富的内涵。比起《阑尾》来,这种表现说明了张宇的创作走出了一个模式,又陷入了一个新的模式,而主体的思维模式却没有本质上的转变。同时,从《活鬼》到《没有孤独》,鲜活的文本代之以抽象的议论,这是张宇最完美的表达吗?

看来,张宇需要新的超越,需要思维方式上的超越。然而我最后必须说的是,对于张宇这位智慧而不懈的探索者来说,这个超越应是必然。

原载《小说评论》1992 年第 5 期

超越世俗
——从张宇的新作看其精神的转向

梅蕙兰

一

跨过了《活鬼》的创作高度,又在官场系列中进行了洞穿一切的剖析之后,张宇开始升腾了,这是从世俗的大地向精神高空的升腾;是现实人生向理想人生的跨跃,是一种对彼岸世界的确立与憧憬;是挣脱了庸常琐碎的日常景象之后的一种精神放逐。

如果说,张宇在以前的创作中写的是世俗生活中的能人强者,那么现在他在《没有孤独》(《人民文学》1991.5)、《城市逍遥》(《小说家》1991.1)、《大街温柔》(《中国作家》1991.4)中,写的则是精神生活上的强者。侯七及杨润生们关注的是世俗意义上的荣辱利害,而鲁杰、鲁风、李振华们向往的则是一种精神上的富足与充实,侯七、杨润生们是利用环境,投机取巧,是一种形而下的人生层次,而鲁杰、鲁风、李振华们则是超越环境,超越命运,有一种形而上的人生追求。

鲁杰是一个出过国留过洋,获得三个博士学位,在剑桥大学任过教授,又在十里洋场的大上海最大的生化厂当过总化验师和副总经理的科学家,偶然的工作失误却导致了他一生的悲剧。但他的一生是追求的一生,与命运搏斗的一生。依仗着对科学的迷恋,他超越了悲剧的命运,获取了精神的永恒。他的内心是一个针插不进,水泼不进的科学王国,无论是处刑坐牢,还是回乡改造,都不能使他放弃自己的追求,中断思想上的科学创造。为了保住自己的科学知识,保住自己对科学的热情,保住自己的人生追求,保住自己的生命活力,他甚至竭力适应环境,无视外在的生活形式。由于他独特的思维,超常的行为,在世人眼里他是不被理解的疯子,被整个社会所抛弃,但他从不感到孤独和寂寞,也未沉沦和堕落;他忘了尘世的纷扰,忘了自己的现实处境,身在逆境,心在理想世界中遨游。尽管社会把他置于了一个孤独无援的地步,阻碍了他生命的奔流,扼杀了他创造的才智,但他始终坚守着自己的精神阵地,不平庸,不流俗,一生都仰望着苍穹的亮光,不放弃希望和憧憬,并不断地寻找机会为实现自己的理想而努力。即使对于乡土田园、夫妻感情、儿女亲情,他都抵御着,防范着,生怕自己的意志被软化,生怕自己失去抗击平庸的能力。鲁杰的这种献身科学的精神,是与他报效祖国的满腔热情,与他对新中国的责任感、使命感紧紧地连在一起的。当初他不跟蒋介石去台湾,也没有应邀去英、法、美等西方国家并留下来,是想和共产党合作,科学救国。可以想见,如果在一个政治昌明、国家安定、经济繁荣、重视人才和科学的社会环境中,鲁杰将会走上一条多么辉煌的科学之路。可实际上,他一生追求,一生孤独,一生与命运对抗,一生都不能把握命运;整个陷入了一种被剥夺、被压制被扼杀的人生境遇。在这里环境与心境是绝对对立的两极,环境是孤独的,而心境却不孤独,时刻都充盈着创造的活力。在鲁杰身上,我们看到了浮士德式的狂热,西绪福斯式的倔强,看到了一种为理想矢志不渝的献身精神,一种英雄的品格。张宇通过对鲁杰的毅力、才华以及他对科学研究一往情深的向往,推举起一个辉煌的人生境界,凸显了人生的超越意向,同时也控诉了社会环境的可怕和罪恶。

《城市逍遥》中的鲁风,是鲁氏家族的又一个精神上的强者。他以另一种方式,对盆景艺术的迷恋走向了对世俗生活的超越,获取了生存的意义。"这个有着强烈自尊的乡下男人,由于在城市处处碰壁,在家里都无法流露自己的感情,他必然要寻找表达感情倾注真诚的形式和对象,而走进了盆景世界。"鲁风的超越不像鲁杰那样自觉和明晰,而是有一个渐进和发展的过程。开始他对盆景的认识由自己的屈辱境地看到的是被扭曲的形象,被扼杀被压抑的灵魂,而后看到了自然美和艺术美的和谐,最终他在盆景艺术中找到了乡土的灵魂,体味到了故乡的亲情,大地的温暖。因而他慢慢地迷上了盆景,转移了自己的注意力,对于城市有文化的妻子的冷眼他不在乎了,对于社会上的卑视他也不放在心上了。他抛弃了外在的生存形式,开始建立自己精神上的大厦,追求内心世界的丰富和人生境界的高格。表面看,他好像是适应环境了,而实际上心灵在远离环境,向自由飞升。对乡土的记忆,由乡情乡思所激活的创作灵感,使他培育出了大型盆景"父亲""母亲",并在进京展览中名声大噪。最初的成功,洗涤了他作为乡下人的耻辱,证明了他作为一个城市人的价值,并使他挤进了名人的行列。对此他甚至有一种报复了城市人的窃喜,有一种成功后的傲慢,但他很快发现了自己的浅薄,发现了自己的盆景有一种人为的匠气。于是他辞掉了官场的职务,淡泊世事,潜心于艺术,终于培养出了自然浑厚的盆景"三春柳",并放弃了以十万元价格出售的机会,把这盆昂贵的三春柳作为友谊的馈赠品送给了能够欣赏艺术的知己香港来的马先生。在当下人们急切地追求物质金钱的世风中,鲁风的这种举动不啻是孑然一身独立于世的震人之举。其实鲁风的这种对世俗的超脱并不容易,他在精神世界的逍遥也并不轻松,因为,他并不是不食人间烟火的超人,正经历着经济的困扰,为盖房集资的款项发愁。因此,"马先生的诚意和金钱的力量一次一次在摧毁着他,每次他都竭尽全力才挣脱出来"。从地狱步入天堂步步都有艰难险阻,达到灵魂上的超拔脱俗必然要经历交战与搏击,慢慢地鲁风步入了圣殿,接近了逍遥的境界。确如他悟到的"人在不断地改造树的同时也在不断被树改造着,人在把树艺术化的过程里,也艺术化了自身"。鲁风的超越是一种对美和个人自由的向往,一种艺术化的人生憧憬。一种出世的人生态度,一种独善其身的个人生活方式。

相比之下,《大街温柔》中的李振华是以农民质朴的方式走向了对世俗生活的超越。他比鲁杰、鲁风有更好的命运。本来他是一个娶不起媳妇的穷孩子,忽然得到了命运的恩赐,原来的同学,家庭条件优越于他的于清芳主动地嫁给他(在校时就曾偷偷地接济他)而且一心一意地爱他,做他的好媳妇。这种爱波及了全家全村并由对五保户的悉心照顾而扬名,被提拔为公社书记、副县长。李振华的智慧才能尤其是一个穷孩子的高贵的自尊,不仅使他赢得了一个温柔贤惠忠于自己的妻子,而且他一手培育和塑造了一个有能力的副县长。而李振华自己却坚持挑选了一个扫大街的职业,并在扫大街中扫出了自己的形象,自己的价值,扫出了他的人生境界。他没有被妻子的形象所淹没、所覆盖、所扭曲,没有依附和堕落,没有平庸和污染,他还是独立的形象,独立的自我。当命运之神张开双臂拥抱他的时候,他躲开了,在社会给他提供的光宗耀祖的地位、权力等世俗利益面前,他退却了。他没有冲上去抓住机会,亲吻命运,而是坚守着自己的人格尊严,甘愿居于"卑微"而不求做人上人,不借助妻子的光照亮自己,在平凡卑下中实现对人生的超脱。"李振华虽然不相信宿命,但他却相信境界。人不论干什么都是走同一条路,这条道路却通向一个境界,那就是自我的完成。"正是李振华强烈的自尊使他获得了妻子于清芳坚贞的爱、热烈的爱。正是李振华不平凡的人生境界使他们在地位悬殊、形式上的差距越来越大的情况下心灵却越来越近。于清芳不仅不同意与李振华离婚,而且更加信赖李振华。她的事业正建立在对李振华的爱上,这种爱抛弃了形式的意义,而进入了内容与实质。在这里爱情婚姻也具有了超世俗的意义。于清芳爱上李振华这个人,爱他丰富的内心而不管他从事的职业与社会地位的卑微。"哪里有灵魂,哪里就超越了社会过程中人们的偶然地位和价值,爱冲破了贫富和地位高低之间的阻碍。友谊即使对流浪者和卑贱者也守信,真理在专制的国王面前仍敢提高嗓门。"(马尔库塞)李振华以平凡普通的方式超度了自己的灵魂,接通了平凡与伟大、卑下与高贵的联系,在生活的最底层接纳到了精神高空的美好风景。

总之,无论是鲁杰对于科学的迷恋,还是鲁风对于盆景艺术的领悟,李振华对于平凡人生的参透,都展示了一种人生的境界。无论在厄运中,还是在幸运中,无论是成功还是失败,人都不能放弃自己的精神追求。鲁杰在孤独的环境中寻找不孤独,鲁风在紧张的城市生活中寻找逍遥,李振华在卑下的社会地位中寻找尊贵;鲁杰对科学宗教般的虔诚和献身热情,超度了他的生存苦难与命运悲剧,负载了他的心灵意志和人生;鲁风在盆景世界中的艺术长进,升华了他的生命境界,抵御了他的经济危机与人生困扰;李振华人格上的自尊,改变了他的生活命运,凸显了他的人生价值。在这里张宇所探寻的是人的精神世界,张扬的是人的精神追求。人类毕竟是高扬着精神之帆前进的,因而,精神境界的高下,往往决定了人的生命价值和人生层次的高下,衡量着人生质量的优劣,制约着人格形象的塑造。马尔库塞指出人的生存原是作为一种精神来确保自由和永生,去克服自己限定者的限定作用。鲁杰、鲁风、李振华们凭借着精神上的追求把自己从现世的世俗的境遇,引渡到高洁的思想对岸,使自身不自由的生存获取到了一种自由的快乐。由此作品凸显出了一种超越的意向。无论命运把你抛向何方,无论你怎样受到出其不意,不可预测的命运的挑战,你的人格精神总使你处于一个居高临下的位置,俯视你的境遇,你不会为生活的悲剧所吓倒,也不会因生活的幸运而陶醉,永远不会落入平庸的泥潭,流于世俗的浅薄之中,而保持一个高贵的自我。荣辱只是命运的外在形式,贫富也只是人的身外之物。成功和失败是追求的结果,人生的价值,生命的价值却在永不止息的追求过程中。在《没有孤独》中张宇反复申说了灵魂与外壳的关系。在《大街温柔》中又通过于清芳直接表白出来:"一个人只要认定什么目的,只要是正确的,就一定要坚持下去,由于外来影响和干扰可以在枝节上讲究策略,可以让步甚至低头,但绝不能改变本质,她随便看路旁的树,觉得人生和这树一样,尽管可以向下垂下枝条和飘下叶片,甚至外来的伤害可以扭曲树干。但一定昂起头颅奔向蓝天,撑起这片天空。"有时候鲁杰、鲁风对环境的妥协,真有点阿Q精神胜利法的味道,但他们形式上的屈,是为了思想上的伸,他们把自我保护和自我进取很好地结合在一起,在精神上保持了弃尘脱俗的姿态。精神是人生的一面旗帜。一个人的精神倒了就再也站立不起来了,精神不倒,人永远不倒。在鲁杰、鲁风、李振华身上表明了张宇所选择所推崇的生活位置和人生态度,一方面积极进取,匡世救国;一方面甘于卑微以保其天真,成其自然,这两种精神走向都达到了对世俗生活的超越。

二

张宇的这种超越意向,是他进入了城市以后,并切切实实地体验了城市的家庭生活、社交圈子、人文环境、世俗心象之后的一种精神转向,是他在更高层次上对乡土对传统的一种回归。

在进入城市以前,张宇对城市生活虽有接触和体验,但终归是隔岸观火,雾里看花。当他走进了城市,接受了城市的市民文化、知识分子文化以及多种不同于乡土文化的现代文化之后,他的视野一下子打开了,他本身的乡土文化格局被打破了,乡土文化与城市文化的差异以矛盾和冲突的形式在他身上表现出来。一方面,他对五彩斑斓的城市生活所迷恋所动情,一方面他又有一种不适应感,有一种乡下孩子的固执和自尊。因此,他在对城市生活方式适应追求的同时,也在内心里保持着距离,在对乡土文化形成的官场氛围和官场心态剖析批判的同时,也不自觉地流露出对乡土智慧的玩味。尤其是当他看到了城市生活中平庸琐碎的斤斤计较,追逐名利地位的人心的狭隘之后,亲身体验了城市生活中人情的淡薄,世人的傲慢与内在精神的空虚之后,他试图向所立足的城市引进超越性的精神内涵,以救助现代社会中的精神匮乏与平庸世俗。于是他抛开了种种形而下的生存世象,探求一种人生的精神境界,使我们在鲁杰身上领略到了一种崇高的精神追求,一种人生的目标感与向上力。在鲁风、李振华身上接近了淡泊,见识到了一种自尊自强的人格力量。但说到底,张宇是土生土长的农家子弟,他终归逃脱不了乡土文化对他的制约和影响。可以说他对现代文化的接受是有保留的,是在乡土意识范围内的。他的超越是乡土文化对城市文化的超越。在种种文化观念中,他坚守的还是乡土文化,支撑他人生大厦的还是传统文化,并且他试图用乡土文化来改造城市文化,用传统文化来应对现代文化,用乡土文化、传统文化来俯视和批判城市文化。他笔下的主人公都是乡村出身,鲁杰一生都在背叛乡村,但还是回归了乡村。他拒斥着平庸,拒斥着乡情,最终还是乡情保护了他,使他在家乡劳改十年中由鲁疯子变成了活神仙。他一生都和爷爷代表的乡土观念斗争,但最终还是谁也战胜不了谁。鲁风的超越也是借助于他的乡村经历和乡村文化精神。他对城市人散步和乡下人晒太阳的联系,是从乡下人的生存方式中悟透了城市人的生存秘密。乡下人田间劳作后的疲劳在晒太阳中得到消解,城里人紧张的生活节奏靠散步的松弛来调节。鲁风也正是因为在乡下人的晒太阳中寻找到了和城市人散步时对生命的共同感悟,在盆景艺术中寻找到了乡村的生活情调和生命情致,接通了城市生活与乡村的联系,才取得了事业上的成功,实现了自身的超越。李振华坚持在乡下不进城,进城后又坚持挑选了一个扫大街的职业,不跟妻子沾光,不看重功名利禄,更是一种对乡村文化的固守,一种独善其身洁身自好的儒家文化传统的固守。鲁杰、鲁风、李振华他们三个都经历了一个城市化的过程,最终都变得比城里人还城里人,在精神上远远超越在城里人之上。在家庭关系中,这些乡下男人都是一个成功者、胜利者,是家庭生活的主宰。鲁杰娶了个南京金陵艺术学院毕业的弹钢琴的小姐白丽,一生都理解他,归属于他,跟着他经历了一个从城市化到乡村化的过程而毫无怨言。鲁风娶了个城市出身的知识女性,最初看不起他,最后也由于鲁风事业上的成功而甘拜下风。李振华娶了个家庭条件优越于他,后来又被提拔为县长,地位远远地超过了他的妻子于清芳,并且他是于清芳感情的依靠,事业上的帮手,心目中的太阳。当然,这些主人公们的出身经历也许带有偶然性。但张宇对人物的设置和人生道路家庭生活的安排,应该说体现了他对城市生活俯视的一种姿态。他的主人公们进城后的拼搏与成功,明显地带有张宇自己亲身体验的真切性和微妙性。在他的艺术世界里,在他安排的社会秩序和家庭秩序中,聪明的乡下人在精神上是高贵的、自尊的。虽然地位低下,物质财富匮乏,但心灵是丰富的,精神是强健的,生命力是旺盛的。上帝赋予了他们天才的智慧和坚强的意志,他们不仅可以在城市生活中找到自己的位置,获得事业的成功,而且往往可以击败城里人,凌驾于城里人之上统治城里人。当然作为一种人生自信,作为一种人格上的自尊,这种姿态是应该肯定的,但作为一种超越意向却是狭隘的,尤其是在李振华身上表现出的那种乡下人的固执,那种自视清高的人生态度,有伯夷叔齐饿死不食周粟的古旧,有"河洛人"中二老爷不识时务的殉道精神。在社会给他提供了施展才能机会的情况下,他甘当幕后诸葛,妻子的军师,而自己挑选了一个扫大街的职业,这对那种争权夺利者是一种精神洗礼,但既然他能为妻子出谋划策,我就不相信他对扫大街就那么平静和坦然,那么心安理得。他好像是一个智者、一个高手、一个魔术师。躲在幕后看人争斗,他把世人当成了一群不谙世事的顽皮的孩子,他像一个掌握地球的天神,巨手拨动一下,地球就会转动起来。这里小聪明又悄然爬上了人物的心头。另外,李振华、于清芳对人生的把握都太清醒,李振华一直坚守着自己的自尊与清高,于清芳一直都在坚守着自己的爱情,人的情绪的复杂性,尤其是家庭生活,夫妻感情的微妙变化都被剔除了。可以说张宇为了作品的立意而损害了人物性格的丰富性。因此,我们说张宇的超越是依凭着传统文化和乡土精神的超越,这种超越既有一种矫矫不群的精神意向,又有一种小家子气,他力图超越世俗的层面,也自以为把握了整个生活的高远,可实际上,生活的纷繁复杂,变化万千,尤其是现代化多色调的城市生活,凭借着乡土精神与传统文化是不能够把握和涵盖的,而是要站在时代的高度,面向未来,在对世俗人生充分深入体察的基础上,促使人们提升品格追求一种人生的理想境界。真正的超越是纵览世界风光之后的一种大彻大悟,是一种不以物喜,不以己悲的凛然大气,是一种凌驾于一切成败福祸之上的豁达胸怀,是一种既执着又悲观的人生态度,是一种既包容又超越身外遭遇的丰富的人生体验和感受。而在张宇这里还带有乡村对城市的世俗偏见,还有一种争强好胜心理,并在与城市人争斗的过程中越来越强化了他的乡村胎记和乡土意识,由乡村的自卑转化为乡村的自尊,而这种自尊阻碍了他对城市的深刻体察与把握,使他不可能以现代化的形式而只能以传统的形式超越世俗超越城市。

但无论如何,在这里我们确实看到了张宇重振理想雄风的渴望和对崇高美的追求。尤其是在当下人们狂热地追求物质利益,而放弃精神探索的情况下,一些写实小说家在琐碎庸常的生活中拱手称臣,不知不觉地在平庸中乐而忘返的时候,在张宇的作品中,我们读到了一种源于内在激情的高呼,一种惊心动魄的渴念,一种清心泊淡的情绪,一种动摇世俗生存的精神力量。张宇在超越自己,这是他自我人生境界的上进,也是他艺术创造上的上进。过去,我曾说把握不了他作品中的"鬼"气,现在他在摆脱"鬼"气,在升华自我中也升华着艺术的品位。从写世俗生活中的能人强者到写精神上的英雄圣人,张宇已修成正果,得道成仙。记忆中的乡村与现实生存的城市在他的创作中扭在一起,不断地谐调着、互补着。凭借着对过去的把握他超越了现在,接通了未来。正是因为乡村厚重的人情味,他才看透了城市的人情淡薄;正是因为乡村旷野的辽阔,他才感到了城市居住空间、心灵空间的狭小。如果没有对乡村的体验和把握,他不可能超越物欲横流的现实环境而向往精神上的清明境界。如果没有对城市生活的深入体味他不可能超越乡村的单调贫乏。乡村使他具有了纯朴和厚重,城市又使他获得了丰富与浪漫。因此,他这一次精神上向乡土与传统的回归,不像早期《土地的主人》、《夏夜,在小河边》时那种纯粹的没有城市生活参照的对于农民的赞美,对于乡村生活的赞美,而是把乡村自然的清明和人心的宽厚,炼化上升为一种人的精神境界,把传统文化中"兼济天下"与"独善其身"的人生态度引进了现代人的生活领域,使人生的责任义务渗透进城市的精神结构中,以救赎人们的精神危机,这是从纯精神的意义上关注人们的灵魂安置,是一种对生存价值的思考与探索。与这种创作旨向相适应的是作品中浓厚的哲学色彩,大段大段的理性思辨在《没有孤独》中对平庸与不平庸的人物心理矛盾的表现,对灵魂与躯壳关系的辨析。在《城市逍遥》中,由人的屈辱处境而感到盆景被扭曲的拟人化理解发生与象征性的《病梅馆记》的笔法,由盆景艺术的生命和大自然的联系,和童年自家小院的联系的放浪想象,还有《大街温柔》中对于人的自尊的议论等都把人引入了一种精神领域,一种对人生的思考。有时觉得张宇故意在搞逆反思维,在钻牛角尖,甚至是无事找事,明明顺理成章,他偏偏节外生枝,胡乱编派,而恰恰新意和思想正出在这里,往往顺理成章中包含的是惰性思维,是陈旧平庸,而逆反思维中才引出了创造。尤其是在《没有孤独》中大段的思辨式叙述成了人物的心理描写和故事的主调,整个形成了一种叙述风格,使我们对作品不是被动接受而是积极解读,由逆反思维引发的观点见解不断刺激着我们的阅读兴奋,启发着我们的思维心智。但在《城市逍遥》与《大街温柔》中,不断插入的理性判断和议论有时割断了故事的连续性和整体性,形成了生涩的局面,使阅读产生了阻隔。

三

张宇的超越得益于他在创作上追求变化与创新的一贯风格。莫洛亚曾说:"许多作家一生都在写着同一本书,福楼拜在他的每一部小说里都鞭挞那种永不改悔的浪漫情调,司汤达反复写了三次青年时期的贝尔形象,普鲁斯特 25 岁的时候就在笨拙的乐曲《悠游卒岁录》中勾画出了气魄雄浑的交响乐《追忆逝水年华》的雏型。"张宇不属于这样的作家,可以说是一个骚动不安的精灵。在创作上,他从一开始就是不安分的,他不断地折腾自己,而从不盯在一处。大致回顾一下他走过的路就可以知道,在内容和形式上他都追求着变化和创新。他走过的路,可以说有迂迴、有曲折、有错路、有背路反路,却绝不重复。他的开篇之作《土地的主人》刻画的是带有英雄气质与姿态的农民形象黑子。而《脊梁》、《光棍老憨》、《金菊花》却笔锋一转,写的是外表丑陋,内心美好的老实农民。王狗栓、金菊花们整个概括出了农民愚笨和聪明的两面性以及他们作为历史脊梁的社会作用。其后是《一串甜甜的泪珠》,沾着露珠,带着生活的鲜灵之气,在一片天真童稚的心灵中呈现了一段沉重的历史。接着《夏夜,在小河边》以轻灵的笔触勾画出的是一幅清新俊秀的山村小景。《桥》、《境界》、《头条新闻》又一下子揭示出了生活的戏剧性变化,点亮了乡土智慧的火光。到《活鬼》中他发现和创造的是半人半鬼,精明能干,能屈能伸的复杂多变性人物。《河洛人》、《糊涂》批判的是传统生活中的畸形人生,现实生活中的人形畸变。《魅力》又用荒诞手法讽刺了女性把自己的知识才能完全异化到丈夫身上而忘却自身缺乏自我意识的现象。进入官场以后,他简直是两面开刀。一方面以官的眼光去看民,更多地看到了农民缺乏自尊自主对官们的巴结迎奉,奴颜媚骨的权力崇拜意识。另一方面又以官的身份体验到了官场的虚伪庸俗,官们的权术、心机、勾心斗角、相互利用。而在《完人》《瓷砖》《一笑了之》《家丑》《国公墓》等作品中批判了乡土观念对社会政治的渗透和侵害。此后,张宇的《乡村情感》突然又爆出了冷门,在玩现代玩时髦的文坛时尚中他歌颂了最传统最古朴的"乡村情感",这是由战友情、革命情、宗族情、邻里情点燃的一次辉煌的人类感情的火把,震惊了整个文坛。当人们对这种人类感情的赞叹声还不绝于耳之时,他的《没有孤独》《城市逍遥》《大街温柔》又推出了一种人生境界,一种对世俗的超越,对命运对环境的超越。张宇真可谓是变幻莫测,出没诡奇。在这种不断变化中,他探索了不同的人生道路与生存境遇,扩大了自己的审美视野与创作疆界,明晰了自己的人生主张与审美选择,终于从人生的世俗层面走向了人的情感领域,精神领域,实现了自我的突破与超越。

应该说张宇在创作上的不断突破与超越,也得益于他的聪明与自信。从一开始创作,他就有大气魄,有一种狂傲之态。记得在1982年元月17日张宇给我的信中,他写道:"我不想早些受一种束缚,想乱走一通之后再说。我的生活底子和读书功夫太少了,太浅薄了,这可能是我马上就遇到的致命弱点,于是我也曾怀疑,我翻不起什么大浪头,但我有决心拼死翻一翻,弄潮大小看将来吧!"那时张宇刚发表了《夏夜,在小河边》,河南当代文学研究会对这篇作品进行了讨论,那时,他是小荷才露尖尖角,狂劲就表现出来了。但他不是虚狂,而是清楚自己的不足和缺陷,找到了"生活底子"和"读书功夫"这两块创作基石,有自己的追求目标和努力方向,有拼死翻大浪头的勇气和决心,因此,他能在后来的创作中不断地丰富自己,发展自己,突破自己。在那次会议上,刘敏言让他在"山药蛋"与"荷花淀"派之间追求。张宇说:"我一时也看见了他指给我的一道光,可忽然一闪又不见了。"他说他能接受的是按照自身的情况自然发展。张宇的聪明就表现在这里,他在创作上不循规蹈矩,没有条条框框,有主见,不流俗,不盲从,不愿意走别人的老路,而要追求自己的风格。对于高晓声塑造的陈奂生性格,他觉得是在重复阿Q性,不是创造。这种自然发展与求新意识,使他走出了一条不重复别人也不重复自己的独特的创作道路,塑造出了侯七、杨润生等一大批具有复杂性格的人物形象,在文坛上开辟出了一块属于自己的天地。

认识张宇已经十年有余了,但我从未对他的作品说短道长。在他不出名的时候,别人没有关注他,我由于刚与他相识,看不透他,不敢妄加评论,只有暗中给他鼓劲。他出名成气候之后,别人都关注他,作为小人物,我又觉得够不着他,只有远远地注视着他。越到后来,新作迭出,变化多端,乡村城镇,工厂官场,历史上的土匪,现实中的能人、人性、鬼气等纷纷出笼,令人目不暇接。他不断地转换题材领域,变换艺术手法,现实浪漫,荒诞变形,意识流黑色幽默等多种手法的运用令人眼花缭乱,一时难以分辨。张宇这个从农村走出来的土孩子像丑小鸭一样变成了漂亮的白天鹅,引起了评论界的赞叹,招致了大家小家们的长评短论。我更觉得把握不了他而不便于发言了。但虽沉默着,却一直未敢放弃对他的阅读,终于在最近读了他的《没有孤独》、《城市逍遥》、《大街温柔》之后,在和张宇及其作品相识十年之后,我以自己农民孩子的身份去接近他,理解他,我以自己诚挚的心灵去感悟他,破译他,我以自己素朴的人生方式和审美习惯去比附他,规范他,而写下了这篇东西,也许全是误读,那就请张宇多多批评吧。

愿张宇的超越更加沉静一点,去掉那种浮躁之气,达到大彻大悟的人生境界。

原载《开封教育学院学报》1992年第2期

渐入佳境

李佩甫

跟张宇相熟已久了。

时光就像是一把刷子,它刷着刷着就把人刷"旧"了。人只有在褪了色的时候,才能说是熟悉。算一算,我跟张宇,已有了近二十年的接触。

说起来都是写字的,心也都用在了"字"上,一日日地写"字"、说"字",几乎已熟到了"淡"的程度,后来就连"字"也不大说了,见面也仅是点头,什么都不用说,这也是熟的结果。

记得十九年(?)前,第一次见张宇,是在太行山的一次笔会上。那是五月,黄昏的时候,我独自一人上山,因为到得迟了,行到云深不知处,四周寂静无声,前不见行人,后不见来者,正踌躇间,只见夕阳的橘红里突然泅出几个人来,在夕阳的映照下,一个个红霞霞、金灿灿,仿佛半人半仙,飘逸极了!其中自然有我认识的,心中一暖,便快步走上前去,与他们搭讪。

人群中,有一穿米黄短袖衫的英俊青年,却是从未见过的。我正诧异时,只见米黄色短袖衫已潇洒地伸出手来,双唇相碰,极节约地吐出了两个字:"张宇。"很是大气。

那时的张宇正踌躇满志,人人见了都说他智慧。于是一边写着小说,一边做着官员,小说不断地飞向全国各地刊物,官也从洛宁做到了洛阳,于是就"主席"了。自然有一股"天高任鸟飞"的豪气。那时我还在一家刊物做编辑,为他的小说《活鬼》曾经到他的家乡去过。记得那一天,当他回到洛宁时,几乎全县"人民"都在奔走相告:"憨子坐卧车回来了!"(憨子是张宇的小名,也是山民们的一种熟不拘礼的亲切。)那时刻不由得让人替他骄傲。是呀,一个从大山里走出去的娃子,说话间就坐"卧车"回来了,给山民们带回了多少希望和遐想啊!于是,山里那些爱好文学的青年,一个个说话都有了凭借,有了一种昂然的大气,很"匪",似乎转眼间就可以成为"张宇第二"!

后来张宇就调到省城来了。在精神层面上,应该说,张宇是一个背叛者。他不断地背叛自我,以此来寻求艺术的真谛。来省城自然是他的一次精神层面的弃旧迎新,是理性的跳跃,是舍物质而求精神的选择。他放弃"卧车"不坐,说来就来了。一个敢于放弃的人,自然目标也大。

在省城,同住在文联大院里,离得近了,相互间也时常串串门,说一说文学的事情。那时候,只要一说到文学,张宇的眼就亮了,那光是很逼人的。他常常会沿着艺术的思路走下去,杀出很远很远。在这一刻,他整个人就剩下了眼中那逼人的亮点了(在一次闲谈中,朱伟说,张宇像猫。在我的理解,那是说他眼里有"光",那是一种艺术上的灵性和"警觉"),那里如火如荼燃烧的是苦苦的思想之火。——写呀!他说。嘴里还骂骂咧咧的,苦辣酸甜全为了这个"写",那时候他就是这样,生命中只剩下了这个"写"字,"写"成了他人生的全部。可是,在生活中,张宇应该说是韬晦的,他很愿意说别人的好话;但在艺术上,他又是寸步不让,简直可以说是"惜字如金"!在这个阶段里,张宇仍是有"胜"心的,他沿着艺术的境界不断地往上攀登:从思考"人的生存状态"到"人生智慧",从"形而下"到"形而上";创作上从短篇、中篇到长篇,从小说到散文、随笔,他全面开花。他的长篇小说《晒太阳》、《疼痛与抚摸》;他的中篇《乡村情感》、《没有孤独》、《精神游行》;他的报告文学《南街村话语》等都在全国引起了广泛的好评。

可是,他也孤独。我觉得,在他写《没有孤独》的时候,恰恰是他最孤独的时候。像我们这些从外地调入省城的作家一样,他也一直有着"客居"的意识。在一段时间里,他一直觉得这个城市不属于他,是很陌生的一个地方,是精神上的陌生。在一些晚上,他像是无家可归的流浪者一样,在大院里"窜"来"窜"去……找什么呢?我想,他大约是在寻找一个搁置灵魂的地方吧。一个大活人,放在哪里好呢?

后来,张宇就"卸"下来了。他大约是终于找到了搁置灵魂的地方。

其实,如果能更浪漫一点,似乎也可用"泻",我个人认为,从"写"到"泻",这也是一种升华。可"泻"是容易让外人误读的,如果从纯字面上看,就显得不准确了。这个字的意思只能用河南话来说,在河南话里,是说他不心焦了。这个"泻"特指"泻心火"。"泻"在这里,是一种境界,是走向平和的意思,我以为,平和则境界更高。还是用"卸"吧,在字面上,它更确切。

天很燥,人却不躁了。没有了初杀入文坛的那种狂躁,没有了非要得到什么什么奖的冲劲,不再咬牙切齿,不再着意地追逐什么,也就大路朝天了。

是啊,日子研磨人,人也研磨日子。在常人眼里,所谓的事业其实就是"功名"。人活在世上,也不由你不"功",你要是不"功",人生的价值用什么来体现呢?然而,当你一旦真的想明白了,"卸"去了"功名"的重负,心中就会豁然开朗,会升起一种敞敞亮亮的"平和"。从心而言,淡生静,这是一种地地道道的人生之"静"气。

90年代中后期,苦苦思索后的张宇,在境界上彻底进入了"平和"。这时的文坛,流派多,"先锋"也多,你一"现代",我立马"后现代""后后现代"……繁繁纷纷,莫衷一是。张宇却笑笑,说好啊,年轻真好!又说,写作终归是个人的事情,不然还叫什么"创作"?做了主编后,说,咱也不讲"派",就提倡"好作品主义"吧。此时,心境"平和"的张宇就有了一种大潇洒。于是,他一边做着刊物的主编,一边种着花;一边写着小说,一边养着盆景;一边写着评论,一边下着象棋……秋来秋去,举重若轻!

特别值得一提的是,张宇最近出版的长篇新作《软弱》。这部长篇是最能体现张宇当下心境的一部作品。

《软弱》是张宇在平和的心境下写出来的一部力作。这是一部"过来式"的人生叙事。这种叙事态度的转变,带来了视角意义上的更新。是啊,人到中年了,已无心再去具象地批判什么了,没有激烈的呼号,也不再拷问,那审视的目光透出了更多的理解和宽容。那高高在上的透视也更多地注入了研究的意味,注入了生命的经验。在这里,叙述也是家常式的,诉说是贴骨贴肉的,读来不由让人觉着亲切。"善"在这里成了作品的经络,成了高高举起的火把,它一下子把整个作品照亮了,使人性在这里光芒四射!于是就有了更多的温情,更多的颜色,端出的是五光十色的丰富,让人读了心里发暖。是平和产生了暖意。

于是,就有人说,张宇已经融入了城市。

原载《时代文学》2000年第6期

枯树的诞生

何向阳

近期张宇愈来愈多地写到死。

《乡村情感》写虽死犹生,《没有孤独》写虽生犹死,《晒太阳》写死亡的纯美与干净,《返香》写对死的渴慕与激情,《驿站笔记》写不自由毋宁死,《枯树的诞生》写对意味的死的战胜,枯荣是一种站着的死,也是一种越过死的生。有形的、无形的、具体实在的死,虚假的、乌有的、看不见的死,张宇的理性与认真使得他避不开这个主题。存在,跨过一般的灵、肉冲突,而以共居精神内部的生、死一步步向他逼近,使得他在作品中抓住主人公衣袖打探究竟。同时,主人公却在创作中已将他逼问得大汗淋漓,而那些一贯保护得很好的政治、文化、历史甚至艺术语码都在这关乎生死的存在面前剥落下了掩饰的面具,这种剥落在张宇乡土生活小说(20世纪70—80年代前期)、政治—文化小说(1985年前后)、乡土回忆小说(20世纪80年代后期)、心理—存在小说(20世纪90年代)四个创作阶段愈来愈明显。

存在的影子给作品笼罩上一层深似一层的冷峻,在高楼如林、喧嚣热闹的城市,在静寂深夜回忆中的乡村,在忙碌不堪的市世和繁乱困顿的流年,它追随着人,如一条摆脱不开的疯狗,人注定在奔跑与逃离中被它狂吠的提醒"咬"一辈子。一旦涉入存在的深水,政治、文化、历史等绵延、纵横的东西不过是薄薄的一层浮尘,政治是暂时,历史为一瞬,文化不过是代表大多数人文明程度的平均值,文学最终是超越暂时、瞬间、平均值而追求永恒的,所以,张宇退不回去,他写得极顺手又为他赢来了极不错的声誉的政治—文化小说被他身后紧追不舍的疯狗撵得七零八落,而人的存在意义的主题又不断对他步步紧逼,他不免时时感慨:我就是要守住。这话好像剑落在地上。铿然有如宣言,或者宿命。

张宇小说的冷调再难让人回想《金菊花》、《一串甜甜的露珠》的芳香纯净,《河边丝丝柳》、《青草叶儿》的暖意温情,也使人在重读《绿岛》(1985)时为那片湿润如绿岛的心怀而感慨,而抚案惊异。冷,果真是保护自己的伪装吗?我们果真能从他的政治—文化小说中找到一些断续的线索吗?即使在他近期写存在与生存对峙的冷漠犀利里,也能找到那仅属于张宇的理想和他在迅疾物化的世界竭尽全力维护、守住的那一份不愿遭污染的绿地吗?

也就是说,从张宇政治—文化小说中我们不单能找到他近期表现存在的作品的思考的深化与延续,从他心理—存在小说中找到政治—文化小说遗留下的深藏不露的关切,而且在他设置的叙述方法的重重障碍里,我们还肯定能找到一个作家以精神标准反观世俗人生并绝望又执拗地追寻某种超越价值的作为人的不懈努力?他总是把疾首痛心掩盖在冷漠平常的语言叙述背后,藏着,虽言死亡、存在,却无实验派笔下的末世图景,那份令人心碎的关注、同情被平静如水的语流打磨成齑粉一样的光滑,一样的苦。

张宇经常自觉地将自己划归于四五十岁一代,这一代人的清醒、不脆弱的确给了他不可少的支撑,虽然在同辈或下一代眼里,他的作品不免带有心态的老化和形式的非纯粹性,但正因如此,张宇才有可能在选择了存在这一意味深长的写作主题之前有其经验而非学术的背景,在选择写作这一存在意味的人生主题之后,有其扎实的持续性。张宇骨子里是反对引用的,思想的盗窃更为其所不容。从这一点看,对于存在的揭示,观念上,我想,张宇类作家会更深沉、更先锋,而取经得来的妙道毕竟隔了一层,虽然一时轰动,却不过是纸鸢的舞蹈。张宇的"经"是自己念出来的,所谓"不要在自己身上长别人的耳朵和鼻子",那样的连自己都烧进去的冶炼,与口号派翻印、复制或者借鉴全然不同。张宇胆敢五次三番在各类创作座谈会上兜售他创作的理论以与时下评论家的理论对抗,我想个中原因或许就在于此。张宇只相信他认准的东西,张宇有他自己的经。

张宇的主体性还表现在他对文坛狂热的语言颠覆、结构实验的不为所动,在形式与内容之间,他并不选择纯粹性,他深知单凭纯粹的形式无法企及意义的高峰,甚至连传达文学的本意都勉为其难,但他也不主张形式纯粹为内容服务以达到某种绝对的化解或中庸的兼容。他要求的是一种历史与现实与艺术、人生的融会,而真正的融会便不再能够捡出单纯的形式或内容,这种观念使得他在膨胀的形式实验热浪中警惕自己的被卷入、淹没,而在另一番具体模仿的写实流向里又为保存他极珍视的艺术而挣脱而出、拒绝弄潮。对于写作,张宇是一个偏执的人。他的偏执有他的理由。

也许正因为这种必要的旁观(一种逃跑?),使他失去了在新潮中一试身手的机会而使得一直巴望着中原文坛上杀出个把现代派的人不免喟叹地缘的封闭和水土的贫瘠;一方面也正由于这种封闭,或是张宇所说的自觉的"守",使他得到了他更想要的东西,如果说1985年前后的张宇是被某种潮流裹挟推上文坛的某种地位的话,那么,1988年以后的张宇则竭力逃避任何潮流,这不能不使他的作品在貌似跌落的表象中有内化的独语倾向,如《没有孤独》中夹杂的长篇议论,《枯树的诞生》随意如笔记的漫谈,这种内化使他躲过了许多青年作家躲不过的狂潮,使他在咄咄逼人的"新就是一切"的势力面前还能保持相当的自信与老练,所以,当突起的狂飙衰微、新不免成了旧的时候,他的坦然便不是任何丢盔卸甲者所能享受和得到的。

艺术的独一无二性本质是反对任何潮流的,甚至以将自己被归入某种派别而感到羞辱,真正认识到这一层的人不多,张宇算是不多者中的一个。张宇的作品面貌是多变的。有人曾以猴子爬杆譬喻张宇创作,爬一个杆不到顶便下来爬另一杆,循环往复,让人难以把捉。又有人说张宇本人就是一个"活鬼",作品莫测多变甚至于诡秘多端。其实,无论如何变,张宇有一样东西却是绝不变的,那就是他对于艺术的认识。他的艺术观已作为他写作的态度决绝地存在于他的作品当中,使他的作品愈来愈具有一种硬度,对骨直、坚忍、不妥协的为人原则的贯彻时时力透纸背,让人在愈来愈冷硬的阅读中一下子切进实质。张宇可以把叙述设计为多个层面,但绝非意在增添阅读的屏障、摆弄噱头。他试图包好那个核心,但他拒斥曲径通幽。他总是把他最想说的话包裹得很深,这就使得那隐匿在重叠的文字背后的真正悲悯与时下流行中的软弱、感伤,与将艺术当作麻醉的虚妄、欺骗划开了界线。也正因为此,张宇一直被早已染上了世俗病的评论排挤在外,人们已经来不及或没有时间用来关怀、理解、倾听或长久地凝视、更深地探看,大众传播媒介、图像、噪音、舆论、新闻俯拾皆是的世界,人们已经失去了对意义剥离的耐心,表面化的东西充斥市场,信息消解着信念,知识取代了认识,精神变成了压缩饼……评论家多忙于举着显微镜追索海滩上一次涨潮遗留下的精巧华丽的贝壳,而对真正的岩石视而不见。

张宇把他想说的话藏得很深,暖着,冷冷地承受一切,在创作提供给他的舞台上,面对寥寥的观众,可称得上是一个本色演员。

一

在政治文化占统治地位的中国历史社会背景中,一开始,文学便与治国平天下的理想合为一体,使命感、道德心、拯救意识、入世哲学使文学一直作为参与政治的另一只手而存在,文学只是知识分子政治家阐明社会主张的一个载体,这种传统必然消解掉真正的价值关心,而在封建畸形社会滑向仕途,跌入官场角逐。一方面,政治陷入空壳状态,混同于势、权、利;另一方面,文人思想中遗传的社会关心成为一个庞大的舆论导向,渗透并影响历代作家的创作心态。文学的济世理想使文学成为一剂救世的良药、镇痛剂或子弹,同时,也使作家形成一种"集体无意识"式的心理定势,这种心理定势板结了文学人文的一面。这种文学的济世方案与文学的人文理想的交互纷争,使得中国文人,尤其是现、当代作家,总处于一种创作心理的分裂状态,被撕裂或自我撕裂。作家在承受种种小说中的矛盾(诸如内容、表现、人物、思想、观念)之前,所必须承受的便是时代、良心、责任等更强烈、更深重的矛盾。此外,不计其数的种种现实矛盾在刺激创作的同时又消耗着创作者本人,深陷其中,超拔于外,都注定成不了真正意义的作家,只有那种承受刺激又超越刺激、消耗自身又护卫自身的人才有可能写出大作品。

张宇的创作便呈现出这样一种尴尬与挣扎。主要体现在他一系列写政治变体——势——的现象的作品。

《苦吻》集收录的小品文式的小说,作为1985年后的创作主线,洋溢着不能释怀的政治情绪,对政治社会的兴趣逐次体现在等级观念的根基牢固、体制改革的艰难(《阑尾》)、职权与土政策变戏法的腐败(《国公墓》)、公务内外、当官的苦涩(《偷乐》)、封建性包袱与现代化进程的冲突(《生养死葬》)、分房制度的忧患(《迷宫》)、等级观念主宰的社会心理的滞后(《苦吻》)等等,不一而足。相比较而言,他此间创作的另一条线"回忆写作"一直处于夹缝或填空地位,对乡村、工厂、个人生活美好一面的眷顾在更现实、更易热起来的政治关心下只能透过《河洛人》、《入世》等不多的篇什看到它年代已久的清淡、温馨,如风中烛火,那些少年生活的艰辛与精神成长的寻求、感悟,因了问题小说的那条线的过于明显、强劲和与读者的更易沟通,而被淹没在一片躁动的波澜之下,使人们由于同一文化熏陶出的热情与关怀而无暇追索它们更为深沉久远的美学价值。《河洛人》中的《落日》、《日出》、《二老爷》、《三娘》,确是张宇不可多得的作品。但在那个氛围里,它们却离时代太远。评论界宁愿关心大多数人关心的客观事件(《活鬼》),甚至宁愿选择《乱弹》、《怪客》类介于回忆写作与观察写作中间的过渡部分,而以冷落真正的美文为代价去博取非文学的争鸣的这种现象本身,就足以证明张宇生活与创作的大文化背景以及张宇本人在这庞大的环境中必须经历的不可回避、不可逃脱性。这似乎正应了这样一句话:"政治如太阳般激励着人、如烈火般燎烤着人,也如魔鬼般捉弄着人、吞噬着人。"[1]在这团烈火的灼烤中,与张宇几近同龄的张炜、朱晓平、贾平凹、周梅森等,均在政治与权性、世事与人心的敏感领域留下自己的笔痕,运动作为政治的变异、权性作为畸形政治的变形以及根深蒂固的政治土壤产生的集奴性与专制为一体的国民劣根性,种种背景形成无形有形的一张网,作家作为社会的敏感阶层必将传达出他所最先感知到的这一切,可悲的是,他本身正是这张网中的一个绳结。而与政治社会小说同步出现的寻根文学亦在其家族系列中探究国人的文化心理结构,淡泊

---

[1] 樊星:《"政治之道——当代小说与中国文化"札记之七》,《文艺评论》1991年第3期。

致远的地域文化小说也不得不在它求雅的美学中掺杂有诸如野蛮与文明、愚昧与进步、保守与革新、自私与豁达等争斗,如李杭育《最后一个渔佬》、《流浪的土地》等,评论界不分青红地将之统统归入寻根或改革类中,从而抹煞了其最基本的政治介入属性。家族政治的主题,张宇小说似乎还未有涉猎,当然这源于张宇本人对地方性这一家族切面或变形有着极为复杂的感情与千丝万缕的联系(后面论述)。被认为最代表张宇政治—文化小说的是他的成名作《活鬼》。不仅,侯七的性格超越了张宇的平面写作,而成为"这一个",更重要的,侯七的性格表演是对一种变异了的政治的否定,这否定本身,潜藏有长期变形的空气(假政治行世)下信仰危机的可能。这个道理已经得到了证明。

或许是《活鬼》的成功,更在张宇的政治热情灶火中适时地添了一把柴。此后一年,政治小说或干脆称为政策小说成为张宇创作的主线,把这些作品拢在一起,细分一下,便会找出那藏在反话背后的悖论:《迷宫》以分房为引线,以作者本人的小空间生存体验给他心灵的影响力引出体制改革的艰难与所谓"政策"处人于两难境地的机动性或虚假性;《苦吻》写县委副书记"我"因要节省汽油和卸去面具做回公民而搭公共汽车,却惊异地发现这种做法恰恰置别的书记以及主管派车的办公室主任于不利于工作的境地,于是"我"再度进退维谷,种种反逻辑的合逻辑体现于如下话语:"按政策该分你三室一厅,可是挨不着。情愿住二室一厅和一室一厅,又违犯政策,不能叫我住。没有房子给我,这才符合政策。不让我住房子,这才合情合理。"(《迷宫》);"您不坐车,这让同志们还怎么工作……别的书记会怎么看……还好意思要车吗?再往下推,部长同志们呢?"(《苦吻》)。以政治为主体的现实原则的冲突性构成了张宇独特的黑色幽默,以悖论情结为表现特征,也暴露了张宇与责任心一起急不可耐的焦躁,这当然是另种意义的局限,但当时的张宇正处于这种对政治的近距离的贴近,他不会这么看,在对充满悖论的"第二十二条军规"的味道的现实咀嚼里,他的忧患与焦虑使他已无暇顾及作品的审美性与历史感,即使文学变为小品文他也在所不惜,代价是可观的。

然而,结果呢?

完全的投入使他难掩纠缠在具象中讲述事件和处理矛盾的疲累。《偷乐》便是这一心绪的投射。它写对开会的逆反以及与之对立的对看电影的热望,而看不成电影躲进邮电大楼走道中的复杂心态又通过夸张的语言、小题大做式的笔法和盘道出;真正进入电影院内却又无法坐下来欣赏而总被别人关注着,"官"的无自由感,不正常心态在"唉,又是握手,走到哪儿也逃不掉。这个县里的人怎么这么关心领导同志,关心得实在让你受不了,又得忍耐着接受。横竖早豁出去了,反正这双手反正也不知道是谁,谁愿意握就来握吧,啥时候握坏了算拉倒……"的无奈独语中不了了之。这段话背后隐藏着一种疲累心态夹杂于无奈中的炫耀感,这种厌烦掩饰下的沾沾自喜当然不得不归咎于对等级观念批判中包含有的默许成分,表、里,自觉、下意识的分离,理性的糖衣里面掺和进的这种苦味的文化遗传质,时时被张宇不自觉地带出来,以《生养死葬》为例,依然是对政治中等级观念的关注,这个话题作为张宇中期作品的主题存在绝非毫无道理。因写等级,现实感强,代价是艺术感的减退(也不尽然),这当然是硬币的另一面。前面说过,张宇的文学观是"济世"的,写作便是他入世方式的一种,从以上列举的篇什中我们不难看到这种文学观的局限,值得注意的是局限内部的分裂心态,即便是等级观念的主题也有两个向度的发展与选择,分裂表现于同一主题的两种态度,同是批判等级制,《生养死葬》对省长等级别是表里一致的批判,而对当地书记则只写一种表面的厌烦,字后的自我欣赏与曲折的得意随处可见,由此在冷嘲热讽间消解了等级批判的主题。需要指出的是,对一种过近距离的现实的未加过滤的关怀使张宇难以贯彻一个作家真正的济世精神。

说到底,对于济世的理解,这时的张宇还未达到人类意识与人道主义的境界,所以他迫不及待地要找到一个具体实在的载体而将他对生活的品味与体认放进去,传达出他的思想认识——更主要的,他的政治观念。这就造成他的作品从具象到抽象的陡变。文学创造过程与审美部分被不自觉地抽空了。所以我发现许多关心张宇的读者所津津乐道的只是他作品中的社会见解。由于这种先入为主的理性早于并高于形象的产生,张宇这一时期的作品充满了事件、观念、抽象与类型,以至于陷入了狭窄的人事境地,而对阶段政治的关心又使作品缺乏宏阔襟怀与深度认识,写实与照录的旁观平视比起更宽广更高远的俯视的关照来,显得离文学越来越远。这不能不说是张宇一度的误区。

几乎所有在中国这一政治氛围浓厚的文化环境中生长生存的知识分子都难以祛除对政治的热情,这是中国知识界最应引以为豪的事情。知识分子对真理的要求、对进步的渴望、对更合理的美的追寻直接落实于对现实不足处的不满和对龌龊的憎恶(也许这个物欲横行的世上,最应珍惜的便是知识分子的良心了)。这种无形中的教化对张宇的影响根深蒂固,文化的先在性尤其是文化中精华分子所承继流传的那部分,已作为血脉贯穿于张宇创作中,张宇的农民出身、工人生涯和他20世纪70年代末80年代初闯入文坛时的时代背景、80年代末90年代初的个人经历都不可能伪善到风花雪月、玄虚到俄狄浦斯中去,张宇处世并不单纯,但他能在生活包括曾经的仕途道路上看到圆滑的好处而最终却选择不圆滑的方正,在以"难得糊涂"为信奉的上下阶层中,这种清白不染是成就一个真正作家的人格底座。误区是另一层意义的事,误区只是途上的迷津,在许多自诩或被推举为的作家只关心误区而不关心目的的浑噩里,张宇深知自己的出发点和目的地。

然而,张宇还是感到了累。在1988年前后的篇什里,他已以一种悲观而非炫耀的姿态写到政治,更准确地说,是对现实政治的一种倦怠的怅惘,呐喊式的批判在这里渐渐转化为冷眼的嘲讽。《阑尾》可看作是他走出误区的一个标志,张宇以这篇小说肇始,将政治文化放在了心理层面上。作品开始便写郑文舟市长的自由是以逃跑为起点的:"他这才想到造反和逃跑。其实你也不知道要逃到哪儿去,没有计划没有方向没有路线,只为了逃跑而逃跑。只要能逃出去就是胜利,逃的本身就有说不尽的刺激和快感。只要他们全找不到你,你就找到你自己了。"人称的急促转换隐藏在语气的徐徐道来之间,意义的跳动与泛指意味的加浓加重,加之纯粹张宇式的句式将冷观与旁证条分缕析地判断层层端出。第二人称、第三人称及第三人称复数之后隐含的紧张对立像要胀破纸面,全段无有一字第一人称,却无处不在。也许从这时,1988年,张宇已经开始了他的叙述革命。(文字)冷漠中的紧张对应于(意义)迂回的入世方式,(叙述)冷峻中的坚毅对应于(态度)入世的决心,当时如细细咀嚼过这段文字,便不会对《没有孤独》的今天有什么惊异了。找自己,这对张宇,是一个象征。语言与意义的同步把握与深层结合,体现了一个作家的人格整体。

奥·帕斯确是这么说的:"技巧是道德力量的另一个名字","作家的道德力量并不在他处理的题材或是阐述的论点中,而是在他对语言的运用中。"[①]张宇自《阑尾》开始,理性解剖的态度及与之交融的句式使他获得了对人物、事件本身的一种旁观的距离,这种距离使他在保留了以往创作善于判断的理论智慧的同时,戒除了浮动与急躁,不动声色,冷眼以对,热嘲多于冷讽等"理性的解剖"又在心理层面进一步发展为"精神分析",《阑尾》称得上是《精神游行》、《没有孤独》产生前的绝好范本,病理学的移用、渗透,使作品超越了一般幽默的小打小闹而走向一种泛学与宏观,而叙述上的大气则相应带出了一种真正的文学的关心,不是形式的,却是形式包孕的,一种置身人类的意识,一种大的眼光与胸怀,这不仅使他超越了办公室、单位、家庭、乡村、城市等具象描绘中的具象思维,而且超越了故事与叙述,而达到对意义的追询,并在追询中切入异化主题。《阑尾》场景设置为医院,医治阑尾,写异态环境下人格的畸变,由表层政治世界到深层人心世界,张宇得心应手,且用意良苦。与阑尾手术同时,张宇也给每位人物照了X光,切了片,动了手术,并动用多种叙述角度、力图多侧面、多向度地展现视野,不同人物的心理流与同一人物的意识流不断交叉、跳跃,这种铺开来写人物心理的好处在于从容不迫、游刃有余,但同时也易陷入作者语流,长篇冗

[①]〔墨〕奥·帕斯:《论诗与诗人》,《世界文学》1991年第3期。

述,偏重论理。譬如作品结尾被修改后的样子("当前许多人存在着一种重'官'崇'长'的心理,这就是我们社会机体上长着的'阑尾'。不把社会的'阑尾'切除掉,市长、书记们的'阑尾'也就不容易治好。")已游离于原先的设计("那晚上他做了一个梦,梦见一个指头大小的孩子来找他。那人对他说我就是你的阑尾,我就是你。你把我割掉了,你上哪儿去找我?他知道永远也找不到自己了。"),那种永远找不到自己的悲观被改编成论证式的作家语言的直接介入的句子瓦解了整篇的立意。细忖之,为什么张宇的作品能够被轻易改编为这种文字甚至使人产生"落到实处"的定型化呢?其长期内在的原因,不能不被考虑。"具体的抽象"的思维模式带给他创作的新闻变体式的狭隘,已固化为编辑、读者的心理定势。以此为抵押,张宇找到了更易深入内部的精神分析用以探讨人内部因素的暂时性及动态的部分,另一方面也带来精神、灵魂一面的欠缺,神性、英雄气质的匮乏,人在现实层面的超越则较难体现出来。所以,总有怨气与牢骚、嘲讽与贬抑,所以,他的主人公总在矛盾中难以抉择,总是站在十字路口而踌躇踟蹰,总是陷于现实、事务琐屑的泥泞中拔不出脚又总是在冷傲、自尊与自责的心态中闪现出哈姆莱特的迟钝、延宕、恍惚的面影,耽于思辨、缺乏行动是其创作从精神分析层反映政治文化时的另一种病。另外,耽于思辨,述论掺杂的本身确也折射出一种累。这累确是张宇的。

《阑尾》要写的这累,与《苦吻》中做县委书记的"我"精神不自由不得不戴上假面的累是一体的,这种累是政治激情背后淡淡的厌倦,它通过"我"眼中几种笑的描写呈现出来:"那脸上由于挤出了这多的笑,快把一张脸皮挤破了"(旅客);"一边退一边对我笑。我连忙用笑脸欢送他们退回去。谁都不愿先把这笑脸收起来,彼此都笑得很累"(县民);"他连忙在镜片里给我一个微笑;我赶快还他一个笑脸。他的笑里很有些讨好和巴结的味儿,我的笑里是否有奖赏和恩赐?"(司机);"那小姐却对我欠欠身子又点点头,开一朵鲜花般的笑脸奉献于我"(售票员);……如果说这些描绘还有些欣欣然在里面,到了《晒太阳》,则演变为品味辛酸的悲凉。但正是《晒太阳》,张宇最终挣脱了狭义的政治文化,而以对人际关系理解的透视,等级待遇比较中的锐敏以及对做官、混世一套庸人哲学的描述,切入异化,在以往的犀利里透出一份体谅。灵魂在事件中铺开、拉长,在晴天日头地里,晾一晾。虽然张宇并不愿放弃他擅长的议论,但也只有在这篇小说里张宇明显地甩开了一些什么而使得创作超越了一般政治小说的范畴,切入到文学本真的意义。这种文学观,他在作品卷尾和盘道出,他说:"写政治文化中人的生存状态人的变化和转移,未必就没有味道。其实,这也是种人生。关键是不要把小说写成政治,而是要把政治写成小说";"写政治文化、人在政治文化中更容易表现复杂性,人的社会属性和自然属性的矛盾在这里对立得更加尖锐。如果再往前跨一步,万一能穿破政治文化的迷雾,同样可以揭示人的本质";"……不论怎么写,都关心的是同一个问题,那就是人该怎么去继续生活。人创造了文化,又背上了文化的沉重负担,显示出了前所未有的困惑。怎么摆脱这个困惑,是对我们全人类的考验。我写不出药方,只好写出这种困惑状态。"这三句话与其说是张宇政治情结作品的概括,不如说是他对政治文化小说乃至创作的三层次的理解、感悟,从"艺术的表现形式"到"揭示人本质"的内容再到艺术关怀人生、超越个人的意义,层层递进。从这里我们不难看出张宇的古典主义的浪漫精神在他的现实主义创作中的贯彻与融入,他永远在要求一种与艺术一致的认真的生活,这种执拗、坚韧的态度在他或棱角分明或绵里藏针的作品中洒下巨大的投影;张宇的文学理想对于现实的变革中的中国来讲还只能是一双沉重的翅膀,初级阶段的艰难使得这种理想不得不在具体的创作中一次次回到地面上,所以张宇的挣扎与两难确代表了一代知识分子的困境,张宇要求于文学的太多了,他加在他自己身上的负荷早已超重,五千年的文化背负,于张宇,很有些像鲁迅《铸剑》中黑衣人那样自觉遍体鳞伤。所以在全书正文结尾时,主人公杨润生不免感叹:

　　我活得好累好累呀。
　　但是,我也只能这么活下去了。

　　张宇终于让人替自己说出了这句话。
　　累,又必须活下去,这种对命运的迎战与顺从微妙地结合在张宇精神的冲突里。要求太多而始终不得的累确已让他疲惫了,这层意义上,《晒太阳》与其说是他写政治文化小说呕心沥血的一次总汇,不如说是他赛场拼搏到最后一轮的冲刺。所以卷尾写得像告别,氤氲着一种临行前的悲壮。仪式是必需的。
　　对问题小说的迷恋最终只能称为"写手",张宇很早便意识到了这一点,但他的意识与他的实践还有着一段距离,以致相应的文本明显地不对称于他的智慧。也许只是模式束缚了他。如何走出问题(写作者与问题的对视)、走向哲学(写作者俯视问题时更广阔的人生思索)是他自己的小说所面临的问题。幸而以后,张宇终于找到了"事实关系"与"意义关系"的不同,从而使他的创作由《乡村情感》、《没有孤独》开始选择与前二种关系相对应的"媒介语言层"、"思考语言层",可以看出,张宇小说前期在事实关系即媒介语言层内展开的多,台词多、嘈哗、火气;近期作品则倾斜于意义关系,即思考语言层,力图发展潜台词中的隽永意蕴。这个过程,在张宇,并不是跳跃的,而经历了一个相当长的时期。在大的方向上,他常能把握住一个脉络与流向,而在具体方案与事情上,却并不显得特别机灵,这在被称为文坛活鬼的张宇,是一个特异的现象,究其原因,还是因为他所渐渐意识到并感喟的那样,自己是一个夹在中间的人。在时代与时代中间,在现实与精神中间,在老一辈创作与新潮作家中间,在传统的延续与颠覆中间,张宇时常有的,是这种"荷戟独彷徨"的孤独。洒脱是学不来的,也装不出。有时做作一下也觉无味,又觉累。张宇骨子里的尚真使他愈来愈倾向于意义关系,愈发内倾的文风证明了这点。火气少了,本色多了,除已近不惑的年龄因素之外,更重要的原因来自这种心态。所以有陪笑之累(《苦吻》)、开会之累(《偷乐》)、应酬之累(《阑尾》)……以致连他自己都说:"这恐怕是心老。"(《糊涂》)

然而,更危险的并不是"心老",而是不断受伤难以复原所造成的疲惫,这疲惫促使文学进一步内化,一方面成就了作品,内省、自觉、清醒和反思切近了人类的重大问题,另一方面,在深沉沉淀的同时是否也会造成哲理大于形象的老年式的长篇大论,从而破坏了文字本身?老年的冥思确亦托出一种可贵的经验感,然而比起少年、青年张宇的指点江山来,确也缺了一种滋味,中年阶段的那种成熟所夹杂的苦涩似乎还不应这么快就被冲淡,以至于锐气藏匿于平淡的牢骚中与轻慢的文笔间,虽然这种倾向在以《晒太阳》为句号的政治情结浓厚的小说里还不明显。但张宇似乎也隐约感到了一种天命式的局限。

在通往巨著的路上,他有太多的旁骛,这太多的旁骛时常遮掩了远方真正的目标,而让人钦慕的是他的聪明,每次临到了迷失的时候,他都能抬起手臂挥走雾障。能够提供这一论点的论据便是那部《没有孤独》。完全冷峻的主题。但那种近乎禅境的入世方式和他对人生深得三昧的体察、了悟,更使得他在超越与逃避之间,在独善与拯救之间,在入世与出世之间,永远逍遥不起来。张宇以此反而证明了他是一个彻底的理想主义者。他所承载的庄严、艰辛不时在他极现实的作品里刷上一层冷色。因此那些浮躁到只凭表面看事物而不穷究本质的评论家们很自然也很省事地将他划到了现实主义的行列,张宇笑了笑,挺苦的那种,不再为自己辩解。

二

有人比较中西历史文学观后发现:"环顾世界历史,很少有哪个国家或民族的作家像我们的作家一样,这般痴情这般吃重地负荷政治教化等非文学义务,将感时忧国、文以载道的精神传统渗透到历史文学的骨髓中的。"[1]张宇自《活

---

[1] 吴秀明:《中西历史文学观的比较》,《文艺研究》1991年第6期。

鬼》起此后长达 5 年的文学体验终于由于承负这份与现实多不相容的痴情而感到了累,他力图在《晒太阳》中画好这个圆,然而,已在转型当中的张宇,也在这部作品透出的行文不平衡里流露了始终追随着他的乡村眷恋。对政治文化中人的生存状态理解越透彻,这种眷恋就越浓郁、越明显。虚伪的口是心非、表里不一的无违屈顺、时势权力的统制、人际关系的琐乱,在他心上踏出的烟尘让他愈加怀念河洛人头顶的那方洁净的蓝天。

这种复归倾向早晚要凝成《乡村情感》的第一句话:

> "我是乡下放进城里来的一只风筝,飘来飘去已经二十年,线绳儿还系在老家的房梁上。"

这种恬淡的语气起初让人不敢相信是张宇,好像一个饱经沧桑的老人讲述自己一生时那种沙哑如水的话语。张宇通过这句话,回到了从前。

这段时间,张宇徘徊在政治与温情间,现实的失意使他愈加怀念故园,从而内心靠近温情主义,不自觉甚至下意识地寻求某种健康的平衡,1990 年前后的《乡村情感》、《城市逍遥》、《大街温柔》等题目取向便可说明这一点。

不可忽视的是,20 世纪 80 年代与 90 年代交替之时文坛上充满的温情主义的声音:《烦恼人生》、《你是一条河》、《白发卡》、《一地鸡毛》,都在寻找同情、体谅、爱和在平常日子哪怕市井争吵里的一份温馨,以实质上消解英雄主义的"理解"口号肇始,期待承认的现象背后所包含的孤单与怯弱,在大众心理上得到了普遍回音共鸣是一种力量的壮大,是一种精神的充电,作者与读者的契洽建立在这种人性的基本点上,因此热、轰动,因此迅速蔓延。然而,张宇稍有不同,他的寻找完全源于他个人心理的体验,温情是回味,更是需求,这种需求的缅怀性质使得张宇的创作得以跨过时间,徜徉在过去的精神财富的丰富之中,这个过去是他生存的土壤,这是一种文人的流浪,它把他从日常世界里牵引出来,使他像幽灵一样,掠过他曾谙熟的地方,尽管漂流中,这些退隐之后他力图摒除的东西还会不可阻挡地从潜意识中跳出来呈现于他,但他还是宁愿有暂时的休憩与遗忘。距离、时间、象征,增加了张宇小说的抒情意味,然而还是不肯融入潮流,张宇站在城市与烦恼的边缘,保持着他心理上的拒斥,以致在他于城市写村庄的系列作品里可以品出"田园将芜胡不归"的句子来。

《乡村情感》的两个语义层,政治文化因素以及掩盖其下的心理文化因素,由于前者的直接更容易使人只停留在一个语义层里狭隘到只问乡情,而压缩掉这部作品蕴含的文化多义性。生活的无解、文化载体的分裂以及这层意义之内更恒在、更持久的东西,却是张宇未说出口的。作品作为张宇人格的投影,正如乡村作为张宇情感、血缘的空间投影,都不可能是单向度的,张宇的爱憎、批判与亲情使他清醒到能站在自己外面看到自己的局限,然而却站不到这局限的外面,大约在《那牛群、那草庵》中,张宇说,我的家在豫西伏牛山里,那里有我的根。而在《乡村情感》中便很难再找到这种早期的单纯,张宇对他的局限看得很清楚,然而,无论他的自然血缘还是他文明化后的作家良心以及他个人乡土的经验与别种文化冲突形成的孤立、隔膜与傲气都不允许他对这种情感有所背离,哪怕是意识中的背离。一方面是对"只有直接有赖于泥土的生活才会在一个地方生下根……才能在悠长的时间中,从容地去摸熟每个人的生活,像母亲对于她的儿子一般"的乡土的拳拳留恋,一方面是对温情脉脉的乡土文化竟包孕没落、残酷、腐朽等封建性因素的痛恨;一方面是对现实历史作为前进的无可挽回的陌生式人文关系扩散发展的认识,一方面是对"很多离开老家漂流到别的地方去的并不能像种子落入土中一般长成新村落,他们只能在其他已经形成的社区中设法插进去"①的隐隐忧惧,理、情的对峙,这就是张宇乡土情结分裂的实质。以致在《乡村情感》中呈现出情节发展与情绪表现的不平衡,结尾的匆匆收束某种程度上是作者对自己逃避的完成,再深一步的探询很可能导致张宇否定自己。在一片苛责的清算传统的"寻根"中,张宇不愿加入自己的批判,他要强地守住自己,不发一言。守,本身就是一种局限,然而,为了一种血缘的情感,他宁愿牺牲自己,哪怕局限就是血缘,哪怕这种守带来更大的局限。

张宇的曲折表达出的硬汉精神,使他在《乡村情感》中能很清醒地看自己。所以我们无法孤立看那段关于"风筝"的自况,飘来飘去,无所依傍,对于徘徊在政治与温情、文明与田园、无神论与神秘主义之间的张宇,这种分裂不单因为这篇回忆的文字写于人于事的时空阻隔情境里,而且源于张宇无法将他的个人的今昔割裂于社会时代的理解外,尽管张宇的创作以理性著称,但具体情境下他无法抽空自己成为旁证,这就为他的情感增添了更深的矛盾性,这种主体的矛盾只能通过创作中的空间转换和时间移位去解决、冲淡(我想张宇对普鲁斯特的热衷大概即从这时开始。尽管在他的文字里并无丝毫"追逝年华"的征兆。这时的张宇已将创作与自我看作一体,由此,他宁愿选择与政治相近的文化"纷扰"而排斥文坛上的玄谈风气)。依此,我们再看作为他政治文化小说代表作的《晒太阳》,便不难理解张宇局限所表现出的冲突形式,其实,也是中国传统文化的实质,稳定社会的文化形式是排斥感情冲动的,以互补、中庸为特征的传统文化便是这样理、情奇怪的混合体,与其说《晒太阳》中杨润生被权力异化,不如说麻醉于这种文化,所以他在家事与公务之间,在以父亲为代表的乡土亲情与冷硬僵滞的原则理性之间……内心困惑不可避免,以致动不动便感到进退维谷、

---

① 费孝通:《乡土中国》,三联书店,1986年,第6页。

举步维艰。张宇作品的乡土情结一方面是他所生活的乡土社会的文化产物,一方面也是他长期处于基层的个人阅历的折射。文化的负重以及张宇文化批判中的暧昧感都加深了对他作品理解的艰难,张宇乡土情结构成的复杂使得一部分读者限于他的表层叙述而津津乐道,另一部分读者对他却始终噤口不言。

批判与温情杂糅的乡土情结,具象化为城、乡对峙,体现了意识与潜意识的双重分裂,《城市逍遥》较张宇以往小说,二元冲突更为明显,回味中象征温情的乡村与现实中代表冷漠的城市的格格不入性,和知青作家拒斥城市的"插队情结"有着奇异的相像,让人想起史铁生的"清平湾"、张承志的"金牧场"、张曼菱的"一个美丽的地方"、王安忆的"列车终点"所表达的对立性。张宇抛开对事件的热衷转向情绪的沉入,为此他简化情节以求写法的突破,但还是显得有些生硬与矫情,阅读的别扭不仅在于张宇毅然甩开叙述现实的特长而带来的窘困,更由于张宇把他所抱定的对城市的隔膜厌恶强化到了不自然的地步。

张宇不同于城市知青的是,他的农民出身。活在他心底的乡村不是一个人生段落,而是祖辈的整体血缘,这种血缘是本质的,是持续生长的,他经历并参与了它的全部过程,如14岁卖柿饼养家的少年(《人世》)、17岁砍柴攒钱为未婚妻买灯芯绒的初恋(《绿岛》)……张宇的乡土情结是大于张宇的那部分,回视永远是内视的,所以他不可能如知青一般站在线外去看,这种内视伴生的对城市的反感,在《城市逍遥》中达到了极端。他嘲讽地将城里人的散步与乡下人晒太阳并置,达到不言而喻的调侃。这种调侃在《乱弹》(1986)篇头便可见一斑,那场关于"天津"(都市意象)的议论将昼与夜分成了身体世界与心理世界两部分。前者诸如食(如何使用刀、叉)、衣(商店选购衣裳)、行(逛大街、立交桥、中环线)、住(旅馆)等的目不暇接,后者如洛河浪、遥远的山林、乡与县的清淡高远,身心的分离已昭示了隐约对立的开始,正中了开头一句话:"怪了。一到天津,便感到自己是个乡巴佬了。"乡巴佬(心理概念)与天津(地理概念)的对峙包裹在极淡、极不经意的笔触间,于是便有了开篇的最后一句:"唉,乱弹。完全是因为到了天津闹市,才想起那遥远家乡的人和故事的。"《乱弹》所包含的三个笔记本故事全是张宇于都市里的"想起"。这"想起"在那时显得那样自然。从1987年同样笔记体小说的《糊涂》开始,张宇注重强化自己的农民身份,这强化意识背后隐藏的极度自尊是张宇式的,一种张扬背后的固执、坚持,奇异地包孕着张宇的脆弱与硬韧。张宇写到他从村到县再到洛阳一路的感受时,对城市、对自己一样苛刻:"看到马路两旁的行人我就在心里骂,我们山里背着红日头做庄稼供你们吃,你们却穿这么好,像天天要过年,真他妈的不公平。但又想到自己也要像他们一样天天过年享福,又兴奋起来。"张宇对他自身的矛盾直言不讳,但那时的单纯还未使他认识到这矛盾也会像箭一样反射回来带给他伤痛,这是当年的他无法体会到的。而当他体会到之后,又再也无法脱身。所以有由不经意的缅怀到自觉的往事追寻。

《大街温柔》,张宇第一次想把最现实的生活流与最潜在的人心意识的温柔情感流结合起来,大街意象由现时到回忆(由实到虚)到情绪最后上升到形而上意蕴(由物质到精神),然而在对情节的过分抽象与淡化同时缺少更自然或更浓烈的情绪来填补(这也是张宇不擅长的),使这部小说存在着与《城市逍遥》同样的毛病。但它为我们提供了一个难得的视角,这是张宇近期极少的一篇写县城(镇)的。小说中人物的现实处境像张宇的精神处境一样,处于城与乡之间的一种生态圈中,这种生态圈中人之心态,也许正是张宇自己心态的写真:未真正投入城市,甚至拒斥、厌恶城市,又身处城市,对乡村,则无法也不能返回甚至不愿返回,所以,镇与县便是一个焦点,是两处孤立的中介,独立于城乡,又联结着城乡,是张宇表达自己拒绝城市又满足他阻隔乡村的唯现实的视界中心。张宇正因为它的地域游移性而找到了一种与心态契洽的潜语言,这也许是张宇自己都未意识到的潜语言。人们说,在回忆里,人往往容易暴露自己。张宇对政治与温情愈往后愈明显的踟蹰态度,在这里,其实已转化为受动还是选择的犹疑,回忆是一种对背景的选择,此间包含的温情也正因为是主体选择而透出时间尘埃遮盖不住的光亮,张宇在这种沉湎里没有累,只伴有不可及的语言惆怅。所以张宇这几部小说虽仍写冲突、分裂,却与政治文化小说风格不同,氤氲之气弥漫在作品里,将被生活削尖的岩石裹上一层青苔,早期小说的灵秀,《绿岛》的绵长、《大街温柔》的清淡,透出张宇文字上对一种音乐的回环效果的追求,绕梁之声袅袅,但即便抒情时,他的作品也相当节制,闪耀着理智和意志的冷光。张宇很少有过分激动的时候,但掩在面具之下的最后的张宇却是纤敏的,他却也总用严峻而至于痛苦的尊严来掩饰这纤敏,以致或纤敏、或严峻都发展不到极端。

最能表现他乡土情结的怕是他对树根的热爱,他可以为去买一棵好的树桩早晨不到天明便骑车跑到几十里开外的交易场,他可以为培育一个自己喜爱的盆景而不惜费时地施肥、剪枝、浇灌、看护,他小心的神情像对婴孩一样,令人想到一种创造,想到一种使世界诗意化的劳动的沉浸,想到热爱绘画的丘吉尔:"……我不知道还有什么在不精疲力尽消耗体力的情况下比绘画更使人全神贯注的了。不管面临何等样的目前的烦恼和未来的威胁,一旦画面开始展开,大脑屏幕上便没有它们的立足之地了。它们退隐到阴影黑暗中去了。人的全部注意力都集中到了工作上面。"(丘吉尔《我与绘画的缘分》),寄托于树根与寄托于山水一样,是他"乡土情结"的肯定发展,但即使在这得鱼忘筌式的热爱里也藏有深刻的矛盾,将根扎在土地里,而做盆景的根却在不断扭曲,断线的风筝是无根的,盆景里的根又失去了它原有的土地,张宇面对一株树时,很难说他面对的不是自己。那些扭曲却还在挣扎上升的树根,是不是就是他性格的旗帜,是他的心灵那不断受伤的部分?是不是正代表着一个外观上节节胜利、命运如此娇宠,而内心却已疤痕累累的人呢?《枯树的诞生》,同样写扭曲、磨砺。张宇一直想把自己对树根的爱好对象化、物化,可是审美中主体的感受浸润使他无法无动于衷地面对自己。《城市逍遥》里已有一种内在的矛盾,对树根的态度存在着意识上接受与潜意识拒斥的分离,而无审美(潜意识内),又要说审美(意识—文字),所以还是无法达到审美(文本—读者),因为是自我灵魂的映照,因为太近了,以致无法用距离来掩饰自己。当然我们不否认对树根的爱好于他创作大有裨益。

我时常想,为什么张宇对"养树"题材这样抓住不放,乐此不疲,原因即在于张宇自己被卡在了这里,而依他的个性,当未经解决的矛盾困扰折磨他时,他本能要紧紧咬住,而不会轻易放弃。

《枯树的诞生》是《城市逍遥》的一个注解,表层,他极力要接受城市的生活方式、生活节奏和生活实质,内里,却极力抗拒这种接受,抗拒这种被城市的容纳、消化和自己同化后的消逝,意识层的趋近,情感层的偏离甚至逃离,矛盾未解决,就下笔写《城市逍遥》,思想未整理清楚,所以显出吃力,正像他自辟的盆景自留地,家属院统一修筑砖墙后,院落的那扇铁门便不得不应"运"而生。这种防备与封闭比起乡野生活的广袤讲,也是一种累,一种逍遥不起来。理智上要接受城市,情感上则背离城市,这种矛盾并不仅限于对城乡的态度差异,张宇早已清醒地意识到这一层:"长期以来,我已经形成了一个认识上的恶习,那就是只要我的理性接受认同什么,我的感觉就反对排斥什么。主宰我的最终还是感觉,理性只不过是感觉卖羊肉时挂的一个狗头。"这似乎已经奠定了张宇性格的悲剧性。所以,在张宇"乡土情结"较浓的篇什里,他始终没有放弃对自我的寻找,"还乡意识",是他自己找自己的一种方式。而在寻找过程中,他时时感到浮士德式的分裂:"有两个灵魂住在我的胸中/它们总想互相分道扬镳/一个怀着一种强烈的情欲/以它的卷须紧紧攀附着现世/另一个却拼命地要脱离尘俗/高飞到崇高的先辈的居地。"

"我"把"我"丢失在了哪里?我们还能躲到哪里去?

拯救是必然的,逃避无济于事。张宇从"入世"的政治文化小说里走出来,而自愿选择较为"出世"的对乡村的回忆,这使张宇选择了一条非但不能逃避反而是充满更多悖论的道路,在这里,他找到了与现实不同维的参照度,但时间的介入不仅为他带来安慰,同时也为他迎战人生打下更深的基础。解构主义作家福尔斯的话好像正是说给张宇的:"您甚至并不认为您自己的过去是完全真实的,您将它装扮起来,您为它镀金,或将它抹黑,您欲言又止,掺假乱真……一句话,您将它虚构化,然后搁置上架——这就成了您这本书,一本充满罗曼司的您的自传。我们都在逃避那真正的真实。这就是智人的基本定义。"(《法国中尉的女人》)中国的智人庄子的解脱法是,"把人的存在的时间性消融到川流不息、变化无穷、无始无终的壮观的时间之流中,把人的生死残全融会到一种具有必然性、宿命性的自然律动里,把自我融入生生不息的宇宙生命中去分享其中的永恒和宁静",其结果,"时间 = 无时间性 = 无生死 = 没有分别的'圣一',存在与非存在并置而予以抵消,人的存在的短暂性的识别因与时间总汇的无限性并置而导致泯灭,充满欢乐和痛苦的生的丰富性因与死的一致性并置而给予否定"①。在西方意识的时间里,在中国儒道过渡的精神流程里,张宇获得了暂时的休憩,但是果真逃避并解脱了自己么?回忆的微醺,使张宇在"乡土情结"作品中一直追求庄子"独与天地精神往来"的逍遥于世、无为有为的道家境界,但又终因他不忍不舍的道德精神与责任心而无法企及,他钦慕庄子世俗之累摆脱之后的逍遥适己,他赞赏陶潜归田后"静念园林好,人间良可辞"的心远地偏的悠闲旷远,甚至,"少无适俗韵,性本爱丘山。误落尘网中,一去三十年"的感慨也与张宇此时此地的心境有着惊人的相近。然而,张宇也与陶氏一样分裂成为两部分,一个庆幸自己"久在樊笼里,复得返自然",并通过养树真做到了"长吟掩柴门,聊为陇亩民",另一个则摆脱不开"少时壮且厉,抚剑独行游"、"猛志逸四海,骞翮思远翥"的理想纠缠,于世事的并不遗忘与冷淡在他聊作回忆的文字里时时透出端倪。

对父亲或祖辈(文化象征之一)的感情,是张宇"乡土情结"的重要组成部分。《家丑》对父亲的矛盾的爱,《乡村情感》中对父辈情感的难以割舍,《晒太阳》对一把骨头撑起家的世界的"爹"的爱怜,种种都凝聚为以下几句话:"父亲是我们家的一堵墙,我们在他的墙下避着风风雨雨成长。父亲是我们家的山,我们靠山吃山。父亲是我们家的一条河,我们喝着他的血汗长大成人";"哗哗流动的洛河水呀,每当走在这儿,听见这河响,看见这浪翻,总觉得这就是我的父亲";"我的父亲,就是我的上帝。"这种乡土情结与张宇"父亲文化"的观念纠结在一起,张宇与当代实验派的质的不同,不仅表现在对传统的承继,这也一直是人们说的张宇的局限或老成。这种老成使他只能领略而无法达到庄子的逍遥精神与自由境界,在他力图彻底超越计议之心到消除一切对待,直体至道的艺术性生活的努力中显出步履蹒跚。文化已与血缘一起,铸塑出了张宇整体。

潘乃德说,个人一生的历史,主要而言乃是对其社群代代相传下来的模式与标准进行适应的历史。一个人自出生落地,社会的风俗就开始塑造他的经验

---

① 刘绍瑾:《庄子与中国美学》,广东人民出版社,1989年,第248页。

和行为,到了能言之时,他已经是文化的小产品,更进而到成年而能参加社会活动时,社会的习惯就是他的习惯,社会的信仰就是他的信仰,社会的盲点就是他的盲点。在这个意义上,张宇近期创作确在培养一种性情,一种"依乎天理,因其固然"的对审美的超实用性、艺术的非功利性的追求可视作是他对纯朴心境的恢复,《城市逍遥》、《大街温柔》、《枯树的诞生》是这种"心斋"的过程,在回到过去的背后,包含着他对人与自然和谐合一的程序的肯定,包含着对未遭异化、富有生命活力的诗意的肯定。这种肯定是矛盾的。《枯树的诞生》里的张宇极力想抛开虚假文人俯拾皆是的令人窒息的圈子(城市的象征物),找到与自己品性相近的一群,如养树根的未失质朴天真的工人们(乡土意象),但又由于思想文化的障碍而不能真正走进,成为他们中无隙的一员,他觉得找到了一种集合,姿态上也力图扎根,但又是一种过路的心态,写市井、写玩盆景,艰涩的寓言包裹在游戏的形式与散漫的文笔中,吃力显出出世的不纯和凡俗的不能脱离,而找到的群体所具备的单纯天真则是张宇的心理指归:他们的自由、随意、友爱的生活使他长期在漩涡中颠簸的心灵得到抚慰,更深的意义是,他们对平常生活外另一番天地——养树的倾注,与张宇倾注写作——精神生活的心态相吻合,而写树被砍后扭曲又坚韧的成长又与自身屡经挫伤却又冷硬的性格合上了拍,正因为张宇将这错综复杂的情感微妙而不自觉地糅合在一起,却又在凡常中求超越,在冲突中求统一,所以,他自以为投入,而实际一直未把自己真正放进去,这里当然有一份清傲与不甘在里面,清傲、不甘背后,则是更深的孤蚀。作品带出了能走出(逃离城市)不能走进(回归乡土)的苍凉,进不去、回不去的尴尬为张宇作品投上一层老年的沧桑。此时,张宇已看出自己的心造的这一寓所的虚伪性。正是它,影响到了张宇创作本应有的恢宏气度。所以张宇力图清除字面上的感伤性、堆砌铺张,与一种肤面的技巧,力图抓住文字后面的易被人放过与忽略的生命,做到洁净、干脆,这种语言追求正是张宇追求由简单到复杂、再由复杂到简单的心境的流露。这使得张宇的《枯树的诞生》超越了"乡土情结"而具有普遍的存在意味,"我养树实际上是在为我自己早早营造坟墓",而诞生,死亡却也阻挡不住。

张宇摒弃心机、复归童心,追求"质而不文、实而不华"境界的努力,与当今世界文化反异化的自然主义潮流取得了一致的步伐,人类物质文明、理性精神的发展,与人的"天放"、"素朴"之心,直观感悟二律悖反的结果,使不断有人主张的"回归"之声汇成了人道主义强劲的合唱。张宇的自他个人体验出发的"回归"不期而遇这股潮流,本质上讲,张宇对农业文明与自然生活方式的态度是双重的,在一方面化解痛苦,一方面又生长痛苦的土地上,张宇的"乡土情结"最终无可置放,正如一首诗表现的流浪人的彷徨:"我不停地奔走/在感觉的漠野上/

淋着死亡的雨点/想要回家/却总是越走越远。"张宇的少年感伤与成人忧患所凝成的这份挣扎使生命被分割在世俗生活与精神成长中,这种困境,是我们与张宇一样或迟或早要遇到的,是人类文明状态里生命必然承受的一个永恒悖论。在完满的超越境界与残缺的世俗人生之间,文化的障碍已不止一次陷张宇于过度的尴尬,这种尴尬再一次预示了张宇作品主题的再度更变。

三

张宇的由官场到麦田,如果仅归结于入世不成的出世之相,未免浅薄。在对外的观察、揣摩中,在"政治情结"与"乡土情结"的交互纠缠中,另有一条线贯串于张宇创作始终,那就是一种内在的挣扎,两个自我构成的撕裂,在与这种撕裂争斗的过程中产生的作品里,一步步接近存在本身。

评论界从来就没有找到一个简单的关键,可以了解一个值得关注的作家的内心,张宇藏在坚硬而干净的文字背后的道德基础和他理想的悲观以及最后追求得到的失望与伤痛,被长期淹没在毫无价值的喝彩和无关痛痒的批判中。在对故事即生活本身的判断里,人们宁愿对更深的意义视而不见。这种现象本身流露出人类对存在追问的避讳,这怯弱、短视恰恰反衬出张宇的雄辩与天真,那种九死不悔的执着当然使他祛除了蒙在生活表面的一层虚幻的、哪怕是意念中的暖色,张宇的冷毅使他最终必然走出消耗自身才华的"桃花源"式的梦境。

所以有《没有孤独》。

鲁杰是继侯七之后的"这一个"。张宇以精神分析概括出的人的命运以及与命运起伏、跌宕相映衬的历史,手术解剖样的冷叙述直剥出真实的残酷性,张宇第一次这样集中写人的失败,写大潮裹挟中人的无可抗违的宿命和"运动"当中人力量的渺小与无奈,张宇第一次把时间切割开来,把鲁杰的一生分为几大段落,以冷写冷,以冷漠写冷酷,以无情写无情,张宇碾碎一切的冷冷的真实,足以与岁月那幅冷静的面容对垒,这种冷酷的写法确可看作是对生死置之度外的超越——如果说张宇一直在写人的生存状态,或依傍政治,或缅怀田园,而《没有孤独》则第一次写人的存在,写对存在的况味。

鲁杰一生都在追求超越平庸,从乡间求知心到留学的报国志,从30岁的监狱到70岁的研究院,他一直在挣脱未能挣脱的圈索,历史的逆流、失误可以挽回,而鲁杰的一生只能是30年后在郊外踱步"站在自己的躯壳旁边"所悟到的虚无的胜利:"于是鲁杰浑浑感到,他这一生不可能对科学有所贡献有所建树了,他甚至觉得什么都没有了,只剩下了他对科学的纯粹的态度。他对科学研究的态度,最终成为他一生科学研究的成果集成……从这里,我们终于发现,支撑鲁杰一生的命运大厦只有一根巨柱,那就是他对于科学研究的纯粹的态度。他为之奋斗的一生的全部精神的物质的财富,也只有他对于科学研究的纯粹态度。"惨烈、凄惶的人生,透着真实的可怕、可怖。鲁杰进一步体悟:"这就是别人说的鲁杰了,我在这里边曾经生活过七十五年。他望着这躯壳,像看着一座破旧的草屋或一辆破旧的汽车壳子,这才使他明白过来,人们几十年都把这老头叫自己,现在看它不过是自己的外壳。"这种"哲学评论"的引入使人步步陷入人对自身的追询,这追询的残酷性是对人存在实质的剥离,然而张宇还不罢休,又引入"外壳行为"、"灵魂行为"加以穷究:

> 在漫长的人生旅途中,经常发生这样的现象,有时候外壳拖着灵魂行走,有时候灵魂冲动着外壳运转。在外壳主宰这个单位时,行为是平庸的,在灵魂主宰着这个单位时,行为就发生杰出的表现。平庸的人生就是外壳行动,杰出的人生便是灵魂的运转了。原来人生是从这里来区别质量的……从此,他要开始最伟大的科学研究,那就是生命能源的研究。这个研究从探索生命的外壳和灵魂的关系开始,到任意更换或选择生命的外壳而告一阶段。通过这第一阶段的研究可以叫做生命的外壳学……

鲁杰终于以传统的精神胜利超越了现实的悲剧人生,而这种所谓超越使他再度沦为非存在的生存状态,使他以存在陷入的孤独而以这种生存取得了与世人一致的、化解任何忧患的、没有孤独的众人皆醉的境地。鲁杰的醉是半醒着的,鲁杰的醒只在他的头脑设计里,这就是这段文字后面渗出的血,所以,"鲁杰死了/我们这么说",一种意味上的存在的死亡被写得淋漓尽致。结尾的钢琴声中,一面是岁月、时光奔涌的流畅、无情,一面是对生命存在的貌似漠然后藏有的难抑的激愤与平静,激愤的形式与内容都流为漠然,张宇的精神分析是与事件并行的,这种叙述为他的作品增添了厚度,这是一次灵魂解构的尝试。但与"以零度感情介入"的"还原生活"的新写实主义、自然主义以及新小说派不同,张宇貌似旁观的冷叙述中含有明确的意识选择性与情感倾向,所以,在对人物、事件、时间的不断解构中,他不惜插入大段大段的议论,以小说创作之大忌的作者介入来构成参照,以在鲁杰(人物)、"我"(叙述者)外加入中性评判者,使作品的空间充满弹性,将恒温的事件经叙述者"冷冻处理"后再以评判"加温"、"速冻"。在此张宇第一次将反讽、佯谬的手法用到极致,以之写存在与生存的悖谬,"既是怀疑自我的结果,又是消解自我的有效手段"的反讽,与人物主观雄心不成而客观上一步步向随遇而安演变的过程取得了惊人的对应,从作为艺术感与科学精神的结合并体现否定性的创造力的反讽中可看出它将生存及环境诗化的原则。从中我们还可看到年代已远但已作为骨髓被承继下来的作为知识分子精神传统之一的魏晋风度的潜影,其遗世独立、追寻精神超迈的实质确与鲁杰持有的"纯粹的科学态度"有着惊人的相似性,悲剧是深刻的,孤独不可避免。

在文坛先锋派因反传统而把传统做法作为禁忌而置身于另种封闭、僵固状态时,张宇不怕将议论、随笔引进去,通过对法国新小说派的借鉴,他掌握了时间分割术,并把最小说化的东西与最不小说化的东西,把最通俗化的东西与最不通俗化的东西结合起来,从而在真正小说意义上破除禁忌。张宇擅以冷静、肃穆、具有浓厚抽象色彩的数学眼光看待世界,普遍与永恒、框架与内核、心灵与现象的进入又使整部《没有孤独》具有很强的象征性,它的风格,在他许多过于实在具象的小说中,显然是别具一格的一例。张宇对创作语言的理解的形成是与理论界的"语言热"同时的,他说,"那种把语言仅仅作为一种工具来使用的人,是可怕的。在使用的同时也在消灭和隔离着自己"①,所以他引进"具有灵性、直接沟通心灵"、闪烁"生命之光"的语码概念以区别于语言:"只要这种语码一启动,就赶起了我思维的疯狗,到处奔跑着咬叫着,没有了束缚和秩序,写作时就变成了一种宣泄,不再是一种吐咯的难受。"②这最后一句无意透出了张宇创作观念的更变,其越过法则与禁忌之上的蔑视并自信的态度,比起先锋派对作者议论介入拒斥而未能全部自由开合的创作观念来,张宇更具有先锋派所不及的思维先锋性。张宇说过,别人在以非理性写理性,我则以理性写非理性。近期作品与前期以观察为主、叙述者与人物分离的小说不同,叙述者与人物重叠,独白增多,向打散小说结构的随笔发展,体验为主,谋篇结构等拟造成分减弱,由形式的主观进入内容的主观从而达到形式的自由,最突出的例子是《结构的诞生》,为突出体验而将布局、氛围、人物等人工手绪搁置一边,放任情绪的流动,把附在文学身上的乱毛,剪了个干净,文字充满了理性。而叙述者与人物的叠印和这种边说边听的倾吐又明显受到《追忆逝水年华》、《喧哗与骚动》、《达罗威夫人》、《嫉妒》等影响。这种逻辑的无意识,这种唯智的抽象分析、理性的非理性,在《返香》中得到了极好发挥,以神秘果的向往,到废气的结局,张宇在经选择的内心独白里铺开了九岁饥饿的童年、十多岁流鼻血的少年,二十多岁肺结核的青年和近四十岁壮年"老化"的心态,"我开始不信任西医。我一向觉得西医就像如今街上的售货员","我知道许多医生在诊断出病人要死亡时,都会说没有病,没有病这句话实际上是没有命的代名词。我等待他的下文,我甚

---

① 张宇:《语码寻找》,《中篇小说选刊》1991年第4期。
② 张宇:《语码寻找》,《中篇小说选刊》1991年第4期。

至想到他会说没有什么,想吃点好的就吃好的,想穿好的就穿好的,想出去转转旅游一下也好,那就等于通知我可以上路了。"语气透出的鲁迅式的犀利与张宇布莱希特式的不体验的体验一起,具有慑人的魅力。以理性写非理性,张宇的《驿站笔记》也是一个说明,那群渴望外边世界而却长年生活在地狱般深井里的鱼为了见到光明,不惜以生命为代价实现自己(《死鱼》);那条因为人的恶与曾付出血的教训再不到岸上来的受伤的娃娃鱼宁愿在洪水里拼命挣扎(《娃娃鱼》)……张宇注重的是形式所包孕的那个魔幻,更进一步,是魔幻背后那个清醒的内容,在张宇不多的这样的作品里,他的关怀依然有关人与存在。冯骥才曾将这种写作观表述为把现实中大量痛苦深切的感受放在历史文化背景上来思考,蒸发掉直观的感受,取出理性的结晶,用一种理性把握小说。以理性写非理性,张宇需要警惕的是:一、提炼过程使概念形而上,以文学性为牺牲强化理性;二、负值在于消解掉作品的经验的厚度。

以理性写非理性,不仅需要与非理性的历史现实抗拒的勇敢,更需要与时代文坛理性受排挤的氛围作战,张宇再次把自己置身于两军对垒中间,"不是走向生命的最终拯救,与外部客体的理性认知,而是趋向生命现世的有限而持续的超越,与内部人格心性的锤炼"。张宇对自己的锤炼近乎严苛,他似乎在加码似地考验他自己对苦难的承受力,所以,无论是冷静的分析,还是严谨的推断,都无法掩饰他对悲剧的兴趣,和这兴趣后隐藏得很深的一种失望与悲观。尤其是近期作品,触及存在的时候,我们从貌似平淡逍遥的字里行间嗅到了虚无的气息,而这虚无又建立或引申为一种更深的悲观,愤懑与嘲笑不见了,只剩下旁观时的一双冷眼。

以理性写非理性,是与悲剧分不开的,悲剧又与存在共在。生存与存在的分界,对张宇讲是他由儒到道的跋涉,政治文化到存在意识的两种范畴由乡土情结的以退为进构成跳跃。生存所考虑的只是物质层面的,包括扩大了的物质、方式与手段,诸如职、势、权、名等,存在则属精神领域,是目的、意义的追问,诸如精、神、血、气等。

由写生存到写存在,是张宇思想的一次跃进,而带给文学的,则是一种更高价值的探询。二者都围绕悲剧展开,存在的实质要求人生解除"倒置"的痛苦,去掉物役的惶惑,不争逐名利,不陷入世俗观念,达到精神系于天然的境界,追求人与外界、人与主观精神的和谐。由此看,"乡土"是由政治(生存)到精神(存在)的必经之路。然而张宇并不囿于田园,他进一步体验人生,标志他创作深化、成熟的《没有孤独》建立起的痛感意识,使他笔下的悲剧带有浓烈的正剧气息。"那些丢弃了常规生活,心怀悲壮,体验到人生、生命、存在的真谛,向着更阔大的意境升腾的人的事,那种不安、困惑、愤慨、超脱、孤蚀、凌驾于世俗生活之上的感情",深深地烙进他的体验里,这种体验的刻骨铭心提供给了他一种悲剧的眼光,他确实做到了将人看作寻根究底的探索者,赤裸裸的,无依无靠,孤零零的,面对着他自己天性中和来自外界的各种神秘的和恶魔的势力,还面对着受难和死亡这些无可回避的事实。

中国文学中悲剧的选择似乎一直是内容、题材的选择,悲剧的文学等同于悲剧的现实,而西方却愈来愈多从最平常的现实中发现可供文学咀嚼的悲剧性来,现实与悲剧在题材上并无多少对应关系,尤其现代派那里,现实的悲剧因素被肢解甚而被含糊过去,而只留一些残片散落在文字里,以此透视悲剧的可能性存在。在文化的大框架中,张宇又一次超越了自己的文化,他从不制造悲剧气氛,却在悲剧事实中写出悲剧性来,他甚至以淡化现实的悲剧来强调意义的悲剧性,而在他追问意义时又从不放弃生活本身。他内心隐约的理想冲动与世俗意识的冲突的悲剧性,使他能够达到这样的认识深度:金钱与利己主义的冰水同样陷入于可耻的奴隶状态,所以便早有《皮包》、《着魔》。奴性人格的一个"怕"字是国民人格萎缩的鸵鸟心理的来源,当然明显可看出早期作品的契诃夫、果戈理的痕迹。而今,张宇却在解剖自己,在解剖中,一点一滴地涤除自己身上的奴性,"在自己和周围人身上发现某种使他憎恨的东西……在描写其他人,描写众多的各种各样的人物同时,就在他们身上发现了他本人,自己亲朋和熟人身上的那种引起他憎恨的东西"[1],他就是这样以创作贯彻建构自身的目的。这种对眼中之竹的对象发现到对胸中之竹的自我发现,是伴生着解剖自己展开的。古今中外,披露自己心底奥秘的作家也许不少,但真正做到"披肝沥胆",一生剖析自己、检阅自己,又一生守定自己,即使众说纷纭,即使倍遭冷遇,也不媚俗、屈从、放弃和降低做人标准的作家又有几人?读张宇近期作品,使人不断想起卢卡契对陀思妥耶夫斯基的评论:"他创造了人物,通过这些人物的命运和内心生活,他们和其他人物的冲突和相互使用,他们所吸引和所排斥的是什么人物和思想,使得这个时代的问题和整个深度显露出来,而且比一般生活本身所揭示的来得更早、更深、更广泛。"[2]如陀翁一般,张宇越来越把人物引向灵魂深处,以"地下状态"的心理探索,完成一个人人格成长所必要的较量,对人的存在的揭示,《没有孤独》达到了当代文学前所未有的深度,张宇的敏锐与深刻的洞察力、感受力和由此而来的深重的悲剧感、矛盾性与认识的清醒夹杂在一起,也得到了最充分的显露。然而,他并不满足于仅仅把悲剧归之为带有偶然性的个人之间的矛盾冲突和个人的悲惨遭遇,而力图寻找这些个人背后的更

---

[1]《当代苏联作家谈创作》,北京大学出版社,1982年,第191、192页。
[2]《卢卡契文学论文集》,中国社会科学出版社,1981年,第341页。

深刻的、带有普遍性的力量。这种追问在《精神游行》中也可看得出。这种不满足使他对《没有孤独》带来的喝彩保有冷峻的怀疑,正如《浮士德》里的一句献诗所表现的:"我的悲歌打动陌生的世人/他们的赞许反使我觉得心伤。"张宇的心伤或许并不只是对作品轰动后面临的速朽的担忧,更深的是,他为人们那种对悲剧的欣赏和这欣赏背后的一种无动于衷的力量感到隐隐的恐惧。这种忧患,使他面对以忘却为能事的国民心理及乐感文化盛行的文坛,能够写出真正的悲剧精神。他的严峻认真又超然幽默,使《没有孤独》里的时间不再是指向未来的一维性序列,而成为一个不断回到出发点的圆圈,由断裂破碎、凝固不动的片羽组成的这个圆圈,使鲁杰的一生笼罩在历史悲剧式的循环里,张宇在世人的赞许里,或许已看到那样不断重现的梦魇?评论家肯尼斯敦曾说,我们最好的作家是一些本身就受到异化而又专门描写异化人物的人。生活在文化意识发生裂变的时期,从愈来愈近的作品里可看出张宇独立的个人意识与普遍性的社会意识发生的悲剧性冲突。

奇怪的是,这种悲剧冲突对现实传统影响很深的张宇并未构成一种伦理的态度。一开始,张宇的创作就跨越了这一层面而进入审美,伦理主题并不突出,印象中只有《精神游行》一部,却又只限于故事层面,而非写作层面,审美的隔离作用化解了悲恸,最终达到一种辛酸的"和解"。《精神游行》由现实的层次步入美学的层次,由事件进入到文化甚至价值,张宇将大悲处理为淡淡的叹惋,以旁观的冷漠消解题材的悲剧性以便透视事件内部的悲剧性,而对这一事件的不评价恰印证了现实的无情性与残酷,残酷到不动声色、冰冷彻骨。

黑格尔认为最理想的冲突是"由精神的差异而产生的分裂",是起源于两种同是普遍永恒的力量的斗争,"在这样一种冲突里,对立的双方,就其本身而言,都是合理的,可是从另一方面来看,双方只能把自己的目的和性格的肯定的内容,作为对另一个同样合理的力量的否定与损害予以实现,结局就是它们在伦理的意义上,并且通过伦理意义来看,全都是有罪的"①。《精神游行》写出了这一层。黑格尔还认为,凡是现实的都是合理的,凡是合理的都是现实的。真实就是一切,辩证法是永远的胜利者,黑格尔的哲学在张宇作品中投下深深的影子。但张宇并不止于此,他那双敏锐的眼睛绕不过任何衰败的征兆和腐朽的迹象,面对精神落后这一状况,有的作家表现出极大的愤慨与绝望,张宇则为浮华事物后那个更深的根基而抑郁感伤,这份更深的投入是支撑他坚强自恃的基础,这部作品标志他超越具象化而对具体的抽象的选择,而在对存在的具体的抽象中,他一再作深入的自我揭露,他个性中适度的超脱能力和足够的聪慧机

---

① 伍蠡甫:《西方文论选》(下卷),上海译文出版社,1986年,第308页。

智,以及他超凡的承受一切的硬汉气质,使他的黑色幽默具有反荒诞的荒诞感,但又绝无一丝一毫的喜剧因素,《返香》《驿站笔记》一反以往清晰的理性风格,写得诡谲怪异、荒诞迷幻,这些浓缩之作依然透出张宇不为世俗所动的沉默忧愤与刚毅忠贞。张宇没有完全滑向荒诞派,帮忙的是他的社会文化意识与责任感,针砭时弊而又保有乐观态度,由《枯树的诞生》的结尾段、由《我读赵树理》的结束语对希望、幸福的召唤与渴求中可看得出。张宇的小说可称作现实主义荒诞小说,从现实与荒诞的结合,可看出张宇所受影响的作家作品,如谌容的《减去十岁》,王蒙的《风息浪止》《冬天的话题》《名医梁有志传奇》以及《杂色》的自嘲。张宇心理年龄对五十岁左右的备受磨难又保有真心的一代的靠近,心理经验的同构使他的作品呈现出这样一种反思的调子:以荒诞手法(反讽或正话反说)来突出、强化现实中不合理、非常规的现象,揭示弊端,表现出鲜明的经世致用的使命感,这使他与新一代的刘索拉、残雪等现代荒诞不同,与扎西达娃等魔幻荒诞不同,更与同龄一代作家不同,一开始,他就戒除了文字上的浮躁,尚平实、淡朴,这就使他作品的味道嚼起来比同代人老。荒诞对他心灵的影响是抹不掉的,张宇把他的性格藏起来,或在作品中极吝啬地分给众多角色以化解两个世界的纠缠,理想与现实、进取与退缩,这纠缠使我们还没长大就已受了伤,而令我们受伤的正是我们在里面生长的世界,正是我们用心维护、用笔呼吁不致使之受伤的人们伤害了我们,反而,我们自己的伤无人呵护,无人问津。所以,张宇的创作在卡夫卡的荒诞后面还充满丹柯的悲壮。渐渐,张宇戴上一幅冷峻的面具,在更为冷峻的生活里,这面具便很容易同化为人真正的表情,张宇内心的不屈服和他自己的超越方式,他对正直倔强品格的尊崇与他古典理想态度一起,构成他与任何扭曲人性的环境的不妥协的对抗;渐渐,张宇切进了20世纪哲学、美学所关怀的深深隐藏在技术文明发展过程中的那个根本,在文明愈进步,人文愈遭消解的背离时,他的作品表现出一种悒郁的关怀和博大的悲悯之情,在客观巨大而冰冷的阴影后面,他力图燃烧主体思辨的火焰而不顾这火焰是否会在零点以下的外界固结成冰,他试图在经济、政治、文化的物的所谓繁荣里,建立起人的一个落脚点,以容纳下人的存在、心智、自由、价值、感受和真实。尽管张宇的作品从揭示必然走向渴慕自由过程中展示出在这一对与生俱来的矛盾间的挣扎姿态,但从中我们仍然可以体会到过于冷峻的文字后面的那颗心燃烧起的火焰。

尼采曾经引用叔本华讲述的故事补充他关于日神精神的概念:在浩瀚咆哮的大海里,一个人坐在小船之中,委身于那脆弱的木筏,在猛烈的浪涛里,遭受这狂暴世界的袭击,而这个体,由于"个体原则"的支持,安详地坐在船上。张宇很像是那个坐在船上的人,不知道通向真理的新道路,但为了找到,却毅然放弃了所有旧的道路。

我把"我"遗失在了哪里,我便要从哪里捡起。所以,张宇能在歧义与迷津遍地的误读的可怕里,坚守自己人格的语言,在神性丧失、妥协与平庸俯拾皆是的世人的错愕或沉醉里,坚持探问和企及存在的终极真相,在悲剧性结构与悲剧性意义的双重冲突里,始终保持他的睿智立场和人格审判者的坚定容貌,在众多的消解意义的作品泛滥之时他以消解形式而凸现意义。

然而,张宇的存在意识还是被扭曲了。

历史乐观主义的盲目在这里已不见张宇以往的钟情,对世界人生的自信、自尊在迎面不断驰来的悲剧中锻造得越来越坚硬,凝缩为一个堡垒式的存在,而张宇言谈中不时带出的一句:"我就是要守住!"与里尔克"挺住,便是一切"的名言叠加在一起,同样沉甸甸。张宇深知,人格的伟大和刚强只有借矛盾对立的伟大和刚强才能衡量出。

《没有孤独》后,张宇曾谈起他写作愈来愈感到恐惧,因为在解剖、剥离甚至"出卖"自己。这种一切真正全心投入创作的作家都曾表述过的经历,对于张宇而言不是畏缩,而是如何不断地保持它又战胜它,战胜它又持有它,未来人格锤炼的任务依然艰巨,恰巧这场人生不过是通向天堂的炼狱。

然而,我还是怀念那个在黄河滩独坐看落日的张宇,"有人在撒网",逆河而上,网网空网,篓是空的,却"仍然那么沉着稳健,那么全神贯注"(《落日》),"'哗啦'又一网"。

我猜不到他要撒到哪儿去。他什么也没有网到呀。他到底网到了什么?难道他真的网到了什么?

夹叙夹议中延伸出一种虚拟的意象,这意象确是从实有的景象中脱出的么?又不尽然,也许正是看河人胸中的撒网人吧,有谁能说看河人与撒网人不是一个人,撒网人不就是写作者自身呢?无疑,这是张宇最早触及的存在。在《日出》中,这个撒网人又幻化为每天早晨赶到山河滩看日出的松山老汉,"他等着,他心里很空","他第一次来到这儿看日出时就这么急切,如今多少日月过去,他仍这么急切,而且越来越急切",当人们不解地再三问及他目的与原由时,"他不是不说,他说不出什么,也不能说,也说不清楚","他笑笑什么也不说","他只是长长叹一口气",这种桑提亚哥式的不计得失的追寻与执着确是张宇不断自塑的人格投射。在此之前,我时常想,能不能找到一个甬道,以通向被他封闭得很好的庭院,这或许正是张宇一直要"守住"的东西。我不知道我是不是已经找到。也许正是这个,使他能以哲学的冷静和对完善的渴求来摆脱和平衡来自外界的挫伤和动摇。

所以，张宇并没有去选择弃绝尘世的淡泊精神来告别，也不会以佯狂不羁的嬉世态度来看人生，他骨子里的认真与守住认真不放弃的品格足以平衡整个散漫、无情可讲的现实历史，这种抵抗，用不着他再去抓住什么外在的武器，只他在逆风中顶风行走的样子就早已说明了一切。在充斥喧嚣与尘埃的市场一般的文学吵嚷里，在容忍任何庸念而对俗世的迁就、姑息的时代里，骨子里认真的张宇始终格格不入，而立意贯彻守住自己的决心并已如此做的人则会日子更苦，张宇甚至把他的下部长篇定名为"渴望苦难"，这种反折中、不妥协的、不断检验自己强度的逆境精神和活跃在这精神中的迎战作风，让人钦佩，更让人沉痛；这种不断重塑自己的勇敢也足以抵消世间一切作为附丽的荣誉。在历经迷误、奋斗而最终获得拯救的求理想的路上，张宇早将自己置身于外，洋溢在他文采中的浮士德精神，如恺撒的自信：我来了；我看见；我征服。因此，他能分辨出喝彩掌声中的虚假成分，甚至喝彩本身的虚伪性；因此他今天能将写作与名利分开而追求生命的结合；因此，在追求舞台效应的时尚与热闹里，他只寻找属于自己的一份感动，哪怕一人，哪怕一瞬，他只为台下那双流泪的眼睛，深深地鞠躬。

荣格说过："艺术家不是拥有自由意志、寻找实现其个人目的的人，而是一个允许艺术通过他实现艺术目的的人。"[1]真正的文学是排斥消遣的，因为写作完全用作表现心情的手段，用对自身性格、人格强度、硬性的考验并展示一颗倔强灵魂在糙粝的生活中打磨出的许多不规则的毛边；艺术的生命注入性是不怕剖白自己的面对稿纸的神圣性，是即便一生很保守地使用旧的手法也能突破僵化而保有创作的活力与激情。

真正的艺术使人清醒。

这便是世人不大欢喜它的缘故。然而，张宇并不在乎。

在他不为评论界注意的篇什里，两个意象是他的分身，一个是"空篓的捕鱼人"（《落日》），代表主体主动性的追寻，一个是"纺车"（《晒太阳》），代表主体的受动性、被迫感。隐匿于内的存在或生存之问的矛盾是创作主体矛盾的注脚，所以，寻找一条遁路？一个未来？一种解脱方式？一种更理想的未被发现的存在？

弗拉基米尔·普洛普曾在分析俄罗斯一百个民间故事后得出一个制约纷繁离奇、变化无序的故事的恒定不易的结构——"追寻"。主人公总在寻找，在寻找中接受考验，克服困难，终于找到他要找的东西。普洛普的形态分析为我们看世界文学的主题旨向打开一个通道，浮士德寻找"美的瞬间"，唐僧师徒寻

---

[1]〔瑞士〕荣格：《心理学与文学》，冯川、苏克译，生活·读书·新知三联书店，1987年，第141页。

找"经文",泰戈尔寻找他"精神的影子",托尔斯泰在苦难与磨砺中寻找爱与纯真……寻找的主题同样回响在张宇每个阶段的作品变调中,由政治批判到乡土批判再到探索存在,画出了张宇由对象发现(审美主体对自身本质力量的静态直观)到自我发现(本质力量的动态展开与丰富、深化)的成长轨迹。创作的意义就是追问人生的意义,寻找建构人的精神家园。这种与人生结合的艺术观使他摆脱了长期在温和、求实的生活态度与对绝对价值回避之间求统一的尴尬状态,达到对在精神世界中反观世俗,对超越性的精神价值的绝望寻求的主题的确认。尽管在他思想内部,一种沉思的、优雅的成分同一种不安分的、嘲讽的倾向纠缠不休,但他不停滞在此而以寻找来不断修正、克服,以求取人格与创作的共同成长,以对象发现达到自我发现、自我完善,正如歌德所言,人每发现一个新的事物,就意味着在自我中诞生了一个新的器官。

张宇喜爱的《流浪者之歌》(赫尔曼·黑塞著)也是描写主人公历尽人世沧桑、不断前进、一生追寻的故事的,追寻"自我"之路的悉达多是另一个浮士德,自己去追寻,自己去证明,自己去相信,这是张宇自身的心象。这么说,黄河滩上那个落日下沉毅的空篓撒网人或许真是不计结果地证明自己的张宇精神的化身,"难道他真的网到了什么?"他的背篓是空的,然而他却代表着人类傲岸、从容和逆流而上的精神。张宇正是这样无所畏惧地凭着寻找靠近他的理想的,他的理想不是空幻的乌托邦的诗情画意,而是万物寓于心中的那个永恒上升的终极真实。因此,张宇有力量,在剥夺灵魂或错误地表达人性的物质时代里,敢于否定,敢于在否定中肯定他心目中拼命维护的"是"。

持有这种声音的人是孤独的,但他有足够的冷峻去对峙;外部世界是冰冷的,但他又有内心求真的炽热去消释,走到了这里和正往这里赶路的人,才能最终摆脱就事论事的忍气吞声或哗众取宠的高谈阔论,才可以真正为人类代言。

这恐怕是张宇揣在怀里从不轻易示人的已经焐热了的理想,这个理想使张宇以不断否定旧我的形式达到了对艺术最终的不背叛。

缀言[①]

1992年我曾写过一篇长文论述张宇的创作,将他的写作分为四个阶段,大约是乡土生活小说(20世纪70—80年代前期)、政治—文化小说(1985年前后)、乡土回忆小说(20世纪80年代后期)及心理—存在小说(20世纪90年

[①] 缀言以上评论文字,写于1992年。此节,写于8年之后,原发时曾以《小说张宇》为题,载《时代文学》2000年第4期,现收入此文,作为对作家后期创作认识的补充。

代),各期分别列出了代表作,从作品出发对张宇的深层创作精神以及小说带出的文化意蕴做了较为详细的探讨。全文3万字,似是写尽了对这位作家的认识。所以后来,在他又推出新长篇《疼痛与抚摸》(1995年)、中篇《老房子》(1998年)、更新长篇《软弱》(2000年)的一连串作品——好像还有华夏出版社出版的一本散文小册子——的这一时间段中,便没有什么文字对这位作家进行评论,虽然他每出新书必获赠一本,扉页上写着"批评"的谦词,虽然上述新作的研讨会我大多出席并作发言,但却没想到会后将那"批评"的意见做一整理,梳而成文,原因是这三部重要作品之于张宇,虽在叙事、语言诸技术层面与原来作品有所区分,而小说意义的内容范畴似仍未出当时研究的圈囿,虽然杂糅了种种、乡土、政治、文化还包括性,但我认为仍是第四阶段的发展,长篇看得更清晰些,《疼痛与抚摸》干脆将原来中篇小说《精神游行》的故事拿来重写,以另种篇幅另种长度另种掺有议论的叙事复述这个也许在他意识里回闪不开、当然也蕴含有多种有关乡土—国民性解释的素材。

　　《软弱》更有新意,把警察与小偷的故事放在日常场景中演绎,语言是大白话,一反《疼痛与抚摸》之沉重,从轻处写,却读着有些沉。知道张宇用意处,每每点到为止,不做如前一长篇的长篇大论的心理医生式的精神分析病源解释,而摆出讲故事的民间作风,不能不承认非常好看,情节角度、人物角度都不再注重《疼痛与抚摸》的历史性的刨根问底,整个小说也谈不上什么事件感,反而琐屑得很,大有一地鸡毛的样子,风一吹又不向一个方向飞,人物可以写着写着不见了,故事的讲法也是情节发展到一定时候大多是现场人物自己会提出来要求"停",像导演的那一声场外之喊,人物在这时便换成了讲故事的人,而每一个人都有一段关于自己的"故"事,来龙与去脉,如小偷是怎么当上了小偷的,"秀才"便有一段说白;如妓女是如何堕入风尘的,妓女也有自己的解释;以致后来连警察也坐在河边给自己的搭档讲故事,你不能不感动于张宇将他们从角色换算还原为人的这一作为,虽然日常生活的气息腐朽败像叠见,但是张宇却不从概念上去为一个"人"定性,而是设身处地——不知道这样写是否合适——地左思右想,最后,却是原谅。很难说这种态度是否真实地打上了时代转型的文化烙印,但是日常生活的关怀里确有着一种潜见的和解。

　　从什么时候开始的呢?同写于1994年5月的两篇文章不能不提。

　　一是《与自己和平共处》,一是《死海童话》。前者题目似已预示了某种告别某种开端,与自己"和平共处",是心态不如说是态度,理性意味更强一些,有些勉力为之,然而也相当清楚,这篇文章从市场经济大潮写起,下海、捞钱论述之后仍是回到了书房之守,"于是我对自己说要知足,我要知足。能这么活,我已经很知足了。"这种"先稳住阵脚才能守住心志"的做法让我们意识到金钱疯狗的咬叫声也曾在他耳边喧嚣过一阵的,不过最终他还是回到了写作中,为"四十岁过了……的余下的时间"做了选择,这是对外;对内呢,文学内部如何走? 张宇也有说法,读别人的,听别人的,别人是什么? 说白了别人就是"集体",意识的集体,"作为一个作家,谁不想写得比别人好呢?""别人不说,我自己已经过了四十岁,好像再怎么努力学习也来不及一样。咱怎么就这么不如别人呢?"到底还是放不下别人,然而张宇的文字是可以反着看的,其中揶揄自嘲兼而有之,但是仍能从中看出另一条狗——创新的疯狗对他曾经猛追不舍的境况,此种狂吠之咬,如我 1992 年文中所言虽未将张宇拖进文学现实中的流派更迭思潮演进的时髦流行中去,但仍然扎实地在一位写作者内心投下暗影,这就是他的主人公总在矛盾中难以抉择,总是站在十字路口踌躇,总是陷于现实、事务琐屑泥泞中拔不出脚,又总在自尊自责心态中闪现出迟疑、延宕、恍惚、耽于思辨的面影,述、论掺杂本身就是一种累,这种累在《阑尾》、《苦吻》里,在《晒太阳》里——杨润生说:"我活得好累好累呀。但是,我也只能这么活下去了。"张宇让主人公替他说的这句话无奈背后是不甘的,为什么累? 是因为负重太多,政治的、文化的、国民的、还有文学本身的,不可能不载道,但是背负着又觉得累,因为它是外在于"我"的,是外加于"我"的,而不是"我"本身拥有的,不是从"我"长成的,所以全身心赢取中就有人推着向前的意思,"也只能这样活下去了"吗? 张宇在《与自己和平共处》里回答微妙,一方面,是的,作家的身份与状态,这份自由,他认可着;另一方面,却已对那累有了新的处置——自己将来如何,我自己又不能知道,那都是别人的事情……完全没有必要和人家比较成就……我也不在乎伟大,我也不在乎渺小……我不逼你……就这么写下去吧。写成什么算什么。走到哪里算哪里。由此,他说出了关于创作的真实想法,那原则就是——写作应该是愉快的,我不想太受罪,我想与自己和平共处。这是对"那么怎么办"的回答,也是对"一直痛苦了我好长时间"的痛苦的解脱。总之,无论对外(市场经济之于心态的影响)还是对内(创新理论之于心态的影响)都采取了拒绝的态度,先是坐得住,不左顾右盼,回到写作上来;再是平常心,不横比竖比,回到自我上来。这里,作者虽坚定到步步清除,但仍可感到他所受的压力之重,他仍然能将这个"别人"当作庞大的敌人去说它,恰恰证明了张宇离真正摆脱它仍有一段距离,它仍是作家需要提示自己解决的一个问题,不是吗? 这是理性上。还有感性,同写于 1994 年 5 月的《死海童话》这个文本所暴露的东西虽不如《与自己和平共处》理念决绝,却情绪化地反映了张宇上述心态的彻底性,这是作家离开马撒达古城堡,告别古罗马兵营,"走出历史的沉重和梦幻,又回到现在进行时"的一次死海之旅。死海,在这里已没有什么历史的象征或是哲学的意念性,它只代表着当下,一群更衣后再把存衣箱钥匙系在手腕上的排队鱼贯进入浴场的游客,此景此情,作者熟悉地联想到在国内进公共浴池时的秩序——连这一联想都现场实际,而与死海本质上的接近只在远离人群泅入深水区的一瞬,仍有生命存在苦难意义精神死亡虚无家园天堂乃至轻重的探问,可是想法刚刚开头,便戛然止住,"隐隐从联想深处袭来一种悄悄的恐怖,我竟然奇怪地想到我远游到这死海深处,无论如何再也返不回海岸。就像我从人生源头出发,由简单进入复杂,再也返不回简单一样。苦涩的海水弥漫着死亡的气息,我感到了死海的重重围困和压迫","连忙从深处往回游……胡乱扒着游回到浅水处的人群。当回到浅水处,才没有了恐怖,再不敢去联想着自己吓自己,又回到了人世间那样,在人群中寻找情趣,自己哄着自己玩"。于是海滨现实风景满目,泳装三点式外国女人胸脯乳房曲线皮肤拍照,物质的力量把那文化的议论挤得狼狈,这里他似不经意地说了一句——这是一个永远不平等的世界。这句话,似也透出了张宇意识中的某种轻易看不出的倾斜,"这是一个永远不平等的世界",一层表述相当客观真实,这个世界的不平等性确乎存在着,一个人面对它时多数有铁板一块的无助感觉,然而这里,似乎不止于此,还有些肯定的口气,一种终于承认了它的不平等性而退到一边的掺杂有无奈也妥协的东西,这种默认了的口气是否就是使上述关于死海的历史哲学的生死形而上的思辨骤然停止,使眼花缭乱的物质世界推至眼前以致放大,使死海泅客不耐深水之孤单艰涩而奔赴浅水区的热闹喧嚣的内在原因也未可知,只是一点可以肯定,证词也现成在那里——

>……那时候我感到这种生活情趣平庸又快乐,就感到一种平庸生活带给我的幸福感……我想到原来幸福是平庸生活造出来的,走出平庸就走出了幸福。智慧的人生能造就出峥嵘,那峥嵘却是一种痛苦冶炼出来的辉煌。
>
>我本平庸还过平庸生活吧。
>
>我悄悄在心里嘲笑和放松着自己。

于是一切都可换作另种眼光,重也做了轻,退一步真的海阔天空吗?连死海都童话说的时候?黑泥池边,张宇将自己涂黑,还拍了照,自己也说笑得狰狞滑稽——"黑泥在这里,我自己不知道到哪里去了。"那是悲哀吗?随处随地,"没有了自己的悲哀"也会跃进来破坏那简化到平庸的生活童话吗?已成了局外人的张宇说:"这是我离开这个世界变成另一种人的留影。"注意,他接着说,"别人看这照片,谁也不知道那是我,只有我自己能认出来,那黑泥里边就是我自己,我曾经在这黑泥后边观看过这个世界"。这已有了些正剧的意思。然而!正如张宇本人所说,由简单进入复杂,再也返不回简单一样,这个已向沉重痛苦——无论采取理念还是情绪形式——默然告别的他,再回不去了。

其实,用不着论证如此繁复,《与自己和平共处》的题目已然泄露一二,自己还要"与"自己来联结,这可能已经概括了张宇两个"我"的原本之分裂。我是不把它只看作修辞的,但是"共处"之"和平"状态也标志了这两个异我的和解:一个再不作另一个的审视或监督者,原谅与宽容随时备礼赠送,这里,情感的"我"与理智的"我"泯然无隙,写作创造的作者"我"与物质现实的生活"我"叠化而一。这样看,又好像是一个复杂到简单的过程。是这样吗?表面上是,然而,生活与文字在这时却真正两厢分离。张宇已经表述得很直白,他再不把写作视作生活本身,或是生活中的唯一(那可是在他前期创作中神圣不可侵犯的东西),而是后撤,撤到文学只是自己生活的一部分内容,写作再不是全部。难道现在不正流行着这种观念吗?难道这种观念不正成为大部分作家的主流(意识形态)?那么张宇与这么多的"别人"的区分又在哪里?怎么躲了那么半天倒躲进了流行中去了呢?写作不是全部,又怎能说它错?笼统地说,它合理。然而对于一个视写作为生命的人,它却悖谬。但是写作等于生命的方程式——这个前提对于张宇说还存在吗?或者这个等号不正是他自1994年起近年来的解构?所以我是在说着一个与我自己的文学观不同的人,在是与非都不做标准提倡多元而不是两极思维的当代,此种态度我不做评定倒不是怕人说我独断,而是我深知多元的选择其实也含着尊重,我理解他大于写作的生命部分,虽然并非同意文字之外的生活是与文字无涉的别一回事。

1994年,对于张宇的创作转折至为关键。但冰冻三尺非一日之寒。伴随了理念情绪的转换的,还有必然在文字中反映出的对批评家的批判,此前读时便很难理解哪儿来这么大的积怨。同年《与自己和平共处》一文,由王鸿生的民间智慧与文人智慧引发,矛头直指,"批评家就是弄批评的,批评是他的职业,他不批评别人就是他自己没有水平……人家并不是为了把你的作家批评大起来,而是为了把人家的学问批评出来,把人家自己批评成大人物哩。我也不再和别人比了,不再和我们的先人比,也不再和外国人比,甚至也不再和外省的作家比,惹不起咱躲得起,我在心里害怕你们还不行吗?"这种检讨持续到1997年,《虚幻普鲁斯特》文中再次说到怀疑:"我又一次想到评论家们是在拿着普鲁斯特作文章,这时候他们就忘记了普鲁斯特本人的存在性。他们是拿着普鲁斯特弄自己的学问,目的就是要把自己弄成学问家,说白了就是在吃普鲁斯特。"同年写王蒙的一篇《然后是平静》文中,干脆撒开了说,言及与王蒙的论争产生社会效益之一种是因为王蒙的存在开展和发展起来的批评活动,多少人得益于此,在活动中"提高了写作水平和理论水平,甚至扩大了影响发表了专著评了职称赚了稿费从而建设了精神文明同时又建设了物质文明",从而归结于作家对社会的突出贡献,"我说你这是在用特殊的办法办教育是在带研究生嘛"。三篇文章持续着对批评家理论家还有学问家的揶揄,虽说张宇的文字可以正反去读,调侃多为家常便饭,一般不必认真的,而且我一个正是他揶揄身份的人何必要站出来承接这样一个话题呢,这样做倒好像所有的指责是对着我似的,照常逻辑,这不是此地无银是什么?然而我仍然冒此"危险"指出它,因为这些字句里同样存在着一种态度,让我觉着危险,是一种反智主义的萌芽(是否有些言重)——然而却是我不愿看到的,但是我看到了与王朔不同语汇表达的语义部分,戏谑的对象一律是学问批评,当然在某些方面他说得也有道理,混迹于知识队伍中的倒爷不乏其人而且层出不穷,但关键是他采用了一种以偏概全的方法,物伤其类,这个话头我不能不接着说,这里有种张宇过于敏感的心灵中的自卑,在《与自己和平共处》一文中他曾对知识的系统性要求抱之淡淡的嘲讽,从中可以看出20世纪八九十年代理论对一位作家所产生的巨大压力,连张宇这样创作不随潮流而我1992年认为他"有自己所念的经"的主体性较强的作家也逃脱不开,而更深的则是张宇对前期自我创作的全盘否定——这种否定当然会反映于创作,只是这时,它先期通过否定批评、学问这些具体词义所代表的理性反映出来。

　　这样,张宇在将两个"自我"合并而解除了理智我对情感我的控制之后,也渐次解脱了来自于理智理性的对这个合并后的"我"的监督。松绑之际,物相有了另种颜色,不再一味如过往的灰暗,沉重的掂量也换作了轻松的快感,人物内心的拷问——在《没有孤独》里它曾是那样的深痛——也变作了体谅,谁都不容易,何必苛求于此,于是鲁杰换作了于富贵,心理换作了行动,"孤独"、"疼痛"也换作了"软弱"。但是这个转折对于一个作家却并不简单,张宇对理性的道别告白也不容易到纸上谈兵,说只是想的表达而已,意识之下,那个正统文学观念教育环境里完成前期创作的他的底色已经圈定,完全蜕变成为不可能的事,尽管在下决心做,这就是为什么同写于1994年张宇创作面临方向转折时的长篇《疼痛与抚摸》写得如此挣扎。极像是一场与自我的搏杀,连结构都刻意到一会儿是作者"我"对所写故事里人物的精神分析,一会儿是故事里人物走上舞台的自我表演,两部分泾渭分明,做论文般(尽管它的作者反对于此)。只是对象是那些虚构出的人物;作者像个学问精到的外科大夫,出入于他的病人(人物)群落,一会儿掀开这人的脑子看看,一会儿将那人搬上手术台,这样写的人物不免于道具感,而印象最深的却是作者"我"四处游走的手术刀,理性奇怪地分列于经验之外,显得冷硬突兀。这大约是小说中最忌讳的结构法了,然而张宇却实验,小说分剥离析,理性世界在经验感性世界之外尴尬异常,倒不是作者有意出其洋相,而是作者本人也在对故事的解说中挣扎,不管其初衷如何,小说确实完整展现了一个置于事外的作家试图解脱事件真实的艰难性。这是张宇对他认为于现实中越来越处于无力位置的理性的最后的告别演出,并也极可能是张宇对一种长期延续着走的自己的创作线路全面变更的一个并不洒脱的起头。

变化常常在不知不觉间的,何况理性被定为如此苍白又无能的开始。这个检讨张宇却不是有意做的——展览理性面对万象经验世界的无从把握感。如果这样,去有意揭示复述一桩事件的艰难,如果作者是想通过作者本人在小说中的出场穿行展示作者对于物质世界的精神解说的注定失败性结局,那么这部小说或许可作另看,然而,不是,张宇着眼于自己写过的《精神游行》故事本身,它内含的文化、传统乃至血缘:他试图通过它解释让他倍感迷惘的东西,另一方面这个裸女游行的故事某种程度上也是一个卖点;可是单故事而言,他也未能讲透它,其中有关水家三代四位女性代言的女性宿命般的命运,在整个历史中被注入了某种地方性的神秘因素,社会根源乃至文化心理层面的探索始终关闭着,以致故事只有疼痛的份,没有觉醒,没有反诘,以致如此残酷的故事竟落脚在带领游街的人向被拉着游街的人跪地求饶,而自己老婆跟别人睡了的丈夫左思右想了一阵也不在乎那么多并重新对也许就此时来运转的生活充满信心了。当然国民性不动声色着,然而这个故事在作者"我"那段的落脚却不简单到此,"菩提本无树,无处不成佛"吗? 这样归结,也许恰是放弃的开始,一切有关生的死的困惑烦恼,这里归为一个"空"字,在故事人物段落里原谅着,被裸体游行的水月在最后一章的行为竟修炼成了爱一切人爱一切恨的众生之上的菩萨,这真是有些意外。当然张宇不想让那小说落入传统社会批判的窠臼,艺术的要求不允许他那么做,然而,读者也无法忍耐他能把这样一幕惨剧与佛联络起来以致终止了进一步拷问的笔触。从中已见变化端倪,张宇对事相的描述终于取代了他1992年以前创作对事实的追问辩驳,和对存在本身可疑性的猛烈剖析。

一个文字伦理时代宣告终结。

之于张宇,新写实主义的原则来得如此得慢,却也如此彻底颠覆了他对人性的认知。日常生活的汪洋大海终于送入视野、扑面而来。

变化在两方面:一、时间消失了。《疼痛与抚摸》已然开始,作者"我"的评说员身份已经恣意撕碎着时间,人物故事的发展虽有水家三代女子作为纵线,结构上看却无有始终,一个是某个命运的复本,最后结局则是一个循环的圆形;"我"高高在上地评判揣摩也在形式上切断着时间的自然流向,静态地复述一个一个情节,犹如样本被抽取出来放在镜片下看,人物的生命变化却无从体现,因为命运是轮回重复的,而最后给了一个"菩萨"的结局也是对生命时间的一种彻底否定。时间一旦消失,紧跟着人与时间这个长度的联系便处于可置疑的地位,随之历史感消失,《疼痛与抚摸》的不追问大约出于此。历史换作了经历,这是时间长度之变,也是集体个人之变,空间影响到在历史长度中修订出来的有关集体的信念,信念换作爱好,高度换作平坦。《软弱》中反扒能手英雄劳模于富贵几次剖白自己抓小偷并非为正义是非而只是爱好于此,并没有什么高尚的背景心理存在,于富贵也不像《没有孤独》的鲁杰有那么多沉重的生命问题需要叩问,而只是有一些生活当中作为常人——丈夫与情人角色纠缠间无法避开而终获解决的一些懊恼矛盾,他没有沉重的历史背负,他有的只是简单至极的经历,他,同他要抓的小偷们一样,都是人,都是扎扎实实活着的现在进行时。至于过去如何、未来怎样,他不去多想,他惦记的也不是什么治安、荣誉、职责、事业,而是他爱好上了抓扒手的那一瞬的快感,除此之外,他真让小说中第五章标题言中了,除此之外,除这一个对他而言真实无比的瞬时之外,他真的是"一无所有"。想到过吗?自许"以理性写非理性"的作家,当普遍性被撤空之后,个人性推若神明,是否同时也失去了长度与高度,一种历史感、神圣感所代表的人性中的神性。二、人物变化了。首先,女性形象的卑微化,以至两极化。前者如《软弱》关注发廊女、女扒手乃至妓女等底层形象,而《疼痛与抚摸》中水家四位女子的欲望挣扎也使人想见作者意识中女性形象的变化,无论发廊女等心态表述,还是作者拔高的水月式菩萨的原谅,都再无原来小说《河边丝丝柳》的纯情,这里才真正是"再回不去了",女性——这个中国当代作家从未写好的真实形象在这里仍然语焉不详。当然男性形象,主人公也发生了置换,原来《苦吻》、《晒太阳》中的官职无谓大小的干部所代表的政治化色彩形象与《没有孤独》中鲁杰代表的知识分子形象让位给了日常生活的代言人于富贵,他是一个以成日与小人物打交道为职业的小人物。他不一定是"这一个",而是"每一个"。

这"每一个",是更多的"别人"。这时的张宇,似已不要求与别人区分。

理性的"软弱"造就着这个时代,造就着这个时代的创作和作家。欲望取得文学合法地位后一跃而为皇后,日常的无烟之战终于摆开,敌人真正成了"无物之阵",哪里去指认和批判?!悲悯当理解为无边无际时,其间的痛苦与哀伤就真在这个文字时代成了虚伪做作的代言,然而如此,就投入这日常生活的大海,寸折换了绕指,认真换了无谓,吴钩换了罗衾,或者像别人的最终妥协谅解,怀了一份记录的忠实,却也成全了对理想的背身?张宇终于写出人性中种种日常蜕变之景,他做到了这个阶段他要做的,那么以后呢?是与非、善与恶,这些已碎片状模糊一团的分不清经纬的"日常"前面是否也需在真实字义上打上一问号?它真如你笔下的真实吗?如果这真实里面毫无判断与念想,那么对我而言,它恰恰对于这个时代的文化有着虚饰和纵容的成分。这,可能正是作家要警觉的软性日常,它的出手,常常刀锋不见。

张宇在新近长篇《软弱》中借人物王海言:"看透不说透,还是好朋友。"此种哲学对于日常生活的世界确为至理,有着这样那样软弱人性的人理性意志让位之后又怎能做到被说透了还刀枪不入,还做朋友呢?这个原则下,君子和而不同的古训就显得书生化了,这是知性不抵日常的随手一例,心照不宣的原则大家都愿墨守,这也是中庸至上文化中为人处世的一部分;然而文学世界呢,便以为尊重题下,无话不谈;便以为不必遵从此训,当然不遵守便有不遵守的天真教训,例子俯拾皆是,何况被评人文中不断标明评论家与吃家(吃作家)同义,我也从中并未增添聪明,并且仍不无理想地觉得,看透又说透,仍能做朋友的朋友,才是真正的心如明镜的朋友。不知张宇以为然否?

1992 一稿
2000 年 4 月 5 日二稿
本文选自何向阳:《彼黍》河南大学出版社,2011 年

张宇论

姚晓雷

一、在两种身份需求之间

在当代著名作家中,河南作家张宇也是比较突出的一位。从1979年发表处女作《土地的主人》至今的二十多年里,他不断地用笔倾诉着他在那块土地上的生存感受。像他在《活鬼》里塑造的侯七,足以作为当代文学中民间性格塑造得最生动的代表之一;他在《疼痛与抚摸》所塑造的水家几代女子,已经成为当代乡土文学史上无法回避的典型;还有其他一系列形象塑造,也都为我们理解民间的生存图景提供了独特的艺术把握方式。不过每一个作家的个性都有他的独特之处,张宇亦然,他留给我最突出的印象,却是他自我身份定位里的矛盾。在他作品的小说叙事里,所表现的这种个人身份矛盾是那样的明显,差不多笼罩了他小说世界的每一个角落,以至于弄清这种个人身份矛盾的内在脉络,就几乎等于找到了他小说世界的诸多叙述奥秘。

张宇在作品中的个人身份定位,不仅仅是一种叙述视角,叙述视角尚只是一种技术性的东西,可以被作者根据内容需要而随心所欲地调整;而他的身份定位,则是他从他对社会人生的真实体验中自然而然地生发出来的、属于个性范畴的东西。可以说,作者的这种个人身份内容由两部分组成。最根本的东西是一种民间气,或者说自己成长的民间土地所赋予他的生命原始内容。其次是在民间趋利避害和追求安全感的生存本能驱使下,派生出来的对民间之外的主流社会体制身份特别是城市身份的追逐和流连。用张宇自己的比喻,这两个部分又可以分别看作是他的灵魂和外壳。他认为:外壳就像手套一样,不过是灵魂的套,它紧紧套着灵魂,像牢房困着罪犯。外壳制约着灵魂,灵魂冲动着外壳,人这么个单位实际上是一个灵魂和外壳相互作用的集体。一个人的生命,其实是由外壳行为和灵魂行为两部分在进行,有时,是外壳拖着灵魂行走;有时,是灵魂冲动着外壳运转。① 值得我们特别注意的是,在张宇的这个比喻里,灵魂和外壳之间在本质上是分裂的、对立的,是一种约束和不得不接受约束的

---

① 《张宇琐记》,《当代作家评论》1991年第6期。

关系。这种对二者之间裂痕的突出,实在透露了太多张宇自己的个性特征。

民间气作为张宇的灵魂,是由张宇民间的出身和经历决定的。现代心理学已经证明,对于一个人的个性成长来说,早期的环境起着关键性的作用,不仅是以后个性的原型,也是以后个人行为的动力来源。对张宇来说,我认为,早年出身经历所带来的民间气,首先构成了他个性深层那种乡下人争强好胜的自尊一面。张宇出生和生长的洛宁,位于河南的西部,临近洛阳,山多地薄,人们的生活向来相当困难,但很要强。这种要强既来自这民间抗衡生存苦难的现实需要,也有着一种文化上的积淀。张宇自己也曾对之有过分析:由于洛阳在历史上的七朝古都地位,也由于洛阳所代表的中原文化在历史上的显赫,一度形成了这里人们根深蒂固的自豪感,"在我们那山里,老人们一讲过去的事情,好像永远京城在洛阳","在我小时候就认为天下只有两个京城,一个是现在的北京,一个是古时候的洛阳"①。即便后来中原社会地位下降,这种先天的自豪感失去了现实的依据,却并没有完全消失,反过来转化成了这里人们的极度要面子。张宇自己就生长在这样一个要强的家庭。且不说他的爷爷曾做过好胜的游侠,他的父亲也极其自尊。张宇上中学时,家里穷,没有足够的钱供他上学,每星期回家,他爹为了替他借钱,就要出去串门儿。张宇对之曾有一段特别令人感动的回忆:"如果头天晚上借来了,第二天就交给我,并说我手头正好有钱,你先拿去花。说话时那大大方方的模样,好像他从来都很有钱。如果没借来,他回家便一声不吭地抽旱烟,第二天早早下地去干活。我走时不见爹,就知道爹没有借来钱,愧对儿子。爹借债,从来不告诉家里人。他一个人担着债务,欠了一辈子的债,还了一辈子的债,笔笔一清二白,从来不叫穷。"②耳濡目染,形成了张宇身上极度的要强和自尊心。始终不忘记自己的乡下人身份,来向那些其他社会群体特别是城里人挑战,是他整个生命追求的原始出发点。

在张宇所生长的那个城乡差别悬殊的时代里,民间从生存的利害出发所能够做出的改变自己命运的唯一选择,只能是想法成为城里人。在张宇12岁那年到县里读中学的时候,他父亲所谆谆嘱咐的又是:"书本里有大肉白蒸馍,念好了就端上公家这碗饭,不用再像爹这辈子,用鞭子打牛屁股了。"③他只读了一年初中,就赶上了"文化大革命",一耽搁就是十年。在这期间他在家务过农,在外地打过工,这一段漫长而充满艰辛的生活进一步深化了他个性里的这方面的民间底蕴。在他25岁那年被招工到洛阳后,相当长一段时间内他的追求都

---

① 《张宇琐记》,《当代作家评论》1991年第6期。
② 《张宇琐记》,《当代作家评论》1991年第6期。
③ 《张宇琐记》,《当代作家评论》1991年第6期。

是很现实的:要不断奋斗,彻底在城里站住脚跟,实现自己小时候的自尊和荣耀。他说道:"刚参加工作当工人,总想找个吃商品粮的女人。因为政策规定,子女随母亲走户口。如果能找到吃商品粮的女人,我的孩也能吃商品粮。这样子子孙孙才能牢牢地端公家的铁饭碗,和农村划清界限。这个问题解决以后,我还想把工人变为干部。因为虽然全家吃上了商品粮,与城里人相比,还不算正宗。例如,犯了错误开除工职,咱农村出身的要送回原籍劳动,再也回不到城里。而人家只要换个工作,就可以重新开始。因为人家是城里人,不能开除到农村。"[1]应该说,张宇在追求这种城里人身份,或者说在构筑他的生命"外壳"方面是成功的,甚至达到了省作协主席这样"官"的层次。但从另外的角度看,对一个作家来说,过于功利化的现实目的总是要以对你灵魂中的某种东西的索取为代价的。由于灵魂里是把城市作为敌人来进行征服的,这使得他在表面上即便获得了超越一般人的牢固的城市身份,内心也始终无法和城市建立起水乳交融的感觉,无法在城市的现代理性文明方式中获得一种心灵的归宿。在发现自己不得不和城市共处下去时,转而想方设法寻求一种在城市安放自己民间灵魂的方式,成了他创作的另一方面主题。

这样就可以切入对张宇写作行为的理解了。我认为,张宇的写作行为,本来就是他这种双重身份追求的体现。以一头连着民间、一头连着城市的写作行为,阐发着自己不同层面的生存观感,正是张宇小说创作特点的关键。这里把张宇的小说分成两部分内容:一是本着"灵魂"需要审视自己赖以生长的乡土民间的那一系列;一是本着外壳需要寻找都市身份定位的那一系列。

二、走向深化的灵魂言说

本着灵魂里的民间情结来审视自己赖以生长的乡土民间的那一系列,涉及了作者身上最本质的东西,在张宇的作品里占有一个举足轻重的地位。从张宇1979年发表的踏上文坛的处女作《土地的主人》起,到其后在文坛上引起极大关注的《活鬼》、《河洛人》、《乱弹》、《家丑》、《完人》、《国公墓》、《阑尾》、《乡村情感》等中短篇小说,以及《晒太阳》、《疼痛与抚摸》等长篇小说,都属于这个系列。在这一类作品里,我发现它基本上是沿着由关注农民生存的单纯描述到以外部文化视角的反观,以及向民间更高层次精神回归的线索发展的。尽管作者并不是没有竭力引进知识分子话语等外部的价值视角,但总体上给人的感觉

---

[1]《张宇琐记》,《当代作家评论》1991年第6期。

是：民间气仍然是最后的制胜因素。在一度受到冲击之后，它不仅有效地消融了外部视角的挑战，而且把民间自身真正的生命尊严之旗高高挥扬。

《活鬼》发表以前，张宇的创作还只停留在记载"好人好事"的新闻体模式。尽管本能地要关注家乡农民的命运，可还没有显示出自己的风格。1985年《活鬼》的发表，在张宇的小说中具有里程碑的意义。尽管它是作者企图按照当时文坛流行的启蒙视角来对民间进行审视的作品，但已经开始溢出引人注目的灵魂里的民间气。《活鬼》写一个叫侯七的民间人物传奇式的生活经历。和以往的乡土文学中所出现的闰土那样逆来顺受、阿Q那样自欺欺人等形象都不相同，侯七出生于洛宁乡间，沾染了那个时代民间的骚动之气，既大胆妄为又处世洞明，既泼皮无赖又不失义气，既精明能干又能屈能伸。生活的历练使他不迷信任何冠冕堂皇的政治话语，他的所有行为首先都是要围绕着生存本能安排的。解放前他曾有落草为寇、做投机生意等不光彩的历史，主要是为生活所逼。解放后他也有为新中国做实事的热情，却被运动打成了"右派"，加入了"牛鬼蛇神"行列，成为每一次批判会都少不了的靶子。可在这种情况下，他不但没有气馁，反而利用自己的特殊身份在各派政治势力之间周旋，想方设法为自己争得一份生存。例如在"文化大革命"中，他因为学到了涂抹几笔的特长到外边给造反派画主席像和制造"红海洋"，先用要回去交副业款的名义从造反派那里讨得工钱，回去后又用自己是阶级敌人、挣的钱是臭钱、把钱交给谁就是和谁同流合污的借口使那些标榜"革命"想来他这收钱的造反派头头无功而退。似此之例，不一而足，就在"文化大革命"那样恶劣的时期，他却为自己攒下了装满十一个瓶子的钱。批判国民性的精英传统对这部小说的侵入，体现为作者对侯七这一人物理性评判上的居高临下的道德否定态度，"鬼"这一名词的概括本身便意味着这些。然而在具体写作过程中，受到内在情感体验的民间气左右，笔下的味道就变了，里边的叙述甚至是在一步一步地给人们对侯七行为的指责开脱：当一个国家一个社会的体制无法保护一个人以善良正直的方式生存的时候，谁又能给民间那种不正常生存方式定罪？

大概是被自身在《活鬼》里突如其来地表露出民间气灵魂吓了一跳，之后的《家丑》、《国公墓》、《晒太阳》等作品，张宇一度想逃离这种对民间"鬼气"的肯定。他在这几部小说中采取的方法是把主人公的身份与位于民间底层的侯七分开，让主人公所作所为的动机不再是单纯的求生本能，而属于过分的自私自利。这几乎是中国人身上屡试不爽的万能模式，批评和愤怒的矛头通常指向那些在一般人看来已经有条件不那样做却还是为了某种奢侈的欲望去那样做的人。《家丑》、《晒太阳》中的主人公身份，由侯七变成了成了一县之长的杨润生，其身上有和侯七一样的人情洞达、精明能干，可是他的人情洞达、精明能干所主要用来维护的,已经是自己的官位和生存特权。在《国公墓》里,作者又进一步把这篇小说的主人公魏少文,处理为一个身为文化馆馆长的官场油子,只求利益毫无原则。我们看到:当张宇采用这样的手法,的确暂时控制住了灵魂里的民间气的反叛,使对"鬼气"的批判置于对知识分子国民性反思主题下。

然而,事情并非到此为止。尽管张宇已经将自己的外部身份定位到了批判国民性的精英话语形态,而且这一转化也给张宇带来了极大的成功,以《乡村情感》的发表为契机,以《自杀叙述》和《疼痛与抚摸》为后继,张宇又把本来已有所偏离的视野拉了回来,出现了一种精神上向着灵魂的民间气回归的姿态,或者说又突然回归到一种民间化立场。这其实很容易理解。就像一个人为了博得别人的认可而穿某种在他看来很不舒服的衣服,而这一天他突然发现这种认可已经彻底属于他本人,哪怕他本人再穿出什么样的衣服,人们也都会因为对他本人的认可而认同他的衣服时,他的第一个念头一定是:把这些与他的真实感觉有违的外套脱去,把自己最喜爱的衣服再穿出来,哪怕以夸张的方式都在所不惜。这一阶段的作品,正是张宇作为灵魂的"民间气",在前一阶段的身份定位时有所压抑而造成的爆发。

《乡村情感》发表于1990年,紧紧出现在对乡土内涵所铸造出的人性里的阴暗部分进行一番批判的"活鬼系列"之后,在这里这一爆发体现出的浓烈程度如此惊人!它借"我爹"和麦生伯之间那种只有在乡村才能产生的朴实动人的情感、真诚无私的友谊,把和国民性批判主题相反的另一面大旗高高擎起。首先,这篇小说一开始就有一段关于小说叙述者身份的颇耐人寻味的叙述:"我是乡下放进城里的一只风筝,飘来飘去已经二十年,线绳儿还系在老家的房梁上。在城里由于夹着尾巴做人,二十年前的红薯屁还没有放干净。脸上贴着一种纸花般的假笑,也学会对别人说你好和谢谢,但是觉得骨子眼里还是个乡下人。"叙述者的身份无论如何带有张宇自己的身份印证。我发现,如果把张宇招工之前在城里打工的日子也算上,也基本上二十年了。不以自己正式招工,而以以前充满辛酸的打工日子作为自己进城的起点,这也从另一方面暴露了张宇潜意识里和城市对立而不是融合的态度,这种异己感才使他不由得怀念"那遥远的山坡和亲密的乡村,还有那温暖的黄泥小屋",并成为他写这部小说的动机。小说里的两个主人公"我爹"和麦生伯,有着一个和生活中的张宇起初曾全力追求的城里人身份截然不同的价值选择,"不知为什么'我爹'和麦生伯在城里放着官不做,却跑回山里当庄稼人"。其次,这篇小说还专门刻画乡土情感所孕育出的、城里人身上根本无法寻找到的人情人性的动人境界。在城市给人的感觉是压抑和疏远时,"我爹"和麦生伯却能在乡村结下那样肝胆相照的友谊。两人充满知心和默契,在一块时简直是一种诗的意境。在命运前,他们身上所体现出的乡土人民那种坦荡胸襟更堪敬佩。"我爹"陪麦生伯在医院检查,发现麦生伯患了癌症,他们也没有像一般人那样掩饰哭涕,而是平常待之,两人在一起哈哈大笑,觉得没什么了不起。麦生伯"这病别人能害,咱也能害,反正不害这病害那病,都是死"。"我爹"为了让麦生伯走得安心,也不顾乡下对病人的忌讳,出钱出力,赶着帮他一手操办了自己的女儿秀春和麦生伯儿子小龙之间的婚事。两人的一切都是那样透明,各自都在完成各自艰辛但无悔的人生历程。

在有关张宇作品的评论中,我注意到《自杀叙述》似乎经常被人们忽略。其实放在张宇向着民间回归的里程中,它起了一个很重要的过渡作用。它的功能也有两方面,一是摈弃《乡村情感》中无法深入的毛病,把主人公身份拉回到民间的最底层。里边的主人公张老大,是一个从别处讨饭到这里的残疾人,他寄住在寨墙边,靠在村头摆棋摊讨饭过活,没有家,也没有人知道和关心他的来历,自卑到对生活不敢有任何苟活下去以外的奢望。这里关于张老大的叙述被剥落了《乡村情感》中涂在"我爹"和麦生伯等人身上的乌托邦色彩,还原到民间藏污纳垢的本来面目,并从对民间藏污纳垢的本来面目的仔细剖析中,挖掘出那真正值得尊重的尊严和生气。张老大身上那种不容置疑的民间尊严和生气,是在下棋这一微不足道的行为中体现出来的。棋之外,他是受施舍者,是叫花子;但一旦进入了棋局之中,他就进入了一个任何力量都无法压制住他的状态,只对棋局忠诚。在小说里所描写的关于他的最有声色的三盘棋里,如果说同日本人下的那一盘,主观动机上尚出于求生无奈下的背水一战;那么在和国民党军官和共产党的县委书记下棋时,考虑到各种现实利益,他的主观上都想输,但作为一个棋手的内在精神不由自主地战胜了他的外部利害考虑,使他取得了不愿取得的胜利。特别是新中国成立后在同县委书记下的那一盘棋中,他知道支书要借此讨书记欢心好为村里的学校多拨点钱,他也知道自己多年深受村人的照顾没有理由不通过输棋来报答他们,可他对棋手的精神尊严的维护已经成为一种潜意识的本能力量,别人无法改变它,他自己也无法使之改变。他的死是这篇小说所赋予他的人生里另一个亮丽之笔:在发现棋外的世界和棋内的世界完全两样,而自己无论如何也无法牺牲棋内世界的规则去适应外部世界的规则时,他宁愿选择自杀这一捍卫自己棋内世界尊严的方式。张老大这一形象的刻画意味着张宇对民间的理解由感性到理性的深化,这种对民间的意义肯定因而也深刻得多。

借用各种视角把民间存在的价值方式发挥到极处的,是张宇的《疼痛与抚摸》这一长篇小说。这部作品继承了《自杀叙述》中从至弱者身上寻找民间最有意义的精神价值的模式,并且深化为一种全新的写作思路,企图在一个更为丰富的、立体的艺术世界里,完成他对民间生存价值的追寻和弘扬。作为一个更为丰富的、立体的艺术世界,和他以前的同类题材小说相比,首先体现为彻底打破了《乡村情感》中那样民间社会的一元模式而进入多元世界,在里边出现了乡土社会有着不同利益和心理的生存类型,像作为弱势者的水家女子、作为地主的曲书仙、作为土匪的牛二以及先被曲书仙收养后来成了干部的李和平,每一个人都有自己独立的生命道路和完整的心理轨迹。其次,由于中国传统社会是个男权社会,是以男性对女性的绝对拥有和奴役为基础的,而统治者和被统治者之间的关系也通常具有这种男女模式或者阴阳模式的性质,张宇在这里干脆找处于社会最底层的女性做主人公,借她们的人生遭遇为载体,把民间生命里那种看似至弱的精神本质,进一步张扬为一种至厚至强的东西。美丽而柔弱的水秀作为水家女子的第一代人,在苦难的命运面前异常刚强。丈夫死后她拉扯几个女儿过活,出于性、也出于生活艰辛她和丈夫家的兄弟铁锁私通被发现后,没有受到什么惩罚的铁锁因为内心的脆弱而自杀,遭受更大惩罚、被裸体示众的她反而能迸发出强烈的反叛锋芒,并在以后的日子里勇敢地挑战着世俗的成见,以自己的方式活下来。水秀的女儿水草作为水家女子的第二代人,被地主曲书仙收养和情愿被纳为二房,看似处于弱者地位,但一向体面的曲书仙在解放后因为要被镇压枪毙而软下来时,水草却上演了"送死"的精彩一幕:她在众目睽睽之下旁若无人地让他坐在自己腿上,给他喂饭,像一个母亲哄自己的孩子,鼓励他"一个大男人别像个娘们",使曲书仙在生命的最后一刻恢复了对死的坦然。水草的妹妹水莲,坦然面对和丈夫之间的情爱以及和土匪头子牛老二之间的性爱,并高傲地坚持着自己的人生态度,在解放后丈夫当了县长后,因自己的历史使其受到别人讥笑和可能影响他的前程时,她宁愿选择了自杀,把生命作为礼物送给自己的丈夫还他清白的名声。水草的女儿水月继承了这种刚强的传统,虽说起初出于对性的无知和神秘向往嫁错了一个窝囊的丈夫,可这并没有让她屈服命运;在爱上村里的书记李宏恩后,她义无反顾地向他奉献了一切,即使最后遭到和她姥姥水秀同样的侮辱也无怨无悔。和地位卑下、外表柔弱而内心坚强的水家女子相比,相关的主要男人们尽管外部身份上许多都拥有社会上的权力优势,本质表现则一个个令人失望。我们看到,铁锁可以拥有在通奸败露后免受惩罚的特权,曲书仙贵为一方有名的乡绅,李和平身为县长,李宏恩身为村里书记,可是在私情败露后铁锁竟然选择自杀,曲书仙一度流露出对死的恐惧;李和平无法拥有使自己深爱的妻子无所顾忌地活下去的魄力;李宏恩纵欲死在水月身上,还因为怕别人看见自己不穿衣裳失去脸面而不瞑目。在外部社会地位上作为弱者的女性身上所蕴藏的伟大,同在外部社会地位上作为强者的男性身上的虚伪与脆弱比较起来,反差是如此强烈,后者仅有的闪光点也必须依赖前者的赐予才能完成;而这不也恰恰说明了在作者心目中,最伟大、最仁厚的东西,往往只能被包含在最弱势者最卑微最不足道的日常生命形式里吗?

三、试图和解的"城市逍遥"

张宇的创作还有一类城市生存题材的作品,也就是作者本着自己城市艳羡的外壳需要,在寻找都市身份定位时自我探索的那一系列。因为尽管本着灵魂里的民间气,作者在心理上可以同情乡村,回味乡村,甚至对乡村的生命意义做出如上的颂歌,但无论如何我们不该忘记,这只是张宇作为反抗城市压抑的一种手段而出现的,正如他自己所说:"因为离开了乡村,我才不断地思念那乡村情感,其实真要我返回乡村去生活,我肯定无法忍受。这不是虚伪。我虽然不满和抵抗城市文明,真要我离开城市,我又将无处遁逃。"①由于已经成了一个都市人,而且也不打算放弃都市身份,那么作者所要做的另一个内容自然就是寻找自己可以接受的都市身份定位。在这种探索过程中,作者也面临着一个如何处理自己灵魂里的民间气问题。如果我们也在这一类创作中寻找出一个相对完整的心理轨迹,我发现它大致经历了由对失去自我的琐碎、虚伪的机关生活的失望,到对都市温情的寻找,到自我生存特征的都市民间虚拟化,到最后彻底回雅向俗的市井化认同的过程。借用作者一部小说的名字,我愿意把这一类小说的主题线索概括为试图和解的"城市逍遥"。

对丧失自我琐碎、虚伪的都市主流生存方式特别是事业单位生活的失望,是张宇完成自己从农村身份向都市身份嬗变时的最早主题。《一笑了之》、《完人》、《没有孤独》、《阑尾》、《城市垃圾》等作品可以看作这方面的代表。张宇的城市身份是从他被招工开始的,但刚被招工只是张宇获得城市身份的一个起点;要使张宇有一种稳固的城市身份之感还不能到此为止,还需要取得干部身份这个更大的护身符。这中间还有一个复杂的攀登过程。因而这一部分的生活内容对张宇来说,自然有着非常特殊的意义。尽管他也努力在单位里寻找着向上的机会,并且在这方面命运对他也不算苛刻;但从另外一方面,他又有一种这种行为过程中无法确认自我的焦虑感。民间气的灵魂里所骚动的对纯真朴实生存方式的渴望,以及过去漫长的梦寐以求过程中对将来的城市生活所抱的过高的期望,都被眼前的生存现实碰得粉碎。更致命的是,他还明确地发现,这种失望还不是依靠着向更高的城市身份的阶梯的攀登所能消除。这几篇小说也正是他在当初攀登城市身份过程中的这种失望的心理态度的映射。《一笑了

---

① 张宇:《疼痛与抚摸》,人民文学出版社,1995年,第251页。

之》以一个县文化馆为背景,里边以一个总想转正的临时工为主人公。由于自己身份的不稳固,他拼命地做着各种工作,做出了公认的成绩并成了公认的人才,但在叠床架屋的官僚机构的固有运作方式下,在上下级部门的互相算计和扯皮推诿中,所有的利益都与他无关,最终还在一个朝不保夕的临时工位置上。《完人》写的是一个县委组织部里为下边干部写考核评语的事,主人公贺春生已经有了一个相对可靠的城市身份,出于年轻和认真,他在为一个干部填写缺点时实事求是地写上了"偶尔工作中有浮夸现象",可在这个人际关系高度复杂敏感也高度虚伪势利的官本位社会里,他这样的做法竟然被周围所有的人都认为是"暗算了人家","捅了人家的血刀子"。《阑尾》里一位市长得了阑尾炎,这本不是什么大不了的事情,在张宇笔下却成为展览一个医院里众生相的窗口:医院不懂业务的张书记、不学无术的外科主任徐医生要把这视作拓展前程的天赐良机;有真才实学的丁院长把这作为可能让别人出丑的机会;护士、护士长又要借此来换出职称、住房和奖金。每个人都出于各自的自私动机来投机取巧讨好领导,反把正常的事情搞得一塌糊涂。《城市垃圾》中,作者干脆以身说法,以自己入住郑州一家还算相当体面的家属院遇到的一系列琐事,来表达对这里虚伪、自私的人际关系的厌恶,决心"今后宁愿给钱打交道,也不和人打交道"。当然,城市机关里、单位里人们出于各自动机所使用的种种心机手段,在形式上和侯七这些乡土人物身上那种民间智慧有共同之处;但都市条件下人们的欲望内容,一开始就同乡土民间最底层的服务于基本生存要求的特点有所不同,所以也直接被置于作者的批判之下。身为市长都在这种无形的大网中无法获得真实和自由,何况一般人呢?

    对都市生活温情的渴望与寻找,是张宇在自己都市身份定位初期派生出的另一方面主题。《大街温柔》等属于这方面的代表作。对丧失自我琐碎、虚伪的都市主流生存方式特别是机关生活彻底失望,意味着外壳行为所能给作者带来的最高社会身份,仍无法给作者的灵魂赢得真正的归宿。然而,既然已经成为一个城市居民,他也不可能永远使自己处于极度紧张无依的对立状态,必然要寻找一种自己给自己解脱的途径。这里作者要找的这种都市生活的温情,就是在不至于特别损害自己都市身份利益的前提下,一种能把自己从主流身份方式中解放出来,并和作者的灵魂里的民间气多少形成一些沟通的感觉。《大街温柔》叙述的是平民李振华和县长于清芳之间的爱情故事。家境富有的于清芳在还作为农村娃子李振华的中学同学时,就爱上了他。她嫁给他后,在自己成了乡里领导,甚至成了县长后,都一直对他一往情深,对他充满依赖;无论他是一个农民也好,还是一个扫大街的工人也好。但也像《乡村情感》中所塑造的"我爹"和麦生伯之间那种乡土友谊的乌托邦性质一样,这种整合了都市主流身份和民间温情的爱情故事未免过于脆弱。作者为了给平头百姓李振华制造被地位高出自己许多的妻子所爱的理由,给他制造的对官场运作及人情世故的洞若观火,同他故意处于公共场合摆大男人架子的狭窄心胸实在不谐调;妻子于清芳对丈夫那种依附得没有任何独立意志,甚至好心帮丈夫扫街却换来丈夫一耳光时,连当面质问一下的勇气都不敢有的形象也太虚幻。既然无法在这种整合了都市主流身份和民间温情的爱情故事中使心灵获得驻足,那作者也只有继续寻找下去。

  完成自己外壳行为都市身份追求的从单位人到文人的心理角色转变,为自己在都市民间里制造一种虚拟化、意境化的生存方式,是张宇在自己都市身份定位过程开拓出的另一个主题。《城市逍遥》、《枯树的诞生》等一批20世纪90年代初的小说可谓这方面的代表作。随着作者都市生存经验的进一步增加,作者对写所谓干部和平民之间都市温情之类的故事也感到虚幻。从另一个方面讲,这时张宇经过长期努力,进入了河南省的省会郑州,在作协里赢得了自己的一块立足之地。总的来看,他算得上已经取得了一个比较稳固的城市资格;已经达到了外部追求的目标,不用再担心因为自己的某种原因而失去它。或者说,他可以有条件对城市的主流方式不再付出过多的焦虑,可以有条件以一种紧张度相对有所缓和的心态,为被压抑的灵魂本质寻求另一种的释放。这种释放找到的一种异于政府单位空间的新方法是,利用自己的写作行为所赋予的文人角色,为自己锻造一种都市里非主流的意境化生存空间。有意思的是,作者所为自己制造出来的意境化的文人生存方式,是借助于养树体现的。在一本书的自序中,作者明确地说道,这几部作品都带有自己形而上的心理素描的性质:

  由于原本是农村人,进城以后觉得断了根。你不能老写作吧?写作之余心里总是空空的没有着落。城里人多,前后左右都是主儿,好像越是挤在人群里,就越是感到孤独。一直到1990年吧,自从我开始养树,心里才踏实下来。就觉得有伴,不再那么寂寞。①

  《城市逍遥》等几篇小说的内容都是和养盆景有关。《城市逍遥》叙述的是从乡村走入城市的盆景艺术家鲁风的故事。在压抑的城市里,鲁风把自己的乡土人生经验全部浓缩到对盆景艺术的追求中,获得了艺术上成功的同时也保持了灵魂的高洁。《枯树的诞生》写作者和几个养树的民间朋友围绕着养树、搞树桩的一些生活琐事。从某种意义上说,这不过是历史上的中国文人在无法改变外在世界时,借对花鸟草虫等小天地的寄情来独善其身传统的延续。不过,由于作者身上

---

① 张宇:《城市逍遥》自序,华夏出版社,1997年,第605页。

灵魂里的民间气和都市生活尚存的对立,即便作者为自己在都市民间里制造的这种虚拟化、意境化的文人生存方式,也同样没有足够的能力来掩盖这组矛盾。我们看到,当"离开自然生活在文化里"作为作者都市生存状态的一种素描,被和栽在盆里养的盆景放在同一种意义上理解,就注定了这种方式或多或少的悲剧性。作者在《城市逍遥》里,曾借主人公鲁风之口对盆景有这样的议论:"从一棵树变成盆景,你反抗,你失败,你再反抗再失败,到最后你终于得出了一个道理,反抗永远是没有出路的,别人永远在摆布玩弄你,你永远把握不了自己的命运。"盆景从另一方面来说本身就是树的自然状态被扭曲被变形的产物,树犹如此,人何以堪!它仍然难以成为释放张宇灵魂里民间气的真正出路。

彻底回雅向俗的市井化认同,是作者张宇在自己到目前为止都市身份定位过程中的最后一块落脚地。都市生存毕竟是实际的,几乎每一个在其中生存的人都会发现它无所不在的同化力量,感到个人和它抗衡中获胜希望的渺茫。特别对张宇来说,他的先天性民间身份决定他的创作只是一个倾诉自己内心不平的过程,为自己以及和自己有着同样卑下的农村出身的人鸣不平:不平于他们所蒙受的不公正待遇;不平于他们被忽视的美好人性。但他这种不平的最终指向,并不是要从根本上否定城市,而是一种争取。他要把自己对城市优越感的嫉妒艳羡,转化为对由不公平的社会格局所制造出来的、更高的外在社会身份的认同和追求。这里最主要的动机来源,还是民间潜意识里趋利避害的本能和那种很世俗的"想证明给你看"的心理情结。由于他在寻找自己的都市身份定位时,也无法在传统文人意境化生存方式所达成的有限和解里满足,所以他不得不继续寻找新的方式。在张宇所创作的长篇小说《软弱》里,张宇干脆出现了一种彻底回雅向俗的市井化认同。这部描写都市男女传奇故事的小说,在两个方面将他的民间灵魂和外部身份的和解推向了新的高度。一是在还原自己都市身份定位的民间性方面。作者首先剔除了他为了缓解自己两种身份的冲突而一度乞灵于知识分子化的方式,明确宣布了自己所要重新还原的世俗身份:"因为早年没有上过大学,年轻的时候在世俗社会里转悠,总害怕别人说自己没学问。于是就在以往的作品中喜欢比画一点新方法来装修叙述的门面,甚至还摆弄几句来装点深刻。现在用不着了,早评上一级作家的职称,相当于正教授,孬好总算也混成知识分子了。"[①]这段不无调侃也不无自得的话至少传递出这样一个明确的信息:经过多年在城市里的磕磕爬爬,他也可以以本来面目享受都市了。二是在沟通都市世俗人性和作者认同的灵魂里的民间人性的一致性方面。以本来面目来享受都市,也就意味着他对都市的生存方式里有了和自己

[①] 张宇:《软弱》,人民文学出版社,2000年,第345页。

本来的民间气能够兼容的新发现。《软弱》里边所描绘的黑道白道、各色人等充斥的都市民间社会里,有和乡土社会一样真诚善良、可以相互信任的温情,如擅长捉小偷的警察于富贵和他的搭档王海之间在工作中和个人生活中都能心照不宣的友情;有区别于主流道德形态的民间色泽混杂的价值演绎,如警察王海以黑道的方式帮助沦为妓女的纯洁姑娘摆平无赖的纠缠,于富贵和身为黑道高手的自己小姨的感情纠葛。更重要的是,作者也像感悟乡土人性难以以理性界说的复杂特征一样,发现其在都市里的同样存在。

四、身份裂缝中的叙述特征

由于张宇个人身份中的灵魂和外壳两方面内容的分裂,把他和同是河南乡土作家的李佩甫、阎连科、刘震云等放在一块比较,就会发现许多耐人寻味的东西。作为同一块土地培养出来的作家,他们固然有相通的地方,特别是在心理上都有无法摆脱自己"乡下人"的潜意识情结,但张宇在写作中既不像阎连科、刘震云那样彻底认同于民间社会底层的一分子,以民间受伤后痛苦而绝望的呻吟来直接控诉那给他们制造苦难的权力形态,也不像李佩甫那样基本认同精英立场,继续高张着知识分子国民性批判的大旗,通过对被称为"绵羊地"的豫中平原这块土地上人们"有气无骨"的劣根性的挖掘,来丰富这一知识分子的精神传统。张宇把自己人为地陷入了内部真实情感和外部身份追求的矛盾中,对乡土生存既同情又疏离,对外部体制既敌对又追求;他所寻找的立场也是实用的,更多地具有策略和表演性质。尽管他不是不想坚持为民间所蒙受的不公呼吁,但由于时刻注意开拓民间在不同的环境下所具有的实用功能,他的立足点总在游移的,时而用作超越固有民间身份的生存手段,时而用作对抗都市生存的旗帜。特别是在发现自己同都市的直接对抗并不那么尽如人意时,在感到自己赢得生命外壳追求的成功却始终无法超越灵魂里的民间烙印时,又索性寻找一种与之和平共处的方式。这一切使他的作品于内于外都多了些混杂,少了些纯粹。他所营造的民间意象的优点和缺点都缘此而生。

首先,民间气作为作者的灵魂,决定了张宇作品里的主要人物,像侯七、张老大、水家女子、于富贵等,身上都有丰厚的民间特征。他们的心理方式、行为方式以及价值方式,都是民间的生存本能在同外部生存环境的肉搏中形成的。陈思和先生在研究20世纪文学史时,曾将中国20世纪的思想文化形态概括为三种类型:庙堂话语形态、精英话语形态和民间话语形态。此论诚然。而我们也就此发现,张宇笔下的这些主人公大都具有典范的后者特征。不管是侯七、张老大也好,还是水家女子、于富贵等,他们的个性特征都既无法在主流意识形态话语里获得答案,也无法在知识分子批判国民性的主题里得到充分的解释。他们大都是从民间自身的传统及生命本能里汲取营养,开辟着自己的生存道路,有着自身多姿多彩的生命演绎,像体现在棋道里的生命感悟、小偷与警察之间的心灵沟通等。

其次,在作者对民间之外身份追求过程中尝试的多重视角,也包含了许多外部的现代人文内容,当它们和民间内容结合在一起时,就使这里多民间生命内容的展现比纯属门槛内的作家多了几分开阔。也真有点如张宇自己后来所解嘲的那样,"因为早年没有上过大学,年轻的时候在世俗社会里转悠,总害怕别人说自己没学问,于是就在以往的作品中喜欢比画一点新方法来装修叙述的门面",我发现,在河南作家的小说创作里,他似乎是最热衷于不拘一格地引介和摆弄新知识的人,不管是社会学、心理学、文化学的。例如在塑造《活鬼》里边的侯七时,张宇不仅让他以民间藏污纳垢中的生存机智让局外人瞠目结舌,而且也多少介入了精英知识分子的文化理念,从时代、环境以及个人性格上来赋予其个性形成的合理性。其他如《自杀叙述》里对意识和潜意识观念的借重、《疼痛与抚摸》里对现代精神分析学说的引入,描写都市感受的作品里对西方现代主义所强调的存在的孤独感、荒谬感的借鉴等等,也都极大地提升了他作品的主题容量。在大都喜欢采取固定视角和单一立场的河南乡土作家中,它的确给人一种万花筒的感觉,许多地方都不乏画龙点睛的效果。其中一个我感到印象最深的,就是作者在《自杀叙述》中,赋予张老大每当感到沉闷压抑、每当经过棋盘上的生死相搏而获得一种胜利时,就不分场合、不由自主地发疯一样大吼"乡亲们——回来吧","乡亲们——日本鬼子走了"的细节,它充分地体现着作者对现代心理学的运用成果。因为从现代心理学的视角来看,当一个人在某个特定的时候受到外部刺激,这种刺激又形成了他特定心理内容的话,那么这部分心理内容就可能构成他的一个心理潜意识情结,平时蛰伏着,在适当情况下就会不自觉地反复表现出来。作者对张老大的刻画就是这样,让他在双腿残废、长期以来极度自卑的极限处境下,面对前来烧杀的日本鬼子无路可逃时,突然迸发出意想不到的勇气,用自己棋艺拯救了全村,这是一个正常人也难做到的事情。从一个可怜的角色突然转化成了勇士,而且是理所当然不带任何勉强色彩的勇士,这自然形成了他极强的、渗入潜意识中无法抹去的情感记忆。正是作者把现代心理学逻辑恰到好处地穿插在不同的时代背景下,才造成了如此撼人心肺的效果。

其三,除了优点,也还造成了相当的缺憾。我们看到,徘徊于灵魂和外壳双重追求之间的立场游移,还带给他一些在民间生存处境揭示上的浮气。这从张宇和刘震云的比较中就可以看出,同是以呈现河南地方民间内容为主的河南籍作家,张宇虽然不断地开拓题材和转换主题,表面看来色彩斑斓,但缺乏刘震云从早期的《塔铺》到后来的《故乡面和花朵》等一以贯之的为民请命的激情,缺乏他那对压迫民间权力体制从形成到结构到话语层层解剖的锐利。如果说刘震云是握紧拳头打人,几乎全部的力量都连续用在一个地方,因而能重创对方的话,张宇则是到处下手,不乏精彩之拳招,使对方处处挂彩可惜未有一处致命。不是张宇没有这样的能力,而是他过于喜欢呈现自己的多方面才华。还有,当过于功利性的生命外壳追求强行介入作者的民间呈现时,还给张宇作品带来了十分明显的俗气。张宇的作品里有不少媚主流意识形态的软性话语,有的是作为一种叙述中的调侃出现,这倒罢了;无法让人释然的关键在于他对权力体制进行批判时的避重就轻。从李佩甫、阎连科、刘震云等其他河南作家的小说创作里,我们可以发现,在河南的民间社会里,民间生存和传统的权力体制之间的冲突通常是无法调和的。所以李佩甫等其他一些河南作家都是以对这两方面内容的出色表现而赢得了成功。但在张宇这里,两方面内容都被弱化。为了达成不同身份要求间的调和,在需要对体制进行批判时,他通常是套用主流话语所认可、所倡导甚至是所规范的一种内部反省方式简单了事。例如《活鬼》中作为主人公侯七生活的当代社会背景,从新中国成立初期到"文化大革命"以及改革开放的社会历史叙述,都和主流意识形态的口吻过于一致;似乎侯七的不幸仅仅在于他遇上了这些不正常的历史事件而已。这些历史事件背后有没有更深层次的原因?它们和侯七个性的关系有没有更进一步的联系?或者说,主流意识形态所赋予的这段历史的终结是不是意味着侯七身上的"鬼气"也可以得到终结?在这些需要进一步追究的地方他住手了。《乡村情感》里做了一辈子农村工作的两个老党员老朋友的最后谈心,思考党和国家的命运,得出了权力需要监督的结论,这看似深刻,但不也是当时政治教科书上的套话吗?同样的道理,因为他有一种对外壳身份的艳羡,所以他对那些权力一族的呈现,虽然也有所批判,但总不忍心把他们置于彻底受否定的位置,不仅依旧赋予他们以令人艳羡的光泽,还让他们总处于大家关注的中心地位,在涉及这些特权人物人格上的真正问题时,他也常用一些空洞的概念打马虎眼。不能不说,凡是张宇作品中出现的权力人物或官方人物的形象,差不多都是最薄弱最不成功的。

其四,由于其民间灵魂在意识深层的主导作用,还导致他有一种本性的偏执,容易从一个极端走向另一个极端。从某种意义上,这也可以概括为由逆反心理带来的片面化倾向。张宇关于自己曾有过这样的解释:

上学时听说地球是圆的,还要围绕太阳转,我心里就别扭。我问老师,为什么我们围着太阳转,不能让太阳也围着我们转一转吗?等知道地球有吸引力后,我就感觉不是我们站在地球上,而是我们被吸在、停在它上面。这以后我产生了一种逆反心理,什么事都反过来想。再坐在石头上晒太阳时,就不觉得是坐在石头上,而觉得石头坐在我屁股上。我站起来时,不再觉得是站在地球上,而觉得地球站在我的脚上。晚上睡下时,又觉得床铺睡在我身上。这全是因为地球把我们钉在了它的身上,才让我感觉不到它在转,反认为太阳在转。①

中篇小说《乡村情感》的主题呈现就是这样走极端的一个明显例子。本来是在追求城市身份却又感到城市的压抑,于是就转过来把乡村的东西美化成一尘不染的、足以让城市人惭愧的风景;逆反心理在这里驱使张宇不惜放弃了对乡村生存真相的坚持。这种走极端的片面化倾向,也导致张宇在对外部现代人文理念的运用上,有时无法达到圆融境界。我们已经知道,在作者外部身份追求过程中,喜欢尽可能地引进一些现代人文理念来进行阐释。可是一方面,灵魂里的民间成分致使他并不愿意很认真地消化这些新观念;另一方面,基于逆反心理造成的偏执,很容易使他把本来只是一两个局部透视方式的理念孤立起来运用,并推到一个绝对化的程度,从而多少有些陷入一种求深得浅的观念演绎陷阱。《疼痛与抚摸》中这些方面的表现就颇多。拿小说里水秀走上对传统道德背叛道路这一情节为例:水秀和小叔子通奸败露后,被剥光了衣服游街,由满腔委屈转为对天地的咒骂,由对天地的咒骂紧接着上升为一种现代意义上的女性自觉,并接着发出"我的肉长在我身上,我想给谁睡就给谁睡"的宣言。她发出的这一宣言不是一种现代最前卫的女性主张是什么?只是立意虽然精彩,人物的心理过程难免有概念化倾向。我们知道,现代女权理念的核心是反对传统道德套在妇女身上不公平的枷锁,捍卫妇女的反抗权利。可传统道德套在妇女身上不公平的枷锁不只是外在的,尤其是在中国,千百年来它已经内化为一种女性的集体无意识,成为女性人格结构的一部分。一个人要反叛它、反叛自己的道德无意识,是极其不容易的,不仅需要灵魂的勇气,还需要大量的现代知识的积累。所以现代女权运动的进行才会那样的艰难,而且至今还未得到社会大多数人的理解。鲁迅笔下的祥林嫂,被赋予生命内容虽然不如水家女子丰富,却被赋予了一个千真万确的真理:"她大约只觉得苦,却说不出。"像张宇所设计的"人在痛苦极限时丧失理智,就轻易抖落身上传统和道德的灰尘,赤裸裸

---

① 张宇:《城市逍遥》自序,华夏出版社,1997年,第603页。

发出要求平等要求自由的呼唤",只能说作者为了追求一种叛逆的效果而过分求助于对女权理念简单演绎,它反过来损害了人物形象的可信度。

最后,张宇的这种身份矛盾甚至也影响到了他的语言叙述风格。张宇的作品,语言通常有一种民间的幽默。民间出身使张宇对现实民间弱势情况下那种应付苦难的自我解嘲、以退为进的生存艺术有深刻的领悟;当他在城市里达成"外壳"生存时,又再一次感受到自己的弱势处境,所以就自然而然再次乞求于这种化解焦虑、保护自己的生存艺术。但是,由于乡村和城市有着利益鸿沟,在作者以倔强的姿态向后者挑战的过程中,又不能不经常感到来自对方的重压,感到一种潜意识里难与后者彻底融为一体的落落寡合。这就导致了张宇幽默里的另一种味儿。在《返香》里这样一段调侃颇有代表性:"妻子还年轻,半路人家弄成一个寡妇。虽然妻子是心胸宽阔之人,最看不起男人,常常认为也常常光明正大地说,男人一大把,有的是。我也相信我死后她一定坚强,极快地会忘掉过去展望未来重新鼓起生活的风帆,迅速找到自己的意中人,甚至比我也好得多。但是我的突然死亡毕竟搞得她措手不及。"这段调侃出现在作者自以为得了大病,结果被证明是场误会之际。本来,即使那些双方真有裂痕的夫妻,只要不到十分严重的地步,都没有必要把死呀改嫁呀之类的话这样正式说出来;何况这篇小说里也不是真的为了表现主人公和妻子有什么裂痕,使他真正耿耿于怀的,其实仅仅因为他妻子有先天的城市身份而已。这样的幽默似乎已经很难说是纯正的幽默。张宇的作品,在叙述方式上还有一个过于偏爱议论式解说的弱点。个人身份追求中双重趋向间的分裂,使他更多的是跨在民间门槛上,对着门槛里的人絮叨以门槛外的知识,对着门槛外的人又显示门槛内的风景,议论式解说便成了一种指向目的最方便的叙述方式。因而在张宇的小说里,叙述者大都是以"我"的姿态出现,主动参与进故事的发展中,成了作品中的角色之一。可正因为无法达到本来的民间灵魂和外部人文视角的完全融合,兼之以他有意要以门槛上的身份来向门槛内外进行双重炫耀,他的解说议论虽然不乏精彩之处,但总喜欢把前边已经叙述过的东西,再用旁观的第三者的身份继续感叹一番,生怕别人不能领会似的,难免有啰唆之嫌,这里就不再一一举例了。

总之,特殊的个性特征既造就了张宇创作的精彩,也导致了其很多方面的不足。事实上,这也许就是张宇的独特性吧。

原载《文艺争鸣》2007 年第 8 期

论张宇的文学转型

李丹梦

如果把写作视为内气的运作与修炼,张宇的叙述大致从《软弱》(2000)开始渐入"佳境"。那个在《疼痛与抚摸》(1989)里喋喋不休、刨根问底、把故事折腾得支离破碎的叙述人"我"不见了,张宇克制住惯发的议论"哮喘",一本正经地讲起了故事,用故事把自己包藏起来。从《软弱》到《表演爱情》(2003)、《蚂蚁》(2004)、《检察长》(2008),以至刚推出的《足球门》(2010),叙述愈来愈从容晓畅。《软弱》是对之前写作的一种反拨,以前跟你玩点"花活儿"是为了证明俺的实力,现在能由着性显露"真容"了,时髦的叫法是日常关怀,是大气。从宽容出发,落脚在谅解,这给人性的发展腾出了可能与想象的空间。早过了不惑之龄,天命也悟到了,横竖还有什么看不惯、瞄不透?《软弱》的叙述、构思中含有浓重的人到中年的味道,身份的外壳松动了,几成滥调的"警察与小偷"故事被张宇经营得摇曳多姿,出人意表。于富贵是顶尖的反扒高手,可在家和单位却吃瘪自卑,他的强悍与灵性只在抓人的时候闪现出来。从生命的能量守恒角度言,执行任务对于富贵更像是备受挤压的力比多的转移与释放,是创造、欣赏和激情的鼓荡,难怪搭档王海说他最离不开、最爱的是小偷了。道德、伦理、公正、规则,被张宇推向了暧昧与虚无。那场跟扒手头目秀才间的"单挑"写得惊心动魄,好不容易制服了秀才,却又肝胆相照地背着他上医院,这算哪门子警察?更有趣的是,这个生活拘谨、板正的于富贵跟自己的小姨子刘莉还有一腿子浪漫,莫非对方当时太小看走了眼?可又不是,刘莉对于富贵情深意重,为他生了孩子独自抚养不算,在消失了十几年后,突然摇身变为江洋大盗,正式走进了于富贵爱的视域。真是不偷者不爱呀!

同样的构思伎俩还体现在《表演爱情》与新作《足球门》中。女检察官江珊爱上了嫌疑犯张明亮,而这个所谓的嫌犯也真不赖,貌似一个爱国商人,讲起"三个代表"头头是道;堂堂大河足球俱乐部的掌门人李丁,跟集团总裁何剑南居然在感情上有前科,与李丁顶牛作对的下属何佳音,正是二人的私生女。这一隐秘的三角关系吊足了阅读的胃口。纷纷扬扬地说了一通球事,归根到底还要靠"情事"来提纲挈领,其中包括作者早已谙熟的官场厚黑学。足球,对《足球门》来说只是个外套,张宇感兴趣的还是人,人的生存,人与人之间的关系。从中原山区农家走出的作家,又做过县委书记,张宇对人际关系有一肚皮的心得、教训和委屈,它们在《公民》、《苦吻》、《瓷砖》《一笑了之》等篇中已显山露水,长篇《晒太阳》(1988)更是被称为大小官员必读的官场指南。这种"世事洞明、人情练达"的张宇式智慧贯彻到了《足球门》中,有"职场坛经"的意味。作品具备坚实的社会性、新闻性、纪实性、故事性,文学性却不大好说:是前几性的叠加,抑或一个广义的文学 ×? 总之跟作者早先追求的纯文学的旨趣已大不相同。张宇有一个很睿智的讲法,叫"小说化"。"小说不是大说和中说,只能是小说";它"是一种耳语,是作家与读者的耳语"。这种低调的、自娱娱人的叙述是否切中了《足球门》的文学脉动呢?《足球门》原名《寻欢作乐》,一个看去有些不着边的名字。莫非正像张宇在《软弱》后记中自言的追求写作的"轻松和愉快","寻欢作乐"亦是一种写作状态的袒露与道白?

有论者说,从《软弱》开始,张宇写起了"人性的传奇",这跟张爱玲的"在普通人中寻找传奇,在传奇里寻找普通人"有相通之处。说透了,是"好看",追求常人眼中的素朴、渴望与烂漫。张宇仿佛和上了时代转型的文化节拍。我并不认为这仅是一种市场化的权宜与自我修正,张爱玲从不讳言自己是个通俗作家,然而把"通俗"、"媚俗"之类的名目照搬到张宇身上却有失片面。即便认定《软弱》后的作品是"媚俗"之作,这也是作家几经挣扎、抉择的结果,还原这一过程远比单纯的指摘更有意义。看张宇笔下的"人性传奇",总想起作家钟爱的盆景。他是把"人"当成"树"来养和依傍的,这里酝酿、生长着一种念想与自我期许。人物的言行、人性的发展虽然各不相同,有的地方甚至传奇得过了头,但遵循的原则只有一个:内里的圆融与平衡。于富贵既然在"抓扒"上无人可比,那就写点他窝囊的地方。如此强、弱枝搭配、比衬后的"人性盆景"才显得生动自然。借用盆景结构的一个术语,叫"随"。包括爱的温润、恨的冷峻,也要错落、参差些才好。这种有意味的人性形式的布局、把玩,我以为是张宇将现实"小说化"的用力核心。想法固然不错,原则上也无可挑剔,但总觉得有丝丝匠气。笔下人性的转折来得太轻易、圆熟,叙述人本该有的踯躅、朴拙、疼痛及内心的热量、波澜,哪儿去了?

不要把这视为纯粹的缺点,我们碰到了张宇小说中最坚硬的部分,换个角度看亦是作家最自我的部分。《足球门》的结尾安排李丁在冲超成功后辞职,写得仓促而突兀。从作家的"小说化"思维而言,用逃跑的尾巴接续此前那个八面玲珑的李丁,能把他性格因子中硬性的果断能干的枝条软化、中和一下。然而,这是一个相当勉强的说辞。由于逃跑本身并非最佳的叙述设置,而且作者也没有把逃跑展开写,这样的结果自不能取悦读者,他们满心希望那个影影绰绰的家庭三角能继续下去。如果认同上述分析,那就只剩下一种解释,逃跑是指向作者自身的,系作家生存状态和写作态度的隐喻表达。一种没有办法的结尾办法。用逃跑来维持内在及人际间的平衡,以欣赏和布局矛盾的方式来回避矛盾的解决;或者反过来,通过悬置问题(尤其是价值评判)来呈现、欣赏矛盾。

由此衍生开来,把人物当盆景来栽培,即所谓"人性的传奇",不仅是为了"好看"或者出于小说的审美需求,它还带有自我拯救和修炼的意味,尽管有点画梅止渴、隔靴搔痒。通过对他人人性的圆融化处理来消磨火气,间接憧憬、描摹着自我统一的图景。

啥时能把自己也像个盆景似的整治整治?

从《软弱》到《足球门》,张宇终于觅到个稳妥、可靠的叙述位置或叫主体身份。如同栽树人,他着力于故事的架构与洞察,绝不自伤。其经验、老道和智慧,我们见识得多了,其他方面却被封闭起来。虽说也怪好看的,但就像品酒,寡淡了些。

以此看张宇的议论,会多一层理解。依传统的看法,在小说中频发议论是叙述的大忌,破坏了文本的含蓄不说,还免不了一面之词的单薄与强硬;也有人说这是以理性写感性,是张宇的形式创新。其实,任何文体都绝非纯粹的"装点门面"或技术考虑,它和作家的心态及精神结构对位呼应。张宇的议论中潜伏着一种不平之气。他的议论涉及面很宽,也不乏精彩的地方,却很难留下印象。掩卷沉思的结果,常常是议论的内容都忘记了,只剩下孤零零的议论动作与腔调。这在《疼痛与抚摸》中表现得最明显。感觉这个叙述人,"我",太要说话了!一种类似"六经注我"方式的"小说注我",故事成了他发挥的口实,亦是必要的收束。与其说他在议论,不如说在倾诉和自言自语(别指望议论能激起什么现实的浪花,它是不及物的)。那种尖锐挣扎、步步紧逼的劲头,不正是内心郁结难以遏抑而四处出击、发泄的无意识流露吗? 作者从不避讳议论的发生源:"我",甚至经常在跟所述情节不搭界的情况下(如在陈说李洪恩在跟水月的性高潮中突然死去时)斜里发挥地谈及"我"的乡村情感、城市生活的困境,等等,也都暗暗说明了这一点。

身份的纠结,尤其是城乡身份的对立,是理解张宇小说的一个关键。从农家底层走出的作家,自打有意识起,世界在他心里便是一分为二的。长时期的城乡分治以及重工轻农、以农补工的倾斜政策,造成了农民实际地位和文化地位的低下。加上历史遗留的不合理的等级制度,常常使农民在人格上也处于一种屈辱的地位。这不能不让农民之子的张宇感到痛苦和不平。"乡村—城市"视角是张宇把握现实的切入点,也是他文学思维的基本构架。同时,写作的过程也跟作家由乡入城、证明自我的人生奋斗焊接在一起。在乡土生命体验和现代都市文明意识的冲突中,张宇一直在找一个可以融洽、契合二者的临界点。除了主体不断调整叙述身份、立场之外,小说内容——他的"人性传奇"也建立在(对立)身份的通融、解构之上,尽管未必是城市与乡村身份的照搬,但就主人公身份间的不平等及对峙的格局而言,说它们是城市与乡村关系的延伸和曲折映射,未尝不可。公检法三部曲中的警察与小偷,检察官与罪犯不必说了,《足球门》里的李刚在面对何剑南时总有点犯嘀咕:她是上级、情人、球迷,自己到底该用哪副口吻应对?不难想见,张宇在构思这类故事时的刺激和快感,他让笔下的人物以实际行动克服了他倍感痛楚的"身份纠结",讲它们是"身份的反动或游戏"可能比"人性传奇"更切中要害。另外可补充一点,李刚、李丁(《表演爱情》)、于富贵(《软弱》)都是来自农村的第一代城市市民,只是对其乡村的经历和情感写得淡薄了。

读《软弱》以后的作品,有一个直觉:张宇在同城市和解。这不仅是姿态的表演,在经历了长期宣泄的写作铺垫后,和解已在心理上完成。能撇开怨尤把检察官、女老板、球迷、警长、罪犯这些城里人写得如此有人情味,说明创作主体已将其视为了同类而非对垒的一极。比较张宇20世纪90年代初写的《城市逍遥》(1990)、《枯树的诞生》(1991)、《城市垃圾》(1994),会看得更清楚。《城市垃圾》写"我"在迁户口(从乡下迁到城区)、申请装电话以及邻里纷争中遭遇的种种窝囊事,虽然语带调侃,内里却酸辛得很。以"我"的视角看去,这是个陌生绝望的地方,所有的人都是负面的、符号化的,一群势利眼。而"我"就像那堆多余的、无人认领的"城市垃圾",找不到自己的位置。

从"乡下人"到"郑州人"的叙述立场的转换,连同"热爱"的情感基础,是导致张宇文风变化的关键。另一个与之呼应的构思是所谓的"艳遇",一个来自农村在城市定居、打拼的男子,出乎意料地得到了城市女性的钟情,如李振华/于清芳(《大街温柔》)、于富贵/刘莉(《软弱》)、李丁/何剑南(《足球门》)、李刚/江珊(《检察长》)……这类情节在张宇的笔下反复出现,写得很纯、很乌托邦,至于这种情感的联系是否站得住脚,能否自圆其说,张宇似乎并不关心,他只是执着地如此写下去。我想,这绝不仅是为了通常的"好看"或"媚俗",对作家而言,它几乎具有行动和"信仰"的意义,换言之,它恰是主体力图融入城市、与之"和解"立场的有力佐证。很多时候,"艳遇"的维系是作为既成事实甩入叙述的。没有因,只是果,就像《足球门》里李丁永远搞不懂当初身为知青的何剑南为什么会喜欢上他这样的山里娃子。在小说的帷幕拉起之际,爱已发生。这是叙述的前提,故事的边界。一个在"和解"、沟通视域中产生的小说盆景。

身份的纠结在莫衷一是的合理化叙述中得到了平衡与解答,如同张宇在《死海童话》中所感悟的:"这是一个永远不平等的世界",那么,还冲动、愤怒个啥劲?作家有篇散文叫《与自己和平相处》(1994),题目本身便意味深长,结尾写道:"写作应该是愉快的,我不想太受罪,我想与自己和平共处。"它大体可用来描述张宇如今的写作状态。然而,这种"和解"或"和平共处"并不是写作探索中痛定思痛后的豁然开悟或境界的提升,毋宁说它是理性探索的后撤与自我保护。"软弱"不仅是笔下人物的性格特质,也渗进了叙述与构思。从对世界的质疑、否定到对世俗的照单全收,这其中多少有些犬儒式的聪明与怠惰。张宇的问题在于,之前写作中耿耿于怀的城乡身份的对立,在作家的现实生活中已得到了缓解。质言之,他已是一个"城里人",是"城乡对峙"中既得利益的分享者。如果继续此前的怀疑和讽刺,那么将置今天的自我于何处?

相比而言,张宇的超越要困难得多。这跟作家生长的文化气候有关。如果说沈从文身上体现了巫楚文化中的热情浪漫与自然崇拜,那么张宇的创作则将中原文化中圆巧方便的一面发挥得淋漓尽致。确切地说,这是来自民间底层的生存意志与道家哲学中以柔克刚智慧的结晶,两相比较,其基座在生存。张宇创作对现实的贴近投入,便来源于此。他不大会外设一个理想的境界,在想象里曲折地寄寓现实的苦恼;生存的"绝对命令"逼迫他必须在此岸解决问题。对权力运作及人际关系的兴趣和洞察,便是解决的必由之路和实践操演。至于关系之外的世界,则有些无暇或无力顾及。不像路遥,张宇的现实舞蹈最终能从城乡道德的纠结与折磨中抽身而出,也得力于生存的牵掣。说得极端点,对聚焦生存的人讲,所谓善恶伦理、道德是非都是扯淡。既然不能给生存带来切实的利益,也就失去了追索的价值。

当然,张宇绝不仅是一个文化的传声筒。在题材的广泛涉猎与现代手法的娴熟运用上,这显然是个悟性很高、颇有能量的作家。然而他的悟性与能量却不足以打破心中坚固的内核:那个由底层生存经验所锻造的实利的世界观。张宇曾不止一次地试图撼动这一点,但收效不大。张宇看得很透,一切行为背后都有实利的驱动。这从他对批评者的揶揄里也看得出来:"人家不是为了把你的作家批评大起来,而是为了把人家的学问批评出来。把人家自己批评成大人物哩。"讲到底,人不为己,天诛地灭。张宇骨子里是不大相信什么崇高、浪漫与神圣的,这种思维是否是他安排李丁在《足球门》的结尾仓促逃离的原因?对自己制造的那个爱情童话,他已无法自圆其说?在致力于解决身份纠结的写作实践中,作家一直无法如其许诺的那样,"钻透形而下的洞穴",显露"形而上的曙光"[1](容下文详述)。以此看《软弱》后的叙述转型,就再自然不过。那种无可无不可、和稀泥式的旁观欣赏的口吻,并不是什么"降调"或单纯的"市场化"举措,它更像本能的流露与回复。在主要矛盾——实际的生存——得到确保之后,为什么还要跟自己、跟别人过不去呢?

---

[1] 张宇:《潘金莲·晒太阳》,时代文艺出版社,2001年,第449页。

刚读《足球门》的时候，曾想到茅盾的《子夜》。李丁的强悍魄力及走马灯般的活动类似吴荪甫，而他经营的大河亦是一家民营企业投资的足球俱乐部，其运作革新牵涉到社会的各个阶层和利益集团。本以为作者会把足球作切入点，写一部当代中国民企的传奇，结果格局却远未展开，怎么看都像是《晒太阳》的翻版。虽然方方面面也涉及了不少，什么黑道、球迷、公安局的盘剥等，其中不乏独到的见解，但总体还是个华丽的"毛坯"。如果不是那个家庭"△"的钢筋撑着，真有散架的危险。有人说，《足球门》是张宇的另类述职报告，一些细节是在解释当初的难言之隐，对象是建业集团的胡葆森董事长。虽然刻薄了些，似乎也不无道理。李丁形象写得太干净，太紧巴，这恐怕不是单纯的"小说化"所能解释的。事实上，除了明知的虚构之外，很难把《足球门》当成纯粹的小说去读，它给人的感觉和兴味更像一本综合类的读物，兼有小说、报告文学、职场指南、足坛揭秘等诸多意味。什么都有一点，什么又都不是。这种浑然、"杂交"或许正是文学在边缘化后增强自我生命力的一种出路？就小说来讲，整部作品的构思与追求如同主人公李丁，有些中规中矩。张宇似乎全然卸掉了"思想""探索"之类的"包袱"（或"抱负"？），他无意探讨社会、历史变迁的"必然"或"应然"，就像小说以"偶然"（第一章的章名）开始，以"虽然"（末章名）结束所暗示的，作家只是将历史拉来作背景，用以构造一个具体的情境，而人在其中的情绪反应、对策，特别是那种不变应万变的态度，才是他津津乐道的地方。

显然，这种思维方式与他的《活鬼》侯七一脉相承。侯七最大的优点便是活在当下，绝不胡思乱想。在侯七和张宇之间，存在不少交叉叠合的部分：生于豫西农村，争强好胜，机智聪颖；在人生的走向上，都呈现向上的趋势。记得周作人在一篇文章中曾说，他"心中有两个鬼，一个是流氓鬼，一个是绅士鬼"，好听些叫"叛徒与隐士"。侯七与张宇的关系，与之类似。可以说，侯七就是张宇心中的"叛徒与流氓"，一个让他欲罢不能的人格投影。张宇有句话一直挂在嘴边，"都说我狡猾，我的狡猾伤害谁了？我只是用在了生活中的'逃跑'上。我绝不和一切游戏规则对抗，那样太傻。人最重要的，是牢记自己要做什么"。听了总想笑，感觉倘若侯七在世，他的辩白当与此无异。真是越说越侯七了。

都注意到侯七作为农民形象的特殊性，却少有人体察创作侯七对张宇自身的意义。对这个来自底层、亦正亦邪的主儿，张宇的态度相当暧昧，从流水账式的、娓娓道来的笔法中能感受到作者的慎重：他力图把侯七作为自在的整体呈现出来，不掺和个人意见。然而仔细推究，似乎还是喜爱的成分居多。否则他不会让侯七左右逢源，这客观上有助于肯定侯七的滑头精明。一般说来，人总渴望成功，对凭个人机智打开一方局面的人多少会生些敬意。倘若"精神胜利法"可以让阿Q兜得转的话，恐怕他也不会成为愚昧的代名词了。侯七能历经劫难而不倒，除了其机灵之外，还要多亏作者赐给他的"幸运"。比如他在"文化大革命"中能让揪斗他的造反派给他记工分，着实匪夷所思。说到底还是侯七命好，碰上一帮罕见的呆子造反派，否则一顿痛打，看他还敢不敢讨价还价？作者在构思侯七的一生时，设定了一个严格的底线：即侯七的算计只用于自保而不伤及他人。在反右中被朋友王建出卖了，侯七不仅不回击，反为对方开脱，仗义得有点过头，像是金庸笔下的韦小宝了。把它跟行文中的喜剧化倾向和去棱角的叙述语调一并考虑在内，不难发觉，一个关键的问题被淡化或回避了：侯七性格中潜在的消极影响与破坏力在哪里？正是这有意无意的回避，泄露了张宇对侯七的"感情"。

我以为，侯七是作为一种"理想"被塑造出的。一方面，侯七的存身之道昭示了一条出人头地的道路，对来自底层又没有任何背景的人来说，这是颇具感召与诱惑的"样板"；另一方面，也是最重要的，虽然侯七的形象有畸形、扭曲之嫌，但他活得怡然自得。当一个人全然以生存作为人生的鹄的，不管别人的看法，把荣誉、面子、尊严等统统丢边，身份纠缠的烦恼也就自然消灭了。张宇在侯七的智慧中是否看到了解决自身纠结的"希望"呢？《活鬼》开头有段引言："漫漫长长一生，飘飘零零一世；明明白白是一个人，又似似乎乎像一个'鬼'。荒唐之中说荒唐，且又阴差阳错。人乎？鬼乎？鬼乎？人乎？"语气中颇有些悲怆的味道，跟正文的笃定洒脱形成了对照。看来张宇终究不能克制对侯七的评判，"是人？是鬼？"的疑问中已可见出后来外壳/灵魂的思考模式，它表明张宇无法完全认同侯七的生存方式，但侯七的生存伦理作为巨大的情感牵系及思维惯性则保留在作家的意识之中。《软弱》之后那平实求稳、自娱娱人的叙述，便有"侯七复萌"的意味。功利主义的生存至上很容易"进化"为价值模糊的犬儒智慧，虚无悲观的世界观与利己主义是二者思想的共同基础。

当生存尚处于困境时，侯七可以左冲右突，奋斗进取，而一旦现实生活指标达到一定的程度，侯七式的生存伦理则容易滑向自我封闭和怠惰，成为社会进步的无形阻力。无论侯七，还是后来的于富贵、李刚、李丁，都缺少批判性的自我审视与反思，"天生玻璃球"的聪明是对外的，对自己却换作了"毛玻璃"，停留在合理化解释的层面。这才是"软弱"的实质。生存成了一块巨大坚硬、无法穿透的石头，把所有的升华与形而上的追溯都反弹回来。

《活鬼》之后，张宇创作了一大批官场小说，在杨润生（《晒太阳》，1988）、魏少文（《国公墓》，1987）、宋书记（《瓷砖》，1986）等人的身上，我们能感受到"活鬼"的幽灵，仿佛一群身穿官服的侯七在游荡起舞。张宇在此揭示了侯七式的农民文化心态与中国社会政治之间千丝万缕的联系。另外，张宇还写了一批回忆乡土及城市漂泊题材的作品。他试图超越侯七式的生存哲学，在其他方面寻求统一身份的依托,结果找到了两种方式:一是类似传统文人逃避现实、独善其身的雅趣爱好,如《城市逍遥》(1990)、《枯树的诞生》(1991)里鲁风、"我"对盆景的钟情和沉醉。鲁风正是在盆景艺术中找到了乡村生活的记忆与情致,接通了城市生活与乡村的脉络,完成了自我境界的升华。与之相类的还有《自杀叙述》(1992)里张老大对象棋的忠诚,《没有孤独》(1991)中命运多舛的鲁杰对科学研究的纯粹"态度"。在专业、爱好之外,他们唯唯诺诺,犹如行尸走肉,而一旦涉及象棋和科学,他们则任性自尊,完全进入了灵魂悠游的境界。获取身份统一的另一方法是复活乡土伦理,《乡村情感》(1990)是突出的代表。作者以动情而略嫌夸张的笔触叙述了麦生伯和"我"爹之间的生死之谊,他们在解放战争和剿匪斗争中曾立下大功,后来却自愿辞官返乡。这两个土生土长的庄稼户,足以做世人的表率。如同文末所暗示的:"也许城市感情的溪水是从乡村流过来的,乡村情感是城市感情的源头。"

从圆滑精明的世俗能人侯七到讲求精神自主的鲁风、麦生伯,我们能感受到张宇的超越和探索。说来似乎有些悖论,张宇用来反拨侯七智慧的方式恰恰透出"活鬼"的思维特点。无论是鲁风对境界的讲求,还是麦生伯对乡土的皈依,都隶属于个人解脱的范畴,显得实而传统。虽然有了灵魂的思考,但最终没有发展起类似集体、宗教、宇宙式的博大关怀与信仰。灵魂的认证说明"生命并不是只有一次"(《没有孤独》),还是不能脱开自己"活"的执着与希望。试问,如果鲁杰生命外壳学真的取得了成果,是不是意味着要永远去获取一个有利高贵的"外壳"?那侯七的智慧又派上用场了。最具探索意味的《疼痛与抚摸》也没有彻底拓开上述思考的格局,曾惹来争议的"渴望强奸"便是务实思维的产物。水家三代女子的爱情,作为统一人格的理想灵性的生存方式,虽然轰轰烈烈,但背后却潜藏着身体"渴望强奸"现实需求和辎重。这就是张宇,他的深刻与升华相互抵牾,对生活愈是投入和理解,想象和升华的翅膀便愈是沉重。

之后便有了《软弱》与《足球门》的"表演"……张宇的创作至此可连成一片了。

有个问题如鲠在喉:生存真的是无可置疑、无法勘破的正当理由或事实吗?张宇没有正面回答它,但他在多篇小说中写到生存的反面——死亡,几乎到了迷恋的程度。其中两篇很有意思,它们都写于 1987 年。《开玩笑》是中篇《糊涂》中一个独立章节,素以快乐王著称的张二虎亲自给朋友和家人发出了自己的死亡通知,谁都以为这仅是个玩笑,不承想张二虎却准时自杀了。我以为在张二虎的死亡中,是隐含着张宇对侯七生存伦理的正面抵制的:既然人可以主动结束自己的生命,那么生存就不再是"绝对命令"了;人,并不必然就是生存的奴隶。可惜这一点写得相当隐晦。"玩笑"的命名不仅表现了他人对张二虎的隔膜与误解,也显示了张宇内心的游移与软弱:他找不到一个扎实的理由来支撑自己对生存伦理的质疑,只好含糊地以"玩笑"代过。这很像《足球门》结尾的"逃跑"。本来就要逼近内心的搅动和抗争了,却又轻描淡写地划过。他无法为自己的形而上的探索和抗争找一个形而下的妥帖丰满的情节或逻辑形式,张宇创作的悲剧性就在于此。倘若作家在文本中能以"元小说"的形式适当披露一下这种构思及创作中的无力和苦楚,作品可能会更有力度些。另一篇值得一提的是《河洛人》中的《玩鸟》,伏牛山区盛行斗鸟,郭晓栓是养斗鸟的能手,有鸟王之称,但最后鸟王却被自养的鸟啄死了。又是一个死亡事件!小说写得像民间传说,主旨杳深难测。把它跟《城市逍遥》之类的作品放在一起看,《玩鸟》中是否含有对在雅趣爱好中寻求身份统一的怀疑甚至绝望呢?郭晓栓死后变成了鸟,人们都想抓住这只由鸟王变成的斗鸟,这对郭晓栓生前以生命投入的养鸟行为构成了莫大的讥讽,一切又都回到了实利性的测度与审视中。

《开玩笑》、《玩鸟》写在《城市逍遥》、《乡村情感》等作品之前,我们发现,张宇对生存伦理的质疑并没有深入下去,而是走向了以《足球门》为代表的相对轻松的叙述。其中的原因既有文本内的思维惯性,亦有现实生活的影响。老实说,张宇在写作中出现的"问题"已超出文学的范畴,它涉及人性的弱点,你我概莫能外的。就像他笔下的经典人物侯七,已绝非个案,而成为我们民族灵魂的一部分。这种彼此的勾连、牵涉也让对张宇的批评"如履薄冰"。可以肯定的是,《玩鸟》等小说的存在,表明张宇的创作潜能并没有完全释放出来,他的转型也远没有结束……

原载《小说评论》2011 年第 4 期

理性精神与"乡村情感"
——河南近期小说创作透视

孙先科

  新时期的小说创作在经历了大红大紫、喧哗与骚动的不平凡局面以后,进入了一个相对沉寂与冷静的时期。此时,人们开始惊异于"豫军"的突起。张宇、田中禾、李佩甫的名字变得掷地有声。《乡村情感》、《晒太阳》(张宇)、《枸桃树》、《明天的太阳》(田中禾),《无边无际的早晨》、《田园》(李佩甫)等作品在近两年的小说创作中更是令人刮目相看。事实上,"豫军"的崛起并不是时起今日,从李准、张一弓、段荃法、乔典运到张宇、田中禾,再到李佩甫,这些不同年龄层次、不同的个人文化背景而又大致相似的创作特色表明,在中原这块古老的土地上,有一个不绝如缕、一以贯之的文学传统。那就是:在精神上,感时忧民的忧患意识和匡时济世的时代感和历史责任感;而在审美选择上,则就像河南老作家南丁所说的:"河南小说创作的优势,以题材论,在于农村;以手法论,在于写实;以距离论,在于贴近跃动着的现实生活进程,与生活同步。"①

  无论就取材,还是就立意来说,把河南小说创作放到"乡土小说"这一文学范畴中,大致是不会错的。现代意义上的"乡土小说"这一由鲁迅奠基,绵延至今的文学潮流,无论是最初的发生或者以后的发展,就其主导的精神线索来说,它是现代文化与中国乡土文化冲突的结果,是两种文明比较与参照的直接产物。但是不同的历史时期,不同的地域文化背景,甚至是个人不同的文化个性与文化心态都会导致"乡土小说"品格上的差异,即在"乡土小说"这一基本相同的表意体系中,作家的文化价值取向却是不尽一致的,有时甚至明显的向背。鲁迅和沈从文这两位"乡土小说"的宗师在文化价值取向上就存在明显的差异。这种差异既根源于二者文化个性与心态的不同,也和不同的地域文化背景相联系。"十七年"中,"乡土小说"对农民本位文化的强烈的无条件的认同感和新时期"乡土小说"对乡土文明中愚昧、落后、残酷、封建性的猛烈的批判锋芒这一主导倾向,就赋予"乡土小说"不同的时代内容。近年的河南小说是新时期"乡土小说"的一个组成部分,但具体地分析就会发现,在传统与现代激烈冲突的历

---

① 张宇:《活鬼》序,中原农民出版社,1986年。

史转型期,以中原文化为背景的河南作家对农民、对乡土的表现,又体现出一些相当独特的东西:强烈的忧患感与平民意识以及文化选择的矛盾与困惑心态。总之,现代理性精神与"乡村情感"的矛盾、交叉与渗透构成了近两年河南小说创作的总体特征。

一

也许谁都不会否认,20世纪70年代末在中国大地上开始进行的轰轰烈烈的改革改变了中国的历史进程,它标志着中国走向现代化的一个崭新的开端。中国农民是这场历史变革的最大受益者。他们摆脱了僵化的严重地束缚他们的生产关系,释放了蕴蓄已久的创造力,获得温饱的同时也为自己赢得了做人的尊严。有关这场历史变革的社会心理学及其人文主义价值的记载,文学做了它应该做的一切。从冯幺爸、李秋兰(《内当家》)、黑娃这些形象身上,我们可以看到,改革并不仅仅是一场多打粮食的运动,它还表现为人性的解放、尊严的失而复得等人文主义的终极价值与意义。

但是改革意味着矛盾和冲突,意味着打破与再造,意味着"凤凰涅槃";现代化意味着向一切阻碍和不适应现代化进程的传统宣战。因此,随着改革的进一步深化,随着商品经济的沛然而作,改革进入了一个本质性攻坚阶段。商品经济进一步激活了农民身上生存与发展的欲望。但是进入商品经济领域的是祖祖辈辈生于乡土长于乡土,日出而作日落而息的农民,是秉承了几千年小农经济与文化心理的小生产者。改革解放他们的同时,也打破了以前与生俱来的那种稳定感与相属感。改革显示出"摇荡性情"、"触及灵魂"的深度。这就是现阶段中国农民的现实。如何体认和把握这一现实,不仅是对一个作家的严峻考验,而且也关涉到文学的未来发展。

在河南作家中,田中禾执着于思考农民的现实处境和未来出路,是最为切近现实的一位作家。从《五月》开始,经《枸桃树》、《南风》到《坟地》,田中禾倾注着一个"人子"的深情,密切地注视着被改革的契机推到历史前台的农民,表现着他们的希冀与焦灼、痛苦与挣扎、失败与奋斗,使我们看到了在前所未有的历史震荡中农民的精神与心灵所经受的剧烈摇撼,呈现出历史前进过程中的全部复杂性和丰富性。

纵观田中禾这一阶段的创作,他对现阶段农民的审视与表现,其主导的审美态度是悲剧性的。但和"寻根小说"站在纯文化立场上对农民的表现不同,田中禾的创作是在现实的运作当中,在农民的实践过程中,在历史与现实的交叉点上显示出一种错位,一种落差:农民精神上的空茫,经济、文化心理的不合时宜,历史对农民的必然要求与这要求的不能实现等。这种悲剧性的审美态度显示了他对当前农村现实的高度的理性认知:产品经济向商品经济的转折,极大地激发了农民身上长期被禁锢着的生存与发展的欲望,但是长期形成的小农经济心理与文化心理,使他们的行动带有很大的盲目性,有时则是私欲和恶念的无限膨胀,从而造成了心理的倾斜与失衡和难以避免的失败。

乍看起来,这似乎是"乡土小说"中传统的探讨"国民性"主题的继续,但田中禾最大的不同则在于他对农民实践性的关注。即是说,田中禾不是从静态的文化角度,而是从农民如火如荼的现实实践中观察、透视农民的存在、真切地写出了农民想要抛却乡土,而深深地为其所羁绊,渴望富裕,希图发展,而又很难走出汪洋大海一样的小农经济文化心理的拘囿。写出了欲求的合理性与自身素质的局限性,理想的现实性与理想的不能实现之间的矛盾与冲突。田中禾的小说世界里震响着的是屏合着古老的悲剧因素的中国农民的现代悲剧声音。受到现代文明点拨与启发的农民的左冲右突与碰壁已经不完全是鲁迅先生所说的"无事的悲剧",却满含着西绪福斯式的现代的悲壮。因此,这种悲剧在没有削弱传统"乡土小说"、"国民性"主题的批判锋芒的同时,又融进了希望和建设性的因子。即是说,它以潜在的方式呼唤着新型农民和现代农民文化的出现。

当然田中禾没有给出现成的答案,这不可能,也没必要。但是他以一个文学家的方式给出了一个带有讽喻性的警示。在《枸桃树》中,刀头的女人把一家人的悲剧,把那种凄凄惶惶的失重心理归因于刀头毁坏了古庙,她的结论就是让刀头花钱重建一座庙。这一结论使人产生的审美感受相当复杂,由此产生的理性思考更是意味深长。刀头女人以她在历史沧桑中的复杂经历,已经意会到,在政治经济背景给予他们相当的自由以后,羁绊着、制约着他们的主要因素是观念,是超越于现实关系之外的更潜在更深层的东西。但是她的思维方式是导因为果的,得出的结论是颠倒错置的。那么它的指导现实的意义只能是历史的倒退:在古庙颓塌的地方,再重建一座庙,再恢复到那样一种封闭、禁锢的状态中去。循环式的思维方式,必然导致可怕的历史循环。《枸桃树》结尾这凝重的一笔,这讽喻性的警示,又的确融汇了作者的理性思考和否定性的价值取向。而且爱弟(《坟地》)的出现,她的失落与奋起,她的顺应时代自强自立的勇气,不在追钱逐利的浪潮中随波逐流的坚定,的确使我们看到了新型农民与农民文化的曙光。

从文化学的角度来说,我认为田中禾的小说创作比之于"寻根小说"更具醒世意义和建设性。无论"寻根小说"这一思潮在理论表述与创作实际有多少歧异,也不论其寻到的是"优根"还是"劣根",但在对现在时态的文化事实的失望这一点上,寻根作家却大都是一致的。因此,缺乏对剧烈变革中的农民变动不居的心理的观照和精确表现,就是他们的创作无法回避的弱点。而且,从莫言等人的"我爷爷"、"我奶奶"的那些悲壮惨烈的故事中,从祖先的刀耕火种、家族火并的瞎话和传说中,看到的是铺张扬厉的人生与人性,相比之下,我们这些祖先们的不肖子孙却显得委顿而且苍白。与"寻根小说"这种文化选择上的"返祖现象"不同,田中禾把他思考农民文化的重心放在青年农民身上。从改娃的出走、青莲的沉沦,到爱弟的自强自立这一循序渐进的思考线索来看,他的文化选择是指向未来的。侧重于从实践中的青年农民身上发现希望显然比仰赖、渴慕祖先的人性光辉,更具文化上的建设性和现实可行性。

更可喜的是,现代文明所启迪的这种理性自觉并不为田中禾所独有,它是河南作家近年创作所贯穿的一条精神线索。如李佩甫在《无边无际的早晨》中对农民落后的文化心理的批判是那样的义无反顾,尽管作者面对李治国对农民的"伤害"不无情感上的痛苦。当农民在选择祖坟还是选择公路,选择传统道德还是选择富裕生活(这正是两种文明的象征)更倾向于前者时,作者对李治国给农民"开刀"是赞许的,没有彷徨,没有困惑,也没有历史与道德的两难处境,在作者看来这是别无选择的。李治国这一形象身上充满了情与理、传统与现代的冲突,他的悖情趋理的选择,被传统所养育又向传统挑战的行为同样闪现出悲壮的色彩。

二

在富有理性精神这一点上,河南作家和处于同一大的文化背景中的作家相比,也表现出相当独异的色彩。面对商品经济大潮的冲击和历史的遭变,王润滋、矫健、张炜等山东作家显露出他们所浸润其中的正统儒家文化、道德本体的深刻影响。面对历史进步所难免的泥沙俱下、曲折和作为历史发展杠杆的"恶"的出现,他们充满了道德的困惑与道德的痛苦,而且执着地思考着人性、道德的完善与历史进步相协调与一致的步骤。与之相比,河南作家缺乏那种高蹈行云般俯瞰历史的博大和普度众生的宗教式的热情,因之也避免了过多的道德纠缠。也许是中原这块古老的土地过多的历史苦难和自然环境造成的生活的滞重与艰难,它没有给作家一对自由飞翔的翅膀,却给他们一双勤快而坚实的双腿;没有使他们产生大家闺秀式的非非之想,却产生了小家碧玉般持家过日子的那种清醒的理性。因之,当很多作家追求"形而上"的超越和"文化感"时,河南作家始终如一地、执拗地表现出一种"形而下"的热情,即对"吾土吾民"艰难生息的积极关注和本色质朴的平民意识,这可以说是河南作家所独有的一种"乡村情感"。

在田中禾和张宇的近作中出现了一个有意味的趋向,即农民向城市的自觉迁徙,或者换句话说,就是抛却乡土的意愿。而且,如果把青莲、杨润生、马伟平(《晒太阳》)和高加林、金狗、朱老大(《苦寒行》)贯穿起来看时,其中所蕴含的意味就更是昭然若揭。在这里,乡村和城市被作为两个对立的范畴赋予了文化含义,被涂上了文明色彩。高加林们心中沉睡的欲望被一种新的文明激活唤醒了,他们渴望冲出父辈们矻矻以求其中的那种乡土氛围,摆脱他们生于斯长于斯的古老乡土,过一种更加文明的合乎人性的生活。或许高加林、金狗、朱老大、青莲、马伟平等人的现实处境、心理动机、生活道路及其归宿不尽一致,但在对城市文明的或朦胧或清醒的渴念这一点上又都是相同的。如果我们把这种欲望的蠢动,文化上的迁徙欲望放到变革的历史时代,并且以整个 20 世纪的世界图景作为参照时,就会感到这种迁徙具有一种无可置疑的合理性和必然性。

但是合理性并不等于现实性。在高加林、金狗、青莲等人的城市梦和他们作为农民的现实处境之间横亘着一条并不宽阔遥远,但却无情的天河。城乡二元社会结构及复杂现实关系的制约使他们很难摆脱乡土而享受城市文明的沐浴。于是,在"乡土小说"中经常看到城市文明与乡土文明的冲突就像肥肉与饥饿的狗之间的那种馋涎欲滴而又不可得的尴尬的悲剧。这种新的悲剧形态根源于乡土作家对两种合理性的认同:既认同农民摆脱乡土向往城市文明的合理性,又认同城乡二元社会结构并不是人为地强加于中国的社会文明进程,它是汪洋大海一样的农业文明和相对薄弱的工业文明的综合产物,而且现在看来仍有其现实合理性。如果说新时期的"乡土小说"作家对于落后的小农经济的文化心理造成的悲剧富有清醒和理智、持一种自信的批判姿态的话,而对弥合城乡矛盾却无法具有同样的自信,对它所造成的悲剧的把握上却显得相当犹疑、惶惑。这种审美把握上的困惑,很大程度上因为道德这一中介的存在而得到缓冲。路遥对高加林个人道德品质的谴责,贾平凹对金狗浮躁心态的界定与苛责都在一定程度上冲淡了两种文明剑拔弩张的矛盾情势,在社会心理机制上起到了一种缓冲的作用,使这一主题范畴的"乡土小说"仍然呈现出"温柔敦厚"、"哀而不伤"的整体美感特征。中国作家所特有的现实主义的清醒理性与道德感使乡土与城市,传统与现代这一重要矛盾主题在文学中没有达到在现实中所具有的那种张力。

固然,河南作家从总体上没有超出这一制约,但他们与土地所特有的深层联系以及审美上的世俗化倾向使他们近期的创作有某种独特的东西可以提出来。首先,强烈的平民感情和平民意识。城乡二元社会结构在一个时期内所执行的重工轻农,以农补工的社会协调机制和倾斜政策,保证了中国的工业化在短时期有了迅速发展和在世界格局中的竞争地位。但是在社会心理上却造成了农民实际社会地位和文化地位的低下,加上不正常社会现象对农民利益的损害,常常使农民在人格上也处于一种屈辱的地位。这不能不使以"人子"自居的河南作家感到痛苦与不平。

《枸桃树》中,农村姑娘青莲进城后见识了豪华酒宴和高级宾馆,当她知道享受这些所需的花费都由国家报销后,"她觉得一下子明白了,原来她们辛辛苦苦终年累月地干活,给国家交农业税、补副业税、屠宰税,买浮动价的花费、农药,就是让干部们去住这样的宾馆,吃这样的酒饭——而且吃着扔着"。当她决心与乡村告别时,甚至这样感喟道:"……农民永远不能成为一个真正的人,阎王把谁托生到农家,就是让他用自己的肉体做全社会的踏脚,用他的灵魂做全社会的污水池。"作为一个厌倦了乡村生活,急切地奔向城市的乡村姑娘,她的这些感受肯定不是农民生存的全部现实,其中的偏颇和愤激之辞也非常明显。但实事求是地说,现实当中难道不存在使农民产生这种情绪的原因吗?在《乡村情感》中,两个在解放战争和剿匪反霸斗争中立过功,解放后自愿辞官返乡的老共产党员,对自己的生死都抱一种非常达观的态度,唯一困扰他们的问题是:"咱们老说咱是人民的服务员,人民是咱们的主人,可是服务员老是比主人吃得香穿得光,闹得人人都想当服务员,不想当主人。这问题可没办法弄。"困扰着这两位老人的问题,又何尝不是关涉到国计民生的大问题呢?这些问题的提出,在河南作家的创作中,并不是他们审美的主体部分,但是,在他们的作品中随处可见的这些对农民现实处境的感受和描摹,使他们的创作充满了人间的温热情味和浑厚感。河南作家这一创作现象的产生,在客观上有它特定的时代内容,当然也有其具体的审美针对性;从主观上说,"人道主义"的解释是大而无当,不切实际的。所以我更愿意把它看作是河南作家质朴的平民感情、平民意识的自然散发与流露,是他们"乡村情感"的一部分。

其次,小农经济土壤上产生的空想。河南作家与农民那种感同身受的深层联结,即使他们产生了对农民处境的敏感和平民意识,同时也很容易感染上小农经济土壤上最易产生的那种空想成分。最典型的例证就是张宇在《晒太阳》中写到的"马伟平事件"。凭着从厕所里捡到的一张省委组织部的介绍信,马伟平自作主张把自己作为省委组织部的干事"下放"到河洛县做了一名调查员。走马上任后,不吃请,拒受贿,一切吃穿用住自己付钱;找干部谈,帮助县委县政府决策,建议提拔调动干部,轰轰烈烈大干了一场;半年之后,又主动向县长揭穿了自己的骗局。从审美上来说,"马伟平事件"的真实性是经不起考验的,而且在整部作品的结构框架中显得很突兀。但是这一在新时期"乡土小说"中非常少见的形象身上所寄托的作者的感情却是真实的：对城乡二元社会结构对农民的限制，使他们的政治愿望和人生理想得不到充分实现的一种隐约的抗议与不平。特别值得注意的是这一形象强烈的平民化色彩：不吃请、拒受贿，为民请命，更是体现出一种朴素的农民式的政治愿望。但是马伟平靠一次奇遇来改变自己命运与生活道路的达成方式，又不能不说是张宇"乌托邦"式的幻想，是河南作家"乡村情感"的另一种体现方式。总之，马伟平这一形象无论是针对现实还是针对作者都具有一种反讽的审美旨趣。

河南作家以其渗透着"乡村情感"的现代理性精神审视现阶段的农民生存，既显出了他们的优势，也暴露出了局限。但河南作家将对农民文化心理的审视这一内视角和限制约束他们的外部因素的揭示这一外视角相结合的审美把握方式是值得充分肯定的。农民问题仍然是中国未来发展的主要问题。但一般观点认为，农民问题就是一个"教育"问题，换言之，是对农民文化心理的改造问题。现在看来这是不完全的，它一定程度上忽视了现实的政治、经济以及社会结构对农民走向现代化的障碍，而过分夸大了文化的作用。十一届八中全会从根本上确立了农业问题的重要地位，如果不是仅仅把它看作临时的政策上的指导，而是赋予它宏观的、文化学上的战略意义，并在此指导下解决农民的现实及未来地位、文化教育等一系列问题，历史将会证明，这是和十一届三中全会一样具有深远意义的历史性决策。

三

无疑的，"乡村—城市"视角是河南作家把握中国当前现实的一个基本的、共同的切点，是他们文学思维的基本构架，是传统与现代、城市文明与乡土文明这一主题得以展开的依托。乡村是他们表现的主体，而城市更多的是以隐在的视角与之对应。但是传统与现代这一主题的冲突在河南作家的作品中表现是复杂、多层次的，并不全部诉诸历史与道德的层面，有时还诉诸情感与心理的层面。如果说，面对传统与现代在历史层面上的冲突河南作家大都保持了清醒的理性精神，体现出趋同和一致性的话，一旦这冲突转移到情感的层面上，他们的表现则相对复杂得多，而且每个作家的个体文化色彩也得到了更充分的体现。

张宇的小说创作很大程度上得益于哺育他成长的那种乡村文化氛围的濡染，这一方面表现在他取材上的民间传统、乡村风俗的规定性，更重要的方面是，这种乡村文化的价值观也潜移默化地给他人创作以重要影响，使他的小说创作常常表现了难以割舍的"恋土情结"。这一"情结"形成了他的作品特有的一种混合气息:一方面是充满了体恤民情的人间况味与乡村生活的温馨感;另一方面,在现代文化的冲击下,他的创作经常表现出城市文明氛围中的隔膜感、孤立感与无助感。

张宇作品中经常出现的那个"我",一个出生、成长于乡村,工作和生活在城市中的"知识者",作为一个独立的"性格",也许并不具备审美上的典型性,但是作为一个叙述角度,作为一种文化现象却具有高度的典型性。"我是乡下放进城里来的一只风筝,飘来飘去已经二十年,线绳儿还系在老家的房梁上。在城里由于夹着尾巴做人,二十年前的红薯屁还没放干净。"(《乡村情感》)这样一个具有双重文化身份的人,在乡村文明与城市文明的夹缝中,淋漓尽致地体验和表达着文化上的挤压感和孤独感。乡村文明与城市文明的冲突与融汇是社会文明进程中一个无法回避的阶段,那么体现这种文化冲突的形象就具有了一种文化化石的价值与意义。

非常值得一提的是,在张宇的小说中经常出现,后来终于成为他第一个长篇小说题目的"晒太阳",是一个具有高度的形象性,又渗透了作家的主体情感的意象,是一个"有意味的形式"。乡村的宁静、纯朴,乡村的凝滞、倦埔连同作家那无法排遣的温馨与孤独的情感一同凝聚在这"晒太阳"中了。

在情感上,李佩甫对乡村表现出更深情的眷顾与留恋。研究生杨金令面对城市的诱惑不堪一击,几乎失去热力的身体被乡亲从城市拉回到乡村,是七爷的一句"狗剩儿"唤回了他的魂。李治国仕途发达,告别故乡时仍然不忘记带上一块"娘娘土"。这种情感的反刍与对乡土的频频反顾使他与乡土的告别成为一种沉重的仪式。但是,我认为,这种情感的缠绵不但和他的理性判断并不矛盾,也并不构成对城市文明的否弃,而且从某种意义上来说还是不可缺少的。用一个社会学的概括来说,我们的现代化是"后发外生"型,由传统到现代的转变不是自然的过渡,而是在外力的作用下骤然发生的。就像突然断乳的婴儿对新的世界的茫然也会对母体产生新的陌生一样,这种对乡土的反顾是为了更深刻地认识乡土,从而更坚定、更理智地与乡土告别。"就在这一瞬间,他(研究生杨金令)明白了,他终究是要走的。他该走了。这一走也许就不再回来了……"(《田园》)因之,《田园》写杨金令向乡土的回归,实际是为了让他更无牵挂地告别。从这种意义上说,《田园》似乎就成了李佩甫对田园在情感上、心理上最后的回眸一顾。

张宇、李佩甫对乡村生活难以割舍的情怀与其说是他们对乡土生活的认同,还不如说是他们对城市生活的隔膜与恐惧使他们在心理上寻找安慰。张宇作品中"我"在城市中的彷徨无定,难以融入其中的处境,李佩甫《田园》中虚写的作为城市象征出现的黑衣女人,李治国与自己城市妻子的隔膜和对梅姑的怀念都表现出对城市生活在事情和心理上的恐惧与拒斥。田中禾的近期作品在历史和人性的切点上表现着中原农村由产品经济向商品经济转折过渡时所经历的历史阵痛以及宗法的田园诗般的自然关系遭到破坏后农民欲望的膨胀和心理的倾斜,对乡土生活表现出现实主义的清醒和严格的理性,很少出现心理上的留恋和情感上的美饰。但当他面对城市生活,却表现出难以捉摸的困惑与感伤,流露出类似的惶恐与不安。《枸桃树》中城市生活对农村姑娘青莲来说充满了物质的蛊惑,是黑色的陷阱,她不由自主地在其中迷失、毁灭。《明天的太阳》所描绘的小城同样是被金钱搅动着的漩涡,被煽动起的物欲,情欲毁灭艺术、温情、和谐和美,引起了作家更深的感伤。

那么,如何解释田中禾等河南作家对城市的恐惧感呢？这恐怕又要归结到他们的"乡村情感"。归根结底,他们都是农民的儿子,乡村对他们来说,不仅是衣食之乡,而且是精神的故园;而城市现在是他们的寄食之地,将来又是个未知数。对城市的陌生,文化的双重身份,使他们难以在情感上产生对乡村那样的亲切感与认同感。而且,对自己所稳熟的事物的怀恋,对未知的恐惧也是人类情感中一个不变的常数。

最后需要强调一点的是,"乡村情感"是河南作家与生俱来的一种乡土根性,是中原文化与中原文学的泥土气息和忧患传统所培育的精神酵素。这种"乡村情感"是随时都能牵动河南作家思维的艺术神经。从近两年的创作实践看,这种"乡村情感"与作家的现代理性精神错综交融,使他们的创作呈现出多色彩的精神基调:与乡土的告别和对乡土的留恋,向城市迁徙的自觉倾向和对城市的恐惧感,对农民落后的文化心理的批判和对农民现实处境的同情的平民意识以及对古老的乡风乡俗中集体向善品质的歌颂等等。从客观上来说,这种精神的多色调又是中国社会由传统向现代转折这样一个历史的转型期所特有的一种精神现象。总之,时代精神与地域文化的双重投射,造就了河南近年创作斑驳绮丽的色彩,引起了人们的共同关注。

原载《当代作家评论》1992年第3期

说侯七
——由张宇《活鬼》所得

张 陵 李洁非

虽然小说《活鬼》(见《莽原》1985.3)的作者由于理论意识的模糊,在把握人物形象的整个基调时不免流于喜剧化,因而有损于它的艺术水准;但是,我们仍然为这个时代有幸诞生了姓侯名七的人物而喝彩。自然,我们并不指望这个在刻画时分寸把握得不十分好的下九流人物会在文学史上占有牢固的地位,只是发觉他身上的某些特征——这些特征来自实在的生活本身——透露出值得理论思索的气息;而现在,则正是需要理论接受生活的时候。

流水账似的描述方式并没有使作品索然无味,相反,因着这种生活的自在流动,倒更能突出这个"枣核儿不是大料"的侯七命运中阴差阳错、歪打正着的特色,而这特色反过来也正好构成了一个活泼泼、实打实的侯七形象。从他小时候梦想做草莽英雄,到青年时的四处飘零;从中年时厄运接踵,装疯卖傻,到老年时随遇而安,冷观世事,无不被这样一条自律着的生活之路所贯穿。看来,不必再费笔墨去转述侯七一生的种种细节,因为笔者关注的毕竟是这个人物以及造就他的生活当中那些可供理论家参考的哲理因素。

毫无疑问,张宇力求在实践上忠实于构成侯七"存在"的生活事实;他写的是生活整体中的侯七,而不是经过抽象的侯七。正因为这种诚恳的态度,才使侯七形象潜藏着一种契机——生活成为本体。作为本体,它终于受到尊重而免遭被阉割、分裂的苦痛。以往,这个弊端在文学中屡见不鲜。有些小说,为要显示作者的思想分量,便很果断地使生活、人物成为某种思辨的演绎,尽管相当凝重(甚至深刻),但人的存在已失去其自在性,我们习惯上称之为观念的化身。侯七的形象并非没有观念意义,然而却不曾给人观念化的感觉,原因显然是,作者对侯七及其生活有着整体的感受,尤其是,作者相当看重这种感受,不愿让任何一点主观之见损伤这感受。

文学家对于生活,常常会有两种态度,或是问"生活难道是这样吗?"或者说"这就是生活。"我们更同情后者,因为这意味着一种牺牲,意味着爱,因而也意味着伟大的艺术。诗人之所以不同于道德家,乃在于他的天职是在体验一切生命和情感,而不是褒贬、批判。侯七的塑造者觉悟到了这一点,试图摆脱道德家的畛域而恢复其诗人的形象。这就使得侯七不再满足于作功利性判断的需要,同他的生活一道成为一种本体,成为体验的对象。我们不再能够把这个怪物送到道德的天平上称出他的善恶,说他是歹徒,他又做了那些"好事",说他是善者,他又有不少非道德的勾当。于是,侯七已经不大受好坏之分的左右,他在一定意义上超越了我们的理论对真善美和假恶丑所作的非此即彼的界定,唯一适于解释他的概念,就是被作为一种整体和本体加以确认的历史。

  使我们感兴趣的是,侯七命运的历史哲学意义的体现,并不是诉诸悲剧冲突,相反,它具有一种非悲剧化的倾向。作者更深刻地觉察到了上述人与历史的关系的"实践"本质,因而不再古典式地夸大其间主体精神的崇高意义,也就是说,支配着人的是生活而不是人自身。尽管青年侯七决心做条好汉,事实上却干了不少有害的勾当;当然其间他也有些于民族有利的功德,但那每每只是源于狭窄的动机。到中年,侯七的英雄梦破灭,正值解放,他一方面乖巧地讨好新政府,一方面确实也想好好工作,重新生活,偏偏此时他的这番愿望又遭到制止,莫名其妙就当了右派。为生存下去,他运用了滑头的特长,装疯卖傻,自嘲自贬,说着不着边际的故事,聊以自慰,不料,因此却拯救了许多绝望的难友,他自己也在这当中找到了今后生活的方式——苟且偷生的方式,而这方式,居然神奇般地使他发了财,并成为受人鼓吹的"先进"典型。可就在一辈子的出人头地的梦想实现之时,他又老于世故地放弃了这荣耀,支起烤红薯炉子,"在雨后春笋般涌起的个体商户之间可怜巴巴地蹲着,一点也不体面"。侯七的这些经历,不仅我们始料不及,可能他自己也未必心中有数,有人也许会目之为社会底层的畸形儿,这便大误。侯七是实在人,过的也完全是实实在在的日子,绝无矫揉造作的味道。妙就妙在他虽有英雄的抱负,但在实践——照马克思说,这个字眼意味着"一切社会关系的总和"——中,却极少把自己作为英雄来看待。因此,他与各种现实并不处于冲突状态,而是利用现实的种种契机,化为自己的生存条件。这种以开放性自我为内核的生活,决定了人物的非悲剧性质;同时,因为这个人物对待生活的诚恳、实在,说明他又不是喜剧角色。至于那阴差阳错的命运,倒是每一个普通人的共同"享受"——也许正因此,人生才是丰富多彩,悲喜交加的。

  热衷于考究作品的主题的读者,必然要纳闷:侯七这个形象到底说明什么?一旦试图接触这个提问,我们便不禁有一筹莫展之感。说这是新社会把鬼变成人的主题;是人性主题;是表现农村改革的大好形势;是揭示"万元户"们的矛盾心理;是思索无常的人生……也许都有道理,然而毕竟全属猜测,并不见得准确。喜欢以人物、作品验证自己头脑的思维逻辑,这是一种靠不住的、片面的、狭隘的意识。形象既不是来之于抽象,艺术更不是概念。因此如果问侯七是什么,最明智的回答就是:侯七是侯七,是他的存在。正如马克思说的,人就是人本身。

　　《活鬼》的作者没有对侯七作出任何评价,甚至把他的好恶隐藏得深不可测;展示出来的只是一种性格和这性格的历程:侯七本质的实现同时就是这历程的实现,这个历程不完成,侯七的形象就没有完成,而离开了这历程,侯七也随之消失。值得强调的是,这种艺术思维已不是《活鬼》的专利,事实上,新时期文学尤其是近几年以来,与之相呼应者愈来愈多。我们不愿把这种现象仅仅归结为作家对生活的认识之深入,我们宁可说这是一个民族的审美心理的演进。

原载《小说评论》1986 年第 3 期

民间智慧：消解苦难与承续生命的力量
——评张宇的小说《活鬼》

杨 荣

一、传统之外的写作

在张宇众多的小说中，我一直认为《活鬼》是个具有特色的作品。这不仅在于它为我们的文学史提供了侯七这样一个生动、独特而又极富典型意义的人物形象，更在于它在传统的写作之外从一个独特的视角为我们透视丰富复杂的民间文化与生命智慧开启了一扇崭新的窗口。

"五四"以降，对乡土民间的叙述是文学史上最为壮丽的一道景观，众多的作家以其不菲的创作实绩昭示了这类文学的繁盛与发达。但具体到作品而言，则基本上不外乎两大传统。从鲁迅笔下愚昧、麻木的闰土、祥林嫂，到沈从文小说中纯真、清丽的翠翠、夭夭，文学中的乡土想象似乎一直处于这种两极律动的境况之中，并且这一现象在新时期以后的高晓声、汪曾祺笔下得到了进一步的承续与加强。诚然，以鲁迅为首的启蒙者站在了当时人未能抵达的精神高度，他们用直面黑暗和虚无的勇气撕裂开我们民族幽暗的心灵角落，以极端的恨来诠释着最为深沉的爱，用浸透着血水的悲凉而绝望的呐喊呼唤着仍然沉睡的乡土中国的灵魂，并以此获得了文学的深刻与厚重。但同时我们也应该看到，现代启蒙者所倚仗的精神资源事实上来自于西方的关于现代性的想象。当他们用源于异域的想象来审视现实中的民间时，巨大的落差无疑会产生难以释怀的精神焦虑。为了弥合现实与理想之间的裂隙，使得现实朝着理想的目标迈进，现代启蒙者唯有祭起批判理性的大旗，试图以此来改造并不符合他们期许的民间。也许，"正因为在这样一种姿态之下，他们就只看到民间的缺陷和不足，而在民间的其他方面，比如民间所具有的自由自在等一些天然的生机，民间所积淀下来的本土传统中包含的积极因素都难以进入他们的视线"[①]。于是，批判、鞭挞与揭露民间的种种陋习和愚昧也就必然地成为他们文学创作的题中之义以及缓解内心现代性焦虑的有效途径。如果说鲁迅的作品以一种极端的姿态

[①] 王光东：《20世纪中国文学与民间文化》，复旦大学出版社，2007年，第228页。

呈现出一个先知者对于荒芜民间的阴郁、冷峻和绝望,那么作为一种反拨,沈从文则从另一个截然相反的角度书写着民间的诗意、美丽和忧伤。在城乡对峙的剧烈冲突中,沈从文真切地感受到了"现代文明"带给他的精神上的压抑和苦痛,因而他试图以决绝的姿态返回到古朴、自在的湘西民间,用文学构筑一个心灵意义上的乌托邦。所以,在他的笔下,我们看到人性的卑劣与麻木遁形远去,代之而起的是人性的温情与神性的光辉。无论是精灵般纯真的翠翠、夭夭,还是沅河边上为生存而卖身的娼妓,在她们身上都荡漾着无比温馨的淳朴自然的爱意。正是在这样一个顺乎自然心性的、善良的生存空间中,沈从文用诗意的笔触为现代人构筑了一个可以暂时安妥灵魂的精神家园,也鲜明地体现了他对于这个世界充满善意的深刻理解。

可以说,长期以来,我们文学史中的乡土叙述都基本上规约在鲁、沈二人设置的框架之内,鲜有越界之作。然而,乡土民间本身作为一个具有复杂内涵的社会有机体与文化载体,我们认为它绝不是一维的,也不是二维的,而应该是多维、立体的。通过乡土民间这个多棱镜的折射,我们理应透视到更为丰富、多元乃至混沌的民间文化形态。不可否认,鲁迅、沈从文等大师们的写作以一种"片面的深刻"达到了常人难以企及的精神高度,但作为特定历史情境下的书写,他们对于民间的这种极端姿态在某种意义上来说也是出于一种策略上的考虑。遗憾的是,在伟大先驱者的强势影响下,尽管时代几经变迁,但后来者大都陷入了"影响的焦虑"(弗罗姆语)的怪圈中难以自拔。这样一来,就势必造成对于乡土民间的文学想象成为非批判即讴歌抑或二者杂糅的既定模式的单向度书写,真正意义上混沌、复杂与暧昧的民间文化从此退隐到文学的场域之外,成为一个无法被存在所照亮的幽暗的盲点。基于这个意义,我认为张宇《活鬼》的出现,在民间生命形态的书写上创造了一种新的可能性。他剔除了一种庄严、清晰的价值判断而代之以在幽默、风趣甚至不乏调侃的故事讲述中尽显出民间文化与生命智慧在原生意义上最芜杂的真实。

二、苦难与荒诞中的生存

《活鬼》的结构并不复杂,它以事件的推进为序线性地讲述了农民侯七充满苦难、充满抗争而又充满智慧的人生经历。从抗日战争、解放战争,到新中国成立后的肃反、反右、"文革"等灾难性历史时期,侯七几乎无一例外地被卷入历次战争或运动的漩涡之中。然而在每一个生死存亡的关键时刻,他却又总能够利用农民式的狡黠坚韧地生存下来。

抗战时期,侯七仗着胆量与心智,利用偶尔一次给土匪组建的抗日人民自卫军偷送日寇活动情报的机会就成功地出人头地,由侯七变成侯队长以至侯团长,游刃有余地周旋于土匪与日军之间。从此,在日寇横行、土匪遍地的乱世中,侯七却俨然成了永宁县城的一个人物,活跃于洛河两岸。在河北,他明里是王鹏举的朋友,暗里却是他的上司,所以"汉奸保护他,日本鬼子不找他"。在河南,他则是声名远扬的抗日工作队长,百姓尊敬他,土匪毛儿也不惹他。侯七凭着他异于常人的处世智慧,在险象环生、命悬一线的日据时代却能把日子过得"像小磨油拌蜂蜜又香又甜"。

解放前夕,流亡南京的侯七凭着满身的匪气和智慧已然站稳了脚跟,而且由于仗义执言得到房东的资助,做起了房地产的大生意。但时局动荡、前途渺茫,就在人家纷纷撤资以求自保的时刻,侯七竟然放开手脚买进大批房产。原来,侯七早就算计好了,"共产党再可怕,顶多你把我买下的房地产没收了共产,总不能再判我啥罪吧?可是万一共产党不共产共妻,时局稳定下来,买下一大片空房子租出去就成了大资本家。如果共产党打不进,能转手倒卖,那就更上算"①。鬼精的侯七已把前前后后所有的可能与退路全部谋虑了一遍,所以他放开胆子以极低的价钱,甚至分文不花就把大批溃逃的国民党职员的房产统统收入囊中,而且还摆出一副忠于党国、不事二主的形象,"别人怕,我侯七不怕,我早看透了,共产党兔子尾巴长不了,等国民党再打回来,我保证把你们的家产看得好好的"②。一番表白,将作鸟兽散的国民党旧职员感动得涕泪滂沱:"党国到了如此地步,难得你这样赤胆忠心。"③不久,南京解放。侯七看准时机,将一大包房产地契送给新政府:"我早看着国民党要败,害怕他们临走砸窝儿,就东挖西借,买下了这些房地产。""我把这些财产交出来,权表对共产党一片赤胆忠心。"④新政府立马对侯七另眼相看,并树为模范典型,外加补助了一大批款子。在侯七看来,无论时代的风云怎样变幻,他都有足够的本领将自己的生活安排得妥妥帖帖。

但"文化大革命"终于还是来了,再见多识广的侯七这时也在心里产生了怯意,因为"他弄不清共产党要干啥了"⑤。这是一种真正的源于心灵的恐惧。如果说,在这之前精明的侯七尚可以凭借自己的勇气、经验、狡黠,敏锐地感知出

---

① 张宇:《活鬼》,时代文艺出版社,2001 年,第 26 页。
② 张宇:《活鬼》,时代文艺出版社,2001 年,第 27 页。
③ 张宇:《活鬼》,时代文艺出版社,2001 年,第 27 页。
④ 张宇:《活鬼》,时代文艺出版社,2001 年,第 27 页。
⑤ 张宇:《活鬼》,时代文艺出版社,2001 年,第 46 页。

灾难将临时的矛头指向,从而采取有效的防御策略将一切不幸在空降之前化解于无形,那么,对于"文化大革命"这个史无前例的"怪物",侯七也惶恐地感到超出了自己的经验范围,从而让反抗失去了目标与力度。但侯七究竟不愧是经历过风霜雪雨的命运的强者,在最初的恐慌之后,他给自己定下的短期目标就是"保命",而要保命就得把钱花出去。弄清了问题的实质之后,他马上出钱修了堵高墙并画上毛主席的画像,果然,红卫兵不再找他。但没想到,侯七却因伟人像出了名,被揪去造"红海洋"。"海洋"中一颠仆,水性极好的侯七又恢复了活力。他摸着了"文化大革命"的脾气,竟然向革委会讨要起工钱来。侯七说:"木匠在外干活,一天吃喝罢了,净挣两块半。咱不能和木匠比,咱这是搞'红海洋'……""这当然不能和木匠比了。这样吧,木匠一天两块半,咱们一天三块。"①头头慨然应允。首战告捷,侯七在黑白颠倒、苦难无尽的"文化大革命"中竟然愈来愈如鱼得水。他"专印锦旗红袖章",顾客盈门。几个造反派互相攀比,价格竟一路飙升,从两角涨到八角,侯七终于提前成了万元户,攒了十一个瓶子的钱。不仅如此,连惨无人道的批斗会也成了侯七尽情表演的戏剧舞台和赚取工分的便捷途径。谁给的工分越高,他在台子上就反对得越厉害,红卫兵组织就觉得越有效果。相反,他则一声不吭,让批斗者颜面丧尽。正是这样,他巧妙地利用三个组织间相互争权的内在矛盾,把批斗的工分抬升到十五分一次(比别人辛苦劳动一天还多),从而衣食无忧、毫发未损地度过了一个梦魇般的历史时期。

　　侯七无疑是中国文学中的一个异数。他是不幸的,在其大半辈子的生命历程中,灾难恰如孪生兄弟始终如影随身,以致在鬼魅横行的世界里他也只能像鬼一样地生存于暗夜之中,穷其毕生的心智为活着这个卑微的目标而努力,在苦难中煎熬,在荒诞中苟活,更谈不上做人的权利与尊严;但侯七又是幸运的,在生命贱如蝼蚁、随时会被扼杀的动乱年代,他却奇迹般地躲过一次次劫难幸存于人间,而且活得有滋有味。张宇的叙事显然是富有深意的,他在貌似轻松、调侃的语言表象下却内隐着作者最为深沉、悲凉的生命痛感。

三、民间智慧与生命伟力

　　在中国当代文学的人物长廊中,侯七的确是一个独异的存在。因为独异,所以至今也很少有人对他发声。侯七既不像鲁迅笔下的闰土,愚昧、麻木到将

---

① 张宇:《活鬼》,时代文艺出版社,2001年,第48~49页。

希望寄托在虚无缥缈的鬼神身上,茫然的生,寂寂的死;也不似沈从文笔下的天保、傩送,正直、无私、崇高到可以为他人的幸福放弃自己的一切。侯七只是一个最普通、最卑微却又最真实的存在。在他的身上当然有着农民式的愚昧,所以才会被土匪程守文算计而差点丢了小命,但更多的则是农民式的狡黠、韧性与强力。任何境况下,侯七都清醒地设计着自己未来的人生道路,从抗战到解放再到"文化大革命",他临危不乱、处变不惊,用最简单却又最实用的农民式思维应对着无穷无尽的浩劫,并一次次成功地将危机、苦难和荒诞消解于无形。他也并不崇高,更谈不上是中国式的脊梁,甚至还充满了鲁迅先生所深恶痛绝的奴性意识。纵其一生,侯七的光辉成就也无非是在乱世中保全了一个仅属于个人的小家。然而,在我看来,侯七卑微但又充满传奇色彩的人生历程却异常真实地凸显出民间文化与生命智慧复杂、诡异而又坚硬的质地。

长期以来,我们已经习惯于鲁迅式的冷峻、深刻,抑或沈从文式的诗意、浪漫,甚至还有赵树理式的幽默、乐观;但作为一种策略式的写作或者意识形态的同谋,民间文化形态中的复杂内涵与异质因素已经被大幅度地提纯与滤化了,民间生命形式的存在形态在文本中已经简化为一种单向度的书写,真正原生意义上芜杂的民间文化形态处于实质上的缺席地位。正如陈思和所言:"民主性的精华与封建性的糟粕交杂在一起,构成了(民间)独特的藏污纳垢形态,因而要对它作一个简单的价值判断是困难的。"①民间当然有愚昧,但民间同样有智慧。中国几千年的乡土社会中衍生出来的民间智慧,是我们民族得以生生不息的"草根力量"。"由于它(指草根力量)是乡土知识与民间智慧的产物,具有实践主体上的特定人群基础,因而它有着坚韧的品质,柔弱的表象下却能够承受巨大的外力。"②正是依靠着这种坚韧的品质,侯七才能在乱世中得以幸存。面对每一次突如其来的灾难,侯七就像拥有武侠小说中的绝世神功"化骨绵掌"、"乾坤大挪移"一样,将其悉数化解或者全部转移,以致灾难失去了目标、方向和反弹的力度。在侯七的身上先天地聚存着农民式最渺小、最微弱然而同时又是最强大、最坚韧的生命力量。他从来不与生活保持一种激烈的对抗姿态,在战争、政治运动等强大的非理性力量面前,侯七总是试图与极度紧张的现实达成和解。而同黑暗的极度紧张一旦缓和,反而获得了生存所需的坚韧,生命也因此变得更加宽厚和坚强。

或许我们也可以批判他的懦弱、苟且甚至奴性,但同时我们也不应忽略,作为一个地地道道的农民,"当民间乡土社会发生变化,譬如天灾人祸、外敌入侵、

---

① 陈思和:《民间的沉浮》,《上海文学》1994年第1期。
② 廖明君:《现代社会中的乡土知识与"民间智慧"》,《民族艺术》2001年第1期。

社会动荡等外部力量影响到民间社会时","当人的生存成了根本性问题时,人所关心的就是如何活着,至于在常态下的伦理规范、美丑、善恶、真伪等对他们而言已不是重要的问题。"①对于侯七而言,最重要的当然莫过于生命,"舍了命,还吃他妈什么"?②在这种典型的实用主义生存哲学里,侯七穷其一生的智慧是为活着而努力。这是何其悲凉的一种辛酸!我们可以指责他活得不光彩,可以怒斥他为什么不觉醒,但我们不可以鄙视他内心深处那种强悍的生命意识,那份对于生的坚韧和执着。尼采曾经说过:"肯定生命,哪怕是在最异样最艰难的问题上;生命意志在其最高类型的牺牲中,为自身的不可穷竭而欢欣鼓舞——我称这为酒神精神,我把这看作通往悲剧诗人心理的桥梁,不是为了摆脱恐惧和怜悯,不是为了通过猛烈的宣泄而从一种危险的激情中净化自己;而是为了超越恐惧和怜悯,为了成为生命之永恒喜悦本身——这种喜悦在自身中也包含着毁灭的喜悦。"③尼采这种高蹈的生命意识,这种把生命看作人生存意义的最高原则的精神和以生存为根本的乡土民间世界有着惊人的吻合之处。是的,"当生命自身之火熊熊燃烧起来的时候,既定的道德规范,生活原则以及善恶观念还有什么意义呢"④? 正是基于这样一种认识,笔者认为,张宇的《活鬼》撕开了民间生命形态的神秘面纱,以真实、细腻、深沉的笔触为我们呈现出最原初、最混沌意义上的民间。张宇的写作是温和的、包容的,他超越了简单的是非善恶的价值判断,以深深的悲悯对弱小的民间生命予以了最大限度的理解和关怀。宁死不屈、舍生取义诚然可歌可泣,但忍辱负重、能屈能伸又何尝不是一条生存之道?张宇正是基于对生命的理解和尊重才让侯七的生存智慧在苦难、荒诞的压制中爆裂出最璀璨的光芒,也在更深的意义上诠释着我们这个民族得以绵延不息的生命智慧与民间伟力。

原载《社会科学论坛》2008 年第 9 期

---

①王光东:《20 世纪中国文学与民间文化》,复旦大学出版社,2007 年,第 222 页。
②张宇:《活鬼》,时代文艺出版社,2001 年,第 46 页。
③〔德〕尼采:《偶像的黄昏》,周国平译,光明日报出版社,1996 年,第 101 页。
④王光东:《20 世纪中国文学与民间文化》,复旦大学出版社,2007 年,第 224 页。

张宇的"鬼气"系列

邓星明

一

河南青年作家张宇是因他的《活鬼》而被文坛瞩目的。几年前,这篇耳目一新的中篇小说一问世,立即在读者中产生了巨大的反响。一方面,人们对突然出现在文坛上的这个"活鬼"形象瞠目结舌,不知所云;说陌生吧,似乎在哪照过面,说厌恶吧,好像在感情上又夹带着几分怜悯与同情。另一方面,人们对作品的题旨纷纷揣度,七嘴八舌,莫衷一是,颇有点儿猜不透、吃不准的神秘感。

面对这纷纷扬扬的评论界,张宇出来说话了。他在《〈活鬼〉余话》(载《中篇小说选刊》1986 年第 1 期)里诠释说:"《活鬼》有原型","原型身上确有鬼气。"这是他最初动心写《活鬼》的诱发。马上他又联想到不知在哪见过的哪些人身上都有鬼气。这些鬼气便弄到一块,纠缠着他,使他在一年多时间里一直不安,心里真像有了鬼似的。于是,这些鬼气和鬼气阴阳相交,经过孕育,便成了这《活鬼》。张宇在这里揭示出,活鬼的特质是"鬼气"。人们以此再去观照主人公侯七,情形就更分明了。这位以出人头地为生活目标的侯七,为人精明圆滑,处事善耍手腕。解放前,他闯荡江湖,几经囹圄,凭着他的尖钻刁滑,又都一一化险为夷。同时,我们也注意到,张宇笔下的侯七尽管狡诈,但还没有堕落到那种道德沦丧、天良泯灭的禽兽之徒。他带领一帮人捣乱戏场,固然有其大胆泼皮、爱闹恶作剧的秉性,也有看不惯伪县政府老爷们欺压百姓作威作福而站出来打抱不平的仗义行径,他的朋友杨忠信贪污败吃官司,他能置个人安危于不顾而挺身相救,此外,他在对待前后老婆石榴与胡月萍的问题上也能讲点天地良心。总之我认为,这位分明带着叛逆性格的侯七,尽管身上沾有这样那样的污点,但比起愚昧、麻木、逆来顺受的人物来,似乎还有点进步意义。

在"将人变成鬼"的旧社会,产生侯七这类鬼胎原本并不是件奇怪的事。按说,这个鬼胎在新社会是可以变成人的,但却没有,侯七的悲剧正在这里。解放初,侯七在新中国一派欣欣向荣景象的感召下,曾激发起重新做人的热情。他当上了国家干部,响应党的号召,下乡到沿海地区,一住六个月不回机关,还写了一本有利于生产发展的《渔业生产参考资料》。这段期间,侯七身上的"鬼气"锐减,"人气"猛增。如果新社会一直是在健康的轨道上发展下去,侯七完全能蜕变成新人的。遗憾的是好景不长,他当干部不久就因个人历史的"不清白"而遭审查,他那本含辛茹苦写成的《渔业生产参考资料》也被作为特务活动的嫌疑。在接踵而至的各种带有"左"的倾向的政治运动的冲击下,他对新社会的热情顿然消失殆尽,身上潜存的"鬼气"又陡然涌出,而且表现得比过去更隐蔽、更狡诈、更荒诞。不管你政治运动如何地花样翻新,他侯七自有一套以不变应万变的处世哲学:扮人的虚假,做鬼的坚实。表面上很虚,很弱,逢人点头哈腰,讨好卖乖,含羞忍辱,人格丧尽,骨子里他却很硬,很强,待己严格要求,自强不息,精心盘算,一丝不苟。他既是彻头彻尾的利己主义,又是不折不扣的务实主义,他的务实又完全是为了利己。他被错划右派,但处之泰然,他一边唯唯诺诺,接受改造,一边操笔卖画,经营有道,日子过得比左派还好。十年浩劫中,他一面像小绵羊似地可怜凄凄的接受造反派的批斗,一面却像大灰狼似的野心勃勃地赚取造反派的钱财。在成千上万信男善女们勒紧裤腰带流血流汗干革命之际,他侯七却大鱼大肉享清福,一心一意发横财。活鬼真是十足的活见鬼!

侯七之所以沦为"活鬼",其自身的秉性、素质和文化心理无疑是一个重要因素。他"生就一个流逛蛋","正经书看不进去,闲书倒看了不少",是旧社会典型的三教九流之徒。不然的话,为什么同处一个旧社会,祥林嫂、闰土、孔乙己成不了"活鬼",同在一个新社会,经历与他大同小异的罗群(《天云山传奇》)、胡玉音(《芙蓉镇》)、田雨堂(《内奸》)也成不了活鬼,而就他侯七沦为"活鬼"。此外,社会政治中的弊端,也是酿成"活鬼"的一个不容忽视的因素。试想想,像侯七那样一个历史不清白的人,解放后在"左"的思潮统治下想逃脱历次政治运动绝非易事,出于人的生命欲望,出于人寻得内心安宁与自得的本能,迫使他必须要扮演一个双重人格的角色。从这方面来说,侯七是社会不正常挤压出来的畸形人物,所以,张宇对侯七坎坷命运的描摹,既是对城乡市民群落被扭曲心态的一种时代性思考,也是对几十年来我们社会发展轨迹的严峻审视与洞现。

二

张宇在写完《活鬼》之后说:"要是死鬼,那便不害怕。可是,是活鬼,就生活在我们身边,和我们一同走过来那么多路,现在又和我们一同搞四化建设,想起这样,身上就冒一股凉气。别人怕不怕,反正他怕。于是便把这活鬼写出来,告诉人们,注意,我们生活里面有鬼!"(摘自《〈活鬼〉余话》,载《中篇小说选刊》1986 第 1 期)。

《活鬼》之后，张宇又推出了几篇作品。它们是《家丑》（刊《小说家》1987年第3期），《国公墓》（刊《人民文学》1988年第1期）和《阑尾》（刊《十月》1988年第2期）。细读这些作品，我发现几乎每篇里都有侯七的影子。这些浸透着侯七阴魂的人物形象，尽管出身、年龄、性别、经历不同，职业、地位、性格、环境各异，但都有一个明显的共同特征——鬼气，张宇以他敏锐的眼力，将生活中各阶层、各行业里带有鬼气的人物一个个拧出来亮相，构建了他笔下的"鬼气"系列。

《家丑》的主人公杨润生的地位与侯七迥然不同，他是堂堂的一县之长，在大会小会上叫喊要建设物质文明和精神文明，调子比谁都唱得高。令他头疼的是，父亲在老家赌博并被乡里当场抓获，如何去处理这场家丑呢，小说顺着这个颇有吸引力故事的展开，一层一层地剥去了杨润生的精神外套，裸露出一个与侯七类似鬼气的灵魂。他和侯七一样深谙人生社会，待人精明圆滑，善耍手腕。在处理家丑的问题上，他嫌单纯简单的弟弟"年纪太小，社会阅历太浅"，不知道"人情如纸张张薄，世事如棋局局新"。他可怜老实直率的叔叔"在官场混了十几年，却不明白官场的无情和冷酷"。他对于敢抓他爹的李乡长，一面是"喜欢"："说良心话，我喜欢这种干部，浑身是胆，敢打敢拼，如今这种干部太少了"，一方面哀叹："他总要这么干，发展下去，在政治上是不会有好前程的。他太缺少自私，太缺少自我的意识。"在公与私的利益权衡中，最后还是决定："遇着机会，得想个办法，把李明亮（乡长）动一动，调开我的家乡。让他到别处坚持原则去，怎么坚持怎么开刀都行。"杨润生是一县的父母官，当然不必像侯七那样去为温饱生计奔碌，但却要在更为复杂的人际官场上周旋。他处处提防，事事算计，绞尽脑汁地应付着各式各样不同身份不同地位的人。公开场合下他是一位信仰马克思主义的政府官员，内心世界却完全是一种落后自私的中国农民的文化心理。小说中有一段是这样描述他隐秘心态的："我太世故，太了解官场人际关系的重要，我不会因坚持原则去得罪上级，从而折断自己的前途。我处理这类问题时追求圆滑和稳妥，既把事情办了，又不使各方面受到伤害。也就是说，在党的原则和人际关系中间走钢丝，并以个人利益为主。"瞧！这不就是一个活生生的官场的侯七吗？在我们的干部队伍中，这样侯七式的活鬼心理难道仅至于此吗？

《国公墓》这篇不足一万字的小说，写了一个死鬼魏国，一个活鬼魏少文。魏国是古代人，鬼气冲天，打官司"谁找魏国谁就有理"，他可以替打官司的双方同时写出对立的两份理直气壮的状纸，把几任县官玩得直转，声名大振，后来官至国公，是魏氏家族顶礼膜拜的先祖。

死鬼死矣，活鬼尚存。魏国的后代魏少文，虽然只当了个县文化馆馆长，但身上的"鬼气"绝不逊于祖先。县里修公路要迁掉包括国公墓在内的魏家坟,魏姓人不允,群起护墓;县长王力认为修路是全县的经济大事,下令限期迁墓,否则按破坏"四化"建设论处。就在这互不相让、剑拔弩张的情势下,魏少文出场了。他年纪不大,但熟谙中国社会各阶层的心理,"他从来就觉得没有办不成的事儿。办事主要是说理,说理是玩嘴,谁玩住谁,谁就有理,全凭嘴上功夫"。他懂得王县长修路是搞物质文明,要玩住物质文明,就得借助精神文明,而最能玩精神文明的当然要数县委书记喽!谁去玩县委书记呢,他选中了县文物管委会的赵主任,谁去糊弄赵主任呢,只有魏少文自己出马了。他太了解赵主任的底细了,又糊涂又虚荣又胆小,县里其他几个管文物的人,他也了解,并不懂文物而且还最怕人家说他们不懂。不懂装懂,比他们不装强,更比他们真懂好糊弄。魏少文运筹帷幄:这第一步得先把国公墓弄成国家保护的文物古迹,也就成了文化遗产,这就把狗皮膏药贴在精神文明上,保护国公墓就不再是保护魏家坟,而成了保护社会主义的精神文明。性质一变,也就成了干"四化"了。嘀!这一套一套的,简直像魔术师变戏法似的,在魏少文手里玩得团团转,简直比侯七还侯七!

果然,事情的进展完全按魏少文筹划的那样进行着。市文管会下了一个文件:《关于保护国公墓的通知》,县文管会接着又发了《关于保护国公墓通知的通知》。县委书记表态支持,王力县长徒呼奈何。物质文明在精神文明面前终于败下阵来,一条笔直的公路乖乖地拐过魏家坟,转了个半圆,委委屈屈地绕了过去。魏少文玩到这里还觉得不过瘾,又亲自动笔写了篇稿子,登在市里的报纸上,题目叫做"书记县长亲自过问,及时抢救保护国家文物",领导们乐不可支,他魏少文还受到上级的电话表扬呢!

你看这个魏少文,玩得多开心,玩得多痛快,玩得多得心应手。这个浑身"鬼气"的活鬼把县委书记、县长弄到股掌之间玩,把精神文明颠过来倒过去地玩。玩得叫人心疼,玩得叫人心碎!

《阑尾》是一篇取材角度新颖,笔法近乎荒诞的中篇小说。作品通过对一位市长住院割阑尾曲折经历的描述,不但生动地展示了市长"失去自由"的难言苦恼,也传神地刻画出市长周围各式各样的畸形心态。《阑尾》里描绘的带有"鬼气"的人较多,有的是为了私利自身萌发的"鬼气",有的是抵抗力低弱而被沾染到的"鬼气",还有的则是在"鬼气"氛围的重压下逼出来的"鬼气"。

市人民医院张书记身上的"鬼气"就是自身萌发的。他是政工干部,深知自己仕途的沉浮完全取决于市长脑子中的"印象"。市长这次到他医院割阑尾乃是天赐良机。为此他专门召开紧急会议,研究手术方案,又给护理人员开特别动员会,宣布给市长的护理表现将直接影响到他们的入党、提干、评职称、分房、发煤气罐、定计划生育指标、发奖金等等。

外科主任徐医生当主任几年来从不上手术台，一来他不学无术，怕手术失误有损威信，二来他摸索到一整套"高效"工作方法，即"什么手术也不做，什么事也不干，专门指导别人做手术和批评别人干工作，而在这批评里既能出水平，又能出权威"。可是这次给市长做手术却是例外，他主动争着要上，但他没在手术本身上下功夫，却在手术之外想得很深很远：这个刀下去，能切开他工作的新局面，能拓展他的锦绣前程，他憧憬在市长的肚子里，有一个属于他的光明灿烂的新世界。

丁院长本是位头脑清醒而又有真才实学的知识分子，他辗转于活鬼之中，少不了沾染上"鬼气"。他心里鄙视张书记不懂业务，却处处总夸书记最熟悉业务，以取悦书记保住自己，他积极提议让徐医生给市长主刀，既非真心也无诚意，而是另有算计，你是外科主任，做好了是小手术，并不显出你啥水平，做差了是出你的丑，连个阑尾都做不了还当什么主任，更莫说提升为副院长。

此外，胆小怕事的护士小王，急于要房子结婚，又担心给市长打针出问题，愁得没法，后来苦心思虑，想出绝招：只扎针，不推药。创造出世上罕见的"无疼无痛无感无觉注射法"。还有工作了几十年的护士长，本来极有丰富的护理经验，这次碰到市长开刀，忽然感到不会换药了。为了换出自己的政治表现，换出职称、房子和奖金来，她出于无奈，昧着良心使出了违反科学的绝活，只把消毒碘酒涂在刀口的周围，远离伤口……《阑尾》里描绘的这些大大小小带有"鬼气"的人物，虽然没有侯七那样成熟的"活鬼"，但有的已长出活鬼的胚胎，有的正初具活鬼的素质，有的则是活鬼的好苗子，有的则是在鬼气弥漫的环境下挣扎、呻吟，并衍化，蜕变成为另一类"活鬼"。

三

如果把张宇的"鬼气"系列放进当前文学的总体格局中来审视的话，我们将会发现张宇并不是一位在文坛上追赶时髦的弄潮儿。他既没有在"寻根文学"的浪潮中去苦心营造自己的豫中领地，也没有陷进所谓"文化意识"的圈圈，去搜寻那些远古荒漠的僻俗风情，去猎奇那些封闭奇特的历史掌故；更没有去尝试各种色彩纷呈的试验文体，当文坛上披荆斩棘的"先锋派"，以博得一些赏心悦目者的喝彩。尽管这位周身洋溢着灵气的河南青年作家凭着他的敏锐，凭着他的勤奋，凭着他的生活功底完全可以那样去做，但他却没有。

张宇自踏进文坛以来，始终将他的视角密切关注着他所经历的现实生活，大胆地将他那支机锋四起的笔伸向错综复杂的现实矛盾世界。张宇的作家使命感和社会责任感太强了。他曾严肃地说过:"我常常想,我们当作家自然要为政治服务,我还是共产党员,不服务我自己先忍受不了这痛苦。但怎么服务?这倒是个问题。我们写小说的,恐怕主要是写出无愧于我们这个时代的文学作品,对党的文学事业有所贡献。让全世界各民族都看到,由于我们共产党的领导,我们的文学事业多么兴旺发达……我总是向着这个方向走了,成些小气候,不也给我们党的文学事业做了点努力吗?这恐怕是我如今和今后一切写作的发生动机。当然也是《活鬼》的写作动机了。"①正是基于这种动机,张宇煞费苦心地给现实生活中形形色色的"活鬼"画像,把他们一个个拧出来示众。他不是闲得无事寻开心,也并非想取悦广大读者。一方面他是受强烈的社会责任感所驱使,他十分热爱我们的社会主义国家,他像一名忠诚的卫士一样守护着它。当他发现"我们的生活里有鬼",并由一个活鬼,联想到社会上各式各样大大小小的活鬼,这些发现终日纠缠着我们的作家,天长日久,便创造了这"鬼气"系列。作家的用意是非常明确的:"弄这《活鬼》,也就是做个活鬼的标本,或者说造一面照鬼的镜子,为人们消灭活鬼做些用处。找到他们,或把活鬼变成死鬼,最好把活鬼变成活人。但愿《活鬼》能给活鬼送终,让我们再不要相见。张宇这家伙就高兴了。"(张宇《〈活鬼〉余话》)。另一方面是基于张宇强烈的忧患意识和批判意识。他在写《活鬼》之后悻悻地说:"最让我们害怕的是,我们的生活里为什么有鬼。那就是说,为什么活人变成了活鬼?"为此张宇陷入深深的思索之中。在他的"活鬼"系列里面,既有多年来极左政治的批判,也有对落后民族文化心理的批判。这两种批判都渗入了作家一种难以排解的忧患意识。值得注意的是,作家的批判与忧患并不是囿于一种浅层次上的哀叹,而是以一种新颖别致的颇带喜剧意味的嘲讽的面目出现,在这些辛酸的嘲讽中,蕴含着张宇铭心刻骨的激愤之情,包孕着张宇揪心的内心灼痛,同时也展现了张宇对现实主义审美艺术的一种独特的追求。

原载《当代作家评论》1990 年第 3 期

---

① 张宇复、陈达专:《生活的谜和小说的谜》,《邵阳师专学报》1986 年第 1 期。

论《乡村情感》的价值取向

邓　楠

《乡村情感》是河南作家张宇采用传统现实主义手法创作的一部中篇小说。小说虽然真实地展示了宗族力量和传统观念怎样支配了一般人的命运以及中原乡村的风情民俗的淳朴、热情和重情重义的特色,但是小说文本所表露出来的价值取向却是值得批评的。它不仅宣泄着浓厚的父权、夫权和族权观念,而且还站在大男子主义中心的立场上对女性进行极尽能事的贬损和歪曲。作家导演了一出男性主义中心话语意识的悲喜剧。

小说描写了张家湾村的张树声和郑家疙瘩的郑麦生这一对同生死共患难朋友的交情。他们一同参加革命,又一道从城里返回乡村,用自己的双手来建设家园,凭借自己的劳动来养活自己。郑麦生得了胃癌,将不久于人世。其儿子郑小龙与张树声的女儿张秀春一般大小,刚好20出头。儿女未成年时,两位好朋友就已经作好安排:他们要亲上加亲。眼下郑麦生一家正忙于安排他的后事,而张树声却作了一个大胆的决定:用红喜事来冲白喜事,即在郑麦生死之前让郑小龙与张秀春结婚,以抚慰老朋友之心灵,使他没有任何遗憾地走完人生的最后历程。张树声这一为朋友两肋插刀的义胆和义举是令人感动的。从高境界层面上讲,是他"彻底的唯物主义精神"反叛封建迷信的胜利,因为按照农村的习俗,在某家死人时,是绝对不能举办结婚之仪式的。但在这一"真情"现象的背后,恰恰表现的不是更高层面的理想主义精神,而是大男子主义精神的作祟。张树声这位经过革命战争洗礼的革命者,他不信神,不信邪,然而他信奉"爷们"的说话权力和说话分量。死人时就不能结婚?他不信这一陈规陋习。他为了他的"爷们"郑麦生的幸福而牺牲女儿秀春的幸福。他把自己的女儿当成私有财产随意支配,不管女儿同意与否,他说话算数。在他的观念里,只有男人们的幸福,才有女人们的幸福,只有家长们的幸福,才有后人们的幸福。现在郑麦生唯一不能满足的就是生不能看到儿子圆房,不能享受儿媳妇的孝顺。张树声与郑麦生一番床前沟通后,张树声深明此理。所以,他要凭借他作为家长的权力来帮助郑麦生实现这一心愿。

张树声为了充分显示他在家庭中的至高无上的权力,用两句话就将妻子和女儿说服。虽说是以开家庭会商议的形式,但实际上垄断话语权力的是他,他的倾向性基本上代表了全家的意见。甚至在儿子缺席的情况下(根本就用不着与儿子商量），少数服从多数的原则也不能使儿子的意见左右大局。正如叙述者张树声的儿子叙述道："许多年过去,俺家里已形成习惯,凡事他说了算。家里人已经习惯听他的话,他是俺们家里的神。"叙述者话里有话,将张树声这位集父权与夫权于一身的形象特征毫不隐讳地暴露出来。这位在外面挣脸面要面子的"爷们"实际是专制家长的典型代表。

张树声为了充分用足他的权力,他动用了族权。中房是族权的象征,是张氏家族长子、长孙、曾长孙的一支。南北房是张氏族弟的一支。张树声不是住中房,理所当然没有做族长的希望。族长是一位八十有余的老头。张树声的决定若是违背族规的决定,如果没有族长和张氏家族几位有头有脸人物的同意是绝对行不通的。按理说,张树声要改变人们的宗教迷信观念,一是靠科学,二是寻求人民政府和党组织的支持。这一切都没有为张所考虑。他是直接向宗族势力妥协。张树声为之出生入死的革命,换来了新中国和人民当家做主的权利,然而,他要表现彻底的革命行动时,却倒向宗族势力的怀抱。这就是张树声:他要用宗族势力代替现在的村委会。张树声的目的和意图的确昭然若揭。凡张家湾重大的事情,必须族里的几位德高望重的人物商议,晚辈和妇女一律不能参加,更谈不上发言权,只有服从的命。这就是解放后近50年中国社会的新农村(小说发表于1990年)所实行的民主制！宗族的组成人员是男性,宗族的规定是男性制定。宗族是彻头彻尾代表男性话语的标志。张树声为朋友尽孝尽忠的义举受到了老族长的高度赞扬。老族长还宣布我也不顾80岁的高龄亲自送孙女秀春去郑家疙瘩。代表男性话语的宗族势力取得了生杀予夺之权,在宗族势力的操纵下,郑小龙与张秀春的婚事办得非常体面,也非常铺张,可以说惊动了张郑两大家族和两大村。大男子主义导演了一场民间狂欢歌舞剧。

由此可见,无论家庭事,还是社会事,它的商议、执行、实施等一系列过程都是由男人们把持的。男性是话语中心,男性是社会、家庭的决策者、执行者,女性根本就是配角,是缺席者,是牺牲者,是男人把玩、哄弄的对象。男人叫女性生就生,令女性死就死。"嫁鸡随鸡,嫁狗随狗",这一情形在小说里的确展示得淋漓尽致。

男性意识的张狂,男权观念的称霸,必将导致对女性的歪曲和使女性的缺席、隐遁。小说中写了有名有姓的三位女性,一是张树声之妻,二是张树声之女秀春,三是郑麦生之妹麦花。这三位女性在以男性为中心的社会里,既没有言说的权力,也没有自己的主见,完全是男性的附属、配角、点缀。她们是三个苍白无力的女性。张树声之妻除了唯唯诺诺、点点头表示赞同之外,再没有任何言语证明她是与丈夫平起平坐的家长。她的职责就是做家务,尤其是烧可口的饭菜。丈夫把女儿嫁出去之事对她走过场地讲了一下,小说写道:"只见妈妈呆呆坐在那里一声不吭,眼眶里慢慢就有些泪水涌出来,在灯光下晶晶地亮。她是心疼秀春,明知主凶不吉利,心里难受,又不想把话讲出来,去伤爹的心。"妻子已经失去言说的权力,只有听从丈夫的命。秀春出场的机会多一些,但也是一个没有思想和主见的人物。与小龙的婚姻是双方大人事先安排的。与小龙在一起本该多交流,但小说的"父亲中心"意识很快地使这种谈情说爱的场面一笔带过,更没有让她的思想性格聚焦和放大过。父亲讲了嫁她的打算,反复交代她怎么办,她的回答挺干脆,"爹,我知道""爹,我懂""爹,您放心"。总之,她让人产生的印象是一位永远长不大而极为听父母话的女孩儿。你看,要结婚了(可能她还没有思想准备呢),父母亲灌输给她的是家规和礼仪。譬如:怎样待公爹,怎样待丈夫;到男家后第一件事做什么。果然,秀春没有失信。一进郑家,就给公爹做饭。扶公爹坐起,然后一勺一勺地喂汤。张树声按照封建的礼仪规范和大男子主义意识来培养秀春,使秀春在这男性意识的模式下,实现着男人的意志。可以预料,秀春将来必定是一个社会事业的缺席者,但又是一个令男人摆布的女性,尽管在名分上会获得忠孝义的名声。

郑麦生的妹妹郑麦花对哥哥十分感激和敬佩。因为她的爹娘死得早,她是由麦生哥拉扯大的。哥得了绝症,她来服侍几天,这也是情理之中的事。她替哥端屎端尿,擦洗身子,没有任何怨言。但有一点不满足的是她寻思与哥交流,想掏他的心里话,可哥哥就是不说,甚至对她厌烦。其实,郑麦生也是充满对女性的偏见与歧视的。他觉得"爷们"的话只能跟"爷们"说,没有必要跟女人说,哪怕是自己的妹妹。郑麦花只有做事的苦命,居然连接受男人话语权力的机会也不配享有。她只得将泪水往肚里咽。她是按"爷们"意志办事的又一架机器。没有思想,没有言说的权力,只有规规矩矩地做事,这就是小说里的女性角色的地位。女性在小说里除了"空洞的能指"之外,再没有任何意义的所指。可怕的偏见在吞食着小说的价值取向。

男性话语的强权,女性话语的缺失,这是贯穿小说始终的叙事结构,这种男性文化意识的突出,带来的明显效应便是:男性性格的丰满鲜明,女性性格的模糊苍白。张树声、郑麦生、郑麦旺、老木匠、老族长、郑小龙等,一个个鲜活透亮,有声有色,说话大声吼气,掷地有声,男人味十足。相反,树声妻、秀春、麦花等了无生气,不敢粗声放言,更不敢擅做主张。男人们指手画脚,女人们洗耳恭听;男人们阳刚,女人们柔弱;男人们支配着张家湾和郑家疙瘩,女人们顺其自然地生存;男人们主宰世界,女人们被男人们主宰。这就是《乡村情感》的人物图像。

小说在颂扬男人的伟绩和贬损女性作用的同时,又竭力地消解主流意识的政治话语中心。郑麦旺是郑家疙瘩的党支部书记,在某种程度上他是主流意识话语的代表。但作者通过他的所作所为使这位主流意识的代表荡然无存。先是,他担任村支部书记时,为自己的子女谋私利,受到了麦生的严厉批评。继后,在麦生快死时,他又为讨好麦生替小龙申请了三分宅基地(郑家村人多地少),这一做法同样遭到麦生的批评和拒绝。最后,他拿起铁话筒召集全村老少爷儿们到队部开会。他把麦生的革命功绩摆出来,感动大家,要求全村出力来帮助麦生家完成娶媳妇之大事。郑麦旺这时的出场,俨然不是以一个村党支部书记身份出现,而是以郑家村的"家长"、"族长"的面目出现。他这时的说话也不是官场的套话与政治话语,而是充满痞气的脏话、土话。郑麦旺一下子由一个真正的政治意识的代表而变为讲哥们义气的封建家族宗族制的代言人。这样,代表主流话语意识的郑麦旺被消解,而代表宗族观念的郑麦旺被凸显和强化。小说从另一个侧面达到了突出以男性文化为中心的鹄的,这是对男性话语意识的进一步补充和强化。

我们再回头看张树声与郑麦生之间的深厚情谊。这种情谊虽然真实可信(因为他们有共同的信仰、共同的追求),可是它是建立在儿女的服从和女性缺席的情况之下的,它带有强暴性。而且为了夸大这种情义的感人性,张树声们又动用了具有强大力量的宗族势力,使这种情谊得到宗族势力的支持。在弘扬宗族势力支持正义行为的同时,小说又对主流话语意识进行颠覆和消解,讽刺嘲笑了主流话语意识也不能左右这种发自人内心的原始的情感。因而,共产党员的形象在小说里只是起了一个像女性的"空洞的能指"的作用。而宗族势力的实质说穿了实际就是代表男性掌权、以男性为中心的封建文化意识。小说的价值取向就是实现这一目标,就是要为"爷们"唱一曲阳刚之歌。无怪乎,当作者投身城市喧嚣和城市文明的时候,就特别怀念这一幕。城市文明——无论在家庭和事业上男女平分秋色都是不可阻挡的趋势——男人独唱主角的日子早已过去,而真正保留男性文化风范的地域显然在纯朴的乡村。20世纪80年代中后期,中国的政治策略进一步调整,经济转向商品经济、市场经济,人们的思想观念也在激剧波动。商品经济、市场经济必然冲击着人们的道德观念。城市物质文明的发展,工业化生产水平的提高逐渐改变了人们过去的温馨的和谐关系。一切向钱看与道德伦理堕落在这一社会转型时期表现得尤为鲜明。张宇对物质文明与精神文明的二律背反现象感到极其茫然。他希望物质文明能与精神文明同步发展提高,当两者不能同步时,他主张加强精神文明建设,而精神文明以及良好的伦理道德秩序之"根"乃在于乡村。张宇要把城市文明与农村文化加以对接,使乡村文化得以在城市落户蔓延。但在历史唯物主义论者看来,他的这一痴心妄想,只能化作无情的岁月,消失在历史的广漠之中。

张宇小说《乡村情感》表现男性话语意识中心,突出男女平等的民主观念节节败退于族权、夫权,强调主流话语让位于宗族观念,这是与中国新时期的文学大潮一脉相承的。20世纪80年代中后期,中国当代文学在西方现代主义文学尤其是拉美魔幻现实主义影响下,产生了寻根文学思潮,作家们关注于地方文化和民族文化,基本上偏离了当下的主流话语意识,避开了政治性的描写内容,擅长表现"愈是民族的愈是世界的"这样的题材和主题。因而小说中出现了大量的描述民俗风情、宗教族规和神话巫术的内容。如贾平凹、韩少功、扎西达娃、马原等作家创作的小说,其叙述策略便是如此,他们从过去的、地方的男性文化中,表现其历史的、道德的审视。他们寻找的民族文化之"根"无不是充满着激情豪言的男性文化和生命强盛的原始文化,以此来观照新时期民族文学的萎缩和男性文化的阳痿,并给新时期文学注入新的内涵和活力,其共同的目的倾向是肯定多于否定,赞扬多于批判。张宇的《乡村情感》无疑是密切配合这一思潮与文学运动的。他发掘的民族文化之"根"显然是带有男性话语偏见的。

原载《常德师范学院学报》(社会科学版)2002年第3期

对人类作品的沉思
——长篇小说《疼痛与抚摸》的"说"

孙 荪

张宇这部长篇小说《疼痛与抚摸》(人民文学出版社1995年5月第1版)是一部吸引人读,迫使人想,值得人说的书。当前的长篇小说能够这样让人读、想、说兼具的并不多。

读这部书,使我想起西方批评家对文学本性的一种概括:文学是对人类作品的沉思。

这是怎样的一件"人类作品"?它怎样召唤了张宇并且如梦魇一样魅惑住了张宇呢?小说的开头有如下直白:

> 我一直觉得春天里不该发生这样的事情,把一个女人脱光了游街示众。多年来,这场景在我记忆深处结下疤痕,不断在我的噩梦中重现。
>
> 多少年来,这往事一直折磨着我疼痛的思考,呼唤着我的叙述。

一句话说清了这件"人类作品":一个青年妇女被逼迫裸体示众。这一野蛮的让人类自己尴尬的场景,引起人们的广泛兴趣。有人把它当作一件带"色"的新闻,有人把它当作有趣的轶事,有人把它当作侵犯人权的野蛮案件……口耳相传一阵子,就如一阵风一阵雨似的过去了。但张宇却在这个场景面前开始了思考。思考使他陷于一种矛盾之中:人类怎么能有又何以会有这样的"作品"?这就是说"不该"有,不论是春天里还是别的季节里。但是,脱光游街不说,那么,这位女性的行为"该"吗?即使是"该",又是如何走到这一步的?张宇在公众停止思考的地方开始了一种精神游历;接着,又以小说家的文字进行了语言游戏。

作为阅读者,首先看他的语言游戏。我们看他是怎样叙述这件"人类作品"的。

这时,我想起西方一位解释学家的一个观点,他说在本文的内部有两个相互作用的叙述。一个是"行为的报告",在其中创造被表达为动作的叙述(上帝创造了……);一个是言语的报告,那是一种谈话的叙述(上帝说,有……)。(利科尔《解释学与人文科学》)

这两种叙述相得益彰,而且旗鼓相当,构成了这部小说的叙述方式和颇为独特的文体特征。作为小说基础和基本的,当然首先是行为的报告即动作的叙述。读者能够接受这部小说进而为其所吸引,先要考验作者在动作叙述中采取何种策略。

小说的素材是这样的简单:一个青年妇女被迫裸体游街;同时,它又是如此的丰富:这一事件与一家三代四位女性的命运和性格相关,与至少四五个男性相关,中间夹杂着两个女性的自杀一个男性的猝死,两个女性两次裸体游街,三种要死要活的婚外恋情。这个素材如何处理,或者说采用不同的叙述方式,可以编织成不同风格旨趣的作品。

有一种简便的选择摆在面前:它是极理想的言情故事,通俗小说的天赐材料。如果编成通俗文学,一定是顺手顺口顺心,苦辣酸甜麻,五味俱全。

张宇拒绝了这种选择。他并不是贬斥通俗文学,他甚至颇为欣赏通俗文学的一些表现手法,但他要做一次带有后现代意味的"改写",做一次"反"通俗文学的探索。

张宇有条件这样做。

应当说,张宇在这部小说前已经逐渐形成了自己的叙述风格,尽管一直在不事声张的求新求变中。大略说来,世态万象,百科全书,百人百性,错综复杂,这一些都非张宇的追求目标;他喜好以简驭繁。无论其短篇中篇长篇,都力求以叙述的单纯重点描写的微妙细密来表现对象内涵的丰富。叙述的切点平实而不陡峭,叙事线索有条不紊,故事架构粗而不密只留几根粗粗的支撑,人物精简到最少,以集中笔墨于最倾心的人物,展现最需要展示的东西。比如其短篇《桥》,中篇《活鬼》、《没有孤独》和长篇处女作《晒太阳》等。长篇《晒太阳》就是以县长杨润生回家处理父亲赌博一事为叙事线索,展开一个县的官场众生相,折射当代政治文化的大观和要略,凸显农民出身的政治家生存境遇的两难和心理冲突的丰富景观。这一部长篇从叙事学的角度来说,仍然保留了他一贯单纯明快的风格,甚至更加强化了他以简驭繁的特点,为此运用了许多新的策略。

第一,聚焦与打碎。

作为一部长篇小说,必须有足够的容量。水家三代四女性的命运故事纵贯一个世纪的时间跨度,应当说是合适的表现对象,甚至可以作成一部大长篇。

但张宇没有走通俗文学或传统现实主义路子,写一部悲欢离合的传奇故事。他采用聚焦的办法,选择了一个"焦点时刻",这就是水月在80年代被迫裸体游街。从这一个场景出发,随着眼前行为动作引发意识的流动,借助回忆和联想中浮现的历史痕迹,上下左右追索,把焦点背景上相关的人与事揉碎,把时间与空间打乱,最终使"焦点时刻"得以"自圆其说",同时,也就展开了一个世纪三代四女性的遭遇。

这个焦点是由三次聚焦形成的。

第一次是从三代四女性一般的人生命运集中到她们在婚姻爱情中的人生状态。

第二次是把一般婚姻爱情集中到婚外恋情中的两难处境上。

第三次则集中到婚外恋情的性关系中的人生状态。

这样,就自然避开了有头有尾的叙述模式,对最具包孕性的焦点时刻不惜笔墨充分展开,叙述了作者认为最应该表现的东西,奉献给读者最需要看到的东西。同时,看似聚焦一刻而实是汇聚三代四女性漫长的历史和丰富的人生;以相当节约的篇幅和极省俭的笔墨画龙点睛地叙述了三代四女性的命运史和人物关系图。这样做,借用市场俗语,可谓经济而又实惠。

第二,重复与增殖。

小说在情节结构上不再像以往唯以单纯为务,在作者认为需要强调的地方,十分突出地使用了重复手法。

大的情节,如水月和奶奶水秀一样被逼裸体游街;黄氏家庭与李家家人用相似的理由和方式演了出逼人裸体游街的恶剧;水秀和女儿水莲都引恨自杀。

小的细节,如与情人初次做爱过程中都有一个近似的下意识动作:水秀手中死死摸着情人送的五元钱,水莲紧握着情人送的手枪,水月牢牢抓住情人喝水的茶杯。

再如在行为方式上:水秀失身后以硬碰硬对抗世俗;而为了抗拒这位卖淫的母亲,女儿水草离家出走,水莲自我封闭在孤独里;与情人偷情暴露后,四女性无一例外地无怨无悔并且不顾自己保护情人。哲学家说:现象的重复往往显示出某种规律性。历史学家说:历史常常有惊人的相似之处。小说的叙述者说:对于思维方式的继承和重复就是对命运的重复。这是就逻辑的意义而言;对于小说来说,更重要的是重复作为叙事策略产生意义的增殖。情节与细节因重复而愈显鲜明和突出,因重复而被强调:四个女性实质上形似一人,三代四女性都无法走出超越的路子本身蕴含着也显示出深刻的命运悲剧。

第三,交错和对比。

在人物的交错叙述中产生对比作用,是这部作品贯穿性的叙述方式。摒弃了单线的平面叙述,纠结与交叉也不是通俗小说或传统故事中矛盾冲突的双方多条线索的纠缠,而是在当前的片断片刻场景中联想、联系、联结漫长历史的既往片断和片刻,在相似或相反的人物和故事的交错中展开对比。

全书七章中的每一章都有一对相似或相反的人物和情节交错在一起。水月的裸体游行追溯到奶奶的同样遭遇,水月与水草母女二人在婚姻爱情追求上的精神相似性,水月在对丈夫郭满德和情人李洪恩比较中的选择,水莲在牛老二与李和平的两难选择中的选择,李洪恩在水月面前灵与肉的冲突与选择,等等。交错的叙述产生了对比,对比产生了丰富,产生了厚度,产生了真实感,产生了强调。同时,产生了节约,省却了单线叙述的头尾波澜,只取需要的部分。

东西方的文坛上都有人寻找一种叙述,适合于达到弥合精英文化和大众文化之间的鸿沟,为此提出种种策略,其中包括利用通俗文学包括科幻小说色情文学侦破小说所运用的通俗的叙述方式,或者对当代的甚至古典的通俗形式和作品进行"改写",或者以喜剧和讽刺的形式来谈论当代社会的小说,西方一些人习惯于把这些称作后现代主义;我认为不必管他什么主义,只要能够产生好的结果,不妨一用。在这种意义上,也可以说这部《疼痛与抚摸》的叙述是对通俗文学的"改写"。张宇似从传统现实主义小说一步步走下来,如《活鬼》笔墨就已相当放荡了。到了这一部,张宇更大着胆子探索"改写"之道了。在文学上说"改写"比"改革"贴切。这一次成功的"改写"使这部小说对传统现实主义实现了某种超越而冒出了现代特色。

需要特别指出的还有,这部小说对沉思的叙述。当然,作为对"人类作品"的沉思,大量的已经渗透到小说的动作叙述或者说叙事中去了。我这里说的不是这个,而是这部小说还有一个突出的现象:即谈话的叙述成为重要的组成部分,作家或者说叙述者的沉思裸露出来,如海明威所说作家极力隐藏的海中的冰山那水下的7/8高出水面,露了出来。而且,小说叙述者对这种谈话的叙述充满了一贯到底的激情,甚至可以说这种谈话的激情要胜过讲故事的激情。这在总体上提供了小说叙述文体的一种新的可能性。

在小说的开头,有这样的自白:多少年来,这往事一直折磨着我疼痛的思考,呼唤着我的叙述。但是,我无力重现往事,就像不能够重现流逝的时光。说白了,也只是描述一下我对往事的回想,而回想并非是存在的真实,只是对往事的一种理解和抚摸。

可以说,这部小说是张宇对其所理解的"人类作品"的叙述。张宇的写作冲动和目标并不在于向读者报告一个凄艳的故事,而主要是要表达他在这个故事面前所作的思考。换一句话也许更确切:张宇要借一个故事甚或造一个故事来表达他对人生的体验和思考。张宇想在小说中找到一个更加自由地表达自己的话语方式,来传达他对"人类作品"的沉思。

这种沉思,主要是两个方面。一是对人生本体的叩问;一是对现实人生状态的解释。

从意义层面上看,小说对现实人生状态的解释涉及人生的相当广泛有时相当尖锐的课题。诸如情场的无爱婚姻与婚外恋情,官场的奴性服从与独立人格、人生的生死、吉凶、清浊、善恶、灵肉、为他利己、两难与选择等,文学的神话传说、真实虚构、推理猜测与话语,等等;这种解释往往表达出对传统流行观念的大胆怀疑与解构,同时表达了属于叙述者的理解和见解。

这些布满全书的谈话叙述使我们需要特别注意叙述者这个角色。小说也许没有界限清楚地把小说作者与叙述者剥离开来,但在整体上已不能简单地把二者等同起来。就是说,小说中有一位作为人生探索者的叙述者。这位叙述者本来想像哲学家那样"寻找生活的意义和本质",但他否定了这条路子,转而选择了文学家的做法,"通过猜测重新感受往事",追求"在寻找本质时的体验感受和过程"。这就是他在作品中所经历的对水月裸体游街这一事件引发开来的疼痛与抚摸过程。本质和意义正存在于这一过程之中。这部小说有一个强大的主体意识,它附着在这位叙述者身上,一切都是在叙述者理解的线索下叙述出来的。这位叙述者解读了水月裸体游街这一事件的前因后果,也就展示了一个人的命运和一定社会文化背景下一类人的人生,同时也就展示了这位当代叙述者的精神景观。如果说,这部小说中的人物都有某种哲学家味儿的话,那么,这位叙述者是哲学家味儿最浓的一个。

这位叙述者的话语,是在一个新旧观念冲撞时代和反省传统的时代产生的,又往往是即事即景生发,多学科多视角并存,不免有一些土洋杂陈文白相间,生涩与不到位,甚或"奇谈怪论";但是,它大量的是从有血有肉有神有灵的人物行为中生发出来,又融进了叙述者丰富微妙的人生体验,因而往往具有启发性挑战性或一定意义上的颠覆性;至少可以提供一种思想信息,一种文化参照,一种情节结构的黏合剂,一种对叙述者的重视。

张宇在小说创作中是个不停的探索者。十年前,他在一次座谈会上说过:小说就是小说,小说不是大说。他用"小"字来逃脱小说沉重的教化功能,消解其思想负担,以在创作中实现更加自由地表达,在小说的另一个字"说"字上下功夫,探索重建小说叙事模式的路子。这部长篇表明他在叙事策略的操练上所取得的进展。但有趣的是,他在叙述行为动作的同时,又加强了谈话的叙述,在"小说"中加强了"大"说。甚至可以说,作家在小说中"大说"了起来。

看来,单是小说就是小说这个最简单的命题也是奥妙无穷呢。

原载《当代》1997 年第 2 期

生命与社会的分离
——读张宇小说《疼痛与抚摸》

张鸿声

在《疼痛与抚摸》这本书中,明显存在着作者叙事的两种物境构成。其一是具有明确含义的社会环境,在小说中主要有三个表现:首先是民国时期,边远乡村传统礼俗与多元混乱势力的政治文化系统;其次是水草与丈夫结婚时的解放初期新的政治系统;再次是李洪恩时期,即改革开放后新的经济社会系统。这三个物境构成前后所包含的意义有差别,处于变化之中,但同时又是统一的,都包含了清晰的社会面目,分别代表了文化、政治、经济种种社会形态。第二类物境构成面目不甚明晰。小说中的性爱故事往往没有特别具体的时代背景,朦胧、原始、飘忽不定、不可预测,按作者的话说是:一切都是机遇、机缘。最典型的是水月的故事。水月因不满自己的婚姻,把与村中任何男人的可能性都想到了,而唯独没有想到李洪恩,而性爱故事就发生在这种"不可能"之中。

事实上,不同物境构成的基础在于作者叙事的两个系统。一个是社会系统。它包含了确定的社会含义:组织、形态、历史,如宗族制度、乡村礼俗文化、对通奸的惩处、家庭模式、行政机制等等;另一个是生命系统,具有不确定的含义,一切都是原生态的,自在的,偶然的,作者在描写性爱时,多放在生命系统之中。

在作品中,两个系统又分别由若干子系统组成。生命系统有时被具体化为女人、性爱、情感、本能等等,当然,其中最重要的是女人—性爱系统,作品中经常出现的月亮花意象是这一系统的符号代码。社会系统则被具体化为男人、婚姻、礼俗、教化、政治与世俗理性,当然,其中最重要的是男人、婚姻两个子系统。另外,作品中还有一个企图融合社会与生命的综合系统,这就是男人与女人的结合,婚姻与性爱的结合。在作品的意象处理上,就是月亮花与太阳花的结合,以及水家女儿每人手中都有的象征性爱的信物。但这个综合系统并不真实存在,只是一种企图,特别是水家女人们的一种企图。只有女人单方面渴望太阳花与月亮花的结合,而信物也从来都只是女人们手中之物。

很明显,作品中两大系统的关系是对立的,对立的基础在于分离,即社会与生命的分离,而分离状态最终导致对立与冲突,具体说来就是社会对于生命的抑制,以及生命对于社会的反抗。在作品中,社会系统与生命系统最主要是由男人与女人两种语码来完成,男人形象被赋予较多的社会学含义,是社会形态的具体承载者;女人形象则被置于生命意义之中,代表了性爱、情感、本能等生命语码。因此,作品的意图也大致在男人与女人的关系中得到展示。

作品中的男人,都有明确的社会属性,其核心是社会身份的明确性,有时甚至是一种社会代码。水秀时期的族长,代表着宗族的礼俗优势。他的人生被肢解为白天与晚上,晚上是兽,白天是神。曲书仙是社会含义被揭示得较全面而深刻的一个形象。他是乡绅。在中国传统社会,乡绅是融合礼俗社会政治、经济、文化形态的核心力量,并最终表现为对人精神的威慑,其外在形态则是文化力量,读书写字成为这一力量的符号。水莲的丈夫李和平眉清目秀,由忠厚本分的农民,日后成为共产党的干部,代表着笃厚善良、勤恳质朴的乡间伦理原则怎样向50年代新型政治原则的过渡,副县长是这一政治体系的符号。后期的李洪恩则代表改革开放以来新体制之下的经济与政治语码:带头致富、共同富裕。即使是水月爹与郭满德也有明确的社会属性。水月爹靠的是十足的奴性获得社会身份(如由李和平那里得到的干属地位)。郭满德则是世俗理性的代表。这种世俗哲学的形成,带有明显的社会痕迹,属典型的乡间底层农民生活形态。可以说,不管时代如何变化,每一个男人都是特定时期的社会形态的符号。

事实上,男人与女人在作品中并不构成完全的社会关系,我们看不到以往作品中那种所谓夫权的现实压迫。作者的意图在于揭示整套社会形态对人的生命的抑制,在作品中,主要表现为对生命基本原则——性爱原则的压抑,不管是男人,还是女人,都是如此。当然,作者在此无心否定任何一个特定的社会历史形态,特别是新时期改革开放后的社会形态,而是在形而上的哲学角度探讨生命的状态。

我们来看看生命状态被抑制的情形。

先说水秀。水秀被置于礼俗社会的男权结构当中。她的婚姻是由男女双方家族权益的平衡所致,在这里,并没有当事人的生命权益在内。对于水秀的孩子,水秀自己并不在意姓什么,但水家争姓水,黄家争姓黄,显然是宗族之争,远离生命繁衍的意义。水秀的被迫堕落,铁锁的死,都由宗族造成,宗族取得了胜利。

水草的婚姻被置于乡间政治伦理形态之下的人际权谋之中。曲书仙的优势在于文化,他懂得控制人的方法,在于控制人的精神。对于水草,他先装出善良、随和与雍容作为铺垫,又假装醉酒以消除水草对他性道德的怀疑。一切都是过场,最后,水到渠成,顺理成章地占有水草。其实,不管是水秀时期的族长,还是水草时期的乡绅曲书仙,都把精细、温雅与虚伪附着于性爱之上,使性爱变成了天衣无缝的完善的文化形式。于是,性爱变成了占有,性爱的内容空洞了。解放后,水月爹与水草的婚姻,虽没有建立于水月爹自身的社会优势之上,但它是在土改政治形势下完成的,依靠的是强大的政权系统与将人分为阶级的政治权力。水草作为地主的小老婆,如同地主浮财一样,被分给他,如同当年被送给曲书仙一样。

郭满德与水月的婚姻更有意味。郭满德最笨,但最称得上哲学家,他靠的是乡间愚昧的智慧与世俗理性。在与水月相亲时,他把水月摔到床上,一如生命洪流般地企图强暴水月,使水月眩晕、激动,但这是假的,不是出于生命冲动,而是实用性的狡诈,而且还是李洪恩之子教的,即并非生命本源性的行为,是继发的、目的性极强的社会行为。郭满德的目的在于占有,确切说是对婚姻的占有,所以郭满德特别看重外在的东西,比如"相亲时,怕水月看不上地方",此后又格外注意自己社会地位的获得。郭满德社会属性的获得在于奴性,他一直匍匐于现行政治与文化之下。当发现李洪恩与水月的奸情时,一度英雄主义高昂,表现出了某种血性,但随之勇气瓦解、屈服,居然还为李洪恩守门,事后又去找李洪恩认错,以求安稳地做他的采购员与接钱员,出入旅馆饭铺。这是他的社会代码。他的武器是软弱,以此来附加于婚姻之上。维护婚姻,目的在于维持自己的社会符号。愈是没有生命力量的人,在现实社会中反而愈成功。

我们看到,小说中的男人形象并不禁欲,反而纵欲(性的,攻击的),但关键在于,纵欲也是社会语码——或占有女人,或维持婚姻,或欺负弱小。他们的生活与生命是分离的,而且从不渴望统一。种种男人,都说明了社会形态加于人性之上的内容,最终导致行为与人性的分离、性爱与婚姻的分离、生命与社会的分离。

水家女儿们也处于婚姻与性爱的分离、生命与现实的分离状态中,但不同于男人的是,她们渴望统一,并为此努力到底。水家女儿的语码不同于男性,不是社会语码,而是生命语码。她们侧向于从情感、精神、性爱去解读社会。比如水月。水月对"文革"文化显然是一种误读,她于极端的政治形态中读出的是生命体验。母亲水草因当过曲书仙小老婆而被戴上高帽,而她偏偏把高帽当情趣。《沙家浜》中刁小三追少女,在当时是阶级压迫的语码,她读出的是性爱:

> 演出革命样板戏《沙家浜》时,谁都不愿意扮演被土匪刁小三调戏的少女,水月愿意扮演。每次演出时,只要刁小三追着抢她,她都快乐得全身发抖。只要大喊大叫救命呀,她就走进了角色。只是她不是害怕,她是激动,她盼着这么叫喊,并没有人来救她,就让刁小三把她抢走,那该多么好呀。

这就是水月的生命状态,是她的"角色",而不是戏中的角色。所以,尽管郭满德出于乡间理性而企图在相亲时强暴她,可她读出的是眩晕,是欢悦。水月有自己的生命理念,她区分人,"不是看好坏,而是看真假"。好坏是社会意义的,而真假才是生命意义的。所以水月总是与现行社会相左,"别人喜欢的,她都不喜欢。别人不喜欢的,她都喜欢"。她生活在不同于现实的本能世界之中。

但水家女儿并没有获得生命与生活的统一。先是水秀性与爱的被迫分离,后有水草误嫁,水月误嫁,其婚姻与性爱从未统一过。冲突是这种对立的形式,而女性受到迫害则是冲突的结果。从水秀被迫裸体游行,到水月裸体游行,几十年不变。而且,水月受到的人身与人格迫害更加严重。女性的生命在哪里呢?似乎只在女性的追求当中,于是,死亡便成为女性生命存在的形式。既然现实是压抑生命的,因此,只有死亡,才能脱离现实,生命也借此得以存在。于是,水秀死了,水莲死了。

不过,作品并没有停留在男人与女人的对立模式,由于男女人物都处于被生命抑制的状态,所以作者似乎并非专意为女权辩护,而是着眼于人的原则。书中两位男子的死,便表明了这一点。曲书仙在被枪决之时,吓得要死,而水草却去给曲送饭,"水草的喂饭行为从具体转化为一种抽象"。显然,在作者的处理中,这一行为完全与当时的政治无涉,并非对现实政治对抗的实际行为,而纯粹是一种生命行为。这一行为使得新兴政治镇压反对力量这一政治语码被消解掉,只留下纯粹的生命问题,即一个人如何以完善的死而获得生命的圆满,因为"死亡的价值就是生命的全部价值"。水草使曲书仙由现实中死亡的恐惧转而进入以死亡之前的昂扬来完成生命。这里显然有一个暗示,即只有脱离现实社会的政治形态语境,才能使生命圆满。生命与现实无关,而且价值相左,社会色彩较弱的人,较易获得生命。

李洪恩的死,更表明了男子某种程度上死—生的自觉。李洪恩早先在爱水草时,生命还是完整的。其生命的分离,始于受命打死曲书仙之时。此时,他处于人性与政治原则的冲突中,一者是养育之恩,一者是行政命令,"他觉得他对自己打了一枪",朝自己的完整生命开枪,他分离了。这一枪使他进入了现实社会准则,而且越入越深。他长期处于现实的社会形态之中,什么这样那样的一大堆口号、思想、政策,并非源于生命,而是上边"发"下来的,外在社会行为与生命本体分离,以致初次与水月交合后,马上又回复到社会状态,有模有样地又像个书记了。与水月的交往,使他渐渐进入生命自由状态,其主要表现就是"平时与别人都是谈官话,套话",而与水月"想说什么,就说什么"。他奇怪为什么党群之间、党员与党员之间,不能进入"不设防状态"呢?在死亡之前,他有一种奇怪的想法——"自己一辈子不像一个人,而是多个人",意识到自我原本的分裂状态。李洪恩的一生表明了生命主体被迫进入社会秩序后生命精神的消失,以及生命对此本能地渴求回归,而回归的形式便是对现实社会的远离。他在政治里混了一辈子,越混越惨,职位越来越低,由县里的书记成了村里的书记,社会角色越来越弱,可在作者的处理中,离生命越来越近。李洪恩感觉到的死的迫近,事实上是生命精神复归的临近。小说指出,他是在极度的性爱亢奋中死去时。可以说,死是生命的形式,性爱不过是其仪式而已,其死亡意义显然不是现实意义上的,而是哲学意义上的。他以生命为起点,在社会形态中生命几近消失,而后又回到生命。

在作品中,李洪恩的死是社会批判的最后一笔。我们看到,李洪恩的生命状态显然不被现实认可,明明是从水月那里得到了生命,却被人说成是被水月害死。之后,他的死亡,也即生命形式又被覆盖上一层一层现实符号:一整套虚伪、繁复的现实中通行的丧仪。众多领导的参加,只是因为李洪恩身上的社会符号(书记、改革家)。尔后,李洪恩的儿子把父亲死亡情与爱的意义变成仇与恨的现实行为。我们看到,李洪恩虽然没有受到现实的迫害,但他与水家女儿一样,生命遭到曲解,遭到贬抑。

不过,尽管作者立足人权,对人类生命进行哲学式的思索,但文本中的两套话语的混用却妨碍了这一努力,造成理解上的分裂。其实,对女性生命状态的描写,也可以通过现实原则来完成,诸如渴望强奸、婚外恋情,都包含了社会意义。从社会意义升华为生命意义,应该是一条恰当的路子。

原载《小说评论》2000 年第 4 期

人往"低"处走
——张宇近作《软弱》研讨会纪要

陈晓明

编者按:作家张宇的长篇小说《软弱》面世,一变早期的创作风格,以"超低"的创作姿态、大胆的场景安排和独特的人物形象设计,反映出丰富的社会生活内涵,在文学界和读者群中产生重大反响。前不久,由河南省文学院和本报联合召集省会(郑州)部分作家、评论家、图书营销单位和报纸杂志编辑,在郑州市丰乐园举办了张宇近作研讨会,兹将会议发言整理如下,以期有助于对这部作品的阅读和理解。

孙荪(河南省文学院院长、著名评论家):总体而言,《软弱》的创作是成功的,值得注意的有四点。首先,是小说对传统价值观中完美人性的消解。小说写的是"警察与小偷"的故事,但警察形象与其他同类题材的作品很不相同。张宇在小说中写出了警察人性中"软弱"的一面,消解了传统价值观中警察高大全式的完美人性,这是对人性的一大发现。第二点,关于虚构。小说内容总体上来说,是虚构的,但毕竟来源于生活。怎样处理虚构与现实的关系,是创作应该注意的问题,既不能太坐实,引发人们对号入座,又要能使读者完全进入虚构状态,这关键要注意"度"的把握。第三点,是对人性中显性层面与隐性层面的描写。比如对性的描写,这既然是实际存在的人性,我们如何能回避呢?但问题是要不要那么具体,该怎样写,需要进一步探讨。第四点,是张宇的小说观。现在成熟的作家,都有自己的小说观,它渗透在小说中,使作家无处藏身。同时,读者也有自己的小说观,包括各级政府官员。小说观不同,各自的逻辑也不同,所以引起争议也是正常的。

马云龙(《大河报》副总编):用两句话来概括我对这部小说的看法:第一,这是本很好看的小说。我是怀着轻松的心情一口气把它读完的,现在能让人一口气读下来,并且是轻松读的小说,中国还不多。从这一角度来说,张宇这篇小说是成功的。第二,如果有人对号入座的话,这又是一部会引起麻烦,但打官司绝对不会输的小说。说不会输,是因为它是文学创作,有它自己的虚实处理规律。但它会引起麻烦,麻烦不在内容,而在形式。"软弱"是小说表现的一种人性,是小说的主题,通过"警察与小偷"的故事把它表现出来,但作者把这么一个虚构的文学创作的故事放在了在中国地图上可以找得到的实实在在的地名——"郑州"上来,这就会带来一系列的问题,会产生一系列复杂效应。另外,关于这部小说的不足,我认为场景还有些小,人物有些单,因此,它的写法是中篇写法。现在表现此类题材的文学作品,需要有全景式的写法,有更广阔的描写。

齐岸青(河南省文学院副院长、著名作家):张宇的作品与以前相比,我觉得有两个重要的变化,一个是创作心态的变化。以前他处理外在的事,虽然看似轻松,实际上内心是比较激烈的,总是以非善的形象表现,这次写人性的东西却用了宽善和平和的态度。辩护而不是批判,我觉得这是张宇创作一个很大的变化。第二,以前张宇,包括其他许多的河南作家,从内心里往往不是走进城市,而是从内心里拒绝城市、排斥城市,但在《软弱》这部小说里,我们看到张宇开始融入这座城市,走进这座城市,而不是拒绝和排斥这座城市,这种亲和力融合的东西是张宇在创作中的很重要的变化。

李佩甫(著名作家):我以为这部小说的写作是一种过来式写作,这种写作体现出一种成熟,体现出人到中年后对生命的认识和感觉、把握、研究。这种过来式的写作,使他从局外看社会、人生,摒弃了过去许多激烈的眼光和态度,产生了一种平和,这是一大变化。这种变化的成功在于:平和产生了叙述语调的轻松。再一点是家常式的叙述和诉说。这种叙述和诉说让人感觉自然、亲切。作品语言不故作高深,不作雕饰,这种姿态就靠近了读者,但又没有因此而降低了小说的品位,原因是作者用人性的光芒照亮了小说,使小说的调子比较温暖,使小说体现出人性的善。

南丁(著名作家):小说叙述的是身边的事,说的是身边的人,这些人物都不是那么高大,也有犯错误的,这使得这篇小说中人物很让大家感到亲切。谚语说:不要跟不犯错误的人交往。因为生活中不犯错误的人往往很可怕。如果说这部小说整个叙述风格是平淡无奇的话,有些地方又是奇峰突显。比如于富贵的小姨子几年后重新出现、作品中安琪化妆结交男朋友,都脱离小说整体的叙事风格,有传奇性。不过小说个别情节的处理也非常感人,比如于富贵的老婆处理丈夫和小姨子关系问题,虽然作者写得很淡,却体现出她的善良,体现着佩甫所说的小说中"人性的光芒"。小说我也是用了很短的时间,一晚上没睡读完的,确实很好读。但怎样在好读的同时又让它给人长久的回味,是应该考虑的问题,大俗和大雅不是不能同时做到的。

杨东明(著名作家):"警察与小偷",是一个写滥了的题材,但《软弱》能够那样吸引大家包括我们这些搞纯文学的人们看下去,本身就是因为小说中有着非常浓厚的令人回味的东西,这就是关于人生的境界和人生的智慧问题。我觉得近年来张宇的人生态度有了一个很大的转变,由过去的争强变为"不争",这符合老子的哲学思想,老子说"上善若水",水是最软弱的,然而水又是最强大的。张宇修炼到了"如水般弱"的地步,这种人生态度的转变是他对人生思考的结果,这种人生哲学有意无意地渗透到了这篇小说中去,渗透到了小说中的人物身上。正因如此,小说才能将一个俗透了的题材"警察与小偷"这样写,写成这样。这也就是为什么那么多通俗文学写"警察与小偷"而写不过我们的作家,因为作家的小说里有作家的人生哲学、人生思考,这种人生哲学、人生思考正是作品最令人回味的东西。

何弘(河南省文学院青年评论家):这的确是一篇关于人的生存和智慧的小说,但是它的表面却是讲一个警察与小偷的故事,而故事只是吸引人的情节。虽然这部小说是按长篇来写的,但我觉得却是由四个中篇组成的,像段子一样,很好看。这几年的小说创作由宏大叙事走到了这一步,今后该怎么写?我想,很可能就是这种以讲段子的简明叙事把作家个人对人生、社会的理解表达出来。《软弱》启示我们,讲段子可能就是文学创作今后的走向。

刘学林(河南省作协秘书长):我看了这篇小说后,反应和东明一样,也是认为它体现着张宇的人生观和大的生存智慧。虽然张宇曾对我说这篇小说和自己以前的作品比,好像有很大变化,但我认为,张宇的小说没有变,表面上语言、叙事风格变了,不像过去的讲究,但作品的那种严肃性还是张宇,他表面上走向了通俗,但作品内核反映的是这么多年对人生的思考的变化,他的严肃、智慧,丝毫没有变。至于小说中人物的生存智慧,要从张宇近年来对人生思考的变化上理解,张宇的室内曾有他自己写的一幅字,叫"鸡立鹤群",不了解张宇生存观的变化,是很难理解张宇小说的变化的。

墨白(青年作家):张宇在后记里说,自己的写作进入了一种休闲状态,是轻轻松松地讲故事。这是张宇的智慧,你要是相信他,那你就上了他的当。在他的骨子里,你仍然感觉到他并不轻松。佩甫曾经说过,一个真正的作家,在他自己的作品里无处可藏。在《软弱》里,就印证了这句话。我们在读完《软弱》之后,我们在于富贵、王海那里,在公安局长和他的小本子里记下的那些话里,在那个收了人家自行车贪赃不枉法的老公安何满子那里,我们都能感受到作者的那种精神自传式的内心独白。张宇曾经私下里对我说过,一个作家,写到最后,面对的就是他自己。这话我信。莫言也曾说过:"一个作家一辈子其实只能干一件事:把自己的血肉,连同自己的灵魂,转移到自己的作品中去。"所以我们不能相信张宇在后记里说的某些话语。他在他的作品里,偷偷地注入了自己的血肉和灵魂,他不会成为那种只注意讲故事而忘记了自己创作的人。

李洱(青年作家):我谈的第一点是关于张宇小说中的善和恶。张宇历来擅长写恶,即使写善,最后也写出恶。写恶,体现出张宇对人生的一种理解。第二点是《软弱》这篇小说的语言。从小说语言上看,我认为张宇还是有些为了靠近读者而故作姿态,没有达到语言的本真状态,有些矫饰的成分。作家应该写自己的本真,写自己熟悉的生活,不要老想着靠近什么。因此对张宇这篇小说的语言,我是比较失望的,他好像是为了靠近读者而有意改变自己,有意要写大白话。小说我还没有全部看完,无法从整体结构上把握它,但感觉上,它好像就像大家所说,代表着小说创作今后发展的方向,即好看、轻松、流畅。

马国兴(郑州三联书店企划部总监):作为一个读者,就外在的问题谈一谈自己的看法。一、通过三联书店签名售书活动,总共卖出三百本,活动是成功的,因此我们感到满意。二、这篇小说的读者面比较广,不同层次的人有不同层次的感受,小说吸引了郑州的读者,可能是背景放在了郑州,但在全国也引起关注,则是因为小说透过外在的故事写出了一种人性的真实。

李静宜(《莽原》杂志副主编):我的感觉是,《软弱》是一部面向大众、面向读者的作品,与所谓"知天命"的看法不同。在文体上,小说注意了流畅性,在思想上,小说注意向深处开掘,对人性中软弱的开掘,使小说对人性的多重性、丰富性得到了本质的把握。另外,"小偷的存在是社会资源再分配的要求",这一点我们是不能苟同的,但张宇毕竟通过对小偷的描写,反映了自己对人生、社会的探索和思考。最后,小说既然是作为畅销书,就应有更丰富的信息。国外这方面的著作,信息量很足,正因如此,才吸引了大量读者。

田中禾(河南省文联副主席、著名作家):首先说我对《软弱》这部小说的总体印象。一、它是张宇所有作品中最轻松、最好读的。二、它是张宇小说中叙述语言最流畅的——这可能和张宇对小说的定位有关——它使张宇的小说更加市井化了。然而,我不太赞成张宇把自己修炼到"如水般弱"的说法,一个作家,如果失去了激情,进入老子的"虚无"境界,还怎么去写作?张宇的变化不在于"不争",恰恰在于"重视市场",其他没变,包括语言的机警、灵通等。对于这种"重视市场"的变化,我的心情非常复杂:一方面,河南作家甘于寂寞的观念终于因为这种变化得到了摆脱,这是我最感欣慰的。作品把警察写成人,而非一种职业,这极大地推进了通俗文学创作,成功地找到了文学和大众的结合点。然而,另一方面,如果只盯着市场,在文学观念上却又很难说是进步的,虽然它符合时代的要求,符合市场的要求。对市场的重视,带来了作品叙述语言的变化,却会使作品失去张力,失去回味,这是否远离了作家早期追求的文学观念呢?我并非主张只搞纯文学,反对通俗文学,我们不提倡一元化,我恰恰认为只有通俗文学和纯文学并存,才能共同带来文学的繁荣。我的意思,是想要大家引起警惕,在注重市场的同时,怎样使作品不失去文学的意味。同时,我觉得我们在注重社会卖点的时候,很多创作也会因读者思想的不同而引起误读,这是非常值得担心的。所以,我觉得我们在注重市场、选择卖点的时候,一方面要坚持我们的文学宗旨,一方面还要注意社会环境,避免惹一些不必要的社会麻烦。我想,写什么,怎样写,不同的时代固然对作家有不同的要求。而无论如何,纯文学是带领我们民族的精神向前进的东西,所以不能丢,从内心里,我们河南豫军不能都向通俗上靠,都向卖点上靠。

马云龙:文学创作的今天表明,文学仍然在象牙塔里面做,是没有出路的。我非常赞成文学走向市场,走向市场并不意味着品位的降低,二者结合是今后的方向,在这一点上,是应该向张宇祝贺的。同时,我赞成中禾的话,创作一定要注意法和理的问题,注意环境,这是今后要进一步讨论和探索的问题。关于《软弱》,此书真正、全面的社会反响,还有待来日,今天的讨论只是对它的探索的开端。

原载《大河报》2000 年 4 月 29 日

张宇为什么写软弱

庞永厚

张宇小说的题目常常隐秘诡谲、颇多意向,新近出版并引起反响的《软弱》当属此类。透过《软弱》浅近质朴的文字、贴近生活流程的叙述,以及人物丰富精神世界的关照,分明看出,作者在人性世界开掘中所做的努力。

这是一部讲"警察与小偷"的小说。"警察抓小偷"式的公安题材并不少见,然而,这类小说往往不能克服程式化的结构与平面化的人物塑造。人物形象被湮没在扑朔迷离的案件中,缺乏完整的人格,让人感到单调而生硬。《软弱》的精彩之处,在于作者将人物从生活的流程中剥离出来,细心致微地刻画他们的精神变迁,给人们展示了一个崭新的警察世界。

主人公于富贵是一位"反扒专家",其搭档王海是省级散打冠军。他们与常人无异,而且常常是衣衫不整、面容疲惫,日日在人群中游荡,搜寻小偷。然而,当他们涉足这个"警察与小偷"的世界里,他们便显得强悍,才能找到自己,并得到心灵的慰藉。他们同样暴露出自身人性的"软弱":于富贵女友恰恰是20万元大案的嫌疑人,在他把女友送入监狱后,身心又倍受折磨。王海虽犯错误却救出了被黑道地痞流氓欺侮的乡下姑娘春花,春花以身相报遭拒绝后,自尊心受到极大伤害,这使王海有种"犯错误"的感觉,难以摆脱灵魂的煎熬。

正如评论家李敬泽所言,"《软弱》讲了一串热闹的故事,但在热闹之下有静水深流,这不仅是关于'警察与小偷'的故事,而且是关于人的生存处境,关于我们生活和心灵的复杂寓言,在这个寓言中我们触摸到了自己的硬和软,强和弱"。这也即作者对人性软弱的审视,在这种人性软弱一面的背后,是令人同情的善良和真实。

张宇认为,多年来,许多深刻、博大、浑厚的作品多是写人性之恶的,而《软弱》是写人性向善的。软弱的根基就是善良,是人性中最坚韧、最丰厚的部分。以"软弱"为名,是以一种低姿态的平面视角,探寻人性中固有的善良。

原载《生活时报》2000年4月12日

张宇的《软弱》和软弱的张宇

杨东明

《软弱》无疑是眼下中国文坛上最出色的涉及警察题材的长篇小说。这部小说由《中国作家》和人民文学出版社同时推出后，让读者甚为养眼。《中国作家》纸贵一时，人民文学出版社的单行本在一个月内印了两版，使出版和发行两界都找到了牛市的感觉。评论者或说作家张宇通俗了，编了一个好故事；或说张宇好莱坞了，似乎要与国际接轨；还有的看出张宇有点儿金庸了，小说里有打斗还有侠义……骨子里的东西大家没有看出来，张宇其实是软弱了。软弱是张宇近年寻求的人生境界，是张宇渐纯渐青的人生智慧。正是这种人生境界和人生智慧，使张宇得以将"警察与小偷"这个陈俗的题材，翻做了杨柳新枝。年轻的张宇在生活中处处取着崛起的姿态，就像造山运动中的峭岩，与群山争锋，与天公比高。然而，人生磨砺多多，如今渐近天命，张宇已经不像山，而似水了。"上善若水，水善利万物而不争，处众人之所恶，故几于道。"大哲学家老子对水极为推崇，他老人家说，上善的人就像水，有利别人而不和别人争，总是处于别人不喜欢的下处，所以水已经近于最高的境界——"道"了。张宇不是找到一种人生哲学才生活的，但是人生的自我参悟会使人接近某种人生哲学，或者说创造出一种人生哲学。张宇悟到的软弱，正与老子暗合。软弱的水是处下不争的，因为它甘处下方，所以才能大容。小说中的警察于富贵是处下不争的，"反扒这个专业在公安队伍里一直被看做下等"，而于富贵一做就是几十年。即使做了"反扒专家"，做了刑警副大队长，还是自甘软弱地处下，所以他才能容忍无车无房无权的处境，仍旧像普通刑警一样心平气和地带着他的搭档抓他的小偷。在家中，于富贵也是软弱的，甚至在小偷面前，于富贵也显出了他的"软弱"，他与受伤的扒手老大聊天谈心，聊完了又窝窝囊囊地背着扒手去医院……水处于下，才能渐容渐大，于富贵能宽容能理解不把他当作副大队长的李大队长，能宽容能理解不把他当作家主的妻子，甚至能"宽容"能理解那些小偷们。正因为如此，于富贵才能如湖如海，呈现大态。"天下莫柔弱于水，而攻坚强者，莫之能胜。"天底下确实没有比水更柔弱的了，但它能战胜那些坚强的东西。其弱似水的于富贵并不剑拔弩张，咄咄逼人，但是最强的黑社会的头目们也都对他心悦诚服。上司李大队长无奈他何，杨局长也求着他解决笔记本丢失的难题，甚至家中的妻子也被他"战胜"了，想方设法为他打点越轨的情事。由此看来,于富贵又是这个世界上独一无二的强者……不能说生活中的张宇已经达到了"上善若水",但那必是张宇心悟的境界,心仪的境界,所以,于富贵这个软弱的警察才来到了他的笔下。有了于富贵这个其弱如水的人物,才有了这个人物活动其间的精彩纷呈的情节。在这个其弱如水的人物身上,有着一种异乎寻常的人性的光彩,有着一种近于"道"的人生哲学的光彩。如果看不到这些,只看到"故事",只看到"好莱坞"、"金庸"了,那就是只见皮毛,而不知骨相了。张宇把一个警察和小偷的故事写成了眼下这个样子,不知道评论家会怎么给它划定个人成分。中国小说的家庭出身是话本,从这部小说的叙述风格和语言风格来看,张宇还没有成为背叛祖宗的逆子。眼下给作品划个人成分常用评价海洛因的尺度,看它纯不纯。我从来不相信有什么"纯文学",如果从受众的角度来划分,可以分作两类:一类是文人写的写给文人圈子看的不花钱文学(文人们几乎不买同行的书,要看也是送);另一类就是老百姓会花钱买来看的花钱文学了。如果从写作态度来划分呢,也可分为两类:一类是拿起笔时,态度是认真严肃的文学;另一类就是拿笔如拿麻将拿骰子拿酒瓶拿避孕套的文学。张宇告诉我,他写这部书用了两年时间,态度很严肃,所以就叫做严肃文学罢了。

原载《文艺报》2000 年第 16 期

张宇射"门"始于"足下"
——评《足球门》

王鸿生　李永涛

　　细心的读者能否发现,张宇新著长篇《足球门》中潜伏着一个非常耐人寻味的细节,即出现在主人公李丁和何剑南之间的抽烟这一动作和烟灰缸这一物件。它贯穿了文本先后,使得小说意蕴空间由之增光生色。三个主要人物李丁、何剑南、何佳音之间的微妙关系,循此亦徐徐展开;其所牵涉的中国足球大小问题,也因此而撩开神秘面纱和幽邃内相。

　　"阴而不险"的何总为何不允许下属在自己面前抽烟却唯独给了李丁这份宠臣特权?何总从香港回来为什么竟带着香烟和西洋参等礼物送给李丁?难道仅仅二人曾有过一段浪漫情缘?同时,为什么何总在亲人何佳音与属下李丁之间,其取舍态度和立场判断总是偏向于后者?……这些都构成了阅读小说文本的接受视野,并诱引着读者的阅读视线和好奇心,绵延不断地产生相关联想。玄机虽不可泄露,真情必蕴藏其内。

　　我认为作家张宇在处理这个细节问题上非常耐心、扎实、有度。他既设置了文本空白点,又达到了关目接合,充分显示了一个功力雄厚的老作家,掌控叙事进程的闲庭信步和择取叙述视角的无微不至。一言以蔽之,李丁抽烟这一出自小说艺术形式营构策略的审美语象,让整个小说妙趣横生、内涵丰盈起来,进而分蘖出了歧义空间和复调话语。真算得上发人深思,妙不可言。《足球门》正是以主人公李丁兼大河足球俱乐部老总的行踪为纬线,来跟拍俱乐部为时一年左右的升超历程,并以李丁上下、内外、左右穿梭往来为经线,织造小说叙事肌理,从而构成了一张立体化巨型轴幅。故事情节跌宕起伏,人物关系繁复稠密。

　　同时,张宇安排大河俱乐部董事长李丁身兼文化商人、老情人、人夫、人父、掌门人、足球教父等复合身份来切入现实本质性问题,也易于摆脱选择其他叙述视点之囿限、皮糙和乏味,从而能以亲历者和见证人的现场见闻,直逼事实真髓。一切来龙去脉,所有错杂关系,皆从中敞露、凸显开来,颇具有窥一斑而见全貌、牵一发而动全身之功效。这是张宇这部小说柔韧有力且兼备"有意味的形式"之关键所在。毕竟当下中国足球"扫黑反赌风暴"中所牵涉的大都是俱乐部掌门人以及相关足协系统内的关键人物。单凭抱有体验生活想法的写作者、捕风捉影的爆料式记者、普通教练与球员以及俱乐部服务人员,是无法了解其根茎花叶、内幕秘闻的。

在《足球门》中,张宇构造了一个足球生态链。一个俱乐部从资金投入、资源配置、人员搭配、财务制度、教练组的汰选和搭配、球员转会、广告投放、品牌经营、掌门人高峰会议、高原集训等内部管理事物,一直到赢得政府领导支持、确保主场资格、与政府领导洽谈、和执法部门斡旋、组织球迷协会等外围事件,其间高层底端、白道黑道、黑哨误判、假球赌球、蝇营狗苟,皆成为投影中国当代社会真实生活的万花筒,并牵动着所有热爱足球读者的心。关系网络的演绎扑朔迷离,运筹帷幄的策略风诡云谲。小说亦因此而悬念迭起、高潮不断,读之大有笔走龙蛇、酣畅淋漓之感。

小说《足球门》既包含情感伦理,又满含商业规则。这一切皆源于张宇身为有经验作家的那份细致入微、从容不迫的高超手法。叙述人由点到线、由线及面,点面一体,面面俱到,且穿针引线、腾挪游移,充分显示了足球这块肥肉与中国政治、经济、文化以及百姓日常生活之间的杂糅性和互动性,从而使得《足球门》这部长篇巨著堪称中国足球内幕秘闻及其他管理方面的"战国策"。

更发人深思处,在于张宇还能将现实主义的经典化手法与传奇悬疑方式相结合,通过铺叙、插叙和补叙兼议论等叙述手段,完成了对足球职业化道路中存在的那些根深蒂固的体制性问题及其耳熟能详弊端痼疾的文学暴露和价值判断。比如决定冲超成功之关键场次中的南京赛区,李丁的"耐克"腰包即带有悬疑小说的那种紧张感,颇令读者揪心不已;而何总与李丁乡村初恋时期的那个定情信物——竹斗笠,则又暗含一出浪漫主义的情感剧;何剑南,这个女强人处事风格及其情感涟漪和衷肠皱褶的差异流露,也暗含"职场写作"的常规套数。

当然《足球门》更涵盖企业管理方式、厚黑学、手机文化、强身健体营养学和励志等诸方面的知识。这些皆显示出张宇身为经验丰富的写作者,经由无数风吹雨打而来的生活智慧、经营头脑和艺术底蕴。比如李丁给何佳音的那一课,可谓教育孩子手法中的经典片段。它言简意赅,暗藏精髓,"所有这些矛盾和问题,我发现都可以归纳到两个基本点上来,那就是:态度问题和方法问题"。

小说最精彩章节,当属于"黑社会老大"曲进忠机场"绑架"当值裁判刘大魁与澳门赌球公司派出的"黑蝴蝶"南芳亲赴现场操控比赛结果的两场戏,可谓黑道文学手法的经典篇章。"原来黑社会和我们主流社会相比,也有其职业道德方面的优势啊!如果从这里出发滑行到法律之外,从理论上再延伸思考一下黑社会的存在对于主流社会的牵制性和警示性甚至是互补性,也许就看到了人类神棍的客观状态。"看似反讽性口吻,其实未尝不投射出当代社会本身的多面性和歧义性。正是这些时时出现在文本中的真知灼见,才使得小说《足球门》近乎一部百科全书。但张宇绝不单调地迂回走笔，而是返归日常生活现场和人性本然面目，从隐秘的私人领域到外显的公共领域然后伸展到边缘幽暗地带，营造出了原生态风味。

正因为张宇本着切身经验、亲历体验，有备而来，有感而发，所以《足球门》才塑造出了许多立体化圆形人物，其音容笑貌、性格特征、工作方式、情感态度皆带有个性化特点。寻常单一的情感褒贬倾向、索然乏味的欲望景观展示、了无生趣的官场商场奇闻，在这个小说中皆被隐含起来；多的却是儿女情长和公利私利与事业工作之间的相互博弈、持衡。文思看山不喜平，人也是复合体。当升超成功时，集团老总何剑南那副泪流满面、情不自禁的喜悦之情，尽显女性温柔一面，令人心动、欣慰，并不由自主地会改变对她原有的古板看法及过于理性化的偏见。至若本文主人公李丁，他虽有机巧圆滑一面，但结合商场如战场规律，读者又能很中肯地接受他这种不拘泥于私心杂念而一心一意为工作的男人血性和强者才华。"老男人"是其外在姿态，却不是其处事哲学。这样一来，形象也就有了"独特的这一个"的典型况味。结尾李丁选择急流勇退的那份清醒与糊涂、孤独和逃避兼而有之的复杂心态，尤能让人心生"英雄须过美人关"的沧桑感。

《足球门》能熔各种文学手法为一炉，是作者张宇再度大胆触及现实问题的一次重量级跨越。

原载《文学报》2010 年 6 月 24 日

《对不起,南极》作品研讨会

时间:2013 年 10 月 30 日上午
地点:河南省文学院

何弘(河南省文学院院长):各位领导,各位老师,各位朋友,大家上午好!今天上午河南省文学院和河南省作家协会联合召开张宇作品研讨会。《对不起,南极》这部作品由人民文学出版社出版以后,在河南和全国很多地方都引起了反响,给我们写作带来很多的启示。下面开始进入主题,我们谈谈张宇整个的创作特点,谈谈这部作品给我们的写作带来的一些启示,大家可以敞开来谈。

何白鸥(河南省文联副主席):研讨会我是第一次参加。我不是小说家也不是评论家,是个诗歌爱好者,是张宇的朋友。有一次我们俩一起出差的时候,我问他最近在写什么,他说已经出版了,写的是南极。出差回来他把书给我了,有一天晚上大概从 9 点开始读,一直读到第二天早晨 5 点,一晚上看完了。我看书有个习惯,尤其是看小说,看看头,再翻翻尾,感觉一下和我想象的结尾一样不一样,如果一样我就不再看了。但是张宇的这本书我一直读到尾。我也是按照我以前的方式,先看看头,再看看尾,我一直想写南极应该是个游记性的东西,应该写旅游的过程和观感,但是看看结尾不一样,我只好认认真真地看完了。看完之后,我当时想了三句话。第一句话,我恨死你了张宇,让我晚上睡不着觉。我很少有看书看整整一晚上的时候,但是这本书真的让我一晚上没有睡觉,直接影响第二天的工作。一本书让我爱不释手,已经多年没有了。这本书里面的知识,张宇南极之行的惊奇、惊喜,还有书中所说到的人物,所表现的感情,所写出的那些亮点——一般人看不到的亮点,还有书中张宇对人生以及对世界的感悟,确实非常新颖,让我看了整整一个晚上。第二句,我非常佩服张宇。我没想到张宇作为一个成名的小说家,对航海知识和航海史那么了解,而且还能够写出深度,把枯燥的航海写得那么生动,我非常佩服。同时张宇作为成名的小说家,他对植物学——书中所写的关于南美的植物包括南极的植物,对地理学乃至动物学都有深刻的了解,真没想到,我非常佩服。第三句,我挺张宇。这本书是我所读到的游记里面最独特的一部,我不知道游记还可以这样写,或者说作为小说家还可以这样写游记。关于一个南极的历程,实际上写成了张宇整个人生的历程,显示了张宇写小说之外的功力,包括语言,那么多富有哲学的语句,很有亮点,让人读后很难忘记。我那天私下和张宇说,是不是有可能开创了一个新的文体?虽然我不是小说家,也不是评论家,但是张宇作品研讨会我得来,我给张宇老兄鼓劲!

南丁(河南省文联原主席): 张宇新作《对不起,南极》,发表在杂志上我翻了一下,当时我想他写的是什么?跟南极有什么关系?当时是这个感觉。从头到尾一看,从叙述、描写、议论、思考、发呆到东扯葫芦西扯瓢,都扯进书里来了,这就是本事,这就是才华。第一章写他的父亲,写他的母亲,写文联的事,写了一大串,把他心中想吐露的一些东西都倒出来了,包括蚂蚁事件也讲了。或者有点告别的意思,把想说的都说出来。这就到了一个大的情怀,就是思考人生、思考宇宙的问题。世俗这些东西都不值一提,这就是一种大的情怀。我看了以后,非常感动。我想到30年以前,我们河南省作家协会是1980年第二次文代会成立的,1982年我们开了一个青年作家研讨会,那一年张宇30岁,在我们省的青年作家中,从当时来说,张宇的水平就很高。那一次研讨会之后,张宇创作了《活鬼》,然后就是一系列的短篇小说。我想张宇写得最好的是中篇小说,最具艺术品质。后来他的创作也经历了一些起伏……张宇我们都是几十年的朋友,我有时想张宇是不是有时候聪明过度,缺乏大智慧?但是这本书,我感觉到张宇的大智慧出来了,大情怀也出来了,最后这种大的思考进入到宇宙的思考,我想张宇是不是遁入空门了?世俗的事都不值一提了。张宇的创作进入了一个新的境界。

田中禾(河南省作协名誉主席): 第一,张宇的书,我读了之后是这样看的,这本书是在张宇所有书当中,叙述质量最高的一部。由于我读一本书首先重视叙述的质量,这本书的叙述非常流畅,气韵贯通,从头到尾读起来非常的过瘾,无论是收或是放都很自如,整个叙述很有气势。第二,这本书也是张宇所有的书中感情注入、投放量更大、更充沛的一部。第三,也是他所有的书当中最有境界的一本书。他的视野,他的情怀,更超越从前,到了一个更开阔的境界。我给他的定义是,这是张宇书中叙述质量最好的一本,也是感情投放量最充沛的一本,同时也是他思想境界最大的一本书。

我特别赞赏他有一个写作历程的转换,非常的自我,非常的主观,这种写作姿态是特别珍贵的。有了这样一种写作姿态,才能够让我们的作品更有文学品位。在这个意义上来讲,我觉得这是张宇最有文学品位的一本书,因为他非常的主观,无论从视角到情感,到叙述,带动读者完全进入一个主观的世界。这是一个主观的写作历程。实际上到现在我们很多作家并没有认真解决这个问题,其实越主观可能才越有个性，可能这个写作历程才更接近于文学的本质。具体来讲，我个人更喜欢第一章，写他父母的一部分，感情的投放量最充沛，而且读起来人性味更充足，用人性来打动读者，这是文学永远的美丽。有点缺憾的是他的第三章，他没有放开，可能他忘情地在讲几个南极探险家的故事，他着迷了这个故事，所以主观的东西减弱了。如果第三章还像第一章那样，虽然最后需要集中了，我知道从他的写作技巧上来讲需要把故事集中一下，但是仍然可以主观地、深入地去集中写。我感觉到第三章主观的部分少了，更多的是讲探险家的故事，虽然也给人印象很深刻。后半部分应该放得更开一些，特别是能够撞击你的、踏上南极第一瞬间的感受，我觉得有点弱，被探险家的故事这个亮点给压倒了，这是一点缺憾。

这本书我个人认为是张宇很重要的一部作品，而且也是他写作生涯当中又一次充分展现了他的才华和他所具备的资源。过去这是他的长处，他能够把他的资源发挥到极致。中间有一些书，比如说像《足球门》，我们可以对比一下，《足球门》没有能够把张宇自己的资源和他思维上的一些长处发挥到极致，可能他为了更周密，反而没有这本书放得开。这本书最可贵的就是能够放得开，而且也能够收得住，这是他叙述上的一个很大的长处。另外关于佛这些，我觉得他还算节制得挺好，我个人特别讨厌故意谈禅论道。真正懂禅的人其实不谈禅，而且谈禅论道其实是在装点自己。但是，张宇的书中没有在这个地方走得很远，仅仅把何士光的书引申出来一点点，这个还算是收得很及时。

邵丽（河南省作协副主席兼秘书长）：张宇老师这本书，最初从作家杂志上读到，书出来以后我重新复习了一回。前天文联的会上，我同安琪坐在一起，我们两个交流，我问他对这本书怎么看，安琪说我认为这是张宇写得最好的一本书。我感觉也不尽然，因为张宇老师过去的书毕竟精彩的还是有很多。但是我觉得这本书他写得很安静，他的心特别安静，从容淡定的叙述，非常大气，在去南极的过程中加入了自己的一些感想和事件，随处都可以找到很吸引人的小章节，让人感慨又感动。刚才南丁老师也说了，大约是他平时无法表达、无处诉说的东西，也借着这本书得以释怀。我和田中禾老师的意见恰恰相反，我觉得这本书写得最好的一章是"南极的观感"，写人与自然残酷的关系，写得很绝望，但是也非常凄美，刚好迎合了我现在的一种对人与自然关系的悲观心态。他在尾声写到他从南极回来以后的心态，对什么事情都置身度外的那种感受。我觉得张宇老师原本身上就有这种大气、坦然、开朗、觉悟。这本书非常成功，是一个大家的手笔，大开大合。我提一点小小的意见，我感觉到前两章散得过于开，多少有点收不住，比如写到父亲、母亲的时候，还有文章中某些事件的时候，占的篇幅较大,与南极之行关联不够紧密。但是总体来说,这本书还是成功的,祝贺张老师!

马新朝(河南省作协副主席、省文学院副院长):这本书读了三分之二,没有读完。三分之二就够了,我所需要的东西已经有了。这是一本写得非常自由、宽松、大气的书,是我所认识的作家中写得最自由、最放松、最宽松的作品,这是我非常欣赏的。没有这种大的胸怀,没有这个阅历,没有这个年龄,肯定写不出这个东西。他借助南极的事情,把他要说的话、一生的感悟、他的经历、他的经验全部表达出来,这就是一个作家的本事、功力。一般作家做不到,我也做不到。多年前我去黄河漂流,我一直想写一本散文,很多人说你应该写一本散文,写一本和张宇类似的书,但是没有,我就写了一首诗。为什么没有写?好像我准备不足,不知要写什么。现在我看了张宇的书之后,很有启发,想准备一下,把黄河漂流那个事情写一写。张宇我们在一块几十年了,好朋友,好兄长,他写这本书时,我想去了趟南极就是随便写一写,玩一玩而已,结果一看就发现不是玩一玩。今天我看张宇的态度,比较认真,非常严肃,说明他对这个书的重视。这本书非常好,我自己从中学到很多东西。刚才田老师讲的几点我也非常同意,写自我的东西,通过南极这么一个事件,把个人内心要表达的东西全部写出来了。这种写作方法是全球流行的个体的写作方法,并不是唯一的,不管是诗歌、散文、小说,所有的文学、所有的艺术现在这是一个主流,就是主观的表达。

墨白(河南省文学院副院长):我来的时候就给张宇检讨了,有些别的事,昨天晚上读到凌晨两点还是没有读完。我读了前两章。我把他说成自传,是张宇人生中很重要的人生经历都得到了体验,比如说"89事件"和蚂蚁事件,关于母亲去世,关于父亲。这两部分我读得很感动,而且改变了我对张宇的印象。他写到给父亲洗澡,写到对母亲的爱,他直逼人的最深处的东西,我觉得是这本书里面写得最好的东西。我觉得这是他的精神自传,更重要的是表达了由日常生活所产生出来的、升华到哲学意味的那些警句、那些看法,无论是对社会的看法,还是对人生的看法,我觉得张宇的精神是有一个蜕变的过程,从世俗到佛,有一个很明显的清晰的精神蜕变过程。当然,张宇这种表达形式是自己独特的,有一种自嘲的精神。很多年前我就说张宇是一个敢于面对自我的作家,这在中国的作家当中很少。张宇的重要性在哪儿?不在文本,在于对自我精神的面对,这就是张宇。张宇是一个敢于面对和担当的人,这种面对和担当,我觉得这是对自我的反省,这是张宇精神上最重要的一个体现,也是我把此书看成精神自传的一个比喻。他对自己是自嘲,对社会是反讽,这就是张宇叙事的力量。

他的语言之所以有力量,就是他的反讽,就像他自己做事一样,他做房地产,做足球,实际上他是一个追求极致的人。第二个,这本书还是有很好的结构,这个结构就是南极,南极是一个点,是一个悬念,是这本书的纲。我同意田中禾刚才说的,其实南极是一个幌子,重要的还是通过南极这个悬念,通过这个纲,把这个纲拉起来以后,把整个的人生,体验人生经历都带起来。我觉得这是这本书的结构,如果这个纲起来了,他给我们讲述的恰恰是另外的东西,我觉得南极本身就是很大的隐喻。昨天我看完以后,我写到几乎读过张宇所有作品,而《对不起,南极》这本书给我的印象是最好的,我同意刚才田中禾先生说的,也同意邵丽表达的话,这是我读过的最好的一本书,也是改变我对张宇看法的一本书。

王剑冰(河南省作协副主席):张宇这本书我是很认真地看了,觉得这本书非常的好。它是一个游记,又似乎不是一个游记。南极在张宇的感觉里面是天堂,但是通过书中语言的描述,感觉南极也是地狱,如中间的行程,旅途的艰难,似乎去南极是天堂又是地狱,也许去了就回不来了。这本书给我的感觉,是充满了佛光的,佛气缭绕,自始至终。他通过南极天堂这一点,佛光最顶上的亮点,在这个过程当中把所有的都装进去了,这种装进去是一种大胸怀,是一种大视野,也是一种大释放。如同开始他看到何士光的哭,似乎感觉到和南极没有牵连,但是非常巧妙,前面和后面对应起来了,中间的所有东西都是佛的展现,佛的悟透。我感觉到张宇的每一个事件的所说,都是那么的悟,那么的空,那么的放,他不是在收。从他申请护照的过程,看到现代社会的现状,其中包括阿根廷签证官的过程,这里面他每一个小的细节,我们都能看到他的社会性,反映他内心的思想。这是一个层次。

还有一个层次,他叙述的同行者,对人生、爱情的思考,对亲情的思考,写母亲、父亲。我觉得写母亲、写父亲,为什么这样写?也是他释放的东西,不隐瞒的,把自己的家族史给写出来。母亲去世以后,还不到百天,父亲就要再婚,这个事件在家里引起轩然大波,而作为儿子的张宇处理得非常好。为什么这样讲?张宇说你们已经失去了一个母亲,你们还想再失去一个父亲吗?所以张宇处理得非常好,又把父亲和新的母亲带到郑州。刚才墨白提到书中给父亲洗澡,我做不到,张宇做到了,穿着一个裤头,给父亲擦背。这个事情和南极有关系吗?一个人要去南极了,这不是一个简单的地方,他把南极真的当成了一个终极之地,也当成了叙述的终极之地,其实到了南极这本书就应该结束了。整个的在中间,南极让他有了一种大的释放,这种释放我觉得跟前面的佛,跟后来研究的东西,统统都不在意,包括蚂蚁事件也说出来,而且说得很好,自己有什么错,都展示出来,让人看到完全释放掉一切包袱,包括内心隐忍的东西,都释放掉,然后轻轻松松地去南极。到了南极之后的那种展现,那种游记的东西反而轻了,所以张宇立马收手。这种干净让人们感觉到天堂的干净。整个的过程恰恰是这本书最重要的过程,这个过程安排得非常好,去南极这个事件对张宇的贡献太大,然后张宇就反过来给我们贡献一个对社会、对人生、对金钱、对亲情整个的认识,和他内心所有的释放。这是我的感觉。另外的感觉就是张宇本身的机鬼,那种幽默,那种自然,仍然不失为一个活鬼的东西,展现在整个的叙述当中,这是让我敬佩的。

乔叶(河南省作协副主席):首先向张宇老师祝贺这本书的出版。书还没有出版之前,我们《散文选刊》已经做了转载,把南极的那部分做了一个转载,也比较符合书名,也比较符合我们的精神,读者反响还是挺好的。我自己读了有两方面的感受。第一,张宇老师做了个人风格的表达,豁达、从容,还有他的平常心,这是他一贯的风格,在这本书里他更彻底地、更淋漓尽致地表达出来,更炉火纯青,更彻底。他放下得很彻底,对人生表达得也很彻底。第二,自然态度。他对自然是很尊重、敬畏的,充满忧思的科学人性的态度。大家刚才谈的都很多,我也不再说了。文笔上也很细腻,体现了小说家散文的特别。《散文选刊》这几年发的小说家散文比较多。张宇老师的这个小说家散文也是很典型的文风,从漫不经心的开头谈佛开始,中间精彩的小标题设置非常有形式感,还有细节的捕捉。问题也有。比如说过于松散,行文的时候过于随意,但是反过来说这不是一个以常理来论的作品,也不能用一般的文学创作来要求。只能说谈的是南极,谈的也是"心极"——我觉得是心灵的极地、精神的极地和自然的南极,是融合得非常好的作品。向张宇老师的生活态度致敬,向他的自然态度致敬。

李静宜(《莽原》杂志主编):最直观的感受,我觉得张宇出手还是有不一样的东西,张宇对写作、对人生还是有比较透彻的认识。别看平常他有一些调侃的地方,其实他是一个非常认真的人。这本书我还是非常喜欢,理由很多。首先感觉这个书是一个有大气概的东西,别看封面很朴实,光有"南极"这一个字眼,光有这个概念就是一个不一样的东西,一般人很少有去往南极的经历。我觉得张宇骨子里还是一个不安分的人,这么多年,他总能跑出文学的圈子,去体验一些不一样的东西,包括房地产、足球等等,都是对人生极限挑战的经历。像他这样的作家,应该也不是很多,他能够有勇气,有这样一种行走经历,显示出一个作家的大气概。《对不起,南极》这本书,也可以说是相关人类生活的大问题,超越个体生命,对人的悟性的大问题的思考。南极问题可以说是人类生活的晴雨表,包括环境问题、气候问题、自然问题,南极科考在这个社会,不要说对人类自然的实际意义,这种活动也是一种象征,也可以说是人类对大自然的敬意。大家都谈到《对不起,南极》这本书,更引起我们兴趣的,我们更看重的还是很深的人文主义的东西,包括他对沿途所见的一些国家、社会和风土人情的认知,他到一些国家跟中国的社会比较,他自己有一个很深认知。这本书是一个很好的认知的书,有很多很新鲜的经历,给读者很丰富的阅历,这里面穿插了不少他自己对生活的认识。

我觉得这本书不仅满足了我们对南极的认识,真正吸引我们的还是张宇对人生的认识,尤其是对自己的认识。张宇好像是借极地之行,对生死的考验,也是自己人生的感悟和经历。《对不起,南极》这本书也是对生命思考的大问题。张宇这么多年的经历、思考,也是特别能够引发我们的感慨。这本书有他自己的认知,《足球门》谈的是一种形势的认识,那是一种叙事角度,在那种叙事角度里面,他很难借助个人的东西,这种东西很难两全。我跟他也探讨过,有人说这本书是他的最好的作品,这本书在形式上,因为是从散文上写作,不能更多地借助个人社会认识,不能说到这个时候,才有这种写作的说法。其实《足球门》不是认识的问题,是一种叙述说法的分析,注重情节的设置,一种叙述悬念的东西。我觉得应该是两套思路的东西,是不同风格的东西,那个东西对广大的读者层面来说是很受欢迎的。南极是圈子里的东西,都有优劣之分,南极更引发人们对人生的深刻认识,《足球门》通过阅读带来对生活的快感,两个是不同层面的东西。大家说这本书是他最好的书,是有道理的,是从不同的层面来说的。

我们在《莽原》第3期也刊发了部分内容,昨天晚上我把这本书又看了一下,关于母亲那一章,瞬间也是潸然泪下。他谈到的内容我也是比较了解,他对母亲的病痛之苦,他谈到了自己的一些感受,包括心理和身体的感受。我看这本书,张宇是很真性情的人,面对亲情、面对朋友,他有很深的感情,对人性的弱点、缺点不避讳。张宇作为作家对艺术真情的表现,也是令人尊重的地方。这本书具有深刻性的一面,也正是从这个层面来看,这本书通过自己对生命的真谛的感悟,也是一部觉悟之书。其实人对人生的认识,往往通过极限的东西,才能有更深刻的认识,就像人如果大病一场或者遇到灾难,像李连杰,经历了海啸之后,才有了遁入佛门的感悟。张宇回来以后,他的宇宙观,他和佛教的东西也有契合,有大的觉悟。张宇对佛教的东西,这里面说的不是从知识的层面,是有切身的认识,只有真正的接触了佛教的东西,才能够认知里面有多大的奥妙,才能真正地对人生感悟。张宇是真心地对佛教有认知和感悟的。我们在这样的社会下,我们真的是需要有这样的感悟,这是非常可贵的一点。张宇有这样的宇宙观之后,从自己做起,这也是极地之行对他的馈赠,也是给我们读者的一种很好的认知。最后非常欣赏张宇做人的真情性,在张宇作品里面,总会有一些见刀见血的东西,骨子里面有一种真情性的东西。非常感谢张宇,也祝贺张宇!

葛一敏(《散文选刊》主编):大家上午好!我特别想说的是张宇主席好!特别愿意参加《对不起,南极》的研讨会。

我用了三整天的时间,仔仔细细地读完了这本书,感谢你为我们大家奉献了这本书。我觉得不仅仅是《对不起,南极》,岂止是对不起南极,这两天我翻这本书的时候,方方老在微博上强调,不是文学需要我们,是我们需要文学。这本书从纸张的质量,到开本的尺寸,到整个色彩的运用,包括一些插图,都是和这本书特别契合的。尤其是这个封面,刚拿到这本书,我首先就盯着这本书的封面看了很久。正是这种朴素的桅杆、船头的封面,开启了张宇主席的南极之旅,当然也开启了所有读者的南极之旅。

一开始我觉得《对不起,南极》这么厚的一本书,它仅仅是非虚构,怎么让读者一点都不厌烦,能够读下去?我是表示有点怀疑的,可能是作为一个编辑长期以来形成的惯性和毛病。我从头往后一点点地翻看,原来它是这样的宽阔、开阔、辽阔,一个主线在说南极的现在,南极的过去,人类的生存,包括我们这个星球的未来。另外一个主线就是亲情、父母、朋友,包括南极之行的队员,这一切是很有秩序地糅合在一起,当然需要生动的细节来支撑。书里面有很多东西让我潸然泪下,其中说到母亲在医院一直昏迷,张宇回到她身边叫她,她睁开眼睛,意识到她的儿子回来"搭救"她,通过"搭救"这样一个细节生动的词。比如说他回到家乡,"我把车窗的玻璃摇下来,伸手去触摸故乡的风,只觉得一阵清冷,仿佛回到我上小学的时候,小路上双手捂着耳朵,吸着鼻涕,夹着小肩膀,赶着路去上早习课"。还有让我大笑的,李佩甫主席说"你到北京扭一圈",我当时试着用河南话说了一下,觉得如此传神,包括李主席的腔调、神态、神情,所有的都跃然纸上,所有的一切都特别有特点,特别打动我。从一开始说到他的一个朋友从南极回来抑郁,他在最后也说到他从南极回来改变很多。我看完《对不起,南极》也要抑郁了,我抑郁在哪儿?前几天在这里听李敬泽书记的讲课,他引用刘震云的一句话,"我们对这个世界所知太少"。我作为编辑,我对作为散文、小说家的张宇主席所知太少,这是我的遗憾和不足。这是一本开阔的、有思想光芒的、有灵魂的书,谢谢张宇主席!

安琪(《莽原》副主编):写了一篇读后感,题目叫《生命的解析》。

两年前的这个季节,张宇从中原腹地出发,开始了他的南极之旅。

张宇生在豫西伏牛山区的乡村,当过工人,当过官员,最后是作家。我想,当年张宇从他的山村走向城市的时候,肯定想不到一个叫"南极"的地方早已等在了他人生的前方,更想不到冰天雪地的南极会在他的心里留下一块冻伤的疤痕,让他产生一种"对不起"的深深的愧疚。

生存决定意识。张宇在书中如是说。

三百多年前的一个下午,一个年轻的法国小伙子躺在病床上,一只苍蝇在房间里飞。小伙子盯着苍蝇,试图描述它的位置,灵光闪现之间,小伙子发明了坐标,于是,图形和数量、几何与代数连在了一起,几何图形的描述变成了方程式。这个小伙子名叫笛卡尔,这门学问叫解析几何。这是一门借助坐标系,用代数方法研究集合对象之间的关系和性质的学问,它不但揭示了世界是由图形组成的,而且所有图形之间都存在着某种变换关系。

或者如佛教的因果说。或者,如张宇书中说的生存决定意识。

人,一出生就进入了世界为我们预设的坐标系中。我们由小长大、由爬到行,不停地改变着自己的图形、坐标和人生轨迹,但无论我们如何改变,都离不开世界这个坐标系,都不可避免地要与这个坐标系中的其他图形集合发生这样那样的关系,我们周围的人和物、我们经历和道听途说的事件,甚至我们见所未见、闻所未闻的一切,都与我们这个生命个体发生着关系,我们如同一个符号,被镶嵌在一个恒等的方程式中。

《对不起,南极》,就是张宇在世界这个大坐标系中,对生命的解析。在这里,张宇既是参与者,又是旁观者。

作为一个参与者,张宇对自己将近六十年的人生的轨迹进行了梳理和解析。人自呱呱坠地,最早与我们建立生命关系的就是父母,这种关系伴随着我们的一生。道德人伦既是这个关系的本质,也规定着这种关系的运行轨迹,血缘亲情既丰富着这种关系的内容,也改变着这种关系的存在方式。父母的慈爱,让我们在一种温暖的依附关系中茁壮成长,及至我们渐渐长大、父母渐渐老去,这种关系会发生形式上的变化,而子女的孝顺又重新构建一种反哺关系,让父母在我们的关爱下走向永恒。

血缘关系,是最初始、最纯粹的生命关系。不同的是,张宇在与父母的关系中,始终都努力让自己价值最小化、让父母的尊严最大化。无论是回忆母亲离世时的自责,无论是刻意维持父亲居高临下的权威,还是在处理父亲与素珍姑姑的再婚,张宇都表现出了作为儿子的低姿态和作家的大智慧,那就是父母"不仅需要物质营养,更加需要精神营养",那就是"父母生养我们一直宠爱我们,等到他们老年,也是非常需要我们反过来去宠爱他们的……"

生命关系中,最复杂、最微妙、最不可把握的是人与人之间的关系。作为一个乡下人,张宇从伏牛山区走到城里,一开始就保持着一种进取的姿态,这也是没有办法的事情。一个乡下人,没有关系,没有背景,更没有捷径,有的只是山里人那种韧性、耐性和肯吃苦、肯下力的品性,你不进取,就无法在拥挤的城市建立自己的坐标,争得一寸属于自己的生存空间。而在外界看来,这种进取就成了一种进攻,用张宇的话讲,"不论走到哪里,无形之中都在和别人争夺饭碗,从来就不缺乏别人的讥笑和攻击"。实际上,不唯张宇,大多数从乡下进城的人都是这么一种生活姿态。在城市这个坐标系里,张宇们和城市就构成了一种极为复杂的关系,在这种错综复杂的关系中,一直存在和交织着帮助与被帮助、误解与被误解、甚至伤害与被伤害、谅解与被谅解、和解与被和解……但无论如何,这个城市并没有因为张宇们的侵入而少了什么,张宇们也没有因城市的挤压而萎缩,每个人都以不同的形态延续着自己的人生轨迹,总体上各得其所。

  解析几何原理告诉我们,图形之间的关系,并不是绝对的相同或相等,只有在略去某些因素的条件下,方程的两端才能均等。无论数学还是社会,都是建立在"略去"的基础上,才能实现均等与和谐。大约是十年前吧,张宇在五十岁生日时说过一句话,说他后半生决定开始学习减法了。数学里叫"略去",社会学叫"宽容",佛教里叫"放下",就像张宇在这本书里说的那样,"孤独是一味药,参不透化不开时确实需要忍受它,结果伤害的肯定是我们自己;能够化开以后也可以享受它,营养的也是我们自己"。从乡下到城里,从中原到南极,我们看到张宇越来越学会了"略去",这是一个"经历过怀疑一切和理解一切到宽容一切的大过程",是"心性越来越平和"的过程,是越来越自觉的过程。

  实际上,作为一个生命个体存在于这个世界,与我们发生关系的,还不仅是自己的家庭,不仅是我们熟悉的人和事,甚至也不仅是我们身边的这个社会,一切我们知与未知的、有生命和没有生命的、有形和无形的、有意识和无意识的东西,都与我们发生着关系。在走向南极的漫漫旅途中,张宇用超越"我相"的态度,感知着这种关系,解析着这种关系、叙述着这种关系。

  我相信,在这次南极之行之前,张宇对西风带、对极地昼夜的了解可能也只是停留在地理常识的层面上,但当他把自己的坐标置于"死亡走廊"和南极大陆时,对风浪和眩晕、对凶险和死亡、对时间和生命的理解,已经超越极地的高度。这种超越,不是高高在上的描述和感喟,恰恰是一种低姿态的回归:南太平洋咆哮的西风与他故乡嗖嗖鸣唱的西风、那掀翻轮船的西风与他故乡刮倒庄稼的西风、在轮船上感受死亡和站在山坡上淋浴着西风吆喝,本质上没有什么两样,世界早就在"我和南极建立起了一种生命的联系,如今我从家乡出发,一点点走到南极来朝圣,看起来实在是一种必然",便是那只有一个小时的夜晚,也约等于家乡的一个阴天,在世界和时间的坐标系里,万物齐一、众生平等才是永恒的铁律。由于放低了姿态,张宇感受到了成为神仙和愉悦:"什么是神仙?无非就是做常人不能够做的事情,能够走到常人走不到的地方……现在我虽然躺在这里晕船,距离成神成仙一步之遥。加油,希望就在前边……"

于是,张宇一边享受着极地给予的恩赐,一边闲里偷忙,开始了与三位英雄的约会。三位英雄的排序是首次登上南极点并成功归来的阿蒙森、失去第一却终也登极但未能回归人类社会的斯科特、数次远征南极却全部以失败告终的沙克尔顿。在解析三位英雄与大自然、与同类、与社会的关系时,张宇付出的情感是渐次递进的,这其中,除了一个作家的悲剧意识之外,更有超越探险的人文情怀,也就是沙克尔顿身上最闪光的亮点:他不以探险活动的成功为目的,他在恶劣的生存环境下创造的自由平等没有特权的生活方式。前者是一种"略去",略去的是一块直接关乎生死的饼干,是那些带有功利性的目的,后者是一种结果,是人类一直梦想一直追求的生活境界,是人类精神的净土和家园。也就是解析几何原理中所说的,只有在略去某些因素的条件下,方程的两端才能均等。

然后,张宇就到了南极,然后,他把自己置于南极大陆的坐标系里,用极地的冰川、海水、石子、磷虾、企鹅、贼鸥、海豹、鲸鱼作参照,继续解析着生命与自然、生命与生命之间的关系——这是一次恐怖的生命解析:"南极地区由于全年覆盖着冰雪,不生长任何植物。于是,南极就没有食草动物。企鹅吃的是磷虾,贼鸥和海狮海豹吃企鹅,鲸鱼吃企鹅也吃海狮海豹,这就构成了一个完整的生物链。有意思的是,越是处在生物链下端的动物,虽然软弱可欺,生命力却越强、繁殖得越快,反而更加繁荣和昌盛,越是处在生物链高端的动物,虽然凶狠和强大,例如鲸鱼,生存却越来越艰难、孤独和寂寞,反而高处不胜寒。"接着,又推及恐龙的进化和灭绝,接着,又推及人类的进化和面临的日益严峻的困境……生命的进化是自然界物竞天择的结果,在生命的进化过程中,只有保持合理的"略去",才能保持物种之间相对的和谐与均等。遗憾的是,处于生物链最高端的人类,却只知道攫取、舍不得"略去",难道,非要大自然像灭绝恐龙一样把人类"略去"吗?

这就是张宇在南极的忏悔。这种忏悔,超越了作家的自我,超越了生命个体,是生命对生命的忏悔,是生命对大自然的忏悔。这种超越,不仅是张宇把生命的坐标安放在南极的解析,更是一个人经过了六十年一个花甲的轮回以后,对生命、对社会、对大自然的觉悟。张宇的觉悟,让我感到了一种王者的复辟,也让我感到他离我越来越远、越来越远,直至我永远无法企及的高度。

刘海燕(《中州大学学报》编审、评论家):我读完《对不起,南极》以后,很感慨。第一,要写出大气的作品、有思想的作品,首先要做大事。第二,有大的发现,大的感悟,但不是每个人都能做成大事。要有彻底的诚恳,才能超越写作的阻力,表达的自由,突破文体的限制,但不是每个人在每个年龄阶段都能做到表达的真诚。第三，要有大的才情，大的智慧，才能表达得准确。

我看完以后真的是很佩服张宇老师，我觉得人生中要有很多特别的经历，才能有很大的发现、感悟，才能写出这样的非常大气的作品。这部作品我是断断续续看的，当时那种心情下我不舍得一下子看完，每天就读几页。我非常喜欢这部作品，每个句子都想拉长去看。这几个月，这部作品是对我内心最震动的作品，我很少有这种感觉，看完以后还非常想跟张宇老师通一个电话，交流一下感觉，我平时很少有这种感觉。这部作品写到的比如对母亲去世以后张宇的心理反应，对父亲再婚的处理以及妥当的安排，这和我们人生有很多相通的东西。读这部作品，我的内心有特别大的信任感，每句话都带给我信任，真是改变了很多对生命的看法，还有作家本人的看法。读完以后，又写了三点。一是前面各位讲的，文体的自由与开放。这绝对不是技术主义的东西，是作家极大的表达的真诚，把文体很自然地变柔的那种方式。二是对自然的高度理解。张宇有一种非常高的眼光看沿途的这一切，还有对艺术的理解，表达得特别漂亮，还有对自然的理解，对安第斯山像火一样盛开的花儿的描述。我看到他写的极地生长的植物，它们想办法让自己盛开，极短的天气里面让自己盛开，这样一种生命的力量，他能发现这样一种有生命力的东西。当时让我在这种特别的状态下，能够发现人怎么能够活着。三是对父辈的理解和所能够做的事情。作为这部书的一个读者，我特别感谢作家，阅读是读我们心中所需要的东西，如果作品足够有力量，还可以唤起我们心中的东西。非常感谢张宇老师。

我看完这本书有唯一的担心，我觉得这本书写得太好了，对读者是极大的诱惑，如果说这本书诱惑了一些人去南极，那就是我最担心的东西。在我们生态破坏非常大的情况下，我觉得人应该在极地面前停下脚步。

孔会侠（青年评论家）：前一段时间看张宇老师的《对不起，南极》，感想很多。南极对于张宇，真的是一个很了不起的缘分。我很怀念张宇曾经的文字精神，就是不服，敢想、敢写。我怀念张宇凭借饱满的叛逆情绪、揶揄精神进入的逆行写作，那时候他以强大的自信精心设计小说的壳，那是一个聪明人以胜者必胜的心态的写作。一方面他张扬了对社会认知力量，他在外部的小人物的身上扬眉露头的坚韧形象，可另一方面以最终的事实写出社会的悲凉。他以气行文，情绪饱满，使得作品张力大，撕裂力强。我同意南丁老师的看法，我也是最喜欢张宇老师的《没有孤独》，鲁杰是个知识分子，他在漫长"文革"的过程中，处理现实工作的状态，作为他自首并对抗苦难时间的盾牌，结果坐牢。他超乎寻常的意识所持守的，结果反过来也没有战胜那个笼罩头顶的年代。那个时代嵌进了历史，鲁杰的生命连同天才能力和科学精神，还是同岁月一起衰退了，逢春暖花开也再不能抽枝发芽。个人的力量是这样在超越中不断地消耗和沦陷,张宇太明白了,于是他强调生命态度的意义,生命意志的意义,但同时顿悟了,他在进行着意义的消解。我觉得张宇老师的消解能力和消耗能力很强,当你还在读这个《没有孤独》,还处于没有缓过神来体验的时候,他已经抽身而出,甚至扬长而去,在另一套笔墨中眯着双眼,咧着嘴笑。作品中的人物非常有趣,作家也非常有趣。人有时候自己是自己的首选,能悠然坐享先天带来的福分,但有时候自己是自己的局限,并艰苦偿还先天带来的一些局限,自己有时候给自己设置了一些栅栏。

《对不起,南极》是我非常喜欢的作品,我觉得我怀念的张宇的灵魂正在复苏。在《对不起,南极》中,他慢了下来,陷入静思,在静思中进行着难以平静的检讨,先检讨自己这一生都干了什么,再检讨我们的国度,我们的社会就这么烦琐,就这么无聊,能铁杵磨成针。我特别喜欢张宇在这样的背景下进行的民族生活的反思,这棵石榴树上结了很多半熟的果子,是风不调雨不顺还是根部土壤有问题?说不清楚,且看沿途人家种什么果子。最后检讨人类行为,在极地才更清楚地认识到人类已经深陷绝境。人这物种嘴太大,四方都吃空了,上吃天上的,下吃地里的,左吃走兽,右吃水游。最后挺个大肚子,在消化不良中承受困乏的饥饿之苦,走到像恐龙一样的生死边缘。读着《对不起,南极》,整个作品开头就写南极,一路絮絮叨叨,行程过半了还没有见到南极的影子,为什么?是在虚化还是在杜撰?仔细想一想都不是,在若有所思中我感觉写得很纯粹,一气贯通,一路检讨,他的写作重点原来不是与南极面对面地聚焦,而是将南极作为从始至终的背景,或者说在拿一片冰天雪地当镜子,照照自己的德行,照照我们中国人的生活,照照人类发展的主流。于是就在絮叨中开攻起自己,开攻起我们的生活,开攻起工业革命后的恶性进化,但是能不能经得起这样的长久自照?照着照着,照出了自己的真容,这些年来还真攒下了不少污垢,那就搓灰吧,最后也许就干净了,但也许干净几天又脏了。我觉得这本书我对张宇老师充满了信心,他自嘲是一位已经退出的作家,我知道张宇对文学贼心不死,变化尤在。我揣测张宇老师正在攒着劲写下一部的作品。

孟宪明(河南省儿童文学学会会长):我看完了张宇的书。有时候研讨会很多,书看不完,看书让你赶着任务看,你怎么看都不好,就是心里烦。我出差两回都带着这本书,我感觉这个书名很好,表达了张宇现在的心态。我感觉人什么时候到了会检讨自己的时候,肯定是长大了。我在北京见了一个朋友,以前总是说人家不对,别人做得不好,但是现在看了张宇的《对不起,南极》,开始反思自己。这本书的题目是"对不起,南极",就是:对不起——南极,就是面对着南极说"对不起",这个态度非常对。书中真正写南极的文字非常短,但是前面写了很多,我和张宇年龄比较接近,事实上是用我们的人生,用南极的旅行做一个对照,来检讨我们的人生究竟做了什么。我很有感慨,我认为不光是我们对不起南极,我们对不起的多了。如果我们非要说什么时候错了,最大的错误就是父系文明取代母系文明的那一刻,我们人类就已经错了,并且再也回不去了。一千多年前,苏轼就说"以其变者而观之,天地曾不能以一瞬;以其不变者而观之,物与我皆无尽也",古人早就思考明白了,只是张宇把这个事情写得更具体。他书中写了很多东西,我还是很感慨的。这本书让我感觉和他离得很近。这部书是一个成功文化人士对人生的思考。正因为这样,你说到南极去了,我看走到最后就是到了南极边上,写三个大探险家真的到了南极,用这个引照我们内心。我看我们真的还不老,我们还能写出很多好东西,张宇用南极关照自己的人生和整个人类的思考,我用这本书来关照我们自己的人生。

冯杰(《故事家》副主编):前两天张宇老师给我写了一幅字:如是。他让我写,我写:我观。前面是"如是",后面是"我观"。我平时喜欢和张宇老师外出同行,张宇老师有一种喜欢尝鲜的精神,那一次我们在贵州,他非要吃五江鱼,最后我就和他一起吃。他对美食、器物都有兴趣,同时还对语言文体有尝鲜的味道,当下这本《对不起,南极》,在语言文体上都做了尝试,别人不说的不写的,他能写出来,做出来,别开生面。这是一本关于南极的书,是不是第一部当代作家经历南极的书?我觉得别人并不是写不出来,只不过别的作家没有这次冒险的机会。这部书属于提心吊胆之作。全书一共230页,我看到150页时,还没有发现一只南极企鹅出现。这不是一部纯粹的旅游之作,这本书不是简单的南极游记,更接近精神游,是一次精神的解剖。作者没有带领我们去南极,而是在人类的世界里面打圈,虽说不是写长篇游记的东西,却是一种不落俗套的妙招。张宇先生制造了在现实世界里两个南极,一个是文字上面的南极,就是行走;一个是内心里面的南极,他在后退。张宇是借一件南极的外衣,里面装有作家对社会反思、社会感悟、生死思考,有历史回顾,有事件解析,哲学思辨。我跟着他的文字走了一圈,他是做了一次双线的旅游。这个时候跟着张宇能不能看到企鹅已经不重要了。由于人类欲望的扩张,南极也将不再是人类的净土。我想南极有一天会不会像郑州一样,也会堵车呢?张宇阅读佛经,启发良多,他这一段经常给人题字,经常游走于妙不可言之间。跟着张宇,若是坐船、坐飞机到南极,就不能到南极。我看了《对不起,南极》这本书,我知道了还有另外到南极的方法。这就是读这本书对我的启示。

萍子（河南省文学院办公室主任）：刚才好几位朋友谈到，读了张宇的作品之后感到悲观、绝望，假如仅仅读出这些东西，我猜测这不是张宇想传达给大家的。我觉得这部作品是张宇的忏悔录。南极对人类来说既是天堂也是地狱，从生理的层面看，凶险的南极之路充满了悲壮，作者一开头就说到南极去很突然，因为太过突然，先是难以置信，接着忐忑不安，这时候的张宇年近六旬，走过了半个多世纪的风风雨雨，可谓苦辣酸甜尝遍，已知天命，继而在书中写道，"从我的长篇小说《足球门》出版后的喧哗，我的内心彻底平静下来，准备走人生的下坡路"，重要的是他开始研读佛经，开始寻求解脱之道。在这个时候去南极冒险，作者一开始会感觉心慌不安，但细想之下，又觉得是一次非常难得的机遇，如果这一次真正能够死在南极，那也是人生难得的绝笔。有了这样的心理准备，在旅途之前，当然是回老家看望年老的父亲。作者也由此写到了自己的父母，写到了对父母的爱，对母亲的眷恋和愧疚，对父亲的崇敬和理解。这一部分文字非常感人，让我对张宇肃然起敬。在第二章里，作者通过与人谈话和反思，检点自我，反思自我，直到站在阿根廷那条看不到彼岸的河流，他说不用对别人羡慕嫉妒恨，只要你曾经创造过一个情节，他的心情像那条河流一样宽广而平静。真正写南极是从第三章开始，写到危险的西风带，可怕的死亡走廊，写到晕船的痛苦和内心的恐惧，写到航海英雄格雷特，写到南极英雄阿蒙森、斯科特、沙克尔顿。特别是从失败英雄沙克尔顿身上，作家找到了其精神的亮点，那就是关心别人，人人平等，没有特权。这个境界就是人类精神的净土和家园，站在南极的冰山，他感觉到恍如隔世，心地开始清静起来，仿佛一下子洗干净了心底的肮脏，"我忽然间想到了走，离开世界的走。在观察了企鹅的生活习性，在享受了成功抵达南极的喜悦之后，也许我们科学研究站错了方向，唯一的途径就是我们和大自然和平相处。独自来到甲板上，在南极明亮的夜晚，痛心疾首，面对着南极的企鹅，我跪下来默默地喊声对不起"。我想跪在甲板上的张宇，已经深深地和大自然融为一体，我相信当他跪下来的那一刻，他放下了自我，获得了某种程度的解脱，我想经过岁月的磨砺，经过南极之旅生与死亡的磨砺，他找到了自己的航船。这个航船也许就是般若之舟，可以通向智慧的彼岸。对于一个追求中年觉悟的人来说，这是比生死都要迫切的大事；对于一个写作的人来说，这是比任何想象都重要的前提。因此我满心欢喜地期待张宇老师能够写出更加澄澈的作品。

傅爱毛（河南省文学院专业作家）：这本书我非常喜欢，看了三遍，包括杂志上那一遍。我早上五点多起来，风雨无阻地赶过来，我给大家说说我的看法，因为张宇老师在这本书中表现了最真诚的诚意。我把我的千字小文念出来，题目是《南极的缺失和不再到南极去》。第一,《对不起,南极》其可贵在于南极标志着张宇老师内心的回归,在完成了早期经典作品以后,在这个时期,其写作趋向外化,写到南极这部作品,张宇老师终于完成了对外部的穿越,重新回到从内心出发。第二,南极这部作品代表了张宇老师对内心的回归。这预示着回归将是相对漫长的过程,张老师经历的痛苦太深,很多外化的东西已经形成人格,这次的回归经历了不是一个漫长的过程,而是需要觉悟和警醒,因此在内心回归的同时,文学精神和文学理想也将回归。第三,在《对不起,南极》这部作品中,作家最大限度地利用南极这个道具,但是因为太过随意,缺乏现实性的构筑,南极这个以文本对象出现的符号,仅仅是地理意义而言。就文学精神而言,代表空,代表无,代表死亡,代表世界之外的世界。而文学所要追寻的,不是存在于世界之外的世界,也不是逼近世界极限的世界,作品没有完成从现实南极到精神南极的飞跃,把南极当成武器尽情叙述,遗忘了南极本身的精神价值。南极恰恰成了幌子,使这个本来可以飞跃起来成为经典的作品,绝处逢生地从客观上无意之间,最大限度地揭示了生命的死亡,未真正地完成蜕变。第四,作者本人在无意之中抢镜成功,使作者大于作品成为主角,作品本身成为载体,比如在《对不起,南极》中南极的缺失,《足球门》中足球的缺失,在《表演爱情》中爱情的缺失。在洋洋十几万言的小说中,最重要的南极精神被忽略,蓬勃地完成了浩荡的社会性叙述,淹没了精神的灵光。无论透过《足球门》,还是《对不起,南极》,作者才是作品的主角。换句话说,文学并非主角,塑造完成了自己的生命绽放,这才是他最在意的地方。其内心的力量,其柔韧的性情,都在对周围产生巨大的辐射和影响,预示着张老师的写作可以有更大的进步。

杨莉(河南文艺出版社编辑):我喜欢《对不起,南极》这本书。早就听说张宇老师要写一本去南极的书,没想到他能写得这么饱满丰盛,我觉得他是拿南极来打通了自己的人生。2010年诺贝尔文学奖得主略萨曾经说,"我只有生活在巴黎的时候,才对秘鲁有更深的认识"。略萨从小生活在秘鲁,后来在巴黎生活,只有拉开距离来审视故乡,才能对故乡有更深的认识。张宇老师以南极作为视点,达到了自己目光的最高点,得到了以彼岸观此岸的心理。我觉得他把南极之旅当作自己的不归路的心理准备,此书的写作就像自己面对上帝的自白,也可以是自己的自省,包括对自己的家人,自己所经历的官司,都是在南极这个很大的终极关照下,在写作姿态上能够达到相当彻底的自我。他原来无力面对的无法企及的东西,书中写到母亲去世,父亲再婚,都得到最透彻的打量。他把读者当作可以交心的朋友,写作进入了返璞归真的境界,很自然。第二,在文体上,《对不起,南极》看起来是一部长篇散文,但是又有小说式的叙事技巧,表现出一个很好的小说家素养。我原以为小说和散文的界限是很分明的,但是这是一本小说化的散文。第三,我觉得这本书写作姿态很好,始终很放松,很松弛,以一种游戏的心态观人、观事、观己,喜欢自嘲。他不是跟世界过不去的那种黑暗,而是跟世界很和谐的一种态度。最后一点,书里面写到南极英雄谱,这一点看了特别有感触,原来以为那些探险离我们非常遥远,但是张宇把很多的笔墨聚焦这样几个人,在一百多年前那样几个人拥有的人生理想,照亮了我们的生活,让我们重新审视生活。我觉得每个人都应该有一次远行,不知道还能不能回来的远行,完成自己的升腾。

奚同发(《河南工人日报》记者):我是十年前张宇老师在文学院的学生。非常感谢张宇老师在我四十多岁的时候给我看了这么一本书。他从南极回来我们多次聊起南极的事情,但在书的前三分之二篇幅里,却几乎没有让我看到南极是什么样子。后来我看到第三部分的时候,慢慢地发现很多他说的东西没有写在书里,他写到的这个南极也不是我们聊到的那个南极。由此我开始往回思考,他开始把南极作为一个点,像诱饵一样的点,他把这些年的一些感受,用南极这么干净的诱饵做了一个反照。我很佩服他,现在的作家总是隐藏自己,我觉得当代作家的作品,很多人和现代史上的作家比起来,缺失最大的就是自我解剖的能力,一是没有精神,二是没有能力,更没有这个自信。但是这部书张宇做到了。这也是他的南极之旅给我带来的最多收获,我也明白接下来我该怎么生活。

尚新娇(《郑州晚报》记者):我和同发一样,都是文学院十年前的学员,那时候我读张宇老师的小说多。一般读者对作家不仅仅读作品,还有一种偷窥欲,偷窥他的内心世界。透过这本书,我看到了张宇的内心世界,原来他是这样的柔软,给我们这些学生有一种信任感。接下来我尽量把这本书的报道做好,以此来回报。

李佩甫(河南省文联副主席、省作协主席):我认为这是一部标尺拉得很高的作品。我觉得张宇这部长篇应该是中国当代非虚构的代表作品之一。我还同意田中禾的观点,是叙述质量极高的作品之一。我看了之后,当时特别喜欢英国人的几句诗,这几句诗就是张宇这本书的主角之一,说一说醒人,说说哭的,让我醒着的,把自己说进去。这句诗就是对张宇作品的最好注解。这部作品实际上是写精神的朝圣,精神的清洗。多年前有个小说叫《北极光》,张宇写的是南极,《北极光》没有这个宽阔,没有这个走得远。这是直逼终极的一本书。

我同意刚才大家评价的这本书叙述质量非常之高,是走得非常远的超越,这样一部书,我认为应该得到更高的重视。这里面有个问题,曾经有个评论家说过一个观点,关于第三块的问题,也有一个块状的结构,张宇说要有光,于是就有了光,奔着光去的,一下子把标尺拉到终极了。但是在写到船上吐得一塌糊涂的时候,精神上是否可以再拉回一点内心,然后再拉回精神?第三部分能不能拉回来?需不需要拉回来?可以商榷。祝贺张宇!谢谢各位。

何弘(河南省文学院院长):今天上午大家都做了很好的发言,对作品各方面谈得很多。张宇选择南极这条路线确实有特殊的意义,去南极的路,去地球极地的路。人的一生最后就是走向最后极地的路。张宇在去南极的路上,站在极地反观这个世界,回望世界,思考人生,具有特殊的味道,特殊的意义。作者就是在极限的状态下对自然、社会和人生的这么一个思考,写的也是一本自然之书、生物之书、精神之书,这是我对张宇作品的理解。谢谢各位今天精彩的发言,最后请张宇发表一下感想。

张宇(河南省作协名誉主席、《对不起,南极》作者):非常感谢《大河报》给我提供了一次去南极的机会。开个玩笑,这本书我就是写的检讨,我这一辈子就是写检讨,于是我盗用了自己的文体写了一份检讨书。我实际上是给自己画的句号,就是最后一本书,不写了,写不动了。但是今天听了大家很感人的表扬和鼓励的话、建议和批评的话,也唤起了我的精神,可能还要再写一本。这本书本来是谢幕的,向天下人检讨。检讨过后如果有机会的话,如果还有机会,再写一本报答大家的厚望。谢谢!

资料来源:河南作家网 http://www.hnwriter.com/plInfo.aspx?pid=703

张宇结绳记事

行 者

大概是 2011 年 11 月份的某一天,《大河报》在南阳卧龙岗搞了个前往南极的出发仪式,我也应邀参加了。记得张宇先生的发言仍然是那种幽默自嘲的口气,说要把中原文化带到南极去云云。仪式结束,他还为武侯祠的人写了一阵子书法,我觉得他的书法大有长进。当时我只是羡慕,为什么好事都让他遇上了呢?不过这句话我没有说出来。对他将要面对的那个神秘而危险的旅程,我相信他的身体和心理意志。

后来听说他回来了,生死般的人生体验让他心理上很沧桑。再后来听说他完成了他的有关南极的文字,《对不起,南极》,一部长篇小说。我对他这本小说的写法尤感兴趣。近日拿到《作家》杂志,一口气读了,果然不出所料,正是我期待中的东西。

之所以喜欢他这种写法,是我认同美国人希尔兹的观点。希尔兹认为,以弗兰岑的《纠正》为代表的所谓"现实主义"小说,是假的现实主义,是已经无法再反映现实的现实主义,因为我们所生活的世界已如此表象化,而这个世界的真实,用以前那种现实主义是根本捕捉不到、穿透不了的。希尔兹理想中新的小说形式是与回忆录、随笔有着更近的亲缘关系的那么一种文体,在那里,现实与虚构、纪实与创造总是形成相互勾连的紧张关系,经过主体反思的客观经验将达至更高层次的现实性。用多少万字的篇幅,虚构一个故事,描摹几个人物,表达一个主题或者意念,这是我们写小说的基本套路,这种企图以虚构达至真实的操作方式,固然可以貌似"真实",甚至"比真实更真实"。而且还有一个好处,避免麻烦,少生是非。作者可以在书前书后声明:本书纯属虚构,切勿对号入座。但它毕竟是虚构,一种假定的真实,那条虚伪的尾巴时隐时现。我们这个时代是一个信息泛滥的时代,也是一个热衷于真相的时代,我们这个时代更需要的恐怕是那种直面真实的作品。与其阅读一般的虚构之作,倒不如阅读那些揭示真相之作来得痛快。

张宇试图用他的《对不起,南极》来改变他的小说套路。在我看来,张宇是把南极之行当作一根绳子,他在结绳记事。他向着这绳子的终极方向南极行走,一路上见识了种种的人和事物,并随时结下一个又一个绳结,以记其事。这样的事主要的是由他的见和识组成的一个个鲜活的细节,这细节是生活的表象,也是生活内部生长出来的植物,开花或者不用开花的植物,是作家遭遇到的种种的此情此景,他的见与识瞬间交合——这产生于高潮之中的细节性情景一如女人般美丽。作家一般把他的所见所闻所思所感裸露出来,与记者不同的是,记者关心的是一般性的话题,他们要照顾广大的读者,而作家关心的是个性化问题,也是更为本真的问题。譬如他第一次去旅行社,看到其办公室的格局:"这种目前比较流行的中小公司的格局形式,使人能想到学生教室,甚至也能够想到农村分格喂养的猪圈。唉,你看农村人永远是农村人,走得再远也抹不掉我的童年记忆。"去北京面签看到眼下的北京:"北京虽然越来越大越发现代和繁华,在感情上却越来越远,特别是这些年每次到北京来,心里就难过,不明白北京到底要大到哪里去,只是觉得按照老话讲,北京再也聚不住神气了。"一个作家,码字的,为北京之越来越大而心里难过,真是看戏掉眼泪。一个书生的匪夷所思,又是多么珍稀可贵。这就是作家笔下的存在,也是最为纯正的文字。"心里就难过"这五个字不起眼地内在地顽强地呼应着之后他将要到达的那个终极之地。

第一章主要写作者出发前的准备,写他如何被选中,如何办更新护照和签证之类的琐事,但正是这些琐碎些小的事儿在考验一个作家的笔力。如写到郑州市公证处办理公证时的烦琐和无奈,直到找熟人打通关系才得以顺利办下去,前后用去了8天时间,作者不免感慨:"我开始想,那么我们在公证处到底公证出了什么成果?不用说首先是公证出了公证处的经济收入,然后就是公证出了公证处自己的合法性权威性!折腾来折腾去,也只是说明这天下最公正的就是公证处,最有公证权威的就是公证处!"

"我忽然有了作为一个普通公民的自豪感。"

"好像平时也没有觉得自己怎么样,这样联想起来,原来由于我的存在,需要这么多的社会管理体系和组织管理形式来管理我呀。这么一想,我自己还真是越发重要和伟大起来了。因为如果再切换一个角度看呢,我就为来自三个方面的庞大社会管理体系提供了那么多的就业岗位。如果忽然没有了我呢?还真是不敢往下想。看起来我任重道远,真得大公无私,活得长生不老。"

再抄一段作者的神来之笔:"返回候机大厅的时候,看到老倪终于来到了。我莫名其妙地心里一喜,看到老倪就像找到了组织。一辈子习惯依赖组织和领导,就像哈巴狗看不到主人就迷失了方向。"

这东西不是惯常的小说叙述,那种情节化的悬念中的语言推进,那种叙述表面上的动感是为那个悬念的最终解决服务的,落实到一个确定性上,最后的谜底有经验的读者大致能猜测出来。张宇的叙述比惯常的小说叙述有更多的不确定性,那些一个个的结由一条线穿着,但其实它们不在一个体系之中。它们互不勾连。这样的叙述更有味道。它是当下的存在。它是作者与当下的此情此景交合达至高潮的产儿,因而,它真实,真实得那么可信,那么可以触及,那么鲜活,那么有文化含量,有时候,也那么可怕。

在这本书里张宇一直在裸奔——把自己的伪装剥下来,不要任何的文饰。他勇敢地嘲弄自己,说自己浅薄、俗、脸皮厚,有意显示出自己的"小"来。只是进入南极之后的高寒让他不得不穿起了衣服。这种自省自嘲的态度,不管在现实生活或者在作品里,都是稀缺的。这态度比那种一贯正确要可爱一百倍。作者办理护照因人太多还是厚着脸皮找了熟人,"我送走小伙子往回走时,心里开始舒服。同样是一个事情,因为动用了特殊关系,就能够办得又快又好。在我们这个社会,这年头能够享受到特权的照顾,感觉真好"。反讽的笔调恰好说明了他内心复杂的感受:反感、排斥又亲近、喜欢。果然,他接着反思道:"车窗外仍然风景如画,我坐在出租车上往回走时,忽然觉得自己也不是什么好鸟儿。就一个更换护照的小事情,也连忙托人走关系。事情虽然很小,却也反映一个人的思维方式。继而去想这年头在社会上行走,不论办什么事情先想到托人走关系,恐怕不只是我一个人,基本上已经形成了人们普遍的思维习惯。这种普遍的思维习惯如同是土壤,那么这种土壤上能够长出来什么样的庄稼呢?"其后果自然是:"于是呢,越证明你越觉得自己越渺小,每证明一次你就得接受一次大大小小身心的折磨摧残。等到你证明了一辈子,基本上已经矮小到看见别人甚至看到一根电线杆都忍不住点头哈腰的程度,完全没有了做人的自由和尊严感。"在一本长篇小说里,哪怕只是在这小说的一部分空间里,能够这样把自己裸出来,这感觉真好。

只是写到后来,由于目的地越发迫近,那个确实让人感伤的南极,尽管充斥着风险,但事情毕竟在向着确定性方向发展,作者把主要笔墨收拢在了这个确定性的方向上,如对企鹅生活的天才观察,把读者带入天地人神的深刻反思之中,文字上更加惊心动魄了,但也多少丢失了前半部分的驳杂和尖刻。

所谓"对不起南极"大概有打扰了南极的自责在内。不过有了这部书,张宇就绝对对得起南极了。张宇不虚此行。

看来人是需要冒一点儿险的。作家尤其需要。

原载《南阳日报》2013 年 5 月 10 日

作品年表

张宇作品年表

第一辑：短篇小说发表篇目摘要

土地的主人	《长江文艺》	1979 年 11 月
	《小说月报》	1980 年 2 月
脊梁	《广州文艺》	1981 年 1 月
	《新华文摘》	1981 年 3 月
河边丝丝柳	《北京文学》	1982 年 9 期

（入选北京大学外国留学生课本）

桥	《人民文学》	1983 年 11 月
瓷砖	《收获》	1986 年 3 期
入世	《十月》	1986 年 5 期
日出	《北京文学》	1987 年 5 期
落日	《北京文学》	1987 年 7 期
国公墓	《人民文学》	1988 年 1 期

第二辑：中篇小说发表篇目摘要

李子园	《收获》	1985 年 2 期
活鬼	《莽原》	1985 年 3 期

（同时入选《新华文摘》、《小说月报》、《小说选刊》、《中篇小说选刊》）

一笑了之	《人民文学》	1986 年 3 期
家丑	《小说家》	1986 年 5 期

（后经杨宪益、戴乃迭英译本由联合国教科文组织出版）

老房子	《人民文学》	1987 年 1 期
阑尾	《十月》	1988 年 2 期
精神游行	《中国作家》	1989 年 3 期
乡村情感	《人民文学》	1990 年 5 月

（同时入选《小说选刊》、《小说月报》、《中篇小说选刊》、《新华文摘》）

没有孤独	《人民文学》	1991 年 5 期

（同时入选《小说选刊》、《小说月报》、《中篇小说选刊》）

飘扬	《上海文学》	1992 年 9 期
枯树的诞生	《莽原》	1992 年 3 期
黑槐树	《小说家》	1993 年 2 期
自杀叙述	《北京文学》	1993 年 1 期
垃圾问题	《时代文学》	1994 年 2 期

第三辑：长篇小说发表篇目摘要

晒太阳	《小说界》	1989 年 5 期
流水落花	《莽原》	1999 年 3 期

（同时在《大河报》连载）

疼痛与抚摸	《当代》和《莽原》	1995 年 2 期

（同时在美国《侨报》、《北京晚报》、《大河报》等连载）

软弱	《中国作家》	2000 年 3 期

（同时在《北京晚报》、《武汉晚报》、《大河报》、《羊城晚报》等连载）

表演爱情	《中国作家》	2003 年 3 期

（同时在《武汉晚报》、《大河报》等连载）

足球门	《中国作家》	2010 年 1 期
对不起，南极	《作家》	2013 年 4 期

第四辑：文学评论、散文随笔、报告文学发表篇目摘要

努力反映生活的丰富性	《人民文学》	1984 年 7 期
不要老死在庙中	《奔流》	1985 年 1 期
张一弓的命运之神	《中国作家》	1985 年 2 期
小说的迷	《文学知识》	1985 年 2 期
读《满票》随想	《奔流》	1985 年 3 期
《白河纪梦》拾零	《小说评论》	1987 年 6 期
我读赵树理	《当代作家评论》	1990 年 6 期
关于王蒙的弯弯绕	《当代作家评论》	1993 年 2 期
报告文学《南街村》	《人民文学》	1995 年 6 期
困惑五章	《青年文学》	1995 年 11 期
豫剧的噪音	《河南戏剧》	1996 年 5 期

虚幻普鲁斯特	《青年文学》	1997 年 2 期
守望中原	《莽原》	1997 年 5 期
然后是平静（再谈王蒙）	《时代文学》	1997 年 6 期
关于跨文体写作	《人民日报》	1998 年 6 月 19 日
关于晚生代作家	《人民日报》	1998 年 6 月 19 日
关于编辑的闲言碎语	《莽原》和《人民日报》	1999 年 5 期
打开《羊的门》	《当代作家评论》	2000 年 3 期
道听途说阎连科	《时代文学》	2001 年 3 期
虚构的痛苦	《诗刊》	2004 年 6 期
体能问题	《当代》	2010 年 1 期

第五辑：出版书目版本摘要

张宇小说选（短篇小说选集）	黄河文艺出版社	1985 年 6 月
活鬼（中短篇小说选集）	百花文艺出版社	1987 年 1 月
苦吻（中短篇小说选集）	上海文艺出版社	1989 年 12 月
晒太阳（长篇小说）	上海文艺出版社	1991 年 4 月
疼痛与抚摸（长篇小说）	人民文学出版社	1995 年 5 月
张宇（《中国当代作家选集》丛书）	人民文学出版社	1996 年 2 月
疼痛与抚摸（长篇小说）	香港天地图书出版公司	1996 年 3 月
南街村话语（散文选集）	中国青年出版社	1996 年 3 月
城市逍遥（中篇小说选集）	华夏出版社	1997 年 8 月
张宇散文（散文选集）	华夏出版社	1999 年 1 月
张宇小说自选集（《中原作家文丛》）	河南文艺出版社	1999 年 2 月
流水落花（长篇小说）	河南文艺出版社	1999 年 8 月
软弱（长篇小说）	人民文学出版社	2000 年 3 月
软弱（法语版）	法国全球社	2002 年
软弱（越语版）	越南出版社	2004 年
《活鬼》（《中国小说家 50 强 1978 年—2000 年》丛书第 3 辑）	时代文艺出版社	2001 年 10 月
张宇文集（七卷）	时代文艺出版社	2001 年 12 月

1. 短篇小说卷《搭错了车》
2. 中篇小说卷《活鬼》
3. 中篇小说卷《没有孤独》
4. 散文随笔卷《与自己和平共处》

5. 长篇小说卷《潘金莲》、《晒太阳》
6. 长篇小说卷《疼痛与抚摸》
7. 长篇小说卷《软弱》

张宇卷(上下)(《中国作家经典文库》丛书)		
	光明日报出版社	2002年6月
表演爱情(长篇小说)	长江文艺出版社	2003年5月
蚂蚁(长篇小说)	人民文学出版社	2004年7月
检察长(长篇小说)	河南文艺出版社	2008年4月
足球门(长篇小说)	人民文学出版社	2010年1月
足球门(《中国当代长篇小说60年60部经典选本》丛书)		
	人民文学出版社	2013年1月
对不起,南极(长篇小说)	人民文学出版社	2013年8月
活鬼(《中国当代作家中短篇小说典藏》丛书)		
	河南文艺出版社	2014年8月
疼痛与抚摸(《中国当代作家长篇小说典藏》丛书)		
	河南文艺出版社	2014年8月

(说明:由于入选各种作品选集的年编年选之类版本书目,或者各种获奖作品选集之类版本书目,或者新文学大系之类版本书目等等太多,在此忽略不计)

第六辑:电影电视剧本篇目摘要

桥(单本电视剧)	中央电视台一套播出	1990年
黑槐树(四集电视剧)	中央电视台一套播出	1992年
乡村情感(两集电视剧)	中央电视台一套播出	1993年
南街村(五集纪实电视专题片)	中央电视台一套播出	1993年
幸福院(电影)	中央电视台六套播出	1995年

张宇整理于2014年7月19日

说明及补遗：

《张宇作品年表》是张宇为本书亲自整理的，因而虽然在体例上与本丛书的其他分册有所不同，编者还是决定按其原貌收录。张宇创作了大量的短篇小说和散文，为了把其中的重要作品凸显在读者面前，张宇做了筛选，略去了短篇小说中不能体现其创作特点的不成熟的篇目，以及散文中的应制、随兴之作和书写风物的篇目。略去的这些篇目（及各篇的写作时间）在他的小说选和散文选中都可以找到。其他各辑——中篇小说、长篇小说、出版书目版本和电影、电视剧本的收录基本是完整的。因而，这一年表应该说具有了年表应有的价值，能够满足研究者的相关需要。

在此基础上，编者甄选了一些个人认为重要的篇目，作为补遗，附录如下：

短篇小说：
狐狸的智慧	《小说月报》	1985 年 1 期
饭友	《奔流》	1986 年 6 期
回忆死亡	《北京文学》	1989 年 12 期
上下来去	《人民文学》	1990 年 4 期
死刑温柔	《当代人》	1995 年 1 期
欢乐游戏	《山花》	1995 年 5 期
轻如鸿毛	《作家》	1996 年 1 期

中篇小说：
城市逍遥	《小说家》	1991 年 1 期
大街温柔	《中国作家》	1991 年 4 期

文学评论、散文随笔：
富春江的诱惑	《时代青年》	1992 年 2 期
不会团结女同志	《时代青年》	1993 年 2 期
说说狗说说树	《东方艺术》	1994 年 2 期
调侃东西方	《东方艺术》	1995 年 1 期
夜读廖高群	《牡丹》	1995 年 4 期
与自己和平共处	《莽原》	1996 年 3 期

研究资料索引

张宇研究资料索引

报纸期刊文章

杨飑:《从生活中开掘新的主题——评张宇的〈境界〉和〈头条新闻〉》,《奔流》1983 年第 12 期。

南丁:《有地在,不愁长不出庄稼来——张宇和他的小说》,《文艺报》1984 年第 7 期。

许桂声:《他有一片坚实的土地——记青年作家张宇》,《文学报》1984 年第 18 期。

洪欣:《张宇小说漫评》,《当代文坛》1985 年第 6 期。

孙荪:《从清浅到浑厚——读张宇的〈活鬼〉等近作》,《文艺报》1985 年第 9 期。

张陵、李洁非:《说侯七——由张宇〈活鬼〉所得》,《小说评论》,1986 年第 3 期。

南丁:《〈活鬼〉和张宇的小说》,《中国现代当代文学研究》1986 年第 5 期。

达专:《致张宇:写"鬼"的史诗——谈中篇小说〈活鬼〉》,《文论报》1986 年第 21 期。

陈哨光:《针砭时弊 引人深思——读〈国公墓〉》,《鞍山师专学报》(社会科学版)1988 年第 2 期。

俞风:《官僚主义的一面镜子——〈国公墓〉评介》,《长白学刊》,1988 年第 3 期。

郭延明:《铁笔掘"顽石"彩墨绘人物——赏张宇短篇小说〈国公墓〉》,《文学知识》1988 年第 4 期。

张彦如:《变态心理的真实展示——读张宇小说〈国公墓〉》,《唯实》1988 年第 4 期。

曹增渝:《论张宇》,《上海文学》1988 年 12 期。

曹增渝:《围困在官场文化中的农民魂——读张宇的长篇处女作〈晒太阳〉》,《文艺报》1989 年第 8 期。

罗马:《生与死的距离——读张宇〈回忆死亡〉》,《小说评论》1990 年第 2 期。

邓星明:《张宇的"鬼气"系列》,《当代作家评论》1990年第3期。

黄忠顺:《人与土地的生命联系:张宇〈乡村情感〉释义》,《荆门大学学报》1991年第2期。

做鞋的:《在背叛与认同之间——读张宇〈没有孤独〉》,《小说评论》1991年第4期。

朱伟:《张宇札记》,《当代作家评论》1991年第6期。

陈玉立、查振科:《解嘲与关怀——评张宇的〈乡村情感〉和〈城市逍遥〉》,《广东社会科学》1992年第2期。

梅蕙兰:《超越世俗——从张宇的新作看其精神的转向》,《开封教育学院学报》1992年第2期。

孙先科:《理性精神与"乡村情感"——河南近期小说创作透视》,《当代作家评论》1992年第3期。

中伏:《读张宇的新话本小说》,《小说评论》1992年第5期。

马治军:《在"乡村情感"中修悟人生——张宇小说主题原型论》,《小说评论》1992年第5期。

黄敏:《对乡土生活的文化观照——张宇的小说〈乡村情感〉解读》,《中文自修》1993年第7~8期。

李佩甫:《放逐城市的田园游子——张宇散记》,《中国作家》1995年第2期。

刘波、查仲春:《略谈〈疼痛与抚摸〉的叙述风格》,《山东教育学院学报》1996年第3期。

赵运通:《小说叙述法则的转移》,《牡丹》1996年第5期。

孙荪:《对人类作品的沉思——长篇小说〈疼痛与抚摸〉的"说"》,《当代》1997年第2期。

李少咏、康铁成:《乡村与城市的契合——论张宇前期的小说创作》,《牡丹》1997年第6期。

梅蕙兰:《中原文化的自省:由张宇的〈豫剧的噪音〉想到的》,《复印报刊资料(戏剧戏曲研究)》1998年第11期。

陈晓明:《人往"低"处走——张宇近作〈软弱〉研讨会纪要》,《大河报》2000年4月29日。

吴秉杰:《回归小说本体:张宇的长篇新作〈软弱〉》,《新闻出版报》2000年第3期。

乔美丽:《〈软弱〉:一部"好读"的小说》,《殷都学刊》2000年第3期。

张鸿声:《生命与社会的分离》,《小说评论》2000年第4期。

孙荪:《小说就是小说——由张宇的小说观看张宇》,《时代文学》2000年第4期。

何向阳:《小说张宇》,《时代文学》2000年第4期。

何镇邦:《不"装神弄鬼"的张宇》,《时代文学》2000年第4期。

安琪:《"一笔两画"说张宇》,《时代文学》2000年第4期。

张学昕:《软弱:生命对现实的宽容表达:张宇长篇小说〈软弱〉的叙事姿态》,《莽原》2000年第4期。

庞永厚:《张宇为什么写软弱》,《生活时报》2000年4月12日。

刘学林:《"民间艺人"张宇》,《牡丹》2000年第5期。

李佩甫:《渐入佳境》,《时代文学》2000年第6期。

杨东明:《张宇的〈软弱〉和软弱的张宇》,《文艺报》2000年第16期。

何镇邦:《颇具突破性的公安文学作品:初读张宇长篇小说〈软弱〉》,《新闻出版报》2000年第21期。

朱根亮、陈艳:《张宇:"软弱"之后》,《大河报》2000年10月24日。

李静宜:《〈软弱〉与畅销书》,《出版广角》2000年11期。

蔡莹:《析〈羊的门〉和〈软弱〉中的豫中文化》,《伊犁教育学院学报》2001年第3期。

王珺:《规范星空下的软弱——读张宇的〈软弱〉》,《语文月刊》2001年第7期。

马国兴:《读张宇》,《热风》2001年第10期。

邓楠:《论〈乡村情感〉的价值取向》,《常德师范学院学报》(社会科学版)2002年第3期。

陶澜:《张宇:小说何妨"不正经"》,《北京青年报》2003年5月14日。

张宇、奚同发:《看张宇〈表演爱情〉》,《文学报》2003年6月12日。

贾开吉:《女性命运的悲剧史诗——析张宇小说〈疼痛与抚摸〉》,《平顶山师专学报》2004年第4期。

王学亮:《张宇:作家要能把"芝麻"写成"西瓜"》,《现代教育报》2004年10月22日。

安琪:《白话张宇》,《牡丹》2005年第1期。

南丁:《张宇找自己》,《南丁文集·评论卷·微调》,河南文艺出版社,2006年。

张仁竞:《〈疼痛与抚摸〉:第二性妒忌文本阐释范例》,《喀什师范学院学报》2007年第4期。

赵傲冰:《女性命运的悲歌——析张宇小说〈疼痛与抚摸〉》,《新乡师范高等专科学校学报》2007年第6期。

姚晓雷:《张宇论》,《文艺争鸣》2007年第8期。

赵傲冰:《男权下的疼痛与挣扎——论张宇小说〈疼痛与抚摸〉下的女性世界》,《现代语文》2007年第9期。

杨奕:《简评作家张宇》,《河南财政税务高等专科学校学报》2009年第6期。

杨荣:《民间智慧:消解苦难与承续生命的力量——评张宇的小说〈活鬼〉》,《社会科学论坛》2008年第9期。

舒晋瑜:《张宇:河南在我的心里比重很大》,《中华读书报》2008年4月23日。

彭淑:《"活鬼"张宇》,《南方人物周刊》2010年第5期。

徐坤:《张宇的那些球事儿》,《文艺报》2010年6月7日。

王鸿生、李永涛:《张宇射"门"始于"足下"——评〈足球门〉》,《文学报》2010年6月24日。

李丹梦:《论张宇的"转型"——从〈软弱〉、〈足球门〉谈起》,《中国作家》2010年第21期。

高海柱:《浅析张宇长篇小说〈软弱〉》,《新西部》2011年第3期。

李丹梦:《论张宇的文学转型》,《小说评论》2011年第4期。

舒晋瑜:《作家挂职记(贾平凹·张宇)》,《中华读书报》2012年4月4日。

行者:《张宇结绳记事》,《南阳日报》2013年5月10日。

老海:《老乡张宇》,《三门峡文艺》2013年第5期

孔会侠:《在南极检讨——读张宇〈对不起,南极〉有感》,《文学报》2013年11月14日。

孔会侠:《在南极忏悔——张宇访谈》,《南方文坛》2014年第1期。

此处整理的资料限于2014年7月31日之前公开发表的文字

编 后 记

之前,编者一直偏爱所谓的"精英文学"、"知识分子写作",对西方的现代主义文学情有独钟,张宇的小说并不是我所欣赏的类型。但在通读了张宇的所有作品之后,我感到自己的文学趣味居然因之发生了一定改变;而在研究资料整理工作几近完成之时,我意识到评论界对于张宇的重视远远不够,他的文学的价值还有待进一步的挖掘和阐发。

对于一个和平年代的作家来说,张宇的人生足够绚丽多姿,令人艳羡。没有任何背景,他跳出农门,成为专业作家,历任地区文联主席、省青联副主席、省作协主席,还客串过县委书记。躲在书斋写了二十多年小说以后,他一个书生突然闯入江湖,摇身一变成为河南建业足球俱乐部董事长。在黑幕重重、乱象横生的中国足球界,这可是一个无比凶险的职位,而张宇居然用了一年时间就带领建业足球队成功冲进中超,完成了河南足球十多年的梦想。然后,决然离开回到书斋。

这一切,当然不是运气。张宇是一个非常睿智的人,他对复杂的社会生活洞若观火,对处理各种关系游刃有余。他本人对此也有足够的自信,"能摆弄住小说,自信也能糊弄住市场"(《与自己和平共处》)。睿智加自信,是"大气"。

这种大气,在张宇的文学活动中表现为强烈的主体意识。他对各色名家和理论从不盲从,无论是阅读还是在写作中。张宇的文学批评非常精彩,尤其是他对普鲁斯特、卡夫卡等人的评论,敢于由心而发,推翻成见,别出心裁,且洒脱平易,毫无专职批评家常有的繁奥僵滞。他也曾在自己的作品中运用过意识流、精神分析、黑色幽默等现代西方小说技法,但总是把这些技法消融在自己特有的叙述方式中,避免技法层面的东西可能导致的对于小说传达的阻碍。对他来说,不管是批评还是小说写作,明白晓畅的传达都是最重要的。

于是,张宇的作品显得很传统,没有令人目眩的技法炫示,没有莫测高深的"知识分子话语"。张宇对社会人生展开的思考,也被人归结为"民间智慧"。

"民间智慧"的意指很清楚,就是小聪明,不像精英们的智慧那样深刻和宏远。这顶帽子曾让张宇很恼火,编者也觉得不公,因为这个断言很大程度上是着眼于话语形式而非话语本身。现代思想界的话语越来越艰涩,成为一种小圈子话语,丧失了对于民众的可传达性,这本是一件应该加以反省的事,不幸的是这些话语的操持者反而以此自矜和标榜,似乎这种话语是思想的唯一载体。其实不然。如果我们翻翻亚里士多德、休谟、卢梭等人的著作,会发现他们的论说并不艰涩,而是娓娓道来,亲切达理,你会感到张宇的议论在风格气质上和他们很接近。难不成把他们也称为"民间智慧"?编者在第一部分节选了张宇的《困惑五章》,目的便是向大家展示一个思想中的张宇和张宇的思想。我们会发现,他从生活中引申出的思考其实非常深刻,而且比精英们的思想更接地气。比如,他对"理解"的思考揭示了这个看似理性的呼唤之后的意识形态欺骗本质;对于"历史"的思考所表达的,其实就是后现代主义、新历史主义极力鼓吹的历史观。

张宇喜欢议论,他总是随时打断故事的叙述,展开议论,一句话、一个表情、一个姿态,都能引发他议论的兴致和机锋。就像罗兰·巴特从流行文化的一切片段中发掘出背后的意识形态运作一样,张宇试图从一切社会生活的表象中找出其源头和本质。应该说,张宇做得非常出色,他的议论有时奇诡犀利,有时丰赡深沉,无不涉笔成趣,令人叹服不已。由于张宇的小说叙事力避奇幻怪诞,注重生活根基,而他的议论又总是从故事情境、生活情境中生发出来,于是,又有人把他的小说定位在"世俗关怀"层面。

可是,张宇的小说显然并不缺乏精神关怀,他的很多人物诸如《城市逍遥》中的鲁风、《没有孤独》中的鲁杰都在努力超越生存层面寻求精神上的安顿;张宇的议论也大都是为了阐发人生世相之后的或沉沦或激扬的精神状态。之所以被定位为世俗关怀,大抵是因为和备受推崇的荷尔德林、博尔赫斯这样的作家相比,张宇的精神关怀显得不够超绝,尤其是缺乏宗教色彩。这是一种偏见。精神关怀或者终极关怀并不是世俗关怀的对立面,其旨归不是把人超脱至不食人间烟火的纯粹或宗教的迷狂,而是要谋取精神和物质的平衡,使人获得真正的幸福和完满。每个民族都有自己独特的文化传统和精神结构,精神关怀也应该有不同的形式和内涵。

张宇塑造了很多"活鬼"式的人物,《活鬼》中的侯七、《国公墓》中的魏少文、《晒太阳》中的杨润生,以至《足球门》中的李丁,等等。这些人深谙人事,世故圆滑,权衡谋划,无往不利。"活鬼性格"是中国传统政治文化在国民性格中的积淀,对其保守和腐坏的一面,张宇不吝批判,并将笔锋指向依然为其提供土壤的政治环境。另一方面,张宇也不掩盖对活鬼们的同情和欣赏,毕竟,后者身上体现了一种生存智慧,也是一种生命强力。尤其对于贫穷和专制压迫下的灾难深重的底层民众来说,活鬼式的狡黠至少有助于他们开辟出一点可怜的生存空间。张宇告诉我们,在冷冰冰的现实面前,我们要学会善待自己。

　　张宇非常真实,也非常真诚。他不大义凛然地摆出为民请命的姿态,也不血泪斑斑地炫弄痛苦和悲愤;不以知识精英自居,也不掩盖自己的才智和自信;不为金钱所惑,也不标榜清高。他抛弃了任何做作和伪饰,和读者亲切地交谈,谈论自己的爱与恨、喜与悲、观察和思考、挣扎和迷茫,不垂影自怜,也不自命不凡。他从不躲避自己,不遮盖什么。通过他所有的文字,我们可以清晰地看到一个完整的、真实的张宇,一个审美的人格,一个值得我们思考和追随的典范。

　　让我们重新阅读张宇,让我们遵从真实的审美感受重新评价张宇,或许会有意想不到的收获。

　　得悉我们所做的工作,张宇亲自整理了自己的文学年表,在此谨表谢意!

杨文臣
2014 年 8 月 9 日